中国科学院规划教材

教 育 学

主　编　薛彦华

副主编　索桂芳　赵明录

科 学 出 版 社

北 京

内 容 简 介

本书是在总结公共教育学教学改革的基础上，以学校教育教学活动为线索编写而成的。其主要内容包括教育基本理论、教师与学生及其相互关系、课程与教学、有效教学的组织与保障、教育研究方法等方面。本书内容丰富、案例翔实、体例新颖。

本书不仅可以作为高等师范院校公共教育学的教材，也可以作为各级各类教育学院、教师进修学校为中小学教师提供继续教育使用的教材。

图书在版编目（CIP）数据

教育学/薛彦华主编．—北京：科学出版社，2009

ISBN 978-7-03-023750-7

中国科学院规划教材

Ⅰ．教…　Ⅱ．薛…　Ⅲ．教育学-教材　Ⅳ．G40

中国版本图书馆 CIP 数据核字（2008）第 203891 号

责任编辑：王剑虹　相　凌/责任校对：张　琪

责任印制：徐晓晨/封面设计：华路天然工作室

科 学 出 版 社 出版

北京东黄城根北街 16 号

邮政编码：100717

http://www.sciencep.com

北京捷迅佳彩印刷有限公司 印刷

科学出版社发行　各地新华书店经销

*

2009 年 2 月第　一　版　开本：787×1092　1/16

2021 年 1 月第十六次印刷　印张：17 3/4

字数：436 000

定价：49.80 元

（如有印装质量问题，我社负责调换）

前　言

此次《教育学》的编写源于教师培养模式的改革。现行教师教育对师资的培养越来越引起人们的关注，这种关注引发了人们对现行教师教育现状的反思。教师教育，尤其是师范教育存在的问题，如师范生职业技能技巧的缺失，职业意识的淡薄，所学理论知识与中小学教育教学实践的脱节等都成为人们关注的焦点。究其原因主要是培养模式及课程体系与现实存在着诸多的不适应。

于是，近年来很多承担师资培养任务的高校，包括师范院校都在积极尝试培养模式的改革，教师教育课程体系的构建及教材的建设也是改革的重要内容。我们此次编写就是在这样的背景下展开的。

尽管近年来教育学教学改革不断深入，但是这些改革往往是局部的、形式的，表现为教学组织形式的改变和教学手段的革新，抑或是教材编写体例的变化。就教育学课程教学本身来讲，课程目标过于关注理论知识的理解获得，忽略教师技能和能力的培养；课程内容陈旧、重叠；课程实施过于强调教师的讲授，忽略学生自己的探究、体验、感悟，没有根本改变大学所教的知识与中小学教育教学实践严重脱离、应届毕业生无法迅速地实现由师范生到教师角色的转变等问题。承担教师教育任务的高等学校，特别是高等师范院校必须转变现有的培养理念，探索既结合我国教师教育实际，又满足基础教育改革对师资需求，进而有效地推动高等师范院校改革和发展的新型的教师教育模式。

本教材的编写考虑到目前教师教育存在的问题，针对师范生实习中存在的各种困惑，在介绍教育学一般原理的基础上，以学校教育教学活动为线索，增强了教材内容的实用性和可操作性。尤其体现在根据新课程改革的要求，在教学部分强化了新课改理念的渗透，增加了突出学生主体性的教学操作措施及教学评价的技术等内容，突出了作为教师应该掌握的教育科学研究的基本方法。全书包括：绪论（薛彦华撰写）、第一章认识教育（赵明录撰写）、第二章教育功能（赵明录撰写）、第三章教育目的（王永利撰写）、第四章教师（薛彦华、吴海燕撰写）、第五章学生（张一鸣撰写）、第六章师生关系（张一鸣撰写）、第七章课程（刘国学撰写）、第八章基础教育课程改革（雷彦兴撰写）、第九章教学设计（索桂芳撰写）、第十章教学实施（张爱华、程宇撰写）、第十一章教学评价（史晓燕撰写）、第十二章班级管理与班主任专业化（刘茗撰写）、第十三章“三教”结合，形成教育合力（孙英娟撰写）、第十四章教育研究方法（阎晓军撰写）。

本教材的编写是在河北师范大学教育学院所承担的2006年河北省高等教育教学改革重点课题、河北师范大学第七批教学改革重点课题的资助下，由历史文化学院、化学与材料科学学院鼎力协助、提供教学改革实验班教学的基础上，在河北师范大学校领导和教务处的大力支持下完成的；同时编写过程中采用了许多学者的研究成果，在此一并致谢！

本教材是“教师教育模式的理论与实验研究”课题的成果之一，由于参编人员学术水平及学术视野所限，书中难免存在些许的不足，恳请各位学界同仁及使用本教材的人员提出宝贵意见。

编　者

2009年1月2日

前言

目　　录

绪　　论

【教学目标】

1. 了解教育学的研究对象及发展历史。

2. 明确学习教育学的意义。

任何一门学科都有其特定的研究对象及发展历史，明确其研究对象及发展历史，可以更好地了解该学科的基本问题及发展趋势，可以更充分地认识该学科的理论价值及实践意义，也可以进一步明确教育学与相关学科的关系以及在教育学科体系中的地位与作用。

一、教育学的研究对象

教育学同其他学科一样也有自己特定的研究对象和探索领域。教育学是以教育现象中教育问题为研究对象，探索和揭示教育规律的一门学科。

所谓教育现象，是指一切培养人的活动的外在形态和表面特征。教育现象作为一种社会现象是客观存在的，但只是潜在的研究对象，还不是现实的研究对象，只有当人们意识到它，想进一步了解它，把它作为对象去研究，也就是作为教育问题时，才成为教育学的研究对象。

教育问题是反映到研究者头脑中的需要探明和解决的教育实际矛盾和理论疑难。教育现象和教育规律作为客观存在，不能直接进入大脑成为思维的直接对象，只有人们面对客观存在而就教育现象和规律提出了“是什么”、“应该是什么”和“怎么样”的问题后，才会成为思维的直接对象。

教育学研究教育问题，目的在于探索和揭示教育规律。教育规律是教育内部诸因素之间，教育与其他事物之间本质的、必然的联系，是不以人的意志为转移的。教育学的任务，就是要通过研究教育问题，揭示教育规律，指导教育实践。

二、教育学发展阶段

任何学科的发展都会经历一个从无到有，从简单到复杂的发展过程。教育学也不例外，一般认为，教育学经历了以下几个发展阶段。

（一）教育学发展阶段

1. 教育学的萌芽阶段

教育作为一种社会现象，伴随着人类社会的产生而产生，但作为一门学科的教育学，并未随之产生。在人类历史上，最初和相当长的一段历史时期内并不存在独立的教育学。从人类进入奴隶社会以后，由于教育实践的不断发展，人们开始对积累的教育经验进行一些总结和概括。这些对教育经验的总结概括多是和其他方面的思想，如社会政治、伦理道德、人性善恶、治学态度等交织在一起的，包含在一个庞大的哲学体系中。古代的所谓教育学家，其实也是政治家和思想家，如我国的孔子、孟子、荀子，西方的柏拉图、亚里士多德、昆体良等。这种情况表明，当时人们对社会现象和自然现象的认识，还处在一种笼统的整体认识阶段，教育学当然也不可能从其他学科，如哲学、伦理学等学科中分化出来，形成一门独立的学科。

我国的《学记》是世界上最早的教育文献。写作年代大约在战国末年，它比西方最早的教育著作古罗马昆体良的《论演说家的教育》还早 300 多年。全书虽然只有 1229 个字，但对教育的作用和目的、教学原则和方法、教师的作用和条件等都做了概括性的描述。如“教学相长”“不凌节而施”“长善救失”“道而弗牵，强而弗抑，开而弗达”“禁于未发”等，都在一定程度上达到了对教育规律性的认识，至今仍有指导意义。

需要指出的是，无论是奴隶社会还是封建社会，虽有专门论及教育的文献和著作，但主要停留在经验的描述上，缺乏科学的理论分析，没有形成完整的体系，因而该阶段教育学处于萌芽或雏形时期。

2. 独立形态教育学的产生

随着生产力发展水平的提高和科学的进步，资产阶级队伍的壮大以及反封建的斗争，教育学的发展进入了一个新的阶段，它逐渐从哲学体系中分化出来，形成一门独立的学科。

1632 年，著名的捷克民主主义教育家夸美纽斯出版了《大教学论》，这是近代最早的一部系统论述教育问题的专著，它标志着教育学形成独立学科。在《大教学论》中，作者高度评价了教育对于社会的作用；教育对于人的发展的作用；论证了教育适应自然的原则；提出了“泛智”的教育思想；确立了丰富的教学理论，从理论上论证了班级授课制的优越性。这些教育思想，为以后教育理论的发展留下宝贵的财富。

继夸美纽斯的《大教学论》之后，西方资产阶级教育家又陆续出版了许多教育学著作，这些著作一般都具有比较完整的理论体系。如英国教育家洛克的《教育漫话》(1693)、法国教育家卢梭的《爱弥儿》(1762)、瑞士教育家裴斯泰洛齐的《林哈德与葛笃德》(1780～1790)、德国教育家赫尔巴特的《普通教育学》(1806)、福禄倍尔的《人的教育》(1826)、第斯多惠的《德国教师教育指南》(1835)、英国教育家斯宾塞的《教育论》(1861)、俄国教育家乌申斯基的《人是教育的对象》(1864) 等。这些专著的出现，标志着教育学理论体系的丰富和发展。

在这些代表性的著作中，赫尔巴特的《普通教育学》融合了当时的伦理学和心理学的成果，使教育理论发展到了一个新的阶段。赫尔巴特试图在心理学的基础上建立教育方法论，在伦理学的基础上建立教育目的论。他认为教学活动必须符合人的心理活动规律，提出了著名的阶段教学；在师生关系上，强调教师的绝对权威，强调教育外部灌输的作用；方法上重视严格的管理和训练。他的理论在教育史上被称为“传统教育派”。

应当承认，这一阶段出现的一系列教育论著，都有自己完整的理论体系，从现象描述转向运用心理学和伦理学等学科知识进行论证，对教育学的发展做出了重大贡献。但是，总的来看，由于阶级和时代的局限，这些论著所体现的理论和论证方法，不是依靠与自然现象相类比，便是采用思辨式的演绎和推理，未能运用科学的实验方法来研究教育问题。另外，由于缺乏科学的世界观和方法论的指导，这些教育理论尚未真正达到科学化的程度。

3. 教育学发展的多元化时期

20 世纪是人类社会急剧变革和发展的时期，也是教育实践和教育理论迅速发展的时期。19 世纪末以来，教育理论的发展呈现流派纷呈，彼此之间又相互批评、相互借鉴的局面，致使教育学的发展进入多元化时期。

1）实验教育学

实验教育学是19世纪末20世纪初，在欧美一些国家兴起的、用自然科学的实验方法研究儿童发展及其与教育关系的理论。其代表人物是德国的梅伊曼（E. Meuman，1862～1915）和拉伊（W. A. Lay，1862～1926），其代表作有梅伊曼的《实验教育学入门讲义》（1907）、《实验教育学纲要》（1914）及拉伊的《实验教育学》（1908）。实验教育学的主要观点有：第一，反对赫尔巴特为代表的强调概念思辨的教育学；第二，提倡把实验心理学的研究成果和方法运用于教育研究；第三，划分教育实验阶段，把教育实验分为三个阶段：提出假设、根据假设提出实验计划并进行实验、将实验结果应用于实际并验证假设；第四，主张用实验、统计和比较的方法探索儿童心理发展过程的特点和智力发展的水平，用实验的数据作为改革学制、课程和教学方法的依据。实验教育学强调定量研究的主张得到了广泛的应用和发展，极大地推动了教育学科的发展。但其方法也具有一定的局限性，如在对教育问题做价值判断时，是无法用此方法来解决的。

2）文化教育学

文化教育学又称精神科学教育学，是19世纪末以来出现在德国的一种教育学说。其代表人物有狄尔泰（W. Dilthey，1833～1911）、斯普朗格（E. Spranger，1882～1963）、利特（T. Litt，1880～1962）等人，代表作有狄尔泰的《关于普遍妥当的教育学的可能》（1888）、斯普朗格的《教育与文化》（1919）和利特的《职业陶冶、专业教育、人的陶冶》（1958）等。文化教育学的基本观点是：第一，人是一种文化的存在，人类历史是一种文化的历史；第二，教育过程是一种文化的过程；第三，教育研究必须采用精神或文化科学的研究方法；第四，教育的目的就是要促使社会历史的客观文化向个体的主观文化的转变，并将个体的主观世界引导向博大的客观文化世界，从而培养完整的人格。而要培养完整人格，其途径则是“陶冶”和“唤醒”。文化教育学对德国乃至世界20世纪的教育学产生了深刻的影响，在教育的本质、目的以及师生关系方面带给人许多启发，其不足之处是思辨气息很浓，在解决教育现实问题上缺少针对性和操作性。

3）实用主义教育学

实用主义教育学是19世纪末20世纪初在美国兴起的一种教育思潮，代表人物是美国的杜威（J. Dewey，1859～1952）、克伯屈（W. H. Kilpatrick，1871～1965）等人。这个学派的代表著作有杜威的《民本主义与教育》（1916）、克伯屈的《设计教学法》（1918）等。其主要观点有：第一，教育即生活，教育的过程与生活的过程是合一的，而不是为将来的生活做准备；第二，教育即学生个体经验继续不断的生长；第三，学校是一个雏形的社会，学生在其中要学习现实社会中所要求的基本态度、技能和知识；第四，课程组织以学生的经验为中心，而非以学科知识体系为中心；第五，师生关系以学生为中心，而非以教师为中心，教师只是学生成长的帮助者，而非领导者；第六，教学过程应重视学生自己的独立发现、表现和体验，尊重学生发展的差异性。① 实用主义教育学是以美国实用主义文化为基础的，是美国资本主义发展的教育学表达，对以赫尔巴特为代表的理性主义教育理念进行了批判。此派在教育史上也被称为现代教育派。其不足之处是忽视了系统知识的学习，忽视了教师在教育过程中的主导作用，忽视了学校的特质。

---

① 全国十二所重点师范大学. 教育学基础. 北京：教育科学出版社，2002，第20页.

4）马克思主义教育学

马克思主义是无产阶级的思想体系，它的产生是哲学和社会科学领域中的重大变革。马克思主义教育学包括两部分：一是马克思、恩格斯及其思想继承者、发展者对教育问题的论述；二是教育学家们根据马克思主义的基本原理对现代教育问题的研究结果。后者的代表作有克鲁普斯卡娅的《国民教育和民主主义》（1917），加里宁的《论共产主义教育和教学》（1945），马卡连柯的《论共产主义教育》、《教育诗》，凯洛夫的《教育学》（1939），我国教育理论家杨贤江于1930年以李浩吾的化名出版的《新教育大纲》等。马克思主义教育学的主要观点有：第一，教育是一种社会历史现象，在阶级社会中有鲜明的阶级性；第二，教育起源于社会性生产劳动，劳动方式及其性质的变化必然引起教育形式和教育内容的改变；第三，现代教育的根本目的是促使学生的全面发展；第四，现代教育与现代大生产劳动的结合不仅是发展社会生产力的重要方法，也是培养全面发展人的唯一方法；第五，在教育与社会的政治、经济、文化的关系上，教育一方面受它们的制约，另一方面又具有相对独立性，并反作用于它们，对于促进社会政治、经济与文化的发展具有重大作用；第六，马克思主义唯物辩证法和历史唯物主义是教育科学研究的方法论基础，既要看到教育现象的复杂性，不能用简单化的态度和方法来对待教育问题，又要坚信教育现象是有规律可循的，否则将会陷入到不可知论和相对论的泥潭中去。马克思主义为教育学的发展提供了科学的世界观和方法论，但由于种种原因，在实际教育学研究过程中，人们没有很好地理解和运用马克思主义理论，往往犯一些简单化、机械化的毛病，这是我们在今后的学习和研究中应该注意纠正的方面。

5）批判教育学

批判教育学是20世纪70年代以后兴起的一种教育思潮，代表人物有美国的鲍尔斯（S. Bowles）、金蒂斯（H. Gintis）、阿普尔（M. Apple）、吉鲁（H. Grioux）以及法国的布厄迪尔（P. Boudieu）等，代表著作有鲍尔斯与金蒂斯的《资本主义美国的学校教育》（1976）、布厄迪尔的《教育、社会和文化的再生产》（1979）、阿普尔的《教育与权力》（1982）、吉鲁的《批判教育学、国家与文化斗争》（1989）等。他们的主要观点是：第一，当代资本主义的学校教育不是一种民主的建制和解放的力量，而是维护现实社会中各种不公平和不公正的工具，是造成社会差别、社会歧视和社会对立的根源；第二，教育是与社会相对应的，有什么样的社会政治、经济和文化，就有什么样的学校教育机构，社会的意识形态、文化样态、经济结构都制约着学校的目的、课程、师生关系和评价方式等，学校教育的功能就是复制占主导地位的意识形态、文化关系和经济结构；第三，大众已经对这种事实上的不平等和不公正失去了意识，将之看成是一种自然的事实，而不是某些利益集团故意制造的结果；第四，批判教育学的目的就是要揭示所谓自然事实背后的利益关系，帮助教师和学生对自己所处的教育环境及形成教育环境的诸多因素敏感起来，即对他们进行启蒙，达到意识“解放”的目的，从而积极地寻找克服教育及社会不平等和不公平的策略；第五，教育现象不是中立的和客观的，而是充满着利益纷争，教育理论研究不能采取唯科学主义的态度和方法，而是要采取实践批判的态度和方法。此派仍在发展中，可能会对21世纪的西方教育理论乃至我国的教育理论产生相当大的影响。①

① 柳海民. 现代教育学原理. 长春：东北师范大学出版社，2002，第16～17页.

（二）当代教育学科体系的建立

20世纪以来，特别是20世纪中叶以来，随着教育学问题领域的扩展以及研究基础和范式的多样化，教育学也发生了快速的学科分化，教育学的各组成部分纷纷发展成独立的学科，而且这些相对独立的学科又与其他类型的学科进行交叉，出现了许多子学科、边缘学科。与此同时，教育学的发展同其他学科一样在出现高度分化的同时又出现了高度综合的现象，即教育学的子学科与子学科之间，子学科与边缘学科之间以及子学科、边缘学科与其他非教育学科之间出现了多种形式、多种层次和多种类型的综合，出现了许多新的教育知识的增长点（参见教育科学分类框架表）。如教学论是从教育学中分化出来的，分化出来的教学论与教育哲学综合产生教学哲学，与社会学和教育社会学综合产生教学社会学。这种多层次、多类型、多形式的学科综合，打破了传统学科的界限，扩展了研究视野，深化了问题研究。①

教育科学分类框架表

<table>
<tr><td rowspan="7">以教育活动为研究对象；以不同方式运用其他学科</td><td rowspan="3">把被运用学科作为理论分析框架</td><td>分析教育中的形而上问题</td><td>教育哲学、教育逻辑学、教育伦理学、教育美学</td></tr>
<tr><td>分析教育中的社会现象</td><td>教育社会学、教育经济学、教育政治学、教育法学、教育人类学、教育人口学、教育生态学、教育文化学</td></tr>
<tr><td>分析教育中的个体的“人”</td><td>教育生物学、教育生理学、教育心理学</td></tr>
<tr><td rowspan="2">采用被运用学科的方法</td><td>运用方法直接分析教育活动</td><td>教育史学、比较教育学、教育未来学</td></tr>
<tr><td>研究如何运用方法来分析教育活动</td><td>教育统计学、教育测量学、教育评价学、教育实验学、教育信息学</td></tr>
<tr><td rowspan="2">综合运用各门学科，解决教育的实际行动问题</td><td>分析与其他领域共有的实际问题</td><td>教育卫生学、教育行政（管理）学、教育规划学、教育技术学</td></tr>
<tr><td>分析教育领域独有的实际问题</td><td>课程论、教学论</td></tr>
<tr><td colspan="3">以教育理论为研究对象</td><td>元教育学、教育学史</td></tr>
</table>

（参见瞿葆奎，唐莹：教育科学分类：问题与框架. 人民教育出版社，1998年，xviii）

三、学习教育学的意义和指导思想

（一）学习教育学的意义

1. 有助于树立正确的教育理念，正确认识教育事业

教育学的理论学习为人们确立正确的教育理念奠定了认识基础。理念是人们经过长期的理性思考及实践所形成的理论化、系统化了的具有相对稳定和延续性的认识、理想和观念体系。教育理念涉及教育在其自身发展和社会发展中的角色定位问题，涉及承担教育活动的机构——学校的性质与目的、职能与使命等问题。而教育学的学习可以给出人们一个较为明晰的认识。

① 全国十二所重点师范大学. 教育学基础. 北京：教育科学出版社，2002，第22页.

教育学的学习可以为人们认识教育事业提供理论基础。它可以使人们更好地认识教育事业发展的规律，更深刻地分析教育发展的现实，更好地处理教育内部的各种关系。

2. 有助于全面提高教师的素养

学习教育学可以更加明确教师的社会地位，了解教师应该承担的职责及履行的义务，进一步明确教师的基本素质要求，在教育教学实践中不断地反思自我，促成自我更完善的发展。

3. 有助于推动学校的教育改革和教育科学研究

教育科学研究是人们有目的、有计划地采用严格和科学的方法，自觉地对教育问题进行观测、分析和研究，从而发现教育现象之间本质联系与规律，是不断提高教育质量的创造性认识活动。当前社会发展和教育改革的深入发展，对教师的教育科研素质提出了新的要求，促使教师自觉地由经验型、勤奋型和事务型教师转化为学者型、智慧型和研究型的教师，要求教师走教学与科研相结合的道路，以推动学校的教育改革，提高教学水平和教学质量。

（二）学习教育学的指导思想

首先，要坚持理论联系实际。要在理论学习的同时密切结合实际，把理论的优势体现到实际工作当中，做到学以致用。教育学虽然是一门基础学科，但其应用性是很强的，对于广大的普通教育者来说更要以指导自己的教育教学实际作为首要的学习目的。教育学的学科发展，与我国教育建设过程中总结的工作经验和遇到的实际问题有密切的关系。因此，只有结合当前教育发展现实，才能深入地把握理论的真正内涵。

其次，要坚持“古为今用，洋为中用”。在学习过程中既要了解现代教育学的理论又要了解我国古代、近代许多宝贵的教育思想，以服务于今天的教育实践；同时要坚持开放的心态，积极吸收国外先进的教育理论，以丰富我国的教育理论体系。但应注意无论是学习古代的教育思想，还是借鉴国外的教育理论，都必须立足于当代中国教育的现实，不然任何的借鉴只能导致改革的失败。

最后，要注意运用多种研究方法，以加深对知识的系统理解。与其他的社会学科的学习类似，我们在学习教育学时可以通过查阅文献来了解学科建设的具体情况；用个案研究的方法加深对学科某一具体问题的认识；用调查法获取教育活动某一领域的详细资料等。恰当地使用各种研究方法，是我们学好这门学科的有利工具。

思考与练习

1. 教育学的研究对象是什么？
2. 了解教育学发展的阶段及特征。
3. 简述学习教育学的意义及指导思想。

【相关材料链接】

材料一　赫尔巴特教学形式阶段理论

赫尔巴特所提出的教学形式阶段（die formalen sturen des unterrichts），实际上就是课堂教学的完整过程，是一个包括教学方法、教学形式等在内的规范化的教学程序。

赫尔巴特认为，兴趣活动可以划分为四个阶段：①注意。由于心智活动“使一种表象比较突出并对其余表象发挥作用”，这就使兴趣活动对它产生一种倾向。②期待。新引起的表象活动往往并不能立刻出现在意识中，兴趣活动因而转向对它产生期待。③要求。从兴趣中产生欲望，它通过向对象提要求显示出来。④行动。

赫尔巴特指出，儿童在学习活动中的思维状态主要有两种：专心与审思。专心是指集中于任何主题或对象而排斥其他的思想活动；审思是指追忆和调和意识内容，即对由专心而得到的知识进行同化作用。他认为，由于专心活动是相互隔绝的，因而需要使专心活动与审思活动不断地相互转化，并使之在审思活动中结合起来。

在此基础上，赫尔巴特提出了教学形式阶段的理论。他指出，任何教学活动都必须是井然有序的，都经历以下四个阶段。

明了（或清晰）　当一个表象由自身的力量突出在感官前，兴趣活动对它产生注意；这时，学生处于静止的专心活动；教师通过运用直观教具和讲解的方法，进行明确的提示，使学生获得清晰的表象，以作好观念联合，即学习新知识的准备。

联合（或联想）　由于新表象的产生并进入意识，激起原有观念的活动，因而产生新旧观念的联合，但又尚未出现最后的结果；这时，兴趣活动处于获得新观念前的期待阶段；教师的主要任务是与学生进行无拘束的谈话，运用分析的教学方法。

系统　新旧观念最初形成的联系并不是十分有序的，因而需要对前一阶段由专心活动得到的结果进行审思；兴趣活动正处于要求阶段；这时，需要采用综合的教学方法，使新旧观念间的联合系统化，从而获得新的概念。

方法　新旧观念间的联合形成后需要进一步巩固和强化，这就要求学生自己进行活动，通过练习巩固新习得的知识。

赫尔巴特教学形式阶段理论的突出贡献，是在严格按照心理过程规律的基础上，对教学过程中的一切因素和活动进行高度抽象，以建立一种明确的和规范化的教学模式。从这个意义上讲，教学形式阶段理论不仅反映了人类对教学过程和教学活动本质认识的发展，而且具有广泛的实践意义。正因如此，教学形式阶段理论对19世纪后期、20世纪前期世界许多国家和地区师范教育的发展，发挥了重要的推动作用。但在另一方面，教学形式阶段理论所固有的机械论倾向，也使它不断受到来自各方面的批评。

（选自吴式颖主编：外国教育史教程（缩编本），人民教育出版社，2003年，第243～244）

材料二　什么是教育

什么是教育？这是任何一位教育思想家首先必须回答的问题。杜威的回答是：教育即生活；教育即生长；教育即经验的持续不断的改造。这三个命题标示出杜威的教育观不同于以往教育家的教育学说，是一种崭新的教育观。

1. 教育即生活

杜威认为教育是生活的过程，学校是社会生活的一种形式，即学校生活也是生活的一种形式。怎样的学校生活才算是理想的呢？杜威认为，首先，学校生活应与儿童自己的生活相契合，满足儿童的需要和兴趣，使校园成为儿童的乐园而不是囚笼和监牢，使儿童在现实的学校生活中得到乐趣；其次，学校生活应与学校以外的社会生活相契合，适应现代社会变化的趋势并成为推动社会发展的重要力量，校园不应是世外桃源而应积极参与社会生活。19世纪末20世纪初，美国正处于激烈变革的时代，而当时美国的学校教育却因袭过去，既脱离儿童生活，使儿童在学校颇受压抑，又脱离社会生活，跟不上社会变革的节拍。杜威所要做的就是要使学校生活成为儿童生活和社会生活的契合点，从而使教育既合乎儿童需要亦合乎社会需要，实质上是要改造不合时宜的学校教育和学校生活，使之更富活力，更有乐趣，更具实效，更有益于儿童发展和社会改造。

教育不能脱离社会变革而我行我素，杜威因之进一步提出“学校即社会”的命题。此命题并未将学校与社会相混同，杜威也看到了社会生活中诸因素的错综复杂、良莠并存，杜威“学校即社会”意在使学校生活成为一种经过选择的、净化的、理想的社会生活，使学校成为一个合乎儿童发展的雏形的社会。而要将此落于实处，就必须改革学校课程。杜威认为“学校课程的内容应当注意到从社会生活的最初无意识的统一体中逐渐分化出来”“学校科目相互联系的真正中心不是科学，不是文学，不是历史，不是地理，而是儿童本身的社会活动”，应使“代表社会活动的类型和基本形态”的活动如烹调、缝纫、手工等科目在课程中占有重要地位。可见，“学校即社会”是对“教育即生活”这一命题的进一步引申，代表社会生活的活动性课程的引入是使学校与社会生活相联系的基本保证。从“教育即生活”到“学校即社会”再到课程的变革（“从做中学”）是层层递进的。

这些活动性的科目在杜威看来不仅有益于加强学校与社会的联系，而且还能满足儿童的本能与兴趣，使得儿童在活动中、在学习中、在学校生活中就能得到满足和乐趣，学习不再是苦差，而是乐事。这些科目一肩二任，使社会与个人皆能兼顾。

加强教育与社会的联系、满足儿童的需要，并非杜威提出“教育即生活”的终极原因。杜威坚信教育是社会进步及社会改革的基本方法，认为社会的改造要依靠教育的改造，教育改造之所以必要，是因为要给社会生活的变革以充分的和明显的影响。杜威的希冀是通过教育改造社会生活，使之更完善、更美好。

2. 教育即生长

“教育即生长”命题亦是针对教育时弊而提出的，杜威认为当时的教育无视儿童天性，消极地对待儿童，不考虑儿童的需要和兴趣，以外在的动机强迫儿童记诵文字符号，以成人的标准去要求儿童，让现时的儿童为遥不可测的未来作准备，全然不顾儿童自身的感受和期待。“教育即生长”则要求根除压抑、阻碍儿童自由发展之物，使一切教育和教学适合儿童的心理发展水平和兴趣、需要的要求。然而这种尊重绝非放任自流，任由儿童率性发展。杜威所理解的生长是机体与外部环境、内在条件与外部条件交互作用的结果，是一个持续不断的社会化的过程。尤其是，杜威要求尊重儿童但不同意放纵之，这是杜威与进步主义教育实践的一个重要区别，杜威拒不承认自己为“进步教育之父”也表现出了这种区别。

“教育即生长”所体现出的儿童发展观也是杜威民主理想的反映。尊重儿童身心发展特点是使儿童获得充分生长和发展的重要条件，而儿童的充分生长和发展亦有助于社会目的的达成，然而杜威并不仅仅把儿童个体的充分生长视为达到社会目的的一个手段和工具，他认为儿童充分生长本身便是民主主义的要求，便含有丰富的价值意义。杜威有一段名言：“政府、实业、艺术、宗教和一切社会制度都有一个意义，一个目的。那个目的就是解放和发展个人的能力（不问其种族、性别、阶级或经济状况如何）。这和说它们的价值的检验标准就是它们教育各个人使他的可能性充分发展的程度，是完全一致的。民主主义有许多意义，但是，如果它有一个道德的意义，那么这个意义在于决意做到：一切政治制度和工业安排的最高的检验标准，应该是它们对社会每个成员的全面发展所作的贡献。”由此可见，社会是为了一切人的发展而存在的。从历史发展来看，由神权到人权，再由男权而女权而童权是逐步推进的，杜威则要求民主的光辉泽及在学校中求学的儿童，照耀到每一张稚嫩的脸上。给儿童提供一个利于生长的环境，让其充分、自由生长，是杜威一生不懈追求的教育梦。

3. 教育即经验的改造

“经验”是西方哲学史中的一个重要概念，杜威理论中“经验”的意义与前人有异，杜威对其作了若干改造。首先，克服了经验与理性的对立。在西方哲学发展史上，理性是凌驾于经验之上的，经验作为一个与理性相对立的概念而受到轻视，经验意味着混乱、庞杂、孤立、无定，而理性则高高在上。杜威对经验与理性的看法皆异于过去。在杜威那儿，经验不再是通过感官被动获得的一些散目的感觉印象，而是机体与环境相互作用的过程，机体不仅受环境的塑造，同时也对环境加以若干改变，经验在它自身里面含有结合组织的原理，而无需一个外在的所谓理性来提供这种原理。在杜威看来，理性不再是一个抽象的体系，而是一种智慧，一种“实验的智慧”，一种使经验（或做、行为等）更富成效的智慧，它不是独断的，亦不是恒久不变的，“它们只是假定，是要施诸实际，以验其对指导我们目前的经验是成是败而可以随时加以修正、补充或撤消。”理性不是凌驾于经验之上，而是寓于经验之中，并在经验中不断修正，经验的过程就是一个实验的过程、运用智慧的过程、理性的过程。

其次，拓宽了经验的外延，经验不再被视为感觉作用和感性认识，而是一种行为、行动，它当然含有知的因素，但在此之外，喜怒哀乐、酸甜苦辣等因素也是经验的构成部分。经验不再仅仅是与认识有关的事情，认识的、情感的、意志的等理性、非理性的因素皆涵盖在内。这样，学生从经验中学、从做中学就不仅仅是学知识，经验成为儿童各方面发展和生长的载体，在经验过程中，儿童不仅获得知识，而且形成能力、养成品德。“教育即经验的改造”中的经验也就不只是知识的积累，而是构成人的身心的各种因素的全面改造、全面发展、全面生长。“教育即经验的改造”绝非一个主智主义的命题。

最后，强调经验过程中人的主动性。感觉主义经验论把经验看作一个被动的认识过程，洛克的“白板说”是其典型例证。杜威认为经验的过程是一个主动的过程，不单是有机体受着环境塑造，还存在着有机体对环境的主动的改造。杜威认为经验有一个重要的原则，即交互作用原则，交互作用就是指机体与环境的相互作用，这个原则赋予经验的客观条件和内部条件这两种因素以同样的权利，它要求在教育过程中尊重儿童的身心发展条件和水平，顾及儿童兴趣，提高儿童参与教育过程的积极性和主动性。而这一点，正是传统教育所欠缺的，“传统教育的问题，不在于它着重控制经验的外部客观条件，而在于对也能决定会有什么样的经验的内在因素太少注意。这就从一个方面违背了交互作用的原则”。杜威还认为，经验过程中外在条件的提供非常重要，他认为传统教育的主要问题，不在于没有提供经验的客观条件，而在于提供的这种客观条件（抽象的教材、死板的教学等）“没有考虑到产生经验的另一个因素，即受教育者的能力和要求”，杜威要求改善外部条件，以便产生的经验更具教育价值，“教材和教法的任务在于使特定的个人在特定的时间产生出有教育价值的经验。”

“教育即生活”“教育即生长”“教育即经验的改造”这三个命题的含义在本质上是相同的，生活的过程、生长的过程、经验（改造）的过程是一个过程。这三个命题是杜威教育理论的总纲领。

（选自吴式颖主编：外国教育史教程（缩编本），人民教育出版社，2003 年，第 370～375）

第一章　认识教育

【教学目标】

1. 理解教育的本质属性。
2. 掌握教育发展各阶段的特点。
3. 理解教育构成要素。
4. 理解教育者在教育活动中主导地位的含义和条件。

本章从整体上论述了对教育的认识，集中回答了教育的本质属性、教育的构成要素、教育的形态三个教育学基本问题。教育的本质是指教育有别于其他事物的特性，是教育学必须回答的首要问题，该问题涉及教育学科的研究领域、对象，也是理解教育形态、教育构成要素、教育功能的基础；从教育实践的方面看，教师在教育教学活动中表现出的各种差异，也与对什么是教育的理解不同有关。教育的构成要素是指构成教育活动的基本的、不可或缺的因素，包括教育者、受教育者、教育内容、教育手段。教育形态是指在不同历史时期教育的具体表现形式。

第一节　什么是教育

一、教育的本质属性

（一）教育是人类所特有的一种有意识的社会活动

教育是人类所特有的社会活动还是人类与其他动物共同的活动，教育是有目的的活动还是基于本能的活动，这是事关教育本质的根本性问题。法国哲学家、社会学家利托尔诺(Charles Letourneau）在《动物界的教育》中详细列举了“动物的教育”“家畜的教育”，认为动物的教育和人类的教育几乎没有什么区别。[①] 我们认为，动物的“教育”与人类的教育相比较而言，只是形式上的相似，二者存在本质的区别：第一，从活动发生的基础来看，动物的“教育”是一种基于亲子和生存本能的活动，是通过遗传获得的简单的定型化行为；作为社会关系的总和，人是社会性存在，人类教育是出于个体在社会中生存、发展和社会延续、发展的需要；第二，从活动所依赖的条件来看，动物的“教育”停留在第一信号系统的水平上，不具备个体经验类化或类经验个体化的能力；借助于语言以及其他物质形式，人类可以实现个体经验的类化或类经验的个体化；第三，从活动的结果来看，动物的“教育”结果是使幼小动物尽快适应环境，维持个体生存和种系的延续；人类的教育不仅使我们更好地适应环境，而且赋予我们认识、改造环境的力量，通过教育实现人类积累的知识经验的传承，使得人类和人类社会总是在较高起点上向前发展。

---

① 瞿葆奎. 教育学文集·教育与教育学. 北京：人民教育出版社，1993，第177页.

（二）教育是人类有意识地传承社会经验的活动

人类有意识的社会活动是多种多样的。作为人的存在方式，实践是人所特有的对象性活动，其基本形式包括改造自然界的物质生产活动、处理和调整社会关系的活动、科学实验活动以及精神生产活动。生产实践是处理人类和自然关系的实践活动，它是人类社会生存和发展的基础，是决定其他一切活动的最基本的实践活动；生产实践反映的是人类与人类所依存的自然界之间的关系，其结果是获得人类社会存在和发展所需要的物质和能量。适应生产实践活动的需要，与生产实践同时发生的是处理和调整社会关系的实践活动，即人类的社会交往以及组织、管理和变革社会关系的活动；处理和调整社会关系的实践反映的是个人和个人之间、个人和社会之间、人和自然之间的利益关系，其结果是维护和巩固有利于生产发展的社会关系，调整或根本改变不适合生产发展、破坏生产发展的社会关系。科学实验是从生产实践中分化出来的、专门为认识世界而进行的一种探索性、准备性的活动，其结果是增强人类对客观世界的认识；精神生产活动是指人们为社会创造精神产品并以一定的对象化形式提供给社会的活动，其结果是通过文学作品、艺术等形式满足人的精神需求。

人类在长期的实践中积累、创造了制度的、符号的、行为的等各种形态的文化，这些文化的传承对个体和人类都是必需的。人通过生理遗传只是获得了人之所以为人的载体，人是历史文化的存在，个体必须理解掌握人类文化才能实现自己的社会化；人类历史不同于动物演化史，人类历史是一部文化发展的历史，没有文化的积累、传承，人类发展历史长河将会断流。人类文化的传承可以通过多种方式，如实物的保存、符号的记录等，但是这些方式不是最安全、最有效的；人类文化的传承需要对文化的解读，否则实物的、符号的等形态的文化既无认识价值，也无使用的价值。不同于农民耕作、工人操作机床、科学家从事科学研究、警察抓小偷、书画家泼墨挥毫，教育是人类有意识地传承社会经验的社会活动。

（三）教育是以影响人的身心发展为直接目标的活动

人类有意识地传递经验的形式是多样的，既包括以人为对象的传递，也包括向人以外的对象传递，比如，杂技团驯兽师向动物发出各种命令、科技人员向机器人发出各种指令，或者人类为了探寻茫茫宇宙之中是否有其他高级生命形式而发出的信息。教育是人类特有的传承社会经验的活动，是指以社会经验为中介的人和人之间的相互作用。

人类的交往活动传递着社会经验，人们也可以通过媒体、文学、艺术等形式传递信息，但是，只有以人的身心发展为直接目标的社会经验传递活动才是教育。以人的身心发展为直接目标是指：第一，通过有目的的社会经验传递，要引起接受者身心预期变化；第二，人的身心两个方面的预期变化不是受遗传规律决定的遗传素质的自然发育、成熟，也不是通过营养改善、身体锻炼、医疗手段的运用导致的，而是接受者在一定背景知识下，运用自己的方式理解、解释社会经验的结果。

二、教育的概念

（一）教育的概念

教育这一概念是构成教育学科体系的基石，必须是明确而不能多义或模糊不清的。从逻辑的角度来说，概念明确的基本要求是要明确概念的内涵和外延，即明确概念所反映的对象具有的本质属性，明确概念所指的是哪些对象。定义是揭示概念内涵的逻辑方法，给一个概念下定义就是揭示这个概念所反映的对象的本质属性。给教育这一概念下定义，需要注意：第一，应当考虑到教育活动的复杂多样性，不能以偏概全；第二，定义既能涵盖复杂多样的教育形态，又能把教育与其他事物、活动区别开来；第三，定义不能带有鲜明的价值判断和情感色彩，避免把不符合自己价值取向的教育活动排斥在教育之外，或把本不是教育的活动视之为教育。

依据定义的基本要求，综合以上对教育本质属性的认识，我们可以把教育定义为：教育是有意识地以影响人的身心发展为直接目标的社会活动。①

教育活动的具体形态是复杂多样的，依据教育活动的要素在不同时空背景下相互作用的变化形式，教育活动按照以下标准划可以分为：从教育活动制度化角度划分，教育活动分为非制度化教育、制度化教育；从教育活动所依赖的场所或空间划分，教育活动分为自然教育、社会教育、家庭教育和学校教育；从教育活动所依赖的时间标准以及社会具体历史条件，教育活动划分为原始教育、古代教育、现代教育，亦即教育活动的历史形态。本书主要论述学校教育和教育的历史形态。

（二）学校教育及其特点

学校教育是指由专门机构和专职人员承担的，有计划、有系统的教育活动。与其他类型教育相比较，学校教育具有以下特点：

1. 专门性

学校教育的专门性表现在：第一，学校教育通过接受过专门训练的教师进行教育活动，他们受社会委托，明确教育目的，熟悉教育内容，懂得教育教学规律和原则，可以遵循学生的身心发展规律影响学生的发展；第二，学校教育中的受教育者是学生，他们是以学习为主要任务的专门的受教育者；第三，教育教学活动是在专门的教育机构——学校中进行的，学校作为一种特殊的环境，是按照人身心发展的特殊需要而组织起来的，把影响学生发展所需要的一切时间和空间全部纳入可控的程序之内，保证了教育活动的顺利进行。

2. 系统性

从教育内容上看，不同于其他类型教育内容的片面性、零散性，学校教育内容是系统化的，既考虑各门课程之间的逻辑关系，也注重某一课程内部的统一性。从学制方面看，学校教育由初等教育、中等教育、高等教育构成层级结构；由普通教育、职业教育、专业教育构成类型结构；由全日制、半日制、业余、函授、广播电视和国家举办、私人举办等构成的形式结构。

3. 计划性

学校教育的计划性表现为：从宏观层面看，一个国家根据社会当前和未来对各级各类人才的需求，制定教育事业发展规划，以及用于规范某级类学校教育教学工作的课程计划；从中观层面看，每个学校依据国家制定的教育目的、培养目标和课程计划，制订学校总的和各部门的工作计划以及学校本身的发展规划；从微观层面看，教师依据学校的工作计划，国家

① 此处之所以没有把教育定义为“有目的的培养人的活动”，是因为“培养”一词是多义的：第一，以适宜条件促使其发生、成长和繁殖；第二，按照一定的目的，长期教育和训练；第三，蓄养，蓄积；第四，修葺，养护（方言）. 教育定义中的培养，人们一般是取培养的第二种含义，属于循环定义.

确定的课程计划和课程标准，结合学生的共性和个性、班级特点以及具体教育教学内容，制订教学活动计划。

学校教育的专门性、系统性、计划性，保证了学校教育活动的高效性、组织的严密性。尽管学校教育存在这样或那样的不足甚至问题，各种非正规教育日益受到人们重视并获得迅速发展，但是不论是从个体发展的角度，还是从国家、社会、民族发展的角度，学校教育还是具有不可替代性的。“我们承认，从不同的国家看来，根据不同的理由，某类学校和某种教学形式必须受到有力的批判，而且学校教育的许多方面也要求彻底重新予以评价和改造。虽然如此，如果我们废弃了学校，不把学校当作教育的一个主要部分（纵然不是唯一的部分），这就等于我们不让成千上万的人受到这种可能使他们系统地掌握知识的教育。尽管人类的文化并不限于知识，但知识在今天依然是文化的有机的和不可缺少的部分。”①

第二节　教育的构成要素

一、教育者

在教育活动中承担教的责任、提供教育影响的人都是教育者。

成为教育者的条件：一是发展水平相对较高，二是在教育活动中承担提供教育影响的责任。发展水平相对较高，可以表现为整体上的水平差异，也可以表现为部分的水平差异，也可以表现为某一方面发展早晚的差异。整体发展水平较高的人在教育活动中自然承担提供教育影响的任务，由于“闻道有先后，术业有专攻”，现实中人和人之间发展水平的差异更多表现为部分的水平差异或某一方面发展早晚的差异，所以，发展水平相对较高仅仅是成为教育者的前提条件。一个人在教育活动中能否成为教育者，关键是看其所扮演的角色和所起的作用，是提供教育影响，还是接受教育影响。

从最广泛的意义说，任何人都可以成为教育者。在家庭教育中，父母可以是子女的教育者，子女也可以成为父母的教育者；长者往往是幼者的教育者，幼者也可以成为长者的教育者。在学校教育中，教师是学生的教育者；在某些方面，学生也可以担任教师的教育者的角色。在社会团体、组织、机构开展的教育活动以及融合于社会生产生活的教育活动中，教育者的角色更不是固定不变的。教师是教育者中的特殊群体，是指具有一定资格的、受一定社会委托，以影响入学者身心发展为直接目标的专门的教育者。

作为教育的主体性要素教育者发展水平相对较高以及在教育活动中承担提供教育影响的责任决定了教育者在教育活动中起主导作用。所谓主导作用，是指教育者在一定程度上制约教育活动结果的性质、方向以及可能达到的程度和水平。教育者与教育内容相互作用的结果即教育影响的性质、方向影响教育活动结果的性质和方向；教育者提供教育影响的手段影响教育活动结果可能达到的程度、水平，也影响教育活动的效率。

教育者主导作用的发挥是有条件的。第一，教育活动是有目的的社会活动，其活动的结果就是要引起受教育者身心两个方面预期的变化，教育者提出的要求对于受教育者而言属于外部要求，外因只有通过内因才起作用，教育者的要求、影响能否内化为受教育者自觉要求就是一个关键环节；第二，受教育者身心发展是通过受教育者理解教育者提供的教育影响实

① 联合国教科文组织国际教育发展委员会编著，华东师范大学比较教育研究所，译. 学会生存——教育世界的今天和明天. 北京：教育科学出版社，1996，第 15 页.

现的，教育者自身的素质决定了他与教育内容相互作用的结果即教育影响的性质和方向；第三，教育活动是有规律性的，教育者对教育规律的理解、把握和利用的自觉性、主动性影响教育者主导作用的发挥；第四，教育者发挥主导作用必须遵循受教育者身心发展规律。受教育者是教育活动的主体性要素，受教育者身心发展已经到达的程度和水平、受教育者所处年龄阶段的年龄特征和个性特点，对教育者确定教育要求、筛选加工教育内容、选择教育手段都有制约作用。

关于教育者的主导作用要有正确的认识。首先，教育者的主导作用是教育者发展水平相对较高和教育者在教育活动中的责任确定的，是不以人的意志为转移的，否认教育者主导作用的实质是把教育活动等同为学习活动。其次，不能把教育者的主导作用理解为教育者的纯粹自我规定，视受教育者为教育者任意加工、改造、塑造的对象，其实质是对受教育者这一教育要素主体性的否定。最后，教育者必须认识到，发挥其主导作用需要自身素质的不断提高和在教育活动中的主观努力。“至于客观上处于‘主导地位’的教育者是否发挥‘主导作用’，则取决于教育者的主观努力，并根据教育主体与客体关系的实际情况而定。即取决于教育者在教育过程中实际上充当的是什么角色。某个教师若没有发挥应有的教育影响，虽不能否认他是教师（在解聘之前还得承认他的‘主导地位’），由于他并未成为教育者角色（没有发挥应有的主导作用），只能把他算作‘名不副实’的教育主体。”①

二、受教育者

受教育者和教育者是相互依存的，都是教育活动的主体，都是教育活动中最具积极性的要素。

所谓受教育者，是指在教育活动中承担学的责任、接受教育影响的人。

成为受教育者的条件：一是发展水平相对较低，二是在教育活动中承担接受教育影响的责任。不论是整体还是部分发展水平相对较低，或是某一方面表现较晚，这些都是成为受教育者的前提条件，决定一个人成为受教育者的关键是他在教育活动中承担学的责任，接受教育影响。

从最广泛的意义看，受教育者泛指一切阶段的一切人。人无完人，相比较其他的人，一个人总是存在这样或那样的不足，故“三人行，必有我师焉”。学生是受教育者中的特殊群体，是指取得学籍或获得入学资格，以学习为主要任务的专门的受教育者。

人成为受教育者既具有必要性，也具有可能性。当代生物人类学家格伦（Arnold Gehlen）认为，人是一种在生物学意义上尚未完成、未确定的动物，与其他动物最根本的区别是人在生物学上的“非专门化”和“匮乏性”。动物的器官、结构及其机能要比人类专门化或特定化得多，它们的每一种器官适应于每一种特定生活条件的需要，而人的器官并不指向某一个特定的对象与活动。与动物相比较，人显示出生物学上的匮乏性。“非专门化”和“匮乏性”表明，人类的生物结构与机能决定了人类在与某些动物的生存竞争中并不处于什么优势地位：人的双手不如狮虎的双爪锋利，人的眼睛不如鹰隼的眼睛锐利，人的耳朵、鼻子不如狗的耳朵、鼻子灵敏……由于先天的自然缺陷和生物匮乏性，作为自然物种，人类若要在与动物之间激烈、残酷的生存竞争中胜出，必须借助于人类在实践中积累和创造的文化的力量；作为人类文化保存和传承最安全、最有效的手段，教育就成为人之必需。教育是沟

① 陈桂生. 教育原理. 上海：华东师范大学出版社，2000，第16页.

通人的先天自然性与后天文化习得性的内在机制。① 由于器官、机能的特定化，动物被严格地限制在特定的生存环境中，动物与所依存的环境构成封闭性关系，适者生存，不适者则淘汰。因为生物学上具有非专门化和非特定化的特点，人不必受制于少数几种生命机能，环境对于人而言是开放的，人与环境的关系是非封闭性的。人生理结构和机能的非专门化以及人与环境之间的非封闭性关系，说明人可以运用自身的意志和力量接受环境的影响，包括教育影响，人成为受教育者具有可能性。随着人类对自然界认识、利用、甚至控制能力的增强，人类逐渐摆脱对自然的依赖，也不再面临与其他动物你死我活的生存竞争，在这种状况下，教育活动对于人而言仍然是必需的。人是社会存在物，是社会关系的总和。一个人若要适应并参与社会活动，必须具备社会要求的品质，实现个体的社会化，教育具有促进个体社会化的作用，是促进个体社会化最有效的途径，从这个意义上讲，"人只有通过教育才能成为人。"②

受教育者在教育活动中接受教育影响，绝不是指简单、机械、消极、被动地接受教育影响，受教育者和教育者一样，都是教育活动的主体性要素。作为教育活动的主体，受教育者运用自身的本质力量，能动地作用于教育者提供的教育影响，表现出活动的目的性、自主性、为我性、选择性和创造性。③ 目的性表明受教育者对自身需要有了一定的认识，是受教育者在接受教育影响的初始阶段，对理解、掌握教育影响预先设定的结果；受教育者预定的结果贯穿于接受教育影响的整个过程，是接受教育影响的内控因素。自主性是指受教育者的精神世界不是教育者用教育影响改造的，而是受教育者在预定的活动目的基础上，认识到教育影响能够满足但又不会自动满足自身需要，自觉把教育影响作为自己的活动对象，并借助一定的手段积极主动地作用于教育影响，运用已有的知识经验理解、解释教育影响，重构教育影响的意义，进而实现对自身的改造。为我性是指受教育者积极主动地作用于教育影响，改变教育影响原有的存在形式，转化为受教育者自身的某种品质，是为了满足受教育者自身的需要。选择性是指受教育者对教育影响不是照单接受，而是基于需要、兴趣等因素对教育影响进行过滤、筛选；依据已经掌握的认识规律选择加工教育影响的手段和方式。创造性是指受教育者接受教育影响的过程不是简单地"移植"或"临摹"的过程，而是在背景知识下运用一定的方式理解、解释教育影响，带有明显的主观色彩；通过把教育影响转化为受教育者自身的本质力量，改变了受教育者自身的原有状态，实现了对"自我"的否定，创造了一个新的"自我"。

对受教育者在教育活动中的作用也要有正确的认识，不能否认教育者及其提供的教育影响对受教育者发展的制约性，更不能否认受教育者作为教育活动主体所具有的主体性。

三、教育内容

教育内容是教育者和受教育者共同认识、掌握并运用的对象，是两个活动主体之间交流

① 夏正江. 教育理论哲学基础的反思——关于"人"的问题. 上海：上海教育出版社，2002，第16页.

② 伊曼努尔·康德. 论教育学. 赵鹏、何兆武，译. 上海：上海人民出版社，2005，第5页.

③ 教育者作为教育活动的主体，在对象性活动即与教育内容相互作用过程中同样表现出活动的目的性、自主性、为我性、选择性和创造性，尽管教育者作用的对象是教育内容，其主体性的表现形式和具体内容与受教育者主体性的表现有所不同，但其实质还是一致的. 为避免重复论述，尤其针对长期以来过于强调教育者这一活动主体的作用、忽略受教育者主体性的问题，本书将教育活动主体在对象性活动表现出的目的性、自主性等内容放在受教育者部分论述，而在教育者部分没有详尽说明.

的信息。

教育内容根源于人类的文化，是按照一定的社会标准对文化进行筛选和加工的结果。教育内容源于对人类文化的筛选，是指人们在一定价值观念的指导下，按照一定的社会标准，如伦理道德、法律、政策、习俗等，结合具体的社会历史条件和受教育者的需求，对人类创造的文化进行有目的、有意识地取舍的过程。人类创造并积累的文化总量、具体的社会历史条件、受教育者的需求等因素是制约教育内容的客观因素；人们对文化、社会与受教育者之间关系的认识以及价值上的取舍是制约教育内容的主观因素。人类文化的无限丰富性与受教育者个体生命和能力的有限性、文化自身的逻辑性与受教育者身心发展规律之间的矛盾，决定了我们必须把筛选的人类文化进行加工，即按照人们最易接受、理解和掌握的形式分门别类地组织起来，使之系统化、逻辑化、简约化。

人类文化的多样性决定了教育内容的组成是多种多样的。从其涉及的范围看，教育内容包括人类社会生活的各个领域，表现为知识、经验、价值观、生活方式和技能技巧等；从其表现形态来看，教育内容包括物质形态的文化、制度形态的文化、精神形态的文化；从功能或产生的作用看，教育内容包含行为-作用文化、语言-符号文化、价值-规范文化、知识-技术文化。①

教育内容是教育者学习、认识的对象。通过对教育内容的加工、改造和利用，教育者自身的智能结构发生改组、改造，并依据确定的活动目的、受教育者发展状况，设计并提供教育影响，使之成为受教育者认识、学习的对象。教育内容不会自动对教育者和受教育者产生影响，更不会自动转化为受教育者的发展，必须经过教育者和受教育者的积极作用，其形式也要发生相应的转化：教育内容是教育者理解、解释的文本，教育影响是教育者对教育内容这一文本理解、解释的结果；教育影响则是受教育者理解、解释的文本。“就本质而言，文本的意义并非是作者确定的意向性或是他以往的经验，文本就是对于那些不断从它当中获取的信息、新的体验的人的新意义之源。文本努力把我们拖进这个意义网络之中，使我们处在一种阐释学的意义结构之中，即走向文本意义解释之路，从而将文本的阐释行为看作是一个意义解释的无尽过程。”② 教育者通过对教育影响的直接掌控、调节，影响受教育者发展状况；受教育者通过对教育影响的学习、认识，实现自身的发展。

四、教育手段

教育手段是教育者、受教育者、教育内容三个要素相互作用的介质。

教育手段的发展伴随着人类教育的发展，从一个可见的侧面反映了人类教育活动发展的进程。教育手段的发展大致经历了口耳相传阶段、文字书籍阶段、直观教具阶段、实验技术阶段、视听媒体阶段、高新技术阶段，教育手段的每一次发展都是在继承、保留前一阶段的同时不断补充新的手段形式，从而使教育手段多样化。教育手段从来源上可以分为两类：第一类是教育者、受教育者自身的器官、组织、系统及其机能，如视觉系统及机能、听觉系统及机能、肢体及行为等；第二类是作为教育者、受教育者的肢体延长、体能放大的工具系统，以及教育者与受教育者的感官、大脑的延伸、智力放大的工具系统，如粉笔、黑板、投影仪等。按照发展历程以及作用不同，教育手段分为传统教育手段和现代教育手段。

---

① 陈桂生. 教育原理. 上海：华东师范大学出版社，2000，第 21 页.

② 王岳川. 现象学和解释学文论. 青岛：山东教育出版社，1999，第 236 页.

教育手段既是教育活动得以发生的条件，也是衡量教育发展过程的重要的“测量器”。首先，教育手段是教育者与教育内容、受教育者与教育影响之间相互作用的桥梁和纽带，没有教育手段的沟通作用，教育者、受教育者、教育内容只是孤立存在的，教育活动也无从谈起。其次，作为一种基本的教育手段，文字的出现和发展是学校教育产生的重要条件。文字是语言的结晶化，可以使社会经验的传承和交流超越时间和空间的限制，同时也提供了在抽象水平上进行经验的积累和传递的可能。再者，教育手段影响教育活动的质量和效率、程度和水平。教育手段制约教育者对教育内容利用的范围以及与教育内容相互作用的方式，这种作用方式影响到教育影响的程度和水平；教育手段也制约受教育者与教育影响相互作用的方式，这种作用方式影响受教育者身心发展可能达到的程度与水平。最后，教育手段影响教育活动的组织形式。当口头语言和肢体语言为主要教育手段时，教育的组织形式主要是个别教学；当文字、印刷术发明并普及后，班级授课才成为可能。“人类历史上经历过多次因以新的符号文化补充和改进原有的符号文化、以新的传播媒介补充与改进原有传播媒介而在文化上获得有决定意义的飞跃。这方面的里程碑是语言、文字以及大众传播媒介的问世。教育史的开端和教育史上最有决定意义的变化，是伴随符号文化与传播媒介发生的”①。

在其他教育要素相同或相近的情况下，教育手段的差异是导致教育活动质量、效率差异的重要因素。但是，在强调教育手段作用的同时，我们必须认识到，教育手段并不是衡量教育活动结果的根本标志。不同的教育者和受教育者运用同样的教育手段所取得的效果是不同的。不断提高教育活动的质量和效率是我们永恒的追求。

第三节　教育的形态

一、原始教育

原始形态的教育主要是指原始社会的教育。原始社会是人类历史上第一个社会形态，生产力水平极为低下，生产资料是原始公社的公有制，产品平均分配。原始教育具有以下特点：

（一）教育与生产劳动、社会生活融合在一起

与原始社会的生产方式相适应，处于原始状态的教育还没有从生产劳动和社会生活中分化出来。年轻一代是在生产劳动和日常生活中，学习制造工具、采集果实、从事渔猎等生产知识和劳动技能，养成遵守公共生活的行为规范与习惯；在宗教和做游戏活动中，学习祭祖、礼仪、文艺等方面的内容；在部落冲突和战斗中进行某些军事训练。教育融合在生产和生活之中，与生产劳动、社会生活紧密结合，社会没有专门的教育机构和专门的教育人员。

（二）教育内容与方法十分简单

教育内容主要是传递生产与生活中的经验，又由于尚未产生文字，教育只能通过口耳相传、行动模仿来进行，教育从内容到方法都十分简单和贫乏。

---

① 陈桂生. 教育原理. 上海：华东师范大学出版社，2000，第79～80页.

（三）教育无阶级性

原始社会属于“原始共产主义社会”，没有私有财产、没有私有观念、也没有阶级，所有的儿童享有同样的受教育机会，教育是共同的、平等的。

二、古代教育

古代教育指的是奴隶社会和封建社会的教育。奴隶社会和封建社会是人类社会两种不同的社会形态，但是在政治上都属于统治阶级专制政体，在经济上都是个体经济、小农经济，文化上代际差异很小，整个社会是以渐进形式发展。这两种不同社会形态的教育，在具体的目的、内容和方法上虽有所不同，却有着许多共同的特点，主要表现为：

（一）产生了专门的教育机构——学校

学校的产生是人类教育史上具有革命意义的事件。从此，人类教育进入了正规教育与非正规教育并存的时代。

学校作为一种专门的教育机构，其产生是有条件的。

首先是由于社会生产力的发展。进入奴隶社会，金属生产工具替代了原始社会的石器工具，生产力发展水平提高，使一部分人从直接的生产劳动中分离出来，从事社会管理和文化活动，这就为有人从事专门的教育活动创造了条件。

其次是统治阶级对管理人才的需求。私有制的产生，社会贫富两极分化，对立阶级形成，国家机器产生，统治阶级为强化对劳动人民的统治，迫切需要有专门的机构培养本阶级的接班人和为其服务的官吏及知识分子，学校的产生有了客观的需要。

再次是文字的出现。奴隶社会出现了文字，文字的形成必然使掌握文化的活动专门化起来。另外，文字的出现“使传授文字及掌握书面语言的能力的教学，对需要掌握文字的人来说成为必不可少的事。这对学校的出现起了重要的推动作用，而且使掌握文字逐渐成为学校在传授文化方面最基本的、也是最基础的（区别于非学校教育的）任务之一。”①

最后是教育自身发展的结果。原始社会后期，教育活动已经在局部方面表现出专门化的倾向。除了在教育者、受教育者、教育内容等方面逐渐专门化以外，进行教育活动的地点也逐渐固定起来。这种独立化的倾向为学校的产生准备了教育内部的条件。

（二）学校教育与生产劳动分离

古代学校教育的主要目标是培养统治阶级所需要的政治人才、军人、知识分子等。学校教育内容主要是古典文史，基本没有与生产劳动有密切联系的科学、技术的内容。中国奴隶社会学校教育内容主要是“六艺”（礼、乐、射、御、书、数），封建社会以“四书”、“五经”（《大学》、《中庸》、《论语》、《孟子》；《诗经》、《书经》、《礼记》、《易经》、《春秋》）为主要学习内容。欧洲中世纪的教会学校以“七艺”（文法、修辞、辩证法、算术、几何、天文、音乐）为学习内容，而与此并存的世俗教育——骑士教育则以骑士七技（骑马、游泳、投枪、击剑、打猎、下棋、吟诗）为主要学习内容。虽然也有一些数学、天文等自然科学知识，但总体上轻视生产知识的传授。

---

① 叶澜．新编教育学教程．上海：华东师范大学出版社，1991，第 34 页．

（三）教育具有阶级性

在奴隶社会和封建社会，学校教育的政治功能十分突出，集中体现了教育的阶级性。在古代教育阶段，学校是统治阶级为维护自己政权的需要而设立的，具体表现为培养某些服务于社会上层建筑成员的需要。这样的成员占社会人口的少数，是脱离社会物质生产领域且居于社会统治地位的。对大多数的被统治者及其子女来讲，生产劳动的经验与技能的传授、学习，依然保持着它的原始形态，即是在生产劳动和生活过程中进行的。

（四）教育事业发展缓慢

奴隶社会和封建社会都属于文化发展缓慢的社会，反映在教育上也表现为教育事业发展缓慢。主要表现为：教育内容基本是古典文史为主；教育手段还是依赖于教育者和受教育者自身的器官、组织、系统及其机能；教育组织形式以个别教学为主；学校数量较少、规模较小，类型较为单一，而且学校教育之间缺乏直接和间接的衔接关系。

三、现代教育

现代教育是指建立在机器大生产基础之上的、与生产劳动相结合的、以造就全面发展的人为宗旨的教育。现代教育的特点主要是：

（一）普及义务教育并不断延长义务教育年限

在现代社会，科学技术得到广泛的应用，劳动者必须要有一定的文化和相当水平的科学知识、生产技术，懂得机器的性能，能够正确地操纵机器，而且随着科学技术物化速度的加快，这种要求将愈来愈高。要培养出现代大工业生产所需要的劳动者和科学技术人才，必须经过学校教育的系统学习和专门培训。学校教育的职能有了很大的变化，不但要为统治阶级自身培养管理国家和企业的人才，也要培养和训练普通劳动者。尤其是在日益剧烈的国际竞争中，科学的创造、技术的先进和熟练、劳动者的素质和才能，已成为政治、经济发展的重要因素。人们认识到在激烈的竞争面前，投资教育、开发智力资源要比投资物质资源更为有利。因此世界各国普遍实施义务教育并不断延长义务教育年限。

（二）教育与生产劳动越来越趋向于结合

在现代社会中，学校教育的社会功能扩大了，它不只是为社会的某些部门培养人才，而是为全社会各部门培养人才。对于每个人来说，在进入社会工作以前，还需要接受不同程度的专业训练，这使学校教育与社会联系更加直接化。现代社会的教育，尤其是学校教育，是根据社会各部门对人才的需要来考虑教育的结构和要求。为了使学校培养的人更适合社会相应部门的需要，学校就必须与各部门建立密切的联系，社会各部门也要承担、参与部分学校教育工作。所以，在当今社会，学校教育规划的制定离不开对社会经济结构的分析与预测，离不开对社会人才需求的调查，而学校教育目标的实现同样离不开社会各部门的协作与支持。

另外，现代社会科学技术的发展速度在加快，为了适应这种变化，社会的产业结构和职业结构都会发生变化，每个人在就职以后不可能永远从事一种工作。如在企业中，技术设备和产品的更新就需要对企业成员进行专门培训，这就又加强了企业内部的教育功能。

（三）教育内容、教学方法的现代化

教育内容的现代化，一方面表现在课程和教材的增删上。古典的人文教育课程经过改造、压缩，以适应现代社会的需要；电子计算机以及与现代生产、生活有密切联系的内容在学校课程中所占比重逐渐增大。另一方面表现在课程、教材体系结构的变化上。如加强、加深基础课，注意课程的综合化，调整教学计划中各门学科课时的比例等，使得课程、教材体系结构更有利于受教育者合理的知识结构的形成和各种智慧、能力、特长、个性的发展。

教学方法的革新是随着教育内容的变化而发生变化的。自然科学在学校地位的确立，直观、实验、演示等方法便应运而生，整个学习过程更注重理解和应用，因此，在教学方法的使用上着眼于使学生在教育过程中发挥学生的主体作用，改变长期以来把教学方法的重点放在如何传授知识上的传统，使教学方法有利于知识的掌握，更有利于智力、能力、创造力的发展，同时强调学生自我教育能力的培养。

（四）建立了完备的教育制度

现代社会建立了相互衔接的各级各类教育系统，形成了从幼儿园到大学，从普通教育到职业教育，从正规教育到非正规教育等相互交叉的立体式教育制度网络。

（五）班级授课制成为教学的基本组织形式

班级授课制是社会生产发展到一定阶段的必然产物。工业化社会生产的发展，要求有更多的、接受过一定程度教育的劳动者，而以往以个别施教为主要形式的教育，远远不能满足社会发展对更多劳动者的需要，因而以班级教学为主的集体教学形式应运而生。

四、现代教育的发展趋势

（一）教育的全民化与终身化

全民教育与终身教育已经成为当代最具影响力的两大教育思潮，它们不仅主导了当前世界教育改革的方向，也成为世界教育发展和进步的趋势。全民教育的任务侧重于普及教育，终身教育的任务侧重于继续教育。

所谓全民教育就是教育对象的全民化，亦即教育必须向所有人开放，人人都有接受教育的权利并且必须接受一定程度的教育。全民教育的兴起，有其广泛而深刻的时代背景。首先，从个人发展层次上看，全民教育是个人获得生存和发展能力的基本手段。其次，从社会或国家发展的层次看，全民教育既是社会经济进步带来的必然结果，也是社会和国家走出危机、摆脱贫困、实现繁荣的必然选择。再次，全民教育是促进世界文明共同繁荣的需要。另外，全民教育也是针对世界教育发展存在的一些严重问题而提出来的，这些问题包括儿童失学问题、新文盲的产生、成人文盲扫除、功能性文盲问题。教育，尤其是全民教育，在解决“人类困境”诸问题的过程中，发挥着不可缺少的作用。

终身教育是20世纪60年代形成和发展的一种国际性教育思想，是指人们在一生中都应当和需要接受各种教育。终身教育在时间上贯穿人的整个一生，在空间上打通了自然教育、社会教育、家庭教育和学校教育的阻隔。终身教育主张教育不是单纯的知识的传递，而应是贯彻人的全面发展精神，培养个体适应现代社会所需要的各种能力和素质；学习者不仅要学习已有的文化，而且要培养个人对环境变化的主动适应性以及个人的独立性。“从这个意义

来说，未来的教育必须成为一个协调的整体，在这个整体内，社会的一切部门都从结构上统一起来了。这种教育将是普遍的和连续的。从个人的观点来说，这种教育将是完整的和富于创造性的，因而也是个别化和自我指导的。这种教育既是保障专业活动、促进专业活动的动力，又是文化中的堡垒和推动力。这个教育运动是不可抗拒的和不可逆转的。这是我们时代的文化革命。”①

（二）教育的民主化

教育民主化是指全体社会成员享有越来越多的教育机会，受到越来越充分的民主教育。教育民主化的中心内容之一是实现教育平等，教育机会均等是教育平等的基础。教育机会均等在不同的历史时期，具有不同的内涵：最初只是强调入学机会的均等，或者是初等教育的均等；稍后就扩展到受教育的年限、学校类型、课程性质；最后，直至教育的全过程包括入学机会、过程条件、结果的均等。教育机会均等所体现的主旨是：人人有受教育的权利，在教育机会面前人人平等，人人成为民主化教育的主体；每个人都有机会享受最基本的教育，每个人都有相等机会接受符合其能力发展的教育。

为了实现教育民主化，一方面要做到教育的普及化，另一方面要达到教育质量和效果的平等。教育普及化可以说是教育民主化的基本保证。如果说教育的民主化是旨在保证每位公民及其子女都有受教育的权利的政治理想的话，那么教育普及化则是保证人们真正享有这一权利的现实基础。教育民主化必然要求教育体制和运行机制的变革，教育体制由筛选型、集权型转向综合型、分权型，教育结构由刚性、封闭式转向弹性、开放式，师生关系由权威型转向以互动为特征的民主型，教育方式由灌输式转向启发式，教育评价由注重选择转向注重培养，教育管理由集中、封闭式转向参与式、自主式。

（三）教育的个性化

从教育学角度看，个性实际上指的是个体的整个精神世界，其内在本质特征为主体性和独特性。教育的个性化是基于对个体独特性尊重的基础上提出的，教育没有理由用一种固定的模式去限制本来丰富多彩的、各具特色的人的发展，因为那样意味着对个体发展的不公正。而且基于主体性基础上的独特性是衡量个体个性发展的标准，在充分发挥了个体主体性基础上体现的独特性，亦即说明个体具有较高的发展水平，更加充分地发挥了潜能。

强调个性发展是当今世界教育的共同趋势。培养人的自我生存能力，促进人的个性的全面和谐发展，已成为当代教育的宗旨。为此各国都在着力进行教学组织形式、教学方法、培养目标的改革，以适应个性化的要求。

（四）教育的信息化

多媒体和信息高速公路成为工业化时代向信息化时代转变的两大技术杠杆，以惊人的速度改变着人们的工作、学习、思维、交往乃至生活方式。当代信息技术带给教育的不仅是手段与方法的变革，而且也是包括教育观念与教育模式在内的一场历史性变革。它将导致教育的三大基础——读、写、算的巨大变革，书籍不再是唯一的教学内容；教师的作用也会发生巨大的变

① 联合国教科文组织国际教育发展委员会. 学会生存——教育世界的今天和明天. 华东师范大学比较教育研究所，译. 北京：教育科学出版社，1996，第203页.

化，教师不再被视为知识的唯一占有者，他将成为学生的合作伙伴；教育管理也将会因计算机网络的介入，减少管理过程中的中间环节，改变人浮于事的状况，使教育管理走上科学化的轨道。

当然，信息化时代在给人类带来前所未有的充满创造力、想象力的工作和生活的同时，也有其不利的影响。如网络上传送的信息垃圾、不健康的内容，有可能导致学生发展的扭曲；昂贵的软硬件设施拥有的不均衡将有可能导致贫国、富国差距进一步拉大，学生间家庭条件的差异导致教育的平等受到威胁等。这也正需要用人类的理性和良知为科学技术的应用指出方向。

（五）教育的国际化

全球信息一体化和经济一体化对教育提出了面向世界、面向国际的要求。教育的国际化包含三方面的内容：第一，教育目标国标化。教育系统要面向国际培养人才，教育机构要进一步向国际社会开放，从中小学就培养学生具有国际意识，加强外语、计算机的教学，开展国际互访和网上交流。第二，国际理解教育的进一步加强。国际化不仅意味着了解和掌握国外的语言文字，更重要的是形成从全人类利益、全球观点出发考虑问题，理解国际社会——关心和宽容异国文化的品性和风貌。这就要求加强国际理解教育，注重国际精神的培养。第三，全球范围内国际合作的扩大。国际 21 世纪教育委员会认为：国际合作的方式也同样适用于教育领域。它建议联合国教科文组织和世界银行在全球教育合作中发挥重要作用，如在发展中国家的扫盲、普及初等义务教育、妇女教育、信息技术教育等方面提供援助和合作开发。

思考与练习

1. 试分析教育的本质属性。
2. 试论述教育者、受教育者主体性的内涵及其表现。
3. 学校教育的特点是什么？
4. 古代教育的特点有哪些？
5. 结合现代社会的特征，试分析现代教育的特点。
6. 试分析现代教育发展趋势。

【相关材料链接】

材料一　教育科学中的概念建构问题

教育科学的理论基础框架在很大程度上来源于实践教育学。在接受实践教育学基本观念的同时，其专业用语或专业术语也被继承和接受下来。而正如我们已经看到的那样，实践教育学的专业用语或专业术语又均来源于口语或日常语言。因此，它们所指示的东西，在许多情况下并不足够精确。具体而言，其缺陷主要有二：一是多义，二是含糊不清。

多义性和模糊性

一些教育学的专业用语具有多重含义，即它们被用来表示或指称不同的对象。此外，这种多义性也与一种现实情况紧密相关，即每一种自然语言的词汇量都是有限的。因此，不可能每个词汇都对应一个专门的概念，也不可能每个词汇都只能指称一个内容而不能指称其他内容。譬如“培养”一词，它既指称一种过程（“接受培养”），也指称一种状态（“被培养过了”）。而即使确定“培养”一词专门指称“培养过程”，还可以具有不同的含义：它或者指称一种“社会行动”（“培养另外一个人”），亦即一种及物的过程，或者指称一种不及物的或反身的过程(“自我培养”)。因此，只有我们始终想着上述提示，或者从一个句子的相互联系中来思考其本来的含义，才可能相对减少产生误解或歧义的危险。然而事实却是，即使在同一个文本中，在没有任何交代的情况下，甚至在作者自己也毫无意识的情况下，专业术语的含义也经常发生变化和混乱。在这种情况下，人们一般认为专业用语的使用具有“不固定”的特点。

教育学专业用语的第二个缺陷是其模糊性。它是指专业用语的含义不足够确定。而这种不确定性常常在于我们对用该词汇来指称的对象本身知之甚少。譬如“可塑性”这个专业用语。可以肯定地说，几乎所有教育学的专业用语都或多或少地存在含糊不清的问题。而其中还存在有些规则同时具有多义和含糊不清两种缺陷，比如“培养”或者“教育”。

对于多义的专业用语来说，其实存在着许多相关的使用规则。之所以会出现含糊不清的问题，则显然是由于有关使用规则没有完全确定，从而或多或少为人们去猜测其含义留下了比较大的余地或空间。

（选自沃尔夫冈·布列钦卡。胡劲松译。《教育科学的基本概念：分析、批判和建议》第11～12页，2001年华东师范大学出版社）

材料二 学习化社会和终生学习的基本特征

从学习化社会和终生学习的本质出发，可以把学习化社会和终生学习的特征界定为以下几个方面：

1. 学习化社会和终生学习具有学习和受教育的平等性特征

平等性是学习化社会和终生学习最为本质性的特征，这种平等性主要体现在学习化社会中，人要进行终生学习，必须具有民主、平等的受教育机会。无论是教育的时间安排、教学内容选择、教育方法的取舍，还是学习权利的获得、学习结果的评价等方面，都要求具有相应的平等保证，也就是说，在学习化社会，受教育的机会平等将成为人权的重要组成部分。只有每个人都具有平等的受教育权和自主的教育选择权，才能真正体现出学习化社会学习者的主体地位，也才能保证学习化社会真正成为全民皆学之邦。由此可以说，平等性既是学习化社会和终生学习的基本特征，同时也是学习化社会和终生学习的重要前提。

2. 学习化社会和终生学习在空间上的开放和时间上的终生性

学习化社会和终生学习的实现，必须从空间上打破传统教育中学校教育居于垄断地位的终极性教育形态，实现社会各部分教育之间的联系和相互开放，把学校教育与家庭教育和社会教育看成是教育中的不同组成部分，同时赋予各自不同的职能和义务。这样就能保证教育空间的扩大，真正实现全社会都成为教育责任的承担者的理想，使整个社会都变成一个教育化的社会。从时间上讲，学习化社会和终生学习是延续了个体一生的教育理念，这就突破了传统学校教育固着于人生某一特定阶段的模式，使教育成为贯穿人生始终的活动。无论是空间上拓展，还是时间上延续，都为学习化社会和终生学习提供了物质性环境，为学习化社会和终生学习创造了相应的氛围。如果这种氛围缺乏，那么，也就谈不上学习化社会和终生学习的实现了。

3. 学习化社会和终生学习具有生活性

所谓生活性，也就是指学习化社会和终生学习成为人类日常生活的一个重要组成部分，教育再次具有日常的生活性话语权利。这也使得教育和学习不再是传统的独立于人生活的孤立活动，而成为人生活的一部分。教育生活性话语的获得，使教育从圣殿走向了民间，这对于促进和实现教育的民主化与平等具有重要的作用和意义。

4. 学习化社会和终生学习在目标定位上具有发展性的特征

学习化社会和终生学习，其最终的目的定位都是出于人的发展和社会发展的需要。无论人的发展，还是社会发展，从严格意义上说，都是属于过程的范畴。发展没有终极性目标，其最大的目的，即在于在原有水平的基础上实现个体人和全人类的发展的最大化，实现不断的发展。因此，可以说，发展的目标是为了更好地发展。而要实现人和社会的累积性发展，就需要教育提供持续、连贯的支撑，为这种持续发展提供动力。在此意义上，学习化社会和终生学习的出现和产生具有必然的意义。

5. 学习化社会和终生学习从现实性上讲，具有理想性的特征

因为从目前世界各国的教育发展现状来看，尽管世界各国无论政府，还是学者，都十分关注学习化社会的建设，都十分注重终生学习的实施。但目前还没有一个成功的典型来说明学习化社会和终生学习究竟应该如何实施。因此，从此角度说，学习化社会和终生学习的最终实现，还有许多障碍需要不断地克服，在实现过程中也许还会遇到许多这样或那样的问题，还会对我们所理解的学习化社会形成新的挑战和修正。在此意义上，学习化社会和终生学习在不短的时期之内还只能是一个人类为之奋斗的理想。当然，随着信息社会和知识社会特征的逐渐显现，随着现代信息技术诸如网络等的普及，学习化社会和终生学习具有较为乐观的前景。这也是世界各国关注和重视学习化社会建设的重要起点和基础。

6. 学习化社会和终生学习具有极强的主体性特征

学习化社会是一个以学习者为中心的社会形态，因此，对学习者主体地位的强调就成为学习化社会的重要前提。同时，终生学习不是一种外在的被动式学习，而是从学习者自身需要出发的一种主动的自愿的学习，在此意义上，也要求充分体现出学习者的主体性地位。这种主体性特征所延伸出来的就是学习化社会和终生学习中学习方式的个性化，即不同的主体在学习方式的选择上具有符合自己实际的个性特点。这在一定程度上弥补了传统教育由于强调统一和共性而对个性的忽视。当然，对个性化的强调也并非否认学习化社会和终生学习的共性，事实上，学习化社会和终生学习同样具有共性或整体性的特征。这种共性或整体性主要体现在从教育角度看，整个社会的教育属于一个主体，从个人一生受教育的实践来看，人生的教育属于一种整体性行为。综上表明，学习化社会和终生学习是在充分发挥学习者主体性基础上的共性和个性相结合的一种教育社会形态。

（选自顾明远、孟繁华主编：国际教育新理念，海南出版社，2001 年，第 42～44 页）

材料三　终身教育理论的具体原则

1. “终身教育”的概念是以“生活”“终身”和“教育”三个基本术语为基础的，这些术语的含义和对它们的解释亦决定了终身教育的基本范围和定义。

2. 教育并非在正规学校教育结束时便告结束，它应是一个终身的过程。

3. 终身教育不仅限于成人教育，它还包括所有阶段的教育（学前、初等、中等及其他教育阶段）。

4. 终身教育既包括正规教育，也包括非正规教育。

5. 家庭在终身教育过程的初期起着决定性的作用。

6. 社会在终身教育体系中也起着重要作用，这种作用从儿童与社会接触之际就开始了。

7. 中小学、大学和培训中心之类的教育机构固然是重要的，但它们不过是终身教育机构的一种。它们不再享有教育的垄断权，也不再能够脱离其他社会教育机构而独立存在。

8. 终身教育试图从纵的方面寻求教育的连续性和一贯性。

9. 终身教育亦试图从横的层面寻求教育的统一与整合。

10. 终身教育与英才教育相反，它具有普遍性，主张教育的民主化特征。

11. 终身教育的特点是：在学习的内容、手段、技术和时间方面，既具灵活性，又有多样性。

12. 终身教育对教育进行深入探讨，它促使人们能够适应新的变化，自行变更学习内容和学习技术。

13. 终身教育为受教育者提供各种可供选择的教育方式和方法。

14. 终身教育具有两个领域，即普通教育与专业教育。这两者并不是孤立的，而是相互联系、相互作用的。

15. 终身教育有助于提高个人和社会的适应能力和革新能力。

16. 终身教育发挥矫正的效能，克服现行教育制度的缺点。

17. 终身教育的最终目标是维持、改善生活的质量。

18. 实施终身教育的三个主要前提条件是：提供适当机会、增进学习动机、提高学习能力。

19. 终身教育是把所有教育加以组织化的一种原则。

20. 在付诸实施方面，终身教育提供一切教育的全部体系。

（选自吴遵民：现代国际终身教育论，中国人民大学出版社，2007年，第80～81页）

第二章　教育功能

【教学目标】

1. 分析说明教育功能的含义和类型。
2. 举例说明教育的个体功能和社会功能的表现。
3. 依据对教育功能的理解，分析我国确定教育优先发展战略的依据。

教育功能是教育学的一个基本理论问题，主要回答教育能够“做什么”的问题。

教育功能指的是教育活动对个体发展和社会发展的影响和作用，在教育系统内部表现为对个体发展的影响和作用，在社会系统中表现为对社会发展的影响和作用。从教育作用的对象来看，教育功能分为教育的个体功能和社会功能；从教育作用的性质和方向上看，教育功能可分为正向功能和负向功能；从教育作用的呈现形式来看，教育功能分为教育的显性功能和教育的隐性功能。本章重点分析了教育对个体和社会发展的正向功能。教育对个体发展的正向功能主要表现为促进个体的社会化和个性化以及谋生和自我完善；教育对社会的正向功能主要表现为促进社会政治、经济、文化的发展。

第一节　教育的个体功能

一、教育促进个体社会化和个性化的功能

（一）教育促进个体社会化的功能

1. 促进个体观念的社会化

个体观念是指个体对于社会事物的看法和个体在社会生活中形成的思想。个体从“生物个体”成长为“社会个体”的过程，实质是接受社会文化的过程，从某种角度看，这一过程也是社会客观文化内化为个体主观文化的过程。个体如果能够适应并参与社会生产生活、正确认识并处理各种社会关系，就必须将所在社会的主流文化和价值观念、行为规范内化为自己的品质。在人的观念社会化的过程中，教育起着非常重要的作用。教育的作用，就是在个体观念的社会化过程中，能有计划、有目的地按照一定社会的要求，帮助人们形成社会所需要的观念。教育促进个体观念的社会化突出地表现在促进个体政治思想和伦理道德观念的社会化。

2. 促进个体智力和能力的社会化

个体智力、能力的发展离不开社会的需要，同时又需要教育的指导与规范。个体智力、能力的发展方向在总体上是受社会条件制约的，同时又受到教育的指导与规范，不同阶段或不同类别的教育将个体智力、能力引导到适应社会生存并为社会发展服务的轨道。教育也以特有的目标、内容以及特有的方法、途径规范着人的智力、能力发展的目标与水平。例如，我国的教育目的是“培养德、智、体、美等方面全面发展的社会主义事业的建设者和接班人”，这一表述说明，人才不仅要具备知识、能力，还要具备政治、思想、道德品质，后者

规定了人才的性质和方向，也规定了其智力、能力发展的方向。

3. 促进个体职业、身份的社会化

教育通过生产知识、经验和技能的传授，使人获得了谋生的本领，尤其在现代社会，个体谋求某种社会职业通常是以接受相关的教育与训练为前提的，教育资格成为大多数职业任职的凭证，教育使个人具有适应不断变化的经济领域必备的知识和技能。可见，教育是促进个体职业社会化的重要手段。个体身份是个体在整个社会结构中的地位，在现代社会中个体身份与地位也是与其所具备的教育素养密不可分的。任何社会身份都不同程度地蕴含着对教育的要求。

（二）教育促进个体个性化的功能

1. 促进个体主体意识的形成和发展

主体意识是人作为认识和实践主体的自觉意识，包括主体的自我意识和对象意识。教育对人的主体意识的形成与发展起着重要的作用。在某种意义上讲，教育正是通过对人的道德、智力、能力的培养进而提高人对自己的认识。对于个体而言，教育的过程是一个不断提升自我的过程，是激发并弘扬人的主体意识的过程。

2. 促进个性倾向性和心理特征的发展

个性倾向性和个性心理特征的发展受许多因素的制约和影响，既有先天因素也有后天因素，其中教育是一项非常重要的因素。教育虽然是按照社会的要求作用于个体的发展，但是社会化本身也包含着对人的个体特征的充分发展的需求。教育应该是尊重个体差异的教育，教育帮助个体充分开发内在的潜力并充分地发展自己的特长。教育主要是通过不同的教育内容、教育方法、途径促进人的个体特征的发展。

3. 促进个体价值的实现

每一个生命个体如何展现其人生的价值，归根结底是通过他在社会生活中发挥作用的大小来衡量的。个体全面发展的程度、素质的高低决定其在社会生活中发挥价值的大小。教育使人意识到生命的存在并努力追求生命的价值与意义；教育赋予个体创造生命价值的信心与力量。

二、教育的个体谋生功能和自我完善功能

教育的个体谋生功能，是指人们通过教育可以获得一定的职业知识和技能，满足社会生产和职业生活对人的要求，为个体谋生创造条件。一个人，无论分担何种社会角色，都必须从事一定的职业，这既是个体为社会做贡献的主要形式，也是个体生存和发展的基本手段。个体只有通过劳动，才能成为履行社会责任的主体，从而才能真正实现个体的人生价值和人生理想。教育的个体谋生功能主要表现为：一方面通过个体社会化，将社会文化行为规范传递给受教育者，使其获得未来社会生活或职业生活中相应的角色和意识，以便适应新的环境；另一方面通过职业、专业技能教育，促进受教育者掌握一定的职业所需要的基础知识、实用知识和技能技巧，为其从事一定的职业做准备。随着科学技术的发展，教育成为现代社会生产劳动的必要条件，个体谋求某种社会职业必须以接受一定的教育和训练为前提，而且对教育程度的要求也越来越高，教育的个体谋生功能益发显著。

教育的个体谋生功能使个体获得谋生的基本手段，满足其生存和发展的基本需要，但

是，如果个体仅仅追求并满足于物质享受，他只是像动物似地生活着，像植物似地生长着，因为人“不仅仅作为物质的存在而存在。他有更丰富和更高尚的精神存在：通过知识和爱，他有精神上的存在”。① 丰富而广泛的教育内容和学校生活，充实人的精神世界和精神生活；教育要素之间复杂的关系，有助于提高受教育者正确地认识并处理个体与社会、个体与他人、个体与群体的关系，并在这些关系的认识和处理过程中认识到自己的存在和独特性，形成一套既符合社会标准又具有一定独特性的生活方式：人文知识的学习，认识与处理社会关系、人己关系、物我关系的能力的提高，有助于个体形成高贵的情操和品性，确立正确的人生观、价值观，理解生命的意义和人生的真谛。对于个体而言，教育活动也是一个不断地认识自己、实现自己、完善自己和超越自己的过程。“教育的主要目的，在最广泛的意义上就是‘塑造人’，或者更确切地说，帮助儿童成为充分成型的和完美无缺的人。其他目的如传递特定文明区域的文化遗产，为参与社会生活和成为优良的公民做准备，以及履行整个社会的特定职能、完成家庭责任和谋生所需要的精神准备，乃是一些推论，它们是重要的但又属于第二位的目的。”②

第二节　教育的社会功能

一、教育促进经济发展的功能

（一）通过提高劳动者的素质，促进经济发展

在构成生产力的诸要素中，劳动者是最重要、最为活跃的决定性要素，这是因为只有通过劳动者才能制造和使用劳动工具等劳动资料作用于劳动对象，创造出使用价值。当一个人尚未掌握生产知识和劳动技能时，还只是未来的可能的劳动者，只有掌握了一定的生产知识和劳动技能，具有劳动能力时，才能成为现实的劳动者。教育通过教育教学活动实现科学技术和人的有机结合，是劳动力再生产的重要过程，是生产活动得以继续和发展的必要条件。现代经济发展所要求的劳动者已不是未受过教育和培训的人，而是接受一定程度教育，掌握一定现代科学技术、现代生产知识和技能的劳动者。

首先，教育能够提高劳动力的质量、改变劳动力的形态，使其创造更高的经济价值。教育可以提高体力劳动者的智力水平，把不熟练的劳动力训练为熟练的劳动力；也可以把简单劳动力、一般劳动力，通过教育使其成为复杂的和专门的劳动力。由于复杂劳动是多倍的简单劳动，因此，从事复杂劳动与从事简单劳动的劳动力相比，所创造的社会经济价值是不同的。在现代市场经济条件下，从事复杂劳动与从事简单劳动的劳动力的工资待遇也是有明显差别的。劳动力的劳动复杂程度和熟练程度越高，社会给他的劳动报酬即工资待遇，也会相应地提高。

其次，教育能够提高劳动者的劳动效率。在现代社会，教育的作用伴随生产发展和经济增长的作用日益明显和重要，这是因为现代生产和经济的发展，主要依靠提高劳动生产率，

① 华东师范大学教育系，杭州大学教育系编，译. 现代西方资产阶级教育思想流派论著选. 北京：人民教育出版社，1980，第290页.

② 华东师范大学教育系，杭州大学教育系编，译. 现代西方资产阶段教育思想流派论著选. 北京：人民教育出版社，1980，第289页.

而劳动生产率的提高在很大程度上依靠劳动者科学文化知识和生产技术水平的提高。联合国教科文组织（UNESCO）的调查表明，劳动者的劳动生产率与其受教育程度密切相关：受过小学教育劳动者的生产率要比文盲高 43%，受过中等教育的要比文盲高 108%，受过高等教育的要比文盲高 300%。[①] 教育提高劳动生产率，主要体现在以下几个方面：影响劳动者掌握生产理论和操作技能的程度、水平；影响劳动者掌握新工种、新技术的速度；影响社会为经济发展提供一定水平技术工人、技术人员的数量和所需要的时间；受教育程度的提高可以预防、减少、避免生产事故的发生；影响劳动者提出合理化建议和技术革新的数量和质量。如日本的一些研究报告宣称：工人的技术革新建议程度与他的教育水平相对应，工人受教育水平每提高一个年级，合理化建议就平均增加 6%。受过完全中等教育的工人在技术创新上的积极性，比没有受过同等教育而工龄相同的工人要多 4 至 5 倍。[②]

第三，教育通过陶冶劳动者的思想和道德，增强主人翁意识，从而提高他们的劳动积极性、主动性和创造精神；教育也可以提高劳动者的职业道德水平，进而降低原材料和能源的损耗、降低协调管理的费用。

概括地说，教育是明显的消费，但又是潜在的生产；是有限的消费，但却是扩大了的生产；是今日的消费，但肯定是明日的生产。以高科技产业和服务业为支柱产业的知识经济的蓬勃兴起，更使人们认识到：经济系统的知识水平和劳动力素质已成为生产函数的内在部分，亦即成为生产率提高和经济增长的内在动力之一；经济越是高级化，科技水平、劳动力素质和教育的价值就越大。

（二）教育是科学技术再生产的重要手段

科学技术本身是人类征服和改造自然的精神力量，是知识形态的生产力，当科学技术应用于生产领域，就转化为直接的生产力。科学技术转化为直接生产力，通过物化为生产工具来扩大劳动对象的范围，改变与提高劳动对象的品质；科学技术可以通过教育为劳动者所掌握，并转变为劳动者的知识和技能，从而创造出更高的劳动生产率和巨大的社会生产力。科学技术对现代经济发展的影响，需要教育实现对科学技术的再生产，以及教育在科学转化为生产技术过程中的中介作用的发挥。

首先，教育能够实现科学技术的再生产。科学技术的发展具有很大的继承性和连续性。传递、积累和借鉴前人的科学研究成果，是科学技术发展的前提条件，因为任何科学技术，都不是某一个历史时代的产物，而是人类社会整个历史发展过程的结晶，是一个不断传递、积累、发展和再生产的过程。在这一过程中，教育发挥着重要的作用。教育把已经创建的科学知识不断地再生产出来，为社会新一代成员继承和掌握。通过继承、积累，个人和某一个历史时期的有限的科学认识逐步积累为无限的科学认识，而继承与积累同时又为新的科学发现做好了知识和人员上的准备。科学正是通过教育这一中间环节而不断地合乎规律地向前发展。没有教育所实现的科学知识的再生产，科学技术不可能达到当今的发展水平。

其次，通过教育实现的科学知识再生产是一种扩大的再生产，可以使原本为少数人所掌握、所拥有的科学知识为更多的人所掌握，并不断扩大其传播范围。这种科学知识的再生产可以提高整个社会的科学知识水平，进而为更先进的科学技术的普及和提高，为新技术力量

---

① 彭坤明. 知识经济与教育. 南京：南京师范大学出版社，1998，第 186 页.

② 叶澜. 教育概论. 北京：人民教育出版社，2006，第 132 页.

的补充和发展提供了广泛的基础，也由此直接推动了经济、生产力的发展。

再次，教育所进行的科学知识再生产也是一种高效率的再生产。学校教育的目的性、计划性和组织性，能使这种科学技术的再生产具有高效、高质、大规模的特点。教育把人类长期所保存积累的科学知识、生产技术，经过有目的地选择、提炼、加工、概括并传递，在传递过程中，又有科学的传递方法和手段，因此效率比较高。当今世界各国特别重视教育的普及和质量的提高，就是因为教育是科学技术再生产的有效形式和重要阵地。

最后，教育具有把科学转化为生产技术的中介作用。教育，尤其是职业教育，可以将科学转化为现实生产技术，转化为生产的一般条件，形成直接生产力。在我国，科学技术转化为生产技术，目前仍是一个薄弱环节，科学进步在国民经济增长率中所占的比重还十分低下，其根本原因在于我国科学研究成果转化为生产技术，转化为直接生产力的效率太差。若想改变这种局面，必须改革和完善教育体制，大力发展职业技术教育。

（三）教育是生产科学技术的重要手段

基础教育通过传播、传递科学技术，提高国民科技素质，为科学技术的发展提供社会基础。高等教育通过教学活动传递、传播科学技术，又通过科学研究生产新的科学技术。在中世纪时期，大学被看作是“教会的灰姑娘”，主要是单纯的教学机构。1809年德国的威廉·冯·洪堡创办柏林大学，并提出了著名的“教学与科研相统一”的原则。在柏林大学的影响下，德国的大学纷起效法，重大科研成果层出不穷，成为世界科学界的瞩目之地。随之，洪堡原则也迅速传至西欧、东欧、美国、日本和中国，成为现代大学共同遵循的一条原则。

高等学校的科学研究之所以是一个国家科学研究的重要方面军，是因为：高等学校集中了大批具有专门学术水平的教师、科研人员，专业比较齐全，学科门类比较多，图书设备条件好，是知识密集、科学信息数量较多、较新、交流较快也较广泛的地方。大学也是个宽松的教育机构，允许大学教师从事自己爱好的科学研究，同时也有利于他们将自己的研究成果向学生传授并传播出去。20世纪80年代，在美国，被大学聘用的科学家约占科学家总数的40％，美国大学担负了全国基础研究的60％，应用研究的15％。联邦德国的科学家有52％在大学工作，在科学研究协会所支配的研究基金中，约有90％是用来资助大学的，大学承担了联邦德国75％的基础研究。在日本，据70年代末的统计，大学承担的基础研究已经占全国的57.7％，承担的应用研究和开发研究也分别占35.8％和6.5％。①

二、教育促进社会政治发展的功能

（一）教育具有维护社会政治稳定的作用

首先，教育具有促进个体政治社会化的作用。政治社会化是指人们接受一定社会的政治意识形态，形成适应一定社会政治制度的政治态度、政治认同感和政治习惯，以及积极参与政治活动、监督政治活动的政治积极性的过程。政治社会化对政治系统进而对整个社会系统的良性运行和协调发展具有两个方面的作用：一方面，从个体的角度来讲，它培养个体的政治参与热情和能力；另一方面，从社会角度来讲，它培养个体对某种政治制度和政治价值的认同、忠诚和责任感。政治社会化是社会化的一个重要方面，通过它可以促进一定社会形成

① 冯之浚，张念椿. 现代文明社会的支柱. 上海：上海人民出版社，1986，第168～170页.

共同的政治意向，形成政治共同体，扩大社会的政治基础，提高人们的政治觉悟。因此，社会全体成员的政治社会化关系到一定社会政治制度的稳固。学校教育所传授的政治思想、价值观念、伦理道德规范和法律法规总是比较系统化和理论化的，在教育教学过程中使用各种有效的手段、方法对受教育者产生强烈的影响。因此，学校所培养的人，一般来说他们的政治信仰比较明确，政治情感深刻明显，政治态度积极，具有较强的政治参与能力。同时，学校教育通过对学生进行系统的科学文化知识教育，使其政治思想、政治信仰建立在系统的科学文化知识基础之上，因此，他们的政治思想、政治信念则往往更具有科学性、坚定性，而较少带有盲目性和片面性。

其次，教育具有培养各种政治人才的作用。任何一个社会政治秩序的稳定，除了全体国民的政治社会化之外，还需要一批专门的政治人才。学校教育则具有培养国家所需要的政治人才、管理人才的责任。我国古代的学校教育就是典型的“养仕”教育，向学生传授的大多是“修己治人之道”，不仅形成他们一定的政治思想意识，而且还向他们传授社会长期积累下来的“为官之道”，所以古代学校教育实质是官吏养成所。现代社会由于科学技术向包括领导和管理部门在内的社会各个领域的全面渗透，现代国家对政治人才、管理人才的要求更高了，在一些资本主义国家出现了“专家政治”的倾向。许多国家为了适应这种变化，设立了专门培养国家管理人才的学校、专业。据统计，美国现有600所大学有管理学院或系科，拥有大学生70万，研究生10万；苏联和东欧国家除了设立专门培养经济管理干部的学院和系科外，还把中央和地方所属党校都纳入统一的干部教育体系之中。[①] 对执政党而言，提高党员的文化素质和政治觉悟，也是提高执政党的执政水平，使党制定的方针、政策得以贯彻的重要保证。社会越向前发展，对国家管理人员的各方面素质的要求越高，通过教育选拔和培养政治人才、管理人才就显得越重要。

（二）教育具有促进社会政治变革的作用

首先，教育的普及化、民主化与社会政治变革相辅相成。教育的普及化、民主化是社会政治变革的重要标志，也是推动社会政治变革的重要力量。教育的普及化、民主化表明社会政治的平等与开放，这是因为教育的普及化和民主化，就是要求国家必须从政治或法律上，保证全体社会成员不论其社会地位、种族、性别等因素，都有机会不受限制地受到教育。同时，教育的普及化、民主化本身蕴藏着一种变革社会，促进社会发展的力量，这种力量也已在现代社会政治领域中得以展现。国际社会已经把消除教育中的不平等现象、实现教育民主化作为解决社会不平等现象的重要手段。

其次，教育通过传播先进的思想、弘扬优良的道德促进社会政治的变革。教育通过传播科学真理，弘扬优良道德，形成正确的舆论，倡导进步的政治观念，促进社会的变革和发展。教育通过筛选、净化政治思想，伦理道德，价值观念，行为规范，弘扬社会政治、思想、道德领域中的积极因素，抵制、消除消极的因素，从而为推动社会政治的发展与进步服务。

最后，教育具有促进政治民主化的作用。教育通过传播科学知识和民主观念，提高国民的政治素质，提高其参与政治生活的热情和能力；通过提高各级领导阶层的文化素质促进管理的科学化和民主化。在促进政治民主化方面，高等教育具有特殊的作用。高等教育与“民

---

① 南京师范大学教育系. 教育学. 北京：人民教育出版社，1984，第56页.

主”“科学”具有天然的联系，对愚昧、专制具有天然的抵制作用。所以高等学校必定是研究、探讨、传播各种思想、形成各种思潮的场所，也是对社会政治最敏感的地方。这里既包括对社会进步观念的传播推广，也包括对社会产生改革作用的新思想的培植、创造。在这方面大学教师具有特殊的作用，他们可以通过著书立说阐述自己的观点、理想，或是为政策的制定提供咨询，或是为政策的改进提供建议；也可以扮演社会评论员或批评家的角色对社会公共问题和政策发表评论、批评，并通过电视、网络等媒体呈现给公众，而他们的“专家”身份很容易将他们的观点和见解融入社会主流思想之中。“事实上在每一个社会中，不管言论、出版自由的程度如何，也不管媒体系统的复杂程度如何，都期望学校共同体在制造思想和反映公共问题方面发挥作用。教授们表达的思想所产生的结果显然远远超过了教室和实验室的范围。作为一名‘专家’的教授可能对政策和政治产生重大影响，有时以完全出乎意料的方式产生影响。”①

三、教育促进文化延续和发展的功能

（一）保存与传递文化的功能

人类文化的保存主要通过两种途径：一是以物的载体的形式，即通过物质或者借助于物质载体把人类精神活动的产物客观化、外化的保存方式；二是以人的载体形式延续，即通过人的活动形式、心理、行为方式进行保存。物化的知识是静态的知识，而教师头脑中所保存的知识是活的知识、能动的知识。没有教师头脑中所保存的知识，任何社会所保存的知识都将是不完整的，物化的知识也难以得到真正的、持久的保存。同时，非物化的文化如理智传统、研究方法、学术精神则以教师的活动形式、心理、行为方式存在。

文化独立于人体之外，不能依靠生物遗传方式为新生代获得，而只能通过社会遗传、特别是教育的方式得以传承。教育自从人类的其他活动中分化出来，成为一种独立的社会活动，就承担了文化传递的任务。在教育活动中，教育者将人类积累的文化进行选择，加工成教育语言和文字的形式，在与受教育者的相互作用中传递给受教育者，于是人类文化实现了代际传承。正因为如此，人们总是把教育理解为社会为其文化的传递和发展提供的手段，是文化再生和繁衍不可或缺的工具。

（二）传播与交流文化的功能

文化的传播，是指在同一文化共同体内文化扩散的过程，以及某一社会文化共同体的文化向另一社会文化共同体的传输过程，是单向的；而文化的交流，则是指两个或两个以上文化共同体的文化相互传播的过程，是双向的或多向的。

在古代和中世纪的学校教育中，教师主要是向与自己生活在一起的学生传播各种各样的学问和知识。他们很少有意识地向公众传播知识，社会也很少向他们提出这样的要求。工业革命以后，随着机器和科学技术的广泛应用，新的生产方式要求劳动者能够熟练地操作机器、懂得生产原理、通晓生产过程，大工业生产的发展要求越来越多的人拥有各种各样的专门知识，社会也日益明确地要求学校承担起知识传播的职能。信息社会对全体社会成员的科学文化素质提出了更高的要求，许多国家通过“开放大学”“广播电视大学”等形式更加灵

---

① 菲利普·G. 阿特巴赫. 比较高等教育：知识、大学与发展. 北京：人民教育出版社，2001，第131页.

活、广泛地传播知识。在我国，“科技下乡”“教育帮扶”“百家讲坛”则是比较有国情特点的传播科学文化知识、技术的有效形式。

一种文化只有对其他文化开放，在与其他文化的主动接触中吸收、融合别的文化的优良因素，才能得到丰富和发展。因为文化的传播、交流，会促使各文化形态增生出许多不为原地理环境和文化传统所束缚的、甚至超越其地理环境和原有文化传统的新文化因子。文化交流对于双方都是自我超越的过程。纵观世界文化发展史可以看出，不同地区、民族的文化，相互开放，相互交流，互相引进，互相吸引，同时又不断分化，这是各民族文化发展的一条规律。

（三）筛选与净化文化的功能

学校教育的内容根源于人类创造、积累的文化，但并不是所有的文化都能进入学校教育系统，成为教师教的材料和学生学习的材料，而是人们按照一定社会经济、政治要求对文化筛选的结果；从现有文化浩瀚庞杂和教育时间有限的矛盾看，学校教育的内容也必须对现有文化进行选择，并且必须是从现有文化中提炼出的精华，是人们生活中必备的最基本的文化。学校教育系统主要是通过培养目标、课程和教材、教师群体、校园文化等途径实现对现有文化的选择。

人类文化遗产的保存，并非社会生活的最高境界。文化的选择与传递，实际上意味着价值的取舍与认知的转变，并且是为了文化自身的继续发展。教育在本质上就是一种价值引导的活动，它将文化精华按照人们最易接受、理解和掌握的形式分门别类地组织起来，使之系统化、逻辑化、简约化，以课程、教材的形式传授给学生，为学生提供适应社会生活的知识、技能与理想态度，作为满足其生活需要的工具。由此可见，教育对文化的多方面、多途径的选择，实质是依据社会发展的客观要求、一定的社会价值标准，有目的、有意识地进行的主动选择，也是对现有文化的净化过程。通过这种选择，使得适应社会发展的文化精华被传递继承、传播和发扬，而那些不适应社会发展的文化糟粕则被排斥、摒弃，从而逐渐地消亡。

（四）更新与创造文化的功能

文化的生命在于它不断地创新，只有时时更新的文化才能源远流长，历久常新。如果说保存、传递、传播、选择文化以及促进受教育者的社会化是教育的保守性功能，那么更新创造文化、培养受教育者的创造意识和创造能力则是教育的积极性功能；如果说保存、传递、传播、筛选文化是教育系统中各级教育共有的功能，那么，文化的更新与创造则是高等教育特有的功能。“高等教育的存在不是基于知识的难题，而是基于它能够将知识的创造和知识的传播内在为一体。如果高等教育做不到这一点，那么就不配享有‘高等’的字样，也不会成为知识经济和学习型社会所需要的制度”。①

高等教育在创造文化方面具有其独特的优势。高等教育的目标是培养社会所需要的高级专门人才，创造性是这种人才应当具备的基本素质；高等教育的内容是高级专门的知识，是高层次的文化，其中包含许多有争议的、尚待进一步探讨的问题；高等学校的学生是具有一定文化基础知识的青年，思想比较活跃，富有创新精神；大学教师，一般来说，都是某一专

---

① 朴雪涛．知识制度视野中的大学发展．北京：人民出版社，2007，第242页．

业或领域的专家，兼有教学和科研双重任务；科学研究是高等学校，尤其是大学的主要职能；许多大学还是一个国家乃至国际文化和学术交流的中心。所有这些都是高等教育直接和间接地创造文化的有利条件。科学研究是高等教育直接创造新文化的主要途径。

从文化进化的规律来看，文化运行与发展的机制主要有两种：其一是社会实践，特别是经济发展和政治变革的推动；其二是与不同质的文化之间的交流、融合乃至碰撞和冲突。一般来说，一个民族的传统文化只有在它受到外来文化的挑战与冲击时，才会发生剧变，实现自身的更新与超越。在一个开放的社会里，高等教育经常处于传统文化与外来文化冲突的中心。这不仅是因为高等学校具有与外来文化接触的优越条件，而且还由于高等学校的师生、特别是大学生思想活跃，对新思想、新观念比较敏感，接受得快。高等教育正是在传统文化与外来文化的冲突、重组、融合中创造了新的文化。

思考与练习

1. 什么是教育功能？教育功能主要分为哪些类型？
2. 试论述教育对个体发展的功能。
3. 结合实际，试分析教育促进经济发展的功能。
4. 结合实际，试论述教育促进政治发展的功能。
5. 论述教育的文化功能。
6. 试分析教育负向功能的成因。

【相关材料链接】

材料一　建立适应经济发展的教育体制

教育一方面在经济发展的过程中具有重要的促进作用，另一方面，这种作用的发挥需要一定的条件，倘若忽视这些条件，教育将会压抑经济发展。

一些教育学者和经济学者就避免教育的负面效应，充分发挥教育促进经济发展的作用提出了一些观点，具有重要的启发作用。其主要内容如下：

第一，改革教育内容、设施、观念和过程，为教育的经济功能的发挥创造条件。在教育的第一阶段和第二阶段的早期，学校应该教会学生基本的识字和运算技能，形成他们强烈的社会责任感，为他们学习其他知识奠定基础，这是教育减缓贫困的重要途径。如果可能，初等与中等教育的内容应该与学生处于其中的社区联系起来，与社区的经济和文化相关。

在贫困地区开展教育，并使教育发挥减缓贫困的作用，教育自身应该符合一些条件。例如，学校应该拥有充分的建筑和设备，教室里的设施应该齐全，课程纲要和教材的编写应该达到基本的质量标准，教师的素质应该是优秀的。

一些西方学者认为，好的学校在学生的生命历程中具有重要影响，即使是对那些来自贫困背景的学生来说也是如此。所谓好的学校，其特点是：强调基础课程的学校；教室的管理能够最大限度地充实学术学习的时间；学校规则能够有效地避免混乱；学校环境整洁，秩序良好，同时避免僵化；教师对学生充满期望；教师与行政管理人员分工合理；校长和行政管理人员发挥充分的教育作用，确立了理想学校的形象，并且持之以恒地为实现理想而努力；学校拥有规范的和有效的评价学生学习成绩的机制，能够矫正和促进学生的学习；经常性地举行富有教育意义的仪式，发挥教育意义；国家、地方政府的教育经费充足，能够为提高教育质量提供保证。

在中等教育阶段，教育应该在克服贫困的四种表现上发挥作用：改善与消费相关的行为；改善生产效率；扩大就业空间；加强家庭计划，降低生育率，帮助妇女提高家庭的管理能力。

美国曾经在教育过程中运用了五种模式帮助处境不利的青年。①功能主义模式认为，帮助青年掌握劳动技能，形成符合市场需求的劳动能力，有利于他们的就业和处境的改善；功能主义提出这一观点的理论前提是，功能主义相信，教育、科学、技术在现代社会具有重要功能，这样的功能同时表现于个体的职业成就方面，当个体接受较高程度的教育后，他们往往会取得较高的职业地位。②制度社会化的模式主张，青年完成学校的学习后，将面临从学习转向工作的困难，而在学校学习期间适当地和制度化地引入工作机会，使学习与工作结合起来，将会促进学生的平衡发展，帮助他们适应离校后的工作。③青年发展的心理学模式吸收了前述两种观点，同时强调培养学生符合社会要求的效率意识。④亚文化模式针对主流中等阶级与失业的下层阶级子弟在社会化模式方面的差别，认为亚文化模式在青年的成长方面具有其独特的作用。例如，帮助青年适应他们生活于其中的社会，教育的作用是引导青年与他们生活于其中的亚文化和谐相处，同时帮助青年形成改善亚文化质量的意识与能力。⑤社区发展模式承认社区的差别，承认每个社区具有自己的发展目标，教育应该与社区发展相适应。

以上观点，从内容、设施和观念多方面提出了教育改革的主张，这些主张既有发达国家的研究成果，也有欠发达国家的经验。这些成果和经验应该成为人们积极发展各级教育的思想资源。

第二，帮助学生掌握成功的智慧。著名心理学家斯腾伯格（Robert Stenberg）揭示了人们事业成功的主要因素。他认为，对人们成功帮助最大的智慧成分是分析能力、创造能力和实践能力。分析思维对解决问题和判断问题非常重要；创造能力对人们提出好的问题并产生相应的见解非常重要；实践智慧对人们在日常生活中有效地利用见解十分重要。斯腾伯格认为，学校主要关注事实和操作，而对解决问题的能力和分析能力关心得并不够，对有效地运用知识的能力也关心得不够。因此，学校测验中反映的成绩实际上不能表征成功智慧所包容的能力。

…………

斯腾伯格从心理学的角度提出了教育改革的主张，为学校教育发挥经济的促进作用开辟了一种新思路。

第三，建立一种新教育制度。这种制度培养新型的和有知识的员工，他们适应知识的进步，能够利用新的资本因素，促进经济的进步。新型员工应该是：主动、具有独立思考、工作和创造的能力。要形成这种能力，学校应注意培养学生的主动性，而不是像现在这样，以教师的活动为中心。新型员工的典型特征是：其一，具有合作能力。学校要提供丰富的合作性学习的机会，养成学生在团体中工作的能力。要教育学生不仅能够为短期的目的而工作，同时也能够为实现团体长远的目标而努力工作。为此，学校应把学生的学习变成集体的活动。其二，具有检讨的能力。即对自己和同学的作业进行评价的能力。其三，具有推理能力。发展条理清晰的符合逻辑的论据，这种能力不是现在学校强调背诵的方法所能够培养出来的。其四，具有解决问题的能力、做决定的能力、获取和利用信息的能力和计划能力。

美国一些人士和中国香港一些人士组织实施“跃进学校计划”，其宗旨正是强调儿童能力的培养，把所有儿童都视为具有特长和能力的人，并通过富有意义的活动与教育，促进他们的发展。其原则有三：第一，学校全体教师为实现学生的发展团结一致，形成共同的思想文化；第二，学校可以进行适当的课程、组织、教学策略方面的改革，承担改革的后果；第三，学校通过教育引导学生，教育他们，使他们获得发展，同时，发挥员工和家长的长处。“跃进学校计划”有利于香港改革目前的教育，培养学生多方面的能力，促进经济的发展。

（选自许庆豫著：教育发展论：理论评介与个案分析，福建教育出版社，2001年，第104～108页）

材料二　变化着的生命

佩里计划是美国High/Scope教育研究基金会组织的实验研究项目，由戴维·维卡尔特（David Weikart）领导。1962～1965年共招收123名3～4岁儿童（大部分是3岁）作为被试，把同等智力水平的孩子随机地分为两组。一组作为实验组，前后共58名孩子，对他们进行学前教育，并做家访；另一组为对比组，前后共65名孩子，没有对他们进行学前教育与家庭访问。此后，对两组孩子持续跟踪直至成年，掌握他们在各年龄段的发展与表现，比较其异同，从而了解学前教育的效果。

1984年克莱门特等人发表了题为“变化着的生命”的综合性研究报告，详尽地介绍了被试从3岁起直至19岁时的各方面情况，比较系统地总结了佩里计划的实验结果。

实验结果表明，实验组孩子在其日后的发展上，许多方面如智力发展、学习成绩、精神发展迟缓与受特殊教育、中学毕业率、文化水平、入大学率、职业、经济独立、犯罪、女孩怀孕等胜过对比组。

在接受过学前教育的儿童中，精神发展迟缓与受特殊教育的，相比于对比组要少。实验组有15%精神发展迟缓，对比组则有35%精神发展迟缓。对比组有39%孩子曾因智商过低或其他方面的缺陷进特教班接受特殊教育，而实验组只有19%受过特殊教育。

在智力发展上，实验组三四岁孩子经过一至两年的学前教育，智力明显胜过对比组。根据斯坦福智力测试，4岁时平均高出13分，5岁时高11分，6、7岁时高5分。在学习成绩上，根据加利福尼亚学习成绩测试，实验组孩子在6、7、8岁时平均分数明显高于对比组，9、10岁时仍胜过对比组，14岁时差异显著。据教师评语，实验组孩子的学习积极性与学习表现胜过对比组。

上述结果表明，良好的学前教育，对幼儿的影响是多方面的、长远的。

（方明，陈厚云：幼儿教育影响长远——介绍美国学前教育长期效果的研究，教育科学研究，1995年，第5期）

材料三　“规训化”教育与儿童的权利

如果一种教育把儿童作为“对立物”来处理，就会表现出型塑的权力意志，它可以把儿童当作一个必须要锻打的铁器，一个必须要制造的部件，进行算度、宰割、制服，它可以把儿童不可避免的错误作为严重的个人品质缺陷，对儿童进行残酷的惩罚，它也可以以编造的“真理”和虚假的知识欺骗窒息儿童的理性。总之，它可以任意地像处置一件“物”一样处置人。我们的教育是否正在成为非人的教育？如果教育伴随着强制和压迫，伴随着痛苦和恐惧，伴随着体罚和叱责，伴随着灌输和愚弄，教育就是非人的。

“规训化”教育的恐怖就在于对儿童生命价值的自主性的轻视。教育成为一种事先谋划好的、以有效的方式控制儿童心智和身体的技术，成为一种必须服从的训练机制。从儿童进入学校开始，教育的规训就以权利的眼睛监视儿童的一言一行，就以一种考试的技术算度儿童的现实和未来，就用一种势利的身份诱惑刺激着儿童的野心，就用一种奖惩的技术培养着虚伪的道德。在这样的规训结构中，一个人除了努力迎合型塑得到教育所承诺的“好处”之外，就是被教育的利益彻底抛弃，再别无选择。

“规训化”的教育必然造成一种压抑性的控制环境，必然通过严酷的纪律规范、无处不在的监视、随意的惩罚、苛刻的标准全面地对儿童进行控制。它以一种“不宽容”的态度对待儿童，导致儿童的自由精神、想象力以及道德感的毁灭。教育蜕化为一种钳制儿童发展的“不人道”的教育。可以说，这是一种专制的教育，它把儿童看作是按照一定模式塑造的对象，看作是实现任何其他儿童之外的事物如政治、经济等目的的工具，把儿童独立的生命价值看作隶属于社会和国家的利益，隶属于政治和经济的目的，因此，教育就按照这些东西的旨意来塑造儿童的工具性，塑造他们的被使用性。为了达到这种目的，教育必然要求儿童绝对服从教育的指令，接受学校的预定和灌输，它不容许儿童有任何的违规、越范和错误，它不能容忍任何人对这种教育的意志产生怀疑和抵抗。这种教育必然通过标准化知识的机械学习，训练不加怀疑而接受的蒙昧头脑；通过道德规范的灌输，塑造不加判断的盲从心灵；通过扭曲的考试制度强制性地算度、处置儿童的未来。这不是教育的专横和专制吗？它不是包含着一种暴力吗？

…………

通向人格健康成长的教育是清新、快乐、欢畅的。那种严厉的纪律、残酷的惩罚、不通人性的强迫只会使人堕落和麻木，只会摧毁儿童积极创造生活的热望；那种对儿童的歧视和压制，只能养成儿童不正义的行为态度和方式；学校中的那些不人道的训练，只能养成儿童的怯懦、屈服、虚假和奴性，与精神的教化背道而驰。“规训化”的教育把学校变成了地地道道的心灵监狱，儿童的身心在其中受到无情的摧残，儿童不是去面对美好生活的教导，而是面对苛刻、恐怖和残酷；不是去得到心灵的陶冶，而是养成固执、残忍和暴虐的性格；不是去学习生活的真正的智慧，而是学会了服从、盲信和狡诈。教育中永远不应该存在对人性尊严的贬低，不应该有对自由的僭越；学校中永远不应该有怒气冲冲的教师。儿童的精神品质只能在愉快、欢乐、积极向上的教化体验中获得发展，他们只有在自我价值的肯定和对生活的热爱中追求精神的卓越和优秀。

（选自金生鈜：“规训化”教育与儿童的权利，教育研究与实验，2002 年第 4 期）

第三章 教育目的

【教学目标】

1. 了解教育目的的概念、依据、基本价值取向、作用以及教育目的和教育方针、教育目标的区别和联系。

2. 了解我国教育目的的发展，正确理解我国当前教育目的的理论基础和基本精神。

3. 了解普通中小学的性质和任务，明确全面发展教育的基本内容和实施原则。

现代学校教育是一种有目的、有计划、有组织的培养人的社会活动，把受教育者培养成什么样的人是教育要解决的首要问题。理解教育目的、准确地把握教育目的并把它贯穿于学校教育活动的始终，对学校教育来说无疑是非常重要的。如何确立教育目的、确立怎样的教育目的以及教育实践中如何贯彻与实现教育目的，是教育理论研究中的关键性问题之一。

第一节 教育目的概述

一、教育目的的界定

教育目的是教育学中的一个基本概念，也是教育实践的一个基本范畴，是整个教育工作的出发点和归宿。不同的教育思想流派有不同的教育目的观，不同的教育目的观也指导着不同的教育实践。

教育目的是根据社会发展的需要和对理想人格的追求，形成的对教育工作所要达到结果的预期，主要回答把受教育者培养成什么样的人这一根本问题。教育目的是各级各类学校和其他教育机构一切教育活动的总要求，是它们的共同质量标准。教育目的是对当前社会中理想的人的素质结构进行的总体性规划和预期。

教育目的一般由两部分组成：一是就教育所要培养出的人的身心素质做出规定，即指明受教育者在身心诸方面的发展规格。二是就教育所要培养出的人的社会价值做出规定，即指明这种人符合什么社会阶层的需要或为什么人的利益服务。

我们可以从三个方面来理解这个含义：

第一，教育目的是一种教育培养什么样的人的理想和预期。教育者在着手培养人时，一般总要为受教育者的发展设定这样那样的目的，并以此来对自己的教育活动和受教育者的发展进行导向、规范和评价。这种设想和规定是深入思考社会历史需要和人格理想的基础上的一种“应然”判断，带有理想主义的色彩。教育目的应结合特定时期国家社会发展和受教育者身心发展特点来确定，使之既符合社会发展的需要又符合个人发展的需要。

第二，教育要为社会培养什么样的人是教育目的的核心内容。教育通过培养人实现自身的社会价值，教育目的的要求最终体现于所培养人才的质量规格上。教育应培养什么质量规格的人，不同的教育目的观或教育价值观有不同的期望；不同社会发展时期、教育层次与水平、不同的教育模式对培养人才质量规格的要求也是不一样的。现代学校的教育者应认真思考如何实现国家总体宏观教育目的与具体学校教育微观教育目标的有机结合。

第三，现代教育目的是从社会的角度提出来的。在一般意义上，教育总是以促进社会发展为目的的。任何教育目的的确定都应同社会发展目标相协调。因此，教育目的一般总是通过社会的途径对人才的质量规格做出规定和设想，以期得到整个社会的认可，特别是要得到参与教育活动的人的认可，并把它作为教育活动实施的依据和方向。

不同教育目的之间往往有着彼此间的差异、对立和冲突，其实质是不同教育主体之间教育价值观的差异和冲突。同时，不同教育目的之间往往也有一致性和共性，反映了教育与人类基本生存和发展需要之间的关系，反映了社会主流的、共识的教育价值观。解决教育目的之间冲突的最好方式是加强不同教育利益群体的交流和对话，并建立一个可供选择的教育制度，以满足不同教育利益群体的不同教育需求。

二、确定教育目的的依据

教育目的既是特定时代的产物，也是主观选择的产物。确定科学的教育目的需要考虑教育目的的现实性。首先，既要考虑教育目的的现实社会需要，又要考虑现实社会提供的条件。另外，还要考虑到将抽象性和具体性相结合。再次，要考虑到活动和人的素质的系统性和整体性。最后，还要将教育的本体价值和工具价值相结合。

（一）科学人性观是教育目的确立的主观依据

教育目的的核心是对所培养的人的质量规格做出要求，教育对社会发展的作用只有通过培养具备一定质量规格的人才能使教育的社会功能达成。因此，教育目的的确立与我们怎样认识人有关，人性论成为教育目的确立的重要理论基础。

人的活动本质论。“人的本质并不是单个人所固有的抽象物，在其现实性上，它是一切社会关系的总和”①。“个人怎样表现自己的生活，他们自己也就怎样。因此，他们是什么样的，这同他们的生产是一致的——既和他们生产什么一致，又和他们怎样生产一致”②。人的本质是在活动中形成的，也是在活动中表现的，对人的本质和人性的分析不能脱离人的活动。抽象地认定人性的善恶是没有道理的。人性的善恶归根结底是要从他所处的具体活动环境和社会关系来理解。对于人性到底是先天的还是后天的，也不能进行抽象的分析。活动是以人的先天自然禀赋为前提，在后天环境条件影响下进行的，活动将自然的天性和后天的环境影响融合在一起对人性的形成发生作用。因此对人性形成因素的理解应从人的活动的功能出发，而不是从活动的条件（先天的条件或后天的条件）出发。人的活动是具体的、历史的，因此人性的内容也是具体的和历史的。人性既不可能单纯是理性或社会性，也不可能只是非理性或创造性。人的活动有自己的整体结构，人的本质也是由多种特性构成的整体，不能仅仅将其中一种特性当作人的所有本质。人性既不可能是单纯的理性或社会性，也不可能只是非理性和创造。

人性论是确立教育目的的理论基础，不同的人性论导致不同的教育目的观，片面的人性论必然导致片面的教育目的观。根据人的活动本质论，教育目的就是要培养有效的活动者。所谓的“有效活动者”就是在一定的社会环境条件下能根据活动的社会环境和自身条件确立适当的活动目的和方向，合理调控活动过程，从而获得较好的活动效果的人。教育作为使社

① 中共中央著作编译局. 马克思恩格斯选集（第1卷）. 北京：人民出版社，1972，第18页.

② 中共中央著作编译局. 马克思恩格斯选集（第1卷）. 北京：人民出版社，1972，第24～25页.

会得以延续和发展的工具，它的目的就是要培养在一定社会环境条件下能有效地从事各种活动的人。

从培养有效活动的人入手，我们可以确定人的素质结构和质量规格。由于人的活动具有社会历史继承性，人的活动是在掌握前人和他人的知识经验的基础上进行的，因此有效活动者的第一个素质条件就是具有知识；任何活动都要求活动者有相应的活动技能，因此技能成为有效活动者所应具备的第二个素质条件；同时由于活动具有一定的目的倾向性，要求活动者必须具有一定的价值观念，正确的价值观成为有效活动者应具备的第三个素质条件。

（二）社会发展及其要求是确立教育目的的客观依据

人的素质是要受到具体的社会历史条件的制约的，教育目的对人的素质标准的确定不能离开对社会客观条件的考察。在一定意义上讲，社会的发展和人的发展是一个硬币的两个方面。有什么样的社会发展，就会有什么样的人的发展。社会存在决定了教育目的的具体性和历史性。

社会的政治经济制度决定教育目的的性质，社会生产力和科学文化发展水平制约着教育目的中对人的培养规格与要求。从教育发展的历史看，不同的社会，不同的阶级，由于有不同的政治制度和经济利益，因而就有不同的教育目的和人才培养规格。任何社会形态的教育目的，都大体上反映了该社会的生产力、政治制度和科学文化发展水平。社会各要素对教育目的的影响既有整体性，也有不平衡性。

目前我国正处于变革和全面振兴的阶段。通过改革开放、发展生产力，实现国家的全面现代化和可持续发展是我们时代的主旋律，建设富强、民主、文明的现代化强国是我们追求的目标。从国际化的角度看，现代人类社会也面临着前所未有的挑战。现代社会的最基本特征就是变革，科学知识出现爆炸式增长使得人们要具有更完善的判断和选择能力，人们之间的竞争和合作变得越来越重要，解决和谐发展问题需要更多的创新能力等，都需要培养一种全新的人。

这样由于时代和社会所提出的挑战及其对人的发展要求的新变化，教育目的的内容也需要做出相应的调整。为了实现有效的活动，需要社会个体能根据不断丰富和变化着的社会环境和生活境遇对自身素质做出适当的调整。比如，社会的快速变化要求个人发展多方面的兴趣、爱好，要有更强的创造力和信念等。因此科学的教育目的观除了要建立在科学的人性论的基础上以外，还要求有适当的社会政治观和教育价值观作指导。

三、教育目的的价值取向

教育目的的价值取向，是指教育目的的提出者或从事教育活动的主体在对教育价值做出选择时所持的一种倾向。教育的基本价值无外乎有两个方面：教育的社会价值和发展价值。在教育目的的价值取向上，争论最多、影响最大的也有两种观点，即教育活动究竟是注重个体的发展还是注重社会的需要。在教育的价值取向上，有的侧重教育的社会价值，有的侧重于教育的发展价值，但也有力图在两种倾向之间谋求平衡的选择。本节将教育目的价值取向分为“个体本位”论和“社会本位”论，以及在此基础上出现的所谓“调和”论。

（一）教育目的的“个体本位”论

“个体本位”论也称“儿童本位”论，盛行于18世纪和19世纪上半叶，以卢梭、裴斯塔洛齐、福禄培尔、斯宾塞等人为代表。“个人本位”论认为教育的目的应使受教育者的本性、本能获得自然发展，教育要为儿童本身的生活需要服务。一般来说，从儿童本性自然出发与从儿童生活需要出发的目的观是一致的。个人本位论关心个人价值，关心人的身心健康发展和生活的完满幸福。

（二）教育目的的“社会本位”论

“社会本位”论与“个人本位”论相对立，盛行于19世纪下半叶，主要代表人物有柏拉图、洛克、凯兴斯坦纳，以及孔德、那托尔普、涂尔干等社会学家。社会本位论者主张教育目的应根据社会要求来确立，人是社会的产物，教育就是要把学生培养成为社会需要的、维护社会稳定和促进社会进步的人，教育目的就是使个体社会化。西方学者往往认为马克思主义的教育观属于社会本位论。

（三）教育目的价值取向的“调和”论

这种观点试图平衡个人需要和社会需要，认为教育是通过发展个人来影响社会发展的，教育在满足个体需要的同时就实现了对社会需要的满足。持这种观点的主要代表有欧文、夸美纽斯、杜威等。现代马克思主义的教育价值观也可以说属于这一类型，尤其是我国改革开放以来不仅强调教育要培养社会主义的建设者和接班人，也强调教育“以人为本”，促进人的个体身心和谐发展。

教育目的的不同价值取向，既和人们的认识有关，也和不同的社会历史发展的需要有关。一般而言，在社会处于变革时期的时候，由于社会对人的规定性不能满足人们的需要，个体本位论就站主导地位，以期通过新人的造就改变社会或避免受到落后社会现实的影响。如卢梭的自然教育思想。在社会处于建设和发展时期的时候，由于社会的进步所提出的要求高于当下人的社会发展现实水平，因此往往强调教育目的的社会本位论，以其尽快提升人们的素质水平以适应先进社会的要求。如凯兴斯坦纳的公民教育思想和我国改革开放前的教育方针。而调和论往往是在社会处于变革和发展的复杂境地中的一种选择。如杜威的实用主义教育思想。当然以上三种情况并不是绝对的，例如，马克思和恩格斯是从一种新的社会本位的角度出发来论述新人的培养问题的。

四、教育目的的作用

教育目的是社会对人才质量规格的规定在人们观念上的反映，是人才培养的总体设想或理想蓝图。一旦人们形成某种教育目的，教育目的这种主观的东西就会产生客观的力量，就会对教育实践产生重要的指导作用。教育目的对整个社会教育体系，包括教育制度、教育立法、教育内容、教育方式方法、教育评价等方面都有重要作用。这里就教育目的对学校教育的作用做一简要分析。

（一）教育目的可以引导教育及其对象的发展方向

教育是有目的地培养人的活动。人们正是按照社会对人才质量规格的规定为社会培养合格人才的。教育目的可以引导教育和教育对象的发展，使教育成为改变人的自然发展过程的力量。教育目的的这种引导作用，使得教育发展按照社会所规定的方向进行，使受教育者逐步具有社会所期望的素质。

（二）教育目的能制约和影响教育活动的过程

任何一种教育都要按照教育目的对教育活动进行目标导向，以便把受教育者培养成一定社会和时代所需要的人。如果教育目的不正确，或虽有正确的教育目的而不能用来指导教育实践，那么教育活动就会偏离正确的方向，达不到它所追求的目标。我国学校教育一度出现的“应试教育”、“片面追求升学率”，就是学校教育活动偏离教育目的的表现。所以，教育目的是一切教育活动的出发点，是树立正确的办学思想的根本依据。

（三）教育目的是评价教育工作成效的基本标准

教育目的是教育活动所要追求的教育结果，是各级各类学校培养人才的根本标准。检查教育效果，评估教育质量，必须以教育目的和培养目标为根本依据。因此，正确认识并充分发挥教育目的的评价功能，有助于学生素质的全面发展和教育社会价值的实现。

五、教育目的与教育方针、教育目标

（一）教育目的与教育方针

教育方针是“国家根据政治、经济的要求，为实现教育目的所规定的教育工作总方向，是教育政策的总概括。内容包括教育指导思想，培养人才的规格及实现教育目的的基本途径等”①。教育方针是一个国家在一定历史时期教育基本政策的总的概括，具有方向性、实践性、时代性、法令性的特点。教育方针大体上包括三个层次：一是教育性质和方向，主要指教育为谁服务和教育本身的发展方向问题；二是教育目的，即培养什么样质量规格的人；三是教育途径和原则，即怎样培养人的问题。教育方针的三个层次构成了一个有机的整体。教育方针可以近似地看作是国家教育目的的政策性表达。一般情况下，教育方针包括了教育目的，比教育目的具有更大的强制性、政策性和实践针对性。

（二）教育目的与教育目标

广义的教育目标亦称教育目的，即培养人的总目标。狭义的教育目标有两种含义。一是学校培养目标，二是教育教学目标。

教育目的是学校教育所要达到的总目的或共同质量标准，学校培养目标是各级各类学校或专业的具体培养要求或具体质量规格，是对教育目的的具体化。培养目标根据教育目的的要求，依据各级各类学校的培养任务和受教育者身心发展的特点制定的，是培养人的工作的阶段性目标。

教育教学目标是在具体的教育活动中，为实现学校的培养目标和国家的教育目的所制定的工作目标要求。教育教学目标是教育目的的最终分解。教育目的要成为指导教育活动的工具，必须具有可操作性，教育目标分类就是使教育目标具体化和具有可操作性的一种有效方法。教育教学目标是朝向于人的整体素质发展的具体方面的。

从以上分析中可以看出，教育目的的实现必须有教育方针、政策的保证，教育目的对各级各类学校的培养目标和教育目标的确立又起指导作用。

---

① 顾明远. 教育大辞典（第1卷）. 上海：上海教育出版社，1991，第59页.

第二节　我国教育目的的理论基础

教育目的建立在不同的理论基础上，探讨教育目的的理论基础有助于我们形成正确的教育目的观。我国社会主义的教育目的应建立在马克思主义人的全面发展理论的基础上。

一、马克思主义人的全面发展理论的产生和发展

“全面发展”是指人的体力和智力的充分发展，又指人在德智体美各方面的发展。[①] 促进人的全面发展是人类追求的目标。在马克思主义人的全面发展理论提出以前，“全面发展”或与此类似的观念在中外教育思想和教育活动中早已存在。比如，亚里士多德提出教育分德智体三个方面，人的发展包括人的植物灵魂（身体）、动物灵魂（欲望）和理智灵魂（心智）三个方面的和谐发展；裴斯塔洛齐将人的发展概括为手（体育和劳动教育）、心（情感和道德）和脑（知识和心智）三个方面。但毫无例外地，这些主张均是从抽象的人性论的基础出发而提出的。西方人的全面发展思想为马克思主义人的全面发展理论的提出提供了一定的思想材料。

马克思在《1844 年经济学哲学手稿》中，提出了关于人的“异化”的观点。在 1845 年《关于费尔巴哈的提纲》中提出了“实践”的观点，并从历史唯物主义角度出发，揭示人的本质乃是“一切社会关系的总和”。异化观点、实践观点以及关于人的本性的论述，为分析人的发展提供了不同于以往的理论基础。

1845 年 2 月，恩格斯在一次演讲中首次明确提出了“全面发展”的概念；1845 年、1847 年，马克思、恩格斯分别在《德意志意识形态》《共产主义原理》等著作中，对人的全面发展做了分析。他们从社会分工的历史考察出发，认为社会分工作为生产力发展的必然结果，对生产力的发展具有促进作用。但是，随着社会分工的发展，尤其是体、脑分离的出现，分工不仅造成了阶级的不平等现象，而且造成了人的畸形发展。

现代机器大工业生产将工人局限在狭窄的分工领域，造成工人的片面发展。同时，机器大工业生产的发展，也带来了劳动的变换、职业的流动，提出了用尽可能多方面发展的工人代替片面发展的工人的要求。只有消灭阶级，实现共产主义，才能消灭分工，从而也才能消除人的片面发展，实现人的全面发展。

19 世纪 50 年代以后，马克思在《政治经济学手稿》《资本论》等著作中，对人的全面发展做了进一步分析。认为资本主义社会以前的各社会主要是人与人之间的相互依赖关系，人的发展具有原始的全面性；资本主义机器大生产社会，摆脱了人与人之间的依赖关系，变成了人对物的依赖关系，表面上自由了，实际上又陷入了另一种依赖关系之中；在共产主义社会中，人才具备全面发展的可能性。恩格斯在《共产主义原理》中提出：“根据共产主义原则组织起来的社会，将使自己的成员能够全面地发挥他们各方面的才能。”[②] 由此，马克思、恩格斯从历史唯物主义的角度，提出并论证了人的全面发展的历史必然性，建立了人的全面发展的理论体系。

在马克思和恩格斯之后，列宁、毛泽东等人进一步发展了马克思主义人的全面发展理

① 顾明远. 教育大辞典（第 1 卷）. 上海：上海教育出版社，1991，第 65 页.

② 马克思恩格斯选集（第 1 卷）. 北京：人民出版社，1972，第 223 页.

论，并将其付诸实践。随着社会主义现代化建设的发展，马克思主义人的全面发展理论会随时代的发展而发展，它绝不是一种僵化的理论。

二、马克思主义关于人的全面发展学说的基本观点

（一）人的全面发展的内涵

马克思对人的本质的概括是在批判费尔巴哈对人的本质的抽象规定的基础上完成的。马克思在《关于费尔巴哈的提纲》中说："人的本质并不是单个人所固有的抽象物。在其现实性上，它是一切社会关系的总和。"① 马克思将人的本质归结为人的社会性，归结为人在一定社会关系中的实践活动。这一结论是对感觉论、唯理论和人本学的人性观的巨大变革。

马克思主义人性观在教育学上必然导致这样一种结论：教育作为一种培养和造就人的社会现象，绝不可能脱离社会的要求而独自存在。教育是根据一定社会的要求，在一定的社会物质生产所规定的可能性的前提下对新一代施加影响、传授经验，将他们塑造成社会需要的人的一种特殊的社会活动。所以不是教育决定社会发展和个人发展，而是教育必须反映社会对人的发展的总要求。

关于人的身心发展的内涵，马克思和恩格斯在《资本论》中概括为身体的和精神的发展。这是作为对资本主义社会对人的片面发展的"解毒剂"提出来的，为分析人的全面发展提供了科学方法论。虽然在《资本论》中并没有直接提到德育、美育等内容，但在其他论著中马克思、恩格斯也谈到了美育、德育等问题。事实上，在无产阶级取得政权后，列宁、毛泽东等都将德育作为无产阶级教育的必要组成部分。苏霍姆林斯基将身心和谐发展的内容加以具体化，提出人的全面发展包括德、智、体、美、劳等方面的发展。因此，我们认为"全面发展"是指人的体力和智力的充分发展，又指人在德智体美各方面的发展。② 随着社会的发展和人们认识水平的提高，人的全面发展的内涵还将更进一步扩展。

（二）人的片面发展的社会根源

在《德意志意识形态》中，马克思从历史唯物主义的角度批判了对人、人的本质、人的发展问题的种种唯心主义学说。他还深刻分析了生产力、分工、私有制和人的发展之间的关系，把人的片面发展归结为分工和私有制，把分工和私有制归结为生产力的历史发展。

劳动是人类最基本社会活动。原始社会的劳动是运用人的全部智力和体力的活动。因此在原始社会，人的发展是原始的也是"丰富"的。人类进入到文明社会，出现了分工，最基本的就是体力劳动和脑力劳动的分工。分工使得人的发展受到影响，但人们还是能够较为全面地获得身心的全面发展的。

现代人的片面发展开始于资本主义手工工场的片面分工。马克思恩格斯认为人的片面发展是与这种分工齐头并进的。劳动者的劳动被分割为只是使用部分的体力的劳动，人的发展也就变成了部分体力的片面发展。工场手工业的分工达到了极致，人的片面发展也就达到了极致。"正像在拉普拉塔各州，人们为了得到牲畜的皮或油脂而屠宰整只牲畜一样"③，劳动

---

① 马克思恩格斯选集（第1卷）. 北京：人民出版社，1972，第18页.

② 顾明远. 教育大辞典（第1卷）. 上海：上海教育出版社，1991，第65页.

③ 马克思恩格斯全集（第23卷）. 北京：人民出版社，1975，第399页.

者“个体本身也被分割开来，成为某种局部的自动工具。”① 恩格斯说：“这种自动工具在许多情况下只有通过工人的肉体和精神的真正畸形发展才能达到完善的程度。”②

（三）实现人全面发展的条件

1. 机器化大生产是人全面发展的客观基础

机器生产将生产过程分解为自然科学的分类的运动，工艺学揭示了为数不多的重大的基本运动形式，只要让工人受到一些有关工艺学和各种生产工具的实际操作的基本教育，工人就能适应机器生产的普遍要求。“大工业的本性决定了劳动的变换、职能的更动和工人的全面流动性。”③ 劳动者不再被迫进行畸形化的生产劳动，大工业把人的全面发展问题当作现代生产的普遍规律和生死攸关的问题。现代化大生产必然要求打破脑力劳动和体力劳动的分工，实现脑力劳动和体力劳动的结合。要适应这种客观要求，就必须对劳动者及其子女实施一定的有关生产基本原理的教育，以及操作各种生产工具的基本训练。

马克思所讲的人的全面发展主要是指打破使人终生固定从事某种局部操作的工厂手工业的旧式分工，要使人从片面的技艺中以及由技艺的发展而使个体也被分割和肢解中解放出来。马克思所说的全面发展的人也就是能够从理论和实践的统一中掌握现代生产过程的基本原理以及掌握操作的基本技能的人。

2. 共产主义制度的实现是实现人的全面发展的政治保障

资本主义社会化机器生产虽然提出了人的全面发展的必要性，但由于剥削制度的存在，不可能真正实现人的全面发展。只有到共产主义社会，劳动者成为自己的主人，劳动不再是谋生的手段，而是人的生活的第一需要，社会成员才能够全面地发挥自己各方面的才能，才能实现真正的全面发展。“个人的全面发展只有到了外部世界对个人才能的实际发展所起的推动作用为个人本身所驾驭的时候，才不再是理想、职责等等，这也是共产主义者所向往的。”④

人的发展是历史的产物。由于社会历史发展的局限性，即使在社会主义阶段个体的片面发展也会长期存在。我们对于个体片面发展的认识应结合历史的实际，从历史的实际和国情出发追求真实的全面发展目标。

3. 教育与生产劳动相结合是实现人的全面发展的根本途径

马克思非常重视教育与生产劳动相结合的意义和作用，他在《资本论》中指出：“从工厂制度中萌发了未来教育的幼芽，未来教育对所有已满一定年龄的儿童来说，就是生产劳动同智育和体育相结合，它不仅是提高社会生产的一种方法，而且是造就全面发展的人的唯一方法。”⑤ 马克思不仅将教育与生产劳动相结合作为现代生产力发展的要求，而且将其视为是现代教育和现代社会人的全面发展的必然要求。因此可以说，教育与生产劳动相结合是现代教育的基本特点。

随着现代生产和现代科学技术的发展，教育与生产劳动相结合成了现代生产和现代教育相互制约、协调发展的一个普遍原理。列宁在《民粹派空洞计划的典型》中指出：“没有年

---

① 马克思恩格斯全集（第23卷）. 北京：人民出版社，1975，第408页.
② 马克思恩格斯选集（第3卷）. 北京：人民出版社，1972，第331页.
③ 马克思恩格斯全集（第23卷）. 北京：人民出版社，1975，第543页.
④ 马克思恩格斯全集（第3卷）. 北京：人民出版社，1975，第330页.
⑤ 马克思恩格斯全集（第23卷）. 北京：人民出版社，1975，第530页.

青一代的教育和生产劳动的结合，未来社会的理想是不能想象的：无论是脱离生产劳动的教学和教育，或是没有同时进行教学和教育的生产劳动，都不能达到现代技术水平和科学知识现状所要求的高度。”① 可见，教育与生产劳动相结合是培养全面发展的人的基本原则，是现代社会和现代教育发展的必由之路。

马克思主义人的全面发展理论提出了科学的人的发展观，指明了人的全面发展的历史必然性和实现全面发展的途径，提出了解决人与社会发展关系基本矛盾的途径，找到了解决教育目的价值取向冲突的理论方法。

马克思主义关于人的全面发展理论是我国教育目的确立的理论基础。然而，实现人的全面发展是一个历史发展过程，制定我国的教育目的，必须把马克思主义关于人的全面发展的理论同我国当前的国情结合起来。

第三节 我国教育目的的发展

一、新中国成立前的教育目的

中国传统教育目的主要是致力于以儒家的伦理道德修养身心，培养儒家理想的君子人格，进而实现齐家、治国、平天下的理想。儒家的这种教育目的观尽管在不同时代有不同的体现，但纵观 2 000 多年的中国传统社会，这种目的观无疑深深地影响了中国的传统教育和社会的发展。

鸦片战争后，经过半个世纪的实践，逐步确立起“中体西用”的办学宗旨，寄希望于培养掌握现代科学技术维护封建统治的人才。这在我国近代最早颁布的“壬寅学制”和“癸卯学制”中即有明白的表达。

辛亥革命结束后，开始了中国现代教育的历程。当时的教育总长蔡元培在《对于教育方针之意见》中初步提出了“五育”的教育方针，即公民道德教育、实利主义教育、军国民教育、世界观教育及美育五育并重、和谐发展的教育方针。1929 年《中华民国教育宗旨》称：“中华民国之教育，根据三民主义，以充实人民生活，扶植社会生存，发展国民生计，延续民族生命为目的；务期民族独立，民权普遍，民生发展，以促进世界大同。”

1940 年，毛泽东在《新民主主义论》中对民族的、科学的、大众的新民主主义教育方针做了全面论述。

二、新中国教育目的的形成与发展

（一）新中国成立初期到 70 年代末教育目的的确立

1. 新民主主义教育方针（1949）

新中国成立之初，教育工作继续贯彻了新民主主义教育方针。《中国人民政治协商会议共同纲领》第五章“文化教育政策”第一条中明确规定：“中华人民共和国的文化教育为新民主主义的，即民族的、科学的、大众的文化教育。”

---

① 列宁全集（第 2 卷）. 北京：人民出版社，1959，第 413 页.

2. 社会主义教育方针的初步提出（1957、1958）

社会主义改造基本完成后，全面转入大规模的社会主义建设时期。1957 年毛泽东在《关于正确处理人民内部矛盾的问题》中指出“我们的教育方针，应该使受教育者在德育、智育、体育几方面都得到发展，成为有社会主义觉悟的有文化的劳动者。”

1958 年中共中央、国务院《关于教育工作的指示》中提出：“党的教育工作方针，是教育为无产阶级政治服务，教育与生产劳动相结合。”（后来概括为：教育必须为无产阶级服务，必须同生产劳动相结合。）从此，人们一般将这一方针与 1957 年提出的教育方针结合起来，作为统一的教育方针加以贯彻，确保了新中国教育事业的发展。

3. “文化大革命”期间的教育工作指示

“五七指示”是指 1966 年 5 月 7 日毛泽东在给林彪的一封信中对各项工作的原则性指示。毛泽东指出，各行各业都应该以干好本职工作为主，同时兼学政治、经济、文化，从事生产，批判资产阶级。“学生也是这样，以学为主，兼学别样，即不但要学文，也要学工、学农、学军，也要批判资产阶级。学制要缩短，教育要革命，资产阶级知识分子统治我们学校的现象，再也不能继续下去了。”

《全国教育工作会议纪要》（简称《纪要》）（1971）是“四人帮”炮制的指导“教育革命”的纲领性文件。《纪要》做出了“两个估计”，即“文革”前 17 年教育战线是资产阶级专了无产阶级的政，是“黑线专政”；知识分子的大多数世界观基本上是资产阶级的，是资产阶级知识分子。《纪要》还提出，教育要同“三大革命实践”相结合，实行开门办学。

（二）新时期教育目的的形成和发展

1. 《中共中央关于教育体制改革的决定》中的教育方针（1985）

党的十一届三中全会后，我们党重申了 1957 年和 1958 年提出的教育方针。1981 年中共中央《关于建国以来党的若干历史问题的决议》提出：“用马克思主义世界观和共产主义道德教育人民和青年，坚持德智体全面发展、又红又专、知识分子与工人农民相结合、脑力劳动与体力劳动相结合的教育方针。”

1983 年邓小平同志提出“教育要面向现代化、面向世界，面向未来”。“三个面向”成为新时期改革和发展教育的战略指导思想。1985 年《中共中央关于教育体制改革的决定》中明确提出：“教育必须为社会主义建设服务，社会主义建设必须依靠教育”，“必须极大地提高全党对教育工作的认识，面向现代化、面向世界、面向未来，为九十年代以至下世纪初叶我国经济和社会的发展，大规模地准备新的能够坚持社会主义方向的各级各类合格人才。”

1986 年《中华人民共和国义务教育法》规定：“义务教育必须贯彻国家的教育方针，努力提高教育质量，使儿童、少年在品德、智力、体质等方面全面发展，为培养有理想、有道德、有文化、有纪律的社会主义建设者和接班人奠定基础。”这从法律上确保了义务教育阶段教育方针的贯彻落实。

2. 《中国教育改革和发展纲要》中的教育方针（1993）

20 世纪 90 年代初，以邓小平南方谈话为标志，我国开始了市场经济改革。从 1993 年《中国教育改革和发展纲要》可总结出现阶段的教育方针：教育必须为社会主义现代化建设服务，必须与生产劳动相结合，培养德、智、体全面发展的建设者和接班人。

1995 年 3 月通过的《中华人民共和国教育法》第五条，大致沿用这一教育方针：“教育必须为社会主义现代化建设服务，必须与生产劳动相结合，培养德、智、体等方面全面发展的社会主义事业的建设者和接班人。”至此，我国新时期的教育方针，已完成了立法的法律程序，写进了教育的根本大法。

3.《中共中央国务院关于深化教育改革，全面推进素质教育的决定》中的教育方针（1999）

1999年召开的第三次全国教育工作会议通过的《中共中央国务院关于深化教育改革，全面推进素质教育的决定》中，对我国的教育方针做了新的表述：“实施素质教育，就是全面贯彻党的教育方针，以提高国民素质为根本宗旨，以培养学生创新精神和实践能力为重点，造就‘有理想、有道德、有文化、有纪律’的，德智体美全面发展的社会主义事业的建设者和接班人。”

4.“十六大”对教育方针的新表述

党的“十六大”报告从全面建设小康社会、实现中华民族伟大复兴的全局出发，深刻阐述了教育方针，为新世纪中国教育改革的发展提供了行动指南。报告提出新时期党的教育方针是“坚持教育为社会主义现代化建设服务，为人民服务，与生产劳动和社会实践相结合，培养德智体美全面发展的社会主义建设者和接班人。”第一次把“为人民服务”纳入教育方针，写到教育的旗帜上，充分体现了以人为本的思想和人文关怀精神；强调教育不仅要与生产劳动相结合，更要与社会实践相结合。这一表述贯彻了“三个代表”重要思想，体现了与时俱进的精神。①

至此，我国教育方针实际上已表述为：“坚持教育为社会主义现代化建设服务，为人民服务，与生产劳动和社会实践相结合，培养德智体美等方面全面发展的社会主义事业的建设者和接班人。”当前的教育方针确立了教育事业的服务方向——为社会主义现代化建设服务，为人民服务；进一步明确了教育目标——培养德智体美等方面全面发展的社会主义事业的建设者和接班人；揭示了人才培养的根本途径——教育与生产劳动相结合、与社会实践相结合。经过几十年的艰难探索，有中国特色的社会主义教育方针日益完善。

（三）新中国教育目的的基本精神

新中国成立以来，我国教育目的多包含在教育方针中，是作为教育方针的一个组成部分提出的，具体表述，虽几经变换，但教育目的的基本精神都得到了不同程度的体现。

1. 培养社会主义劳动者

以前的阶级社会中，学校教育主要是培养与劳动者对立的统治阶级，其教育目的不可能要求培养劳动者。社会主义社会消灭了统治阶级和剥削阶级，劳动者不再是和剥削者对立的范畴，而成为所有社会成员的共同属性。社会主义教育培养每一个社会成员都成为劳动者，这是社会主义教育同一切剥削阶级教育的本质区别。

社会主义的教育要培养的劳动者，既包括以体力劳动为主的劳动者，也包括以脑力劳动为主的劳动者。而且，社会主义的劳动者应该是一种新型的劳动者，是脑力劳动与体力劳动相结合的劳动者。造就这种新型劳动者是社会主义教育的理想要求。

我国现行教育方针提出的是培养“建设者”和“接班人”，其实这也只是对“劳动者”的具体提法。“建设者”和“接班人”，不应理解为培养两种人，而是对社会主义劳动者两种职能的统一要求。

---

① 徐志伟. 解读十六大对教育方针的新表述. 教育与现代化，2004，1：73.

2. 实现人的全面发展

人的全面发展是人类社会的崇高理想，作为实行最先进的社会制度——社会主义的我国当然也将此作为追求的目标。在这一点上，我们有着与人类以往理想一致的观点，也有着我们自己的特殊理解。

社会主义的教育目的是培养全面发展的新型劳动者。马克思主义认为，全面发展首要的是智力和体力的广泛、充分、统一、自由的发展。智力和体力是劳动能力的基础，是同自然交往的主要条件。同时，社会主义劳动者具有丰富的属性。劳动者生存和发展不只是要同自然界交往，而且还要进行与人和社会的交往，还必须具有高尚的道德品质。德、智、体是人的素质构成的主体，因而教育目的强调三者的统一发展。

马克思主义指出：社会主义的劳动者不只是生产者，而且是享受者。“因为要多方面享受，他就必须有享受的能力。”① 美的欣赏、美的评价、美的创造，是重要的美的享受能力，所以，现代人的构成要素需要有美的能力发展。

现代大工业生产表明，劳动生产率的提高已不再是直接的劳动者数量和劳动时间，而是现代科学技术。科学知识只有通过技术的应用才能转化为生产力。所以，劳动技术能力的发展，也是现代人不可缺少的素质。

由上可见，社会主义的新型劳动者的素质构成，除德、智、体作为主体构成要素之外，还要有美和劳动技术要素的发展。我国教育方针在人才规格上提出德、智、体等方面的全面发展正是在于说明这一全面要求。

3. 教育与生产劳动相结合

教育与生产劳动相结合是现代教育的基本特点，是教育为社会主义现代化建设服务的前提保证，也是培养全面发展的人的根本途径。这一内涵反映了我国教育的现代性质。

2000 年 2 月 1 日，江泽民在《人民日报》上发表《关于教育问题的谈话》，在谈及教育方针时，指出“在我们的国家里，各级各类学校，都要认真贯彻执行教育为社会主义事业服务、教育与社会实践相结合的教育方针。”在这里第一次将以前的“教育与生产劳动相结合”改述为“教育与社会实践相结合”。党的十六大确定为“与生产劳动和社会实践相结合。”这些表述扩展了我国教育与生产劳动相结合的内涵。

总而言之，我国社会主义的教育目的体现了马克思主义关于人的全面发展的思想，它明确规定了我国教育目的的社会主义性质和方向，指出了培养社会主义建设人才的基本要求。

第四节　全面发展教育

一、全面发展教育的内容

全面发展教育是指教育者根据社会主义社会的政治经济要求，根据人的身心发展的规律和特点，有目的、有计划、有组织地对受教育者实施的旨在促进人的素质结构全面、和谐、充分发展的教育。社会主义教育目的主要通过全面发展教育去实现。

社会主义的全面发展教育是由德育、智育、体育、美育和劳动技术教育等部分构成的。

1. 德育

德育是政治教育、思想教育和道德品质教育的总称，是旨在形成学生的思想品德的

① 马克思恩格斯全集（第 46 卷上）. 北京：人民出版社，1979，第 392 页.

教育。我国的学校德育是要对学生进行社会主义的思想政治观点和道德规范的教导，组织和指导学生的道德实践，培养学生的社会主义品德。它集中体现了我国教育目的的社会主义方向性，对学生的全面发展起着定向和推动作用。

2. 智育

智育是引导学生掌握系统的科学文化知识和技能，发展他们的智力的教育。智育为学生的思想品德、审美观点、良好身体素质等的形成与发展准备知识与能力的基础。我国中小学落实教育目的在智育方面的要求是：使学生掌握现代科学基础知识以及智力、操作等技能，发展观察、记忆、思维、想象、创造能力，养成良好的自学的能力、探索创新的精神，以及团结协作和积极参与社会活动的能力。

3. 体育

体育是促进学生身体正常发育、增强体质、掌握强身健体知识与技能的教育。中小学在体育方面的培养目标主要是：使学生掌握基本的运动知识、技能，促进学生身体的正常发育和成熟，增强学生的体力和体质，使学生养成锻炼身体和讲究卫生的良好习惯。

4. 美育

美育是培养学生正确的审美观、发展他们鉴赏美、创造美的能力，培养他们的高尚情操和文明素质的教育。美育不仅能陶冶情操、提高素养，而且有助于开发智力。在净化学生心灵，激励学生热爱生活和追求美好事物，促进学生全面发展中具有重要作用。具体要求为：培养学生正确的审美观；培养学生感受美、理解美和创造美的能力，发展他们的艺术才能；培养学生具有高尚的情操、文明的行为、整洁的习惯和朝气蓬勃的精神面貌。

5. 劳动技术教育

劳动技术教育是对学生进行劳动观念、生产技术知识和能力的教育。它也是德育和智育的重要内容和途径，对体育和美育也有促进作用。基础教育进行劳动技术教育的目标是培养学生的劳动观点和劳动习惯，使学生掌握一些生产技术的基础知识和基本技能。

学校教育是一个复杂的过程，德育、智育、体育、美育、劳动技术教育是一个统一整体。为了便于分析说明问题，常常把其中某方面的教育从整体中抽出来，具体加以研究，而在教育实践中，并不存在独立的与其他方面的教育相分离的任何一种教育。

五育相互依存，相互联系，相互渗透，共同给学生以影响，促进学生的全面发展。如果忽视或取消其中任何一种教育，就不能构成全面发展的教育，不能真正落实教育目的。如果不恰当地突出某一种教育，也会造成不良后果。基础教育要把教育目的落到实处，必须处理好五育之间的关系。

二、全面发展教育的基本原则

教育目的是全部教育工作的灵魂。为了充分发挥教育目的对教育工作导向、调控和评价的功能，实施全面发展教育，教育工作应坚持以下原则：

（一）端正教育思想、明确教育目的

教育思想是人们在一定的社会时代中形成的对教育现象、教育问题的认识，是关于教育问题的一种社会意识形态。它的主要表现形态是教育指导思想（如教育方针、办学思想等）和各种教育观念（如人才观、质量观等）。教育思想来自于一定社会和时代的教

育实践，任何教育实践活动都是在一定的教育思想支配下进行的。教育工作者总是自觉或不自觉地用一定的教育思想指导自己的工作。

教育思想的核心内容集中体现在为谁培养人、培养什么人和如何培养人的问题上。因此，明确教育目的是端正教育思想的关键。或者说，端正教育思想，最重要的是端正正确的办学方向。

中国“文革”结束后恢复了高考制度，但随之中国基础教育领域便出现了一种片面追求升学率的应试教育倾向。“片追”的出现不是恢复高考的必然结果，而是与之相伴随的各种不正常的教育评价标准把基础教育引上了“片追”“应试”的邪路。

端正教育思想、明确教育目的，就是要求我们的基础教育能够重新审视教育现实，把长期背离正确发展轨道的不正常教育行为扳回到教育方针要求上来。本着为国家、民族负责的高度责任感，本着为学生发展负责的事业心，以正确的办学指导思想和人才观、质量观去主导学校的教育实践，使我们的学校真正成为造就人才的摇篮。

（二）全面贯彻党的教育方针，全面提高教育质量

全面贯彻党的教育方针，要求各级各类学校必须以培养德、智、体等方面全面发展的建设者和接班人作为育人的理想目标。任何偏离全面发展的教育行为、管理行为、评价行为等都是对党的教育方针的背离。全面贯彻党的教育方针，要求我们把党的教育方针全面贯彻到学校教育过程的各个环节之中。

全面提高教育质量，即把学校教育质量的追求放在全面提高的基点上。全面提高就不能只提高某些人或某个方面的教育质量，而是所有人和所有方面的发展都提高。全面提高就不是“应试教育”所追求的应试能力的单方面提高或仅仅是升学率的提高，而是知识、技能、思想、行为、能力等各方面的全面提高和入学率、合格率、优秀率、升学率等各项指标的全面提高。

（三）深化教育改革，实施素质教育

为了全面提高教育质量，培养合格人才，我们的教育必须进行改革。《中华人民共和国教育法》把“提高民族素质”作为教育的宗旨。实施素质教育已经成为基础教育乃至各类教育的迫切任务，也是当前教育改革的中心主题。

1999年第三次全国教育工作会议出台了中共中央、国务院《关于深化教育改革，全面推进素质教育的决定》。“决定”对素质教育的一系列理论和实践问题做出了规范，成为当前我国各级各类教育全面推进素质教育的基本依据。

“决定”指出，实施素质教育就是全面贯彻党的教育方针，以提高国民素质为根本宗旨，以培养学生的创新精神和实践能力为重点，造就有理想、有道德、有文化、有纪律的、德智体美等全面发展的社会主义事业建设者和接班人。

素质教育的实质是通过教育改革真正实现全面贯彻党的教育方针，全面提高教育质量，促进受教育者的全面发展和民族素质的提高。《面向21世纪教育振兴行动计划》把素质教育列为第一项跨世纪工程予以重点实施。

全面推进素质教育，要坚持面向全体学生，为学生的全面发展创造相应的条件。素质教育应贯穿于幼儿教育、中小学教育、职业教育、成人教育和高等教育等各级各类教育；应贯

穿于学校教育、家庭教育和社会教育等各个方面。

素质教育的内容主要有五个方面：政治思想素质教育（包括政治素质教育、思想素质教育、道德素质教育、民主法制素质教育）、科学文化素质教育、审美素质教育、身体素质教育和心理素质教育。

思考与练习

1. 什么是教育目的？
2. 教育目的在学校教育中的作用？
3. 教育目的的三种价值取向是什么？
4. 马克思主义人的全面发展理论有哪些基本观点？
5. 我国当前教育目的的基本内容是什么？
6. 什么是全面发展教育？全面发展教育的基本原则有哪些？

【相关材料链接】

材料一　教育目标分类

一、布卢姆等人的教育目标分类

领域	类别	子类别
认知领域	1.0 知识	1.1 具体的知识 1.2 处理具体事物的方式方法的知识 1.3 学科领域中的普遍原理和抽象概念知识
	2.0 领会	2.1 转化 2.2 解释 2.3 推断
	3.0 运用	3.1 运用类别中教育目标的蕴涵 3.2 运用测验与例证性试题
	4.0 分析	4.1 要素分析 4.2 关系分析 4.3 组织原理的分析
	5.0 综合	5.1 进行独特的交流 5.2 制订计划或操作程序 5.3 推导出一套抽象关系
	6.0 评价	6.1 依据内在证据来判断 6.2 依据外部准则来判断
情感领域	1.0 接受（注意）	1.1 觉察 1.2 愿意接受 1.3 有控制的或有选择的注意
	2.0 反应	2.1 默认的反应 2.2 愿意的反应 2.3 满意的反应

续表

情感领域	3.0 价值评价	3.1 价值的接受 3.2 对某一价值的偏好 3.3 信奉
	4.0 组织	4.1 价值的概念化 4.2 价值体系的组织
	5.0 由价值或价值复合体形成的性格化	5.1 泛化心向 5.2 性格化
动作技能领域	1.0 反射动作	1.1 分节反射 1.2 节间反射 1.3 节上反射
	2.0 基本-基础动作	2.1 位移动作 2.2 非位移动作 2.3 操作动作 2.4 抓握 2.5 灵巧
	3.0 知觉能力	3.1 动作辨别 3.2 视觉辨别 3.3 听觉辨别 3.4 触觉辨别 3.5 协调能力
	4.0 体能	4.1 耐力 4.2 力量 4.3 韧性 4.4 敏捷性
	5.0 技巧动作	5.1 简单适应技能 5.2 复合适应技能 5.3 复杂适合技能
	6.0 有意沟通	6.1 表情动作 6.2 解释动作

（选自克拉斯沃尔·布卢姆：教育目标分类学［第 1 分册（知识领域）］，罗黎辉，译，华东师范大学出版社，1986 年；克拉斯沃尔·布卢姆．教育目标分类学［第 2 分册（情感领域）］，施良方、张云高，译，华东师范大学出版社，1989 年；哈罗·辛普森：教育目标分类学［第 3 分册（动作技能领域）］，施良方、唐晓洁，译，华东师范大学出版社，1989 年）

二、梶田叡一的教育目标分类

目标层次	教育目标				主要目标类型
	知	情	意	技	
开	• 尽其所能地予以注意 • 动员其有关的经验 • 得到有关的体验和实感	• 尽其所能地去感知 • 得到有关的实感和体验	• 将注意倾向转向目标 • 产生效力感 • 得到有关的实感和体验	• 将注意倾向转向目标 • 形成模式的印象 • 动员其有关的经验	体验目标

续表

目标层次	教育目标				主要目标类型
	知	情	意	技	
示	• 明白含义 • 会运用术语及概念	• 明白其优点及特长	• 体验含义 • 按含义所示方向运动	• 基本上可以对照模式完成	达到目标
悟	• 领会	• 尽其所能地加深对其优点等的理解 • 将自己的领会体现到行动中	• 能自行确定意义和价值 • 能够按着意义和价值的方向约束自己	• 在没有模式的情况下也能完成	体验目标 提高目标
入	• 构成自己的人生观和世界观的一部分	• 用深刻体验的优点等构成生活	• 用自己所领会的意义从事日常的各种工作	• 成为行动或生活的一部分	体验目标 提高目标

（选自梶田叡一：教育评价，李守福，译，吉林教育出版社，1988 年，第 113～114 页）

三、加涅的学习目标分类

学习目标	学习分类
言语信息	标记的学习
	事实的学习
	有联系的论述的学习
智力技能	辨别作用的学习
	具体概念的学习
	定义概念的学习
	规则的学习
认知策略	注意的策略的学习
	编码的策略的学习
	检索的策略的学习
	问题解决的策略的学习
	思维策略的学习
	认知策略的迁移
动作技能	技能的获得
	练习
	把部分的技能结合为熟练的程序
态度	获得有关概念和信息
	模仿对象的选择
	行为选择的强化

（编选自加涅著：《学习的条件》（第二章），傅统先、陆有铨，译，人民教育出版社，1986 年）

材料二 当代西方发达国家和国际教育组织的教育教育目的

一、美国教育目的——中等教育的基本原则

The Cardinal Principles of Secondary Education

The Cardinal Principles of Secondary Education were issued in 1918 by the Commission on the Reorganization of Secondary Education. The focus of this commission was to form objectives for secondary education. It was decided that segmented subjects and their subject matter were a way to achieve the decided goals but that they were not the one and only way. The commission was also instrumental in starting a standard of forming goals before reforming schools. Changes were needed because of increased enrollment in secondary schools. A new focus that would take into account individual differences, goals, attitudes, and abilities was adopted. The concept of democracy was decided on as the guide of education in America. Work on the Cardinal Principles was started in 1915 and finished in 1918. The seven Cardinal Principles of Secondary Education are as follows:

1. Health

A secondary school should encourage good health habits, give health instruction, and provide physical activities. Good health should be taken into account when schools and communities are planning activities for youth. The general public should be educated on the importance of good health. Teachers should be examples for good health and schools should furnish good equipment and safe buildings.

2. Command of Fundamental Processes

Fundamental Processes are writing, reading, oral and written expression, and math. It was decided that these basics should be applied to newer material instead of using the older ways of doing things.

3. Worthy Home Membership

This principle "calls for the development of those qualities that make the individual a worthy member of a family, both contributing to and deriving benefit from that membership". This principle should be taught through literature, music, social studies, and art. Co-ed schools should show good relationships between males and females. When trying to instill this principle in children the future as well as the present should be taken into account.

4. Vocation

The objective of this principle is that the student gets to know him or herself and a variety of careers so that the student can choose the most suitable career. The student should then develop an understanding of the relationship between the vocation and the community in which one lives and works. Those who are successful in a vocation should be the ones to teach the students in either the school or workplace.

5. Civic Education

The goal of civic education is to develop an awareness and concern for one's own community. A student should gain knowledge of social organizations and a commitment to civic morality. Diversity and cooperation should be paramount. Democratic organization of the school and classroom as well as group problem solving is the methods that this principle should be taught through.

6. Worthy Use of Leisure

The idea behind this principle is that education should give the student the skills to enrich his/her body, mind, spirit and personality in his/her leisure. The school should also provide appropriate recreation. This principle should be taught in all subjects but primarily in music, art, literature, drama, social issues, and science.

7. Ethical Character

This principle involves instilling in the student the notion of personal responsibility and initiative. Appropriate teaching methods and school organization are the primary examples that should be used.

Naming these seven objectives does not "imply that the process of education can be divided into separated fields". Therefore all of the seven principles are interrelated. In order for these principles to be successful the student must have a willingness to follow these and an ethical character that will allow this learning to take place.

(Source: Raubinger, Rowe, Piper, West. The Development of Secondary Education. New York: Macmillan, 1969.)

二、日本临时教育审议会提出的教育目的

日本临时教育审议会于1986年4月23日发表了"关于教育改革的第二次审议报告"。报告分析了当代社会发展的主要特点（国际化、信息化和社会成熟化），针对日本"教育荒废"的现状，提出了21世纪日本的教育目的。

其具体内容为：①宽广的胸怀、健康的体魄、丰富的创造力。教育的中心问题是要对学生进行身心两方面均衡发展的教育。②自由、纪律和公共精神。③世界之中的日本人。要站在全人类、全世界的视野中，培养能够在艺术、学识、文化、体育、科学技术、经济社会等各个领域上为国际社会做出贡献的日本人。

（选自国家教委教育情报研究室编：今日日本教育改革（第一章第四节），北京工业大学出版社，1988年）

三、联合国教科文组织阐述的教育目的

(1)《学会生存——教育世界的今天和明天》中所阐述的教育目的："在人们追求的许多目标中具有一些共同倾向，这些共同倾向指明现代世界的一些主要的目的是一致的。"第一，走向科学的人道主义；第二，培养创造性；第三，培养承担社会义务的态度；第四，培养完人。

(2)《教育：财富蕴藏其中》中所阐述的教育目的：第一，学会认知（掌握认识的手段；理解知识；智力训练）；第二，学会做事（从资格概念到能力概念）；第三，学会共同生活（认识自己，发现他人；为实现共同目标而努力）；第四，学会生存（自主性、判断力、个体责任感）。在日益多样化和复杂化的社会中，必须要有独立的认识和判断能力，并且要学会承担起对他人和社会的责任。

（选自联合国教科文组织国际教育发展委员会编著：学会生存——教育世界的今天和明天（第六章），华东师范大学比较教育研究所，译，教育科学出版社，1996年；联合国教科文组织：教育——财富蕴藏其中：国际21世纪教育委员会报告，联合国教科文组织总部中文科，译，教育科学出版社，1996年，第四章）

第四章　教　　师

【教学目标】

1. 认识教师在教育教学中的地位，明确教师的权利和义务。

2. 了解教师的素质结构，能够在新理念指导下主动谋求自身发展。

3. 掌握教师专业发展的阶段及特点，能够针对这些特点解决教师专业发展中的实际问题。

教育质量的高低，关键取决于教师队伍的整体素质。教师是教育教学理论的践行者，是发展教育事业的中坚力量。正确地认识教师职业，不断提高教师专业素养是实现教育事业发展的关键。

第一节　教师概述

当今，在国际上，教师已被视为专业人员。他们不仅要有广博精深的专业知识和技能，崇高的专业精神和职业道德，还应有与时俱进的教育理念。教师不仅是知识的传递者，课堂活动的组织者，更是学生健康成长的守护者。

正如本书在第一章中所谈及的，教师是指具有一定资格的、受一定社会委托，以影响入学者身心发展为直接目标的专门教育者。

一、教师的地位

在任何国家，教师地位的高低都会直接决定着教师队伍的稳定和流动，决定着教师职业吸引力的大小，从而影响到教育教学质量的高低，最终影响国家整体教育事业的发展。

（一）教师的社会地位

教师的社会地位即教师职业在整个社会职业体系中所处的相对位置。在此主要从教师的经济地位及职业声望角度分析。

1. 经济地位

经济地位主要通过教师的经济收入来体现。经济收入是影响教师社会地位的重要因素，也是衡量教师社会地位的重要指标。从国际水平看，教师的经济收入总体上通常高于体力劳动，而低于一些专业性职业，处于中等收入水平。我国自 1982 年以来，不断提高教师待遇。1994 年《中华人民共和国教师法》对提高教师工资待遇问题做了明确规定“教师的平均工资水平应当不低于或者高于国家公务员的平均工资水平，并逐步提高”。同时建立相应的晋级增薪制度，从法律上确保了教师的工资收入。

2. 职业声望

教师的职业声望是指人们对教师职业的意义、价值、声誉的综合评价。教师职业声望既与职业自身特征有关，也与社会的价值取向有关。在不同历史时期，教师的职业声望也不同。随着教师专业化的不断推进，教师职业声望呈逐渐提升的趋势。1997 年中国人民大学的学者就我国常见的 100 种职业排名进行调查，其中，中小学教师名列第 29 位。[①] 总体上看，我国中小学教师的职业声望处于中等偏上。与其经济地位相比，教师的职业声望通常略高一些。

（二）教师在教育过程中的地位

关于教师在教育过程中的地位问题多年来一直有着许多的争议。我们认为教师和学生在教育过程中都具有非常重要的地位与作用，而且双方的地位与作用具有不可替代性。正确地看待教师在教育过程中的地位是为了充分发挥教师在教育过程中的作用，为了正确地对待教育对象，也为了更好地处理各方面关系。

我们认为教师和学生是共同参与教育活动的主体，教师在教育过程中要引导学生的学习，要设计与实施教育活动，同时还要关注学生的全面发展，这种作用的发挥是学生的能力所不及的，因此教师在教育实践活动中的主体地位是不可忽视的。但并不能就此否认学生的主体地位，教师在教育实践中的主体地位要体现在对学生的发展负责上，也就是说要体现在调动学生这一认识及发展主体的积极性与主动性上。

强调教师的主体地位并不排除教师与学生双方具有平等的独立人格，教师应充分认识到在教育过程中人与人关系应是民主、平等的，教师不能因为社会赋予的权利而忽视学生的人格及个性差异。

二、教师的权利和义务

教师的权利和义务体现了教师的社会地位，也体现了社会对教师的重视和保护程度。二战后，教师的权利和义务不断受到重视。联合国教科文组织于 1966 年 10 月以政府间特别会议形式通过了《关于教师地位的建议书》，这是一部关于确保教师社会地位问题的国际性条约，向各国政府提供了确保教师社会地位的共同准则和基本措施。之后，各国通过法律形式规定了教师的权利和义务。我国于 1993 年 10 月颁布的《中华人民共和国教师法》明确规定了教师的权利和义务。这一法律是教师维护自身合法权利的武器，同时也是教师履行义务的基本依据。

（一）教师的权利

教师的权利是指教师在履行教育教学职责时，应当享有的各种权益。教师的权利包括公民权利和教师职业权利。其中公民权利是指教师作为公民所享有的最基本的权利。如政治权利，宗教信仰和自由，社会经济权利，文化教育权利等。教师的职业权利是指与教师职业相联系的特殊权利。在这里我们谈的教师权利主要指教师的职业权利。我国《教师法》第七条明确规定了教师享有的六项基本权利：

1. 教师享有“从事教育教学工作，开展教育教学改革和实验”的权利

教师作为一种职业，其最主要的社会职能就是进行教育教学，教书育人；教师的一切权利和义务都是围绕这一根本职责来确定。依据此项教师权利，教师有权依据其所在学校的教学计划、教育工作量等具体要求，结合自身教学特点，自主地组织课堂教学；有权依照教学

① 谢维和．教育活动的社会学分析——一种教育社会学的研究．北京：教育科学出版社，2002，第 117 页．

大纲的要求确定其教学内容、进度，不断完善教学内容；有权针对不同的教育教学对象，在教育教学的形式、方法、具体内容等方面进行改革和实验。

2. 教师享有“科学研究、学术交流，参加专业的学术团体，在学术团体中充分发表意见”的权利

教师有权进行科学研究、撰写学术论文、技术开发、著书立说；有权参加有关的学术交流活动，参加依法成立的学术团体并在其中兼任工作；有权在学术研究中发表自己的学术观点，开展学术争鸣。法律条文中此项的规定不仅有利于教师自身的发展，同时也有利于促进我国教育事业的发展。

3. 教师享有“指导学生的学习和发展，评定学生的品行和学业成绩”的权利

教师作为专业人员，有权利依据科学原则对学生的品德、学习以及身心发展等方面进行指导，给出评定。

4. 教师享有“按时获取劳动报酬，享受国家规定的福利待遇以及寒暑假期带薪休假”的权利

教师有权要求所在学校及其主管部门根据国家教育法律、教师聘任合同的规定按时足额地支付工资报酬；有权享受国家规定的福利待遇。因为，教师经济待遇关系到教师地位的提高和教师劳动的积极性。因此，各级政府必须在教师的工资收入、福利待遇、医疗、住房等方面给予保证。

5. 教师享有“对学校教育教学、管理工作和教育行政部门的工作提出意见和建议，通过教职工代表大会或者其他形式，参与学校的民主管理”的权利

教师是学校发展的主力军，在整个学校教育中，教师不仅要承担教书育人的责任，同时也要参加学校的民主管理，发挥其所享有的政治权利。如教师有权通过教职工代表大会、工会等组织形式以及其他适当方式，参与学校民主管理，讨论学校改革、发展等方面的重大事项，保障自身的民主权利和切身利益，推进学校的民主建设。

6. 教师享有“参加进修和其他方式培训”的权利

一个人的发展并非一蹴而就，教师作为教育教学人员，更应当本着持续发展的理念，不断参加进修和培训，提高自身的业务素质。教育主管部门及学校更应当从各个方面确保并加强教师的培训工作，从而保障教师参加进修和培训权利的实现。

（二）教师的义务

教师的权利和义务是统一的，因此，教师在享有权利的同时必须承担相应的义务。教师的义务是指教师在从事教育教学活动过程中，依法应当承担的各种职责。《中华人民共和国教师法》（以下简称《教师法》）第八条明确规定了教师履行的六项基本义务：

1. 教师履行“遵守宪法、法律和职业道德，为人师表”的义务

教师作为中华人民共和国的公民，必须遵守宪法、法律，而且要在教育教学工作中，自觉培养学生的法制观念，使每个学生都成为遵纪守法的公民。同时，教师还应当遵守职业道德，这不仅是教师自身行为的规范，也是法律赋予教师应尽的基本义务。

2. 教师履行“贯彻国家教育方针，遵守规章制度，执行学校的教学计划，履行教师聘约，完成教育教学工作任务”的义务

国家的教育方针为教育活动提出了原则性的要求，规定了教育应达到的基本目标，因此教师应当认真贯彻国家的教育方针，执行学校教学计划，为现代化建设培养德、智、体、美全面发展的社会主义事业的建设者和接班人。同时教师为了确保教育工作的稳定性与连续性，要履行教师聘约，在聘约期满之前可就前一聘约约定事项续签或终止下一聘期的合同。如果教师不按聘任合同完成教育教学任务而造成工作损失的，应依据《教师法》第37条规定，承担相应的法律责任。

3. 教师履行“对学生进行宪法所确定的基本原则的教育和爱国主义、民族团结的教育，法制教育以及思想品德、文化、科学技术教育，组织、带领学生开展有益的社会活动”的义务

教师作为教育者，承担着教书育人的重要责任，因此，教师应自觉地结合教育教学活动的特点，将思想政治、品德教育贯穿在教育教学工作全过程之中。要引导学生遵循宪法确定的四项基本原则；引导学生逐步树立科学的人生观、世界观；要使学生把坚持学习科学文化与加强思想修养相统一，坚持学习书本知识与投身社会实践相统一，坚持实现自身价值与服务于社会相统一；同时要培养学生的爱国主义和民族团结的精神。

4. 教师履行“关心、爱护全体学生，尊重学生人格，促进学生在品德、智力、体质等方面全面发展”的义务

学生作为权利人，虽然是教育教学活动中的受教育者，但同样享有人格尊严。现实中，由于忽视了未成年人的人格尊严，使学生的这一权利往往容易受到侵犯。尤其是对有缺点错误的学生，教师更应给予特别关怀，使他们也能健康地成长，教师绝不能采取简单粗暴的办法，不能侮辱、歧视他们，不能泄露学生隐私，更不能体罚和变相体罚学生。在教育教学过程中，教师如果侵害了学生的合法权益，要承担相应的法律责任。

5. 教师履行“制止有害于学生的行为或者其他侵犯学生合法权益的行为，批评和抵制有害于学生健康成长的现象”的义务

教师在学校工作和与教育教学工作相关的活动中，对侵犯学生合法权益的行为要采取适当的方式给予制止，对社会上有害于身心健康成长的不良现象，有义务进行批评和抵制。

6. 教师履行“不断提高思想政治觉悟和教育教学业务水平”的义务

教师作为专业人员，担负着提高民族素质的使命，而现代社会的瞬息万变，更要求教师不断地提高自身的思想政治觉悟和教育教学业务水平，使其保持较高的专业水准。

第二节 教师专业素养

明确教师的专业素养是教师专业化发展的重要问题，也是教师促进自我成长、自我反思的主要依据。本节主要从教师的职业道德、教育理念、知识结构及能力结构的角度分析教师的素质构成。

一、教师的职业道德

“教师职业道德是指从事教育职业的人应当遵循的行为准则和必备品德的总和，是一般社会道德在教师职业中的特殊体现。”[①] 教师的职业道德不仅体现整个教师行业的风范，而且体现一定社会的道德风貌，同时也是教师专业素质的重要组成部分。学生正处在一生中长知识、长身体和形成人生观的关键时期，可塑性极强。教师的一举一动、一言一行不仅会引

① 申继亮，赵景欣. 中小学教师职业道德的现实思考. 北京师范大学学报（社会科学版），2006，1：48.

起学生的注意，而且会使学生受到熏陶并竞相效仿。因此，教师必须加强自身修养，具备高尚的品德素质，才能适应现代化教育发展的需要。

（一）对待教育事业的道德

1. 献身教育事业、义利统一

这是指教师在社会主义道德观和为人民服务人生观的指导下，在处理个人与教育事业发展的关系上的行为准则。此项行为准则强调教师要忠诚于人民的教育事业，有全心全意为教育事业服务的热情和高度的敬业精神。

权利和义务是统一的。服务于教育事业是一名教师应尽的义务。但同时教师也有生存、发展自身的权利，即教师有提高政治、经济、文化地位的权利。只有权利和义务统一了，教师才能更好地奉献于教育事业。

2. 关心教育事业、明确教育职责

教师要关心教育事业发展的状况和教育中出现的重大问题，要分析这些状况可能对学生产生的影响。

教师应明确自身承担的教书育人的职责，要积极推进教育事业发展，完成提高民族素质的重要使命。

（二）对待学生的道德

1. 平等对待、尊重信任学生

教师应对所有学生一视同仁，在教育教学过程中为学生提供公平的发展机会。

教师应当尊重每个学生的人格及个性。应明确无论学生的发展水平如何、无论他的家庭背景如何，都应作为有独立人格的人受到尊重。由于学生的生活经验、文化背景以及兴趣和爱好的不同，导致发展的个体差异，这种差异是客观存在的，要求教师要尊重这种差异，做到因材施教，要相信在差别性对待的前提下，学生会获得发展。教育教学过程中不应当歧视学生，更不能讽刺、挖苦乃至体罚或变相体罚学生。

2. 理解关怀，严格要求学生

苏联教育家捷尔仁斯基曾说“谁不爱孩子，谁就无法教育他们”。理解关怀学生是教师热爱学生的一种表现。理解是教育的前提，在教学中，教师不仅要了解学生的学习和生活状况，更要了解学生的内心世界，体会他们的切身感受，相信他们会朝着健康、上进的方向发展。关怀学生即是指教师能敏锐体察学生的情感变化，善于与学生对话与沟通，同时具备关怀知识和关怀信念，并能以适当的方式积极主动地关心学生成长。

但理解关怀并不是迁就溺爱，这种爱是有原则的，即教师要严格要求学生。学生在身心各个方面均未成熟，自制力相对缺乏，因此，教师有必要严格要求学生。但是，教师对学生提出严格要求时应注意做到以下几点：首先要从学生实际出发；其次要适合学生的行为能力和认识水平；再次要做到严中有情、严中有爱。

（三）对待教师集体的道德

1. 团结协作、共同发展

未来培养复合型人才的需求需要教师由孤立走向团结，加强教师间的对话、沟通、合作。另外，共同的职业目标要求教师之间要互相学习和交流，彼此分享知识与体验，共同探讨与解决问题，谋求共同的发展，因此需要教师群体团结合作精神的形成和发扬。

2. 严于律己，宽以待人

教师劳动的个体性以及评价教育教学工作质量标准的模糊性，都带来了外界监督力量的弱化现象，这就更要求教师对自我有严格的要求。信息技术时代，教师应树立终身学习理念，拓宽知识视野，不断更新知识结构，潜心钻研业务，勇于探索创新，不断提高专业素养和教育教学水平。

也正是由于教师劳动个体性及教师群体的封闭性特点，要求教师要有广阔的胸怀、开放的心态、宏大的气量，对待同事要有涵养、讲原则、也要讲风格，对同事或领导身上所存在的不足给予宽容与理解，并积极谏言，帮助其改正。

（四）对待学生家长的道德

1. 尊重家长，真诚相待

家长和教师一样都影响着学生的成长。教师应当把家长视为自己的合作伙伴；教师应尊重学生家长的工作、社会背景，尊重学生的家庭隐私，认真听取家长对教师和学校工作的意见，真诚与家长沟通学生的情况，将学生在学校的表现及时向家长传达。

2. 主动沟通，平等相待

教师承担着教育的重任，教师更了解学生在学校的具体情况。所以，教师应当主动与家长进行沟通，并且一视同仁地对待每一位家长。那种自认为自己是专业人员，在教育中处于主体地位，从而轻视家长的做法既违反了人际交往的平等原则，也不利于沟通和交往目标的实现。

教师遵循的职业道德并非一成不变，而是随着时代的发展不断更新。从我国 1985 年颁布了第一部《中小学教师职业道德规范》（以下简称《规范》）以来，我国教育部分别于 1992 年、1997 年和 2008 年对其进行了三次修订。最近一次修订可以说充分体现了师德的重要性，其中“责任”与“爱”仍是不变的主题。新《规范》在保留原来基本内容的基础上，新增了一些条目。其中，最引人注目的是“保护学生安全”一条。此外，《规范》新增的内容还包括抵制有偿家教、不以分数作为评价学生的唯一标准以及终身学习等。

二、教师的教育理念

教育理念是人们对教育事业的理性认识，是教育活动中坚守的原则、信念或追求的理想，是实现教育目的的思想保证。作为新世纪的教师，应当树立以人为本教育理念、可持续发展教育理念、创新教育理念、依法执教教育理念和主体性教育理念。

（一）以人为本教育理念

以人为本教育理念的核心是以人性为本位，以“完整的人”的发展为最基本的价值取向。此理念要求教师要明确教育的根本目的之一是发展学生的个性，实现其潜能；要高度重视学生的个性差异和人的价值观；在知识与能力之间，更为重视能力的培养，并把发展创造力作为教育的核心；要注重学生在学习中的自主地位，强调学习中的情感因素，并试图将情感因素和认知因素在学习中结合起来；要以情感为纽带，建立良好的师生关系与和谐的教学氛围。

（二）可持续发展教育理念

可持续发展教育理念主要反映在教育事业的可持续发展，教师的可持续发展以及学生的可持续发展上。可持续发展的核心内容是实现人自身的可持续发展。教师要树立可持续发展理念就应当做到：首先，教师要有终身学习、可持续发展的意识；要了解自身发展的阶段规律以及明确不同阶段的发展需要；注重自身的发展，努力更新知识和教育理念，不断提高自身能力，从而实现自身专业发展。其次，教师要关注教育事业发展，尽自己微薄之力来推进教育事业的可持续发展。最后，教师要培养学生的可持续发展能力，教师在教授知识的同时更要关注于培养学生学会学习、学会动手、学会思考的能力。

（三）创新教育理念

创新教育理念要求教师在教育过程中注重开发学生潜能，激发学生的独立思考和创新意识，重点培养学生的创新精神和实践能力。为此教师需要做到以下几点：

首先，要以学生为中心培养学生的创新意识和创新精神。教师要相信每一位学生都有创新的潜能，通过适当教育可成为某一方面的创造性人才；在教育教学中教师要扮演启发者的角色，努力启迪学生；教师要学会创设问题情境，善于观察学生，在平凡之中发现有价值的东西；鼓励学生大胆质疑，培养学生以创新为荣的意识；要对学生的不同观点和设想给予正确的评价。

其次，要以实践为重点培养学生的创新能力。教师要鼓励学生多动手、勤思考，要为学生提供独立处理问题的空间；教师能够了解科学中的新成果并适时提供给学生，供学生了解思考；教师要了解本学科的探究方法，并准确地传授给学生。

最后，以成才为目标培养学生的创新品格。教师要有培养学生创新品格的意识，应当明确传授知识不是教学的唯一任务，情感及良好个性的培养更为重要，教师要鼓励学生敢于面对并挑战困难、挫折和失败。

（四）依法执教教育理念

依法执教教育理念是指教师要在法律法规的框架内实施教育教学活动。在这种理念指导下，教师要做到：积极学习相关法律知识并利用有利条件向学生渗透；在日常生活和教学工作中认真遵守法律法规；了解自身和学生的权利和义务，并尊重学生的合法权利，履行自己应尽的义务。即教师要做到懂法、守法、并有意识地宣传法律知识。

（五）主体性教育理念

主体性教育理念是指教师要重视确立学生在教育活动中的主体地位，发挥学生的自主性、主动性、创造性，使学生积极主动地学习，独立思考，勇于尝试，大胆质疑，充分发挥学生的学习潜能和创造精神。为此，在教育教学中教师要做到：明确学生在教育中的主体地位；承认学生的权利，尊重学生，平等对待学生，把学生看成是责权统一的主体；因材施教，注重教会学生学习；充分发挥学生的独立性、能动性、自主性和创造性；秉承民主平等的师生关系等。

三、教师的知识结构

我们认为教师的知识结构应包括三个部分：即普通文化知识、学科专业知识和教育专业知识。

（一）普通文化知识

普通文化知识也称为一般文化知识、通识知识或基础知识，是教师知识结构的必要组成部分。教师的职业特点，要求教师广泛地学习和了解其他相关学科的知识和理论，以及各个学科知识之间的关系。也就是说，教师职业需要扎实、广博的一般文化知识作为基础。教师的普通文化知识应当涉及以下部分：人文艺术知识，如哲学、社会学、政治学、历史学，美术、音乐、文学欣赏等方面的知识；自然科学知识，如数学、物理、生物以及一些文理学科交叉的知识；语言工具类知识，如汉语言知识、外国语知识及计算机应用知识；体育保健知识，如卫生保健、心理健康等方面知识。

（二）学科专业知识

学科专业知识与教师将来从事的教学方向有关。在分科教学中，一般与中小学开设的学科课程相对应。作为一名专业化的教师，其学科专业知识应当包括以下几个部分：扎实的学科专业基础知识，即有关本学科的概念、规律、原理和学科发展历史等方面的知识；学科专业方法知识，即关于该学科中用于建构知识的方法、本门学科所提供的独特的认识世界的视角、层次和思维方法等方面的知识；学科专业前沿知识，即有关本学科最新发展动态方面的一些知识。

（三）教育专业知识

教师的教育专业知识包括三个部分：教育基础知识、学科教学知识、教师专业知识。

1. 教育基础知识

教育基础知识主要是指需要掌握关于教育工作的“原理性知识”，如教育学、德育理论、教育心理学、教学论、教育管理学、教育社会学、教育法学、现代教育技术知识以及教育科学研究等一般原理。教师只有全面系统地掌握一般教育学专业知识，才能正确选择教学内容与方法，把自己所掌握的知识和技能科学地传递给学生，促进学生的全面发展。

2. 学科教学知识

舒尔曼认为，学科教学知识有它特殊的重要性，因为它确定教学所需的特殊知识体系。学科教育学知识是最有可能将教师与学科专家区别开来的知识类型。例如，作为语文教师要了解语文学科课程目标的确定、课程内容的选择和组织、课程实施、课程评价、课程管理等一系列知识。

3. 教师专业知识

教师要具备相关的职业知识，如有关教师职业的价值、教师成长阶段、教师权利和义务等方面的知识。

四、教师的专业能力结构

教师的专业能力是教师专业素质中的重要组成部分。合理的专业能力结构是一名教师从事教育教学活动所必备的一项素质。我们把教师的专业能力划分为教学能力、教育与心理辅导能力、交往与调控能力、信息能力以及反思与研究能力。

（一）教学能力

教学能力是教师专业能力中的一个关键部分，教师教学能力的高低关系到教育教学活动的质量和效率。教师的教学能力主要包括以下几个方面：

1. 对教育教学内容进行加工的能力

教师的此项能力主要在教学工作展开之前，贯穿于教师的整个备课过程。此项能力主要表现为：教师能针对学生及教学内容写出完整的教案并确保教学内容的科学性、系统性和逻辑性；能把握所教学科的知识结构，明确该学科的教学重点、难点及教学应达到的目的；能有效针对所教学生的具体情况，恰当地制订教学计划，使所有学生感到有能力完成学习任务。这一能力要求教师既要了解学生又要掌握教材，同时明确所教学科的教学目的，将这三者有机结合，能设计出一个科学合理的教学方案并通过教案的形式呈现出来。

2. 良好的表达能力

表达能力是指教师有效、科学地传递教育教学内容的能力，包括语言表达能力和非语言表达能力两个部分。具体讲，教师语言表达应做到：教师的口头语言表达应简捷、规范、富有逻辑性；应注意口头语言节奏的变化与教学内容、学生听课情况相吻合；应追求口头语言表达风格的形成。书面语言表达（板书）应清晰、准确、有条理；同时应注意美观、大方，表现出板书设计的艺术性。非语言表达应注意：面部表情丰富，与教学内容表现的情感相一致；态势语言幅度要合适，避免多余动作及幅度过大的动作出现，更不能出现过分夸张或矫揉造作的动作。

3. 使用各种教学手段的能力

此能力要求教师能针对学生的具体情况，恰当地选择教学方法，以鼓励学生主动探究问题；要求教师能依据所教学科特点、教学目标、具体教学内容等因素，恰当地选择、运用各种教学手段。

4. 有效组织教学的能力

组织教学能力是教师教学能力的重要组成部分，它关系到整个教学计划能否顺利实施，主要包括：教师能够根据学生以及课程特点选择恰当的方式顺利导入新课以及结束教学活动；在教学过程中，教师能够根据课堂教学的具体情境，调整教学计划或教学方案，能够采取恰当方式集中学生注意力，并能采取有效措施，保证班级有良好的教学秩序；面对偶发事件能灵活处理，保证教学正常进行。

5. 教学评价能力

教学评价能力是指教师能够运用科学的方法对课堂效果进行评价的能力。教学评价能力不仅能帮助教师改进课堂教学，同时能够促进教师自我反思，提高自身教学能力。教师的教学评价能力包括评价学生学习的能力和评价教学质量的能力两个方面。

就学生学习的评价方面而言，要求教师要具备发现学生学习过程中各种变化的能力，并给予及时的指导；能使用各种评价工具对学生的发展做出客观的分析，善于使用激励性评价激发学生学习动机和发展学生的思维能力，善于识别有学习困难的学生，并能适时提供帮助；善于鼓励、指导学生学会自我评价。

就教学质量的评价而言，要求教师要明确教学质量的评价标准，并在教学活动中灵活运用；同时，教师能通过学生在课堂上的反应以及通过教学反思了解自己的教学效果。

（二）教育与心理辅导能力

教师不仅要教给学生知识，更要引导学生身心健康发展，教师是学生健康成长的守护者。这就要求教师要具备一定的教育能力和心理辅导能力。

1. 教育能力

教育能力主要指教师对学生品德及人格所形成影响的能力。教育能力主要体现在：①课堂教学中，教师不仅要以饱满的工作热情感染学生，使学生养成敬业乐学的意识，而且为学生营造健康的身心发展环境；②能将各种偶发事件的处理转变为教育契机，解决问题的同时对学生进行教育；③在传递知识的过程中，能结合知识教学对学生进行品德教育，并能通过教学过程的各个环节对学生的品德产生影响；④在课堂教学中，教师能够通过自身良好的行为方式及风度仪表以身示教，真正做到“身正为范”，成为学生效仿的榜样；⑤对于后进生，教师能采取恰当措施使其转化；⑥能利用教学中的集体活动，培养学生的集体意识，增强集体凝聚力并创建良好的班级文化。

2. 心理辅导能力

教师的劳动对象是学生，是正在成长中的具有可塑性的人。这就要求教师要具备一定的心理辅导能力并运用于教学。要求教师在了解心理健康标准的基础上，能准确判断学生心理问题并分析其起因，同时采取有效措施妥善解决学生出现的各种心理不适，培养学生良好的心理适应力。

（三）交往与调控能力

1. 交往能力

交往能力要求教师能有效地与家长及社区成员进行沟通，建立和谐的、支持性的家（区）校关系；能与学生建立民主平等的相互尊重的师生关系，并努力建立教师的威信；能与同事进行沟通并形成教育合力；能帮助学生建立相互尊重、相互合作的班级气氛。

2. 调控能力

调控能力要求教师在课堂教学中，能以愉快的情绪面对学生，面对偶发事件能控制自己的情绪；能以健康的方式宣泄不良情绪，而不是将学生作为宣泄对象；能有效地克服惰性，保持不断学习的意志力；能控制适当的期望值和紧张度，以提高工作效率。

（四）信息能力

信息能力是指科学、合理地运用信息解决问题的能力。主要包括信息加工能力、获取信息和处理信息的能力等。

（五）反思与研究能力

1. 反思能力

新课程改革要求教师要学会反思。反思的主要内容有：反思自己的教学理念是否适应时代发展的要求；反思自己的知识结构是否合理、科学，是否适应教学的要求；反思自己的教学技能（如口语表达、板书设计、课堂教学活动的组织等）是否娴熟；反思自己在课堂上的行为表现，并能纠正不足之处；反思现有的教学效果、教学质量，并为进一步提高而采取相应措施。

2. 研究能力

21世纪教师应具有研究能力，这是教师专业化的特征之一。教师的研究能力包括教育教学研究能力和学术研究能力。其中教育教学研究能力侧重于创造性地开展教育教学活动；运用当代教育理论和相关科学理论及现代教育手段，探索教育规律，形成自己独有的教育教学风格。学术研究能力包括选题能力、收集处理信息的能力、运用科研方法的能力、撰写报告和论文的能力等。

第三节　教师的专业发展

教师专业发展是当今教师教育研究备受关注的一个问题。本节介绍了教师专业发展的阶段理论，教师专业发展过程中存在的问题及解决对策。

一、教师专业发展的阶段理论

随着教师教育研究的不断深入，教师专业发展阶段的研究也在不断深入。关于此研究始于20世纪60年代美国学者费朗斯·富勒（F. Fuller），她根据教师所关注的问题将教师专业阶段划分为“教学前关注，早期生存关注，教学情景关注，关注学生”四个阶段，并描述了各阶段教师所具备的特征。在富勒的影响下，美国学者卡茨（Katz，1972）提出了“求生存时期，巩固时期，更新时期，成熟时期”四阶段理论；美国约翰·霍普金斯大学的费斯勒（Fessler，1985）构建了动态的、整体性的“教师生涯周期循环理论”。

我国的教师专业发展阶段理论研究始于20世纪80～90年代。我国学者在借鉴国外相关研究的基础上构建了我国的教师专业发展阶段理论。比较有代表性的观点见表4-1所示：

表4-1　我国教师专业发展主要阶段理论

各阶段理论的代表人物	各个阶段名称
吴康宁（二阶段）	预期专业社会化阶段、继续专业社会化阶段
申继亮（四阶段）	学徒期、成长期、反思期、学者期
叶澜（五阶段）	“非关注”阶段、“虚拟关注”阶段、“生存关注”阶段、“任务关注”阶段、“自我更新关注”阶段
钟祖荣（四阶段）	准备期（新任教师）、适应期（合格教师）、发展期（骨干教师）、创造期（专家教师）

（根据以下文献整理：李瑛：我国教师专业发展研究综述，巢湖学院学报，2006年第5期，第152页；肖丽萍：国内外教师专业发展研究述评，中国教育学刊，2002年第5期，第59页；全国十二所重点师范大学联合编写：教育学基础，教育科学出版社，2002年，第120页）

美国学者司德菲（Steffy，1989），依据人文心理学派的自我实现理论，建立了“教师生涯人文发展模式”。他的教师发展阶段理论吸收了费斯勒等人先期的研究成果，发扬了他们研究中的优点，并有所超越。司德菲将教师的发展分为以下五个阶段：

1. 预备生涯阶段

预备生涯阶段（anticipatory career stage）主要包括新任职的教师或重新任职的教师。在此阶段的教师具有以下几个特征：理想主义、有活力、富有创意、接纳新观念、积极进取、努力向上。

2. 专家生涯阶段

专家生涯阶段（expert master career stage）的教师具有较高水平的教学能力和技巧，同时拥有多方面的信息来源。此阶段教师的主要特征表现为：这些教师都能进行有效的班级经营和时间管理，能够深入了解学生，并对学生抱有高度期望。他们也能在工作中激发自我潜能，达到自我实现。同时，这一阶段的教师具有一种内在的透视力，可随时掌握学生的一举一动。

3. 退缩生涯阶段

退缩生涯阶段（withdrawal career stage）可分为三个小阶段，即初期退缩、持续退缩和深度退缩。初期退缩阶段的教师，表现不是最好，也不是最坏。具体特征为：他们很少致力于教学革新，所用的教材内容年复一年。此类教师所持的信念较为固执，而且多沉默寡言，跟随别人，消极行事。持续退缩阶段，特征表现为：教师表现出倦怠感，经常批评学校、家长、学生乃至教育行政部门，有时对一些表现好的教师也妄加指责。此外，他们往往抗拒变革，对于行政上的措施不做任何反应，这些行为都有可能妨碍学校的发展。处于这一时期的教师多是独来独往，或是行为极端，或是喋喋不休，人际关系都不甚和谐，家庭生活有时也会出现问题。因此，在此时期的教师需要帮助。深度退缩阶段，教师在教学上表现出无力感，甚至有时会伤害到学生。但这些教师认识不到自己的这些缺点，而且具有很强烈的防范心理。这是学校最难处理的事，解决办法是让这些教师暂时转岗或转业。

4. 更新生涯阶段

更新生涯阶段（renewal career stage）的教师一开始出现厌倦的征兆时，他们就采取了积极的应对措施，如参加研讨会，进修课程，或加入教师组织等。故在此阶段，教师的特征可以概括为：又可看到教师在预备生涯阶段的朝气蓬勃的状态，即有活力、肯吸收新知识、进取向上。但不同的是，预备生涯阶段的教师对教学感到新奇振奋，而在更新生涯阶段的教师则致力于追求专业成长，吸收新的教学知识。在此阶段的教师，仍需要外在的支持，更需要学校的行政部门的支持与协助。

5. 退出生涯阶段

退出生涯阶段（exit career stage），到了退休年龄，或由于其他原因离开教育、教学岗位，一些教师开始安度晚年，而一些教师则可能继续追求生涯的第二个春天。

"司德菲的教师生涯发展模式，可以说非常清晰明确地反映出了教师在整个职业生涯中发展的特性。不仅如此，他所提出的'更新生涯阶段'，对于费斯勒的研究无疑是一种超越，它弥补了费斯勒理论中的不足，即当教师处于发展的低潮期时，如果给予教师适时、适当的协助与支持，教师是有可能度过低潮期而继续追求专业成长的。总之，司德菲的教师生涯发展模式比较完整、也较真实诠释了教师发展的历程"①。

二、教师专业发展各阶段存在的问题

任何一名教师的成长过程并非一帆风顺，而是会遇到各种各样的困难，从刚踏入学校到离开工作岗位，各个阶段教师所面临的发展困难也不尽相同。但是，教师的成长是个复杂的系统，不仅受来自外部的因素影响，如从社会教育制度、社会文化、教师的专业地位，直至

① 杨秀玉. 教师发展阶段论综述. 外国教育研究，1999，6：40.

学校制度、校园文化、学校办学条件等都会对教师的成长产生这样或那样的影响；同时，教师的专业发展还要受到个人内部因素的影响，如教师的性格、兴趣、专业发展信念以及毅力等。在此我们采纳司德菲的教师专业发展阶段理论，从五个阶段来考察教师专业发展过程中存在的一些问题。

（一）预备生涯阶段存在的问题

此阶段主要指刚从教的教师，他们刚刚进入工作岗位，对新环境不太熟悉，此时他们遇到的困难主要有以下几个方面：

1. 新角色的转换存在困难

新教师在没有进入岗位之前，扮演着学生角色，而踏入教学岗位之后，他们俨然要扮演截然不同的角色，开展工作也要遵循教育教学规律，符合学生身心发展特点。而且在教育过程中，教师要扮演的角色是丰富多彩的，这对初为人师的人来说，在角色意识、角色规范等方面的转换存在困难。

2. 教育教学能力的应用存在困难

此时一个比较明显的问题是新教师的职业技能技巧尚未形成。由于缺乏对教学工作、对教材、对学生的深入了解，再加上实践经验的缺乏，在教学的技能、控制纪律的技巧、处理偶发事件等问题上都不能做到娴熟应对。

3. 知识体系的转换存在困难

可以说，职前教师教育阶段是学生学习掌握理论知识的关键阶段，这一阶段为学生将来从事教育教学工作打下坚实的基础。因此，就新教师所掌握的知识总量以及知识的新度来看，他们基本上可以满足本学科的教学需要。但关键是在大学期间学到的知识体系不等同于教师讲授的知识体系，在对知识的深入理解与应用方面还存在距离，所以，教师在将所学知识体系转换为所讲知识体系方面存在困难。

（二）专家生涯阶段存在的问题

从教几年后，教师熟悉了教育教学环境，积累了一定的教学经验，形成了一些相应的教育教学技能，能够进行有效的班级和时间管理，能够深入了解学生，并对学生抱有高度期望。但此阶段又面临着新的问题。

1. 基本完成角色转换，仍需进一步确定发展方向

此阶段教师已经能够承担起教师的一些基本职能，但教师的角色是多样的，此时教师对一些具体角色认识不够全面，如为人师表、心理咨询等；但现在他们的热情高涨，认识更加合理，希望找到适合自己发展的方向，以便展露才华。

2. 教育教学技能再提升方面存在困惑

此时，教师已经充分意识到学生在教学中的作用，但关于如何通过启发教学充分发挥学生的主体作用有待于继续提高；认识到了应该把教材、教学方法密切结合起来进行教学，但对操作技巧的艺术性有待于提升。因此，他们想要通过改善教学技巧，发现和运用新方法、新观念，提升教学效率；试图形成自己独特的教学风格。

（三）退缩生涯阶段存在的问题

经历了以上两个阶段的发展，此阶段教师对教学已做到游刃有余并形成自己特色。此时他们所面临的巨大问题是如何在理论上进一步提升自己，若无相应的发展措施，教师可能会因专业缺乏挑战性而对现状不满，因而在工作上表现平平，消极行事甚至出现倦怠感和抵抗情绪。此阶段教师专业发展中存在的问题表现为以下几点：

1. 教学的熟练使他们对日常工作产生厌倦感

在这一阶段，与前几个时期的教师相比，教师掌握了较多的教育教学技能，并能在教育教学改革中形成自己的观点和见解。据"美国教育家学会考查，教师服务成绩的评定一般是曲折前进的，在教学的前几年，随着教学经验的增长，教学效果显著上升，隔了五六年以后，他们已习惯于已有的教学程序了，进步的速度就不像以前那样快了，甚至有逐步下降的现象。"① 也就是说他们自己的教育教学工作比较熟练，在工作中缺乏新鲜感和挑战性，就会对现实产生单调乏味的感觉，重者可能出现职业倦怠。

2. 原有知识不能适应时代发展

当今科学技术迅速发展，知识更新速度不断加快。虽然教师已经具备相当稳定的专业知识，但是随着人类整体知识的更新，教师所传授的基础知识也要适当进行调整与更新。另外，知识的传授过程是教师综合运用各种知识、建构新知识的过程。再次，一轮又一轮的新课程改革运动如火如荼地进行着，课程内容的综合、开放，多门学科知识的相互融合，许多边缘学科和交叉学科相继出现，这一切对教师的知识结构也提出了新要求。

（四）更新生涯阶段存在的问题

在经历了前几次磨炼和提升后，教师已经有相当丰富的成功经验，具有较高的声誉，在他们的内心产生了再次发展的热情。因此，他们此时专业发展面临的主要任务是如何再次提升专业水平，将自己的教育经验转化成理论，如何进行教育科学研究，努力成为一名教育家。

1. 需要进一步强化专业发展意识

丰富的教育教学经验使教师形成了自己的思维方式和教学风格，即按照自身惯有的思考问题的方式进行教学。这样虽然有利于教学效率的提高，但也很容易囿于自己所形成的教学方式，制约教师自身的发展。此外，教师较高的声誉往往会使教师在情绪上产生满足感，致使专业发展意识淡化。

2. 在提升科研能力方面存在困惑

教师历经多年发展，对教育教学活动有更深入的了解，开始运用教育理论观点来分析教育实践中的问题。但此阶段要将教育经验升华到理论层面仍存在困难，提升科研能力是他们此时面临的关键问题。

3. 在掌握现代化教育技术方面存在问题

随着现代科学技术的迅速发展，越来越多的现代技术方法运用到教育教学领域。对于青年教师来说，这方面的技术掌握起来比较容易，而相对于此阶段的教师来说，对现代技术的掌握则相对缓慢。

（五）退出生涯阶段存在的问题

此阶段，教师已经进入了专业发展的尾声。回顾自己所走过的路程，这期间有艰辛也有

① 傅树京. 构建与教师专业发展阶段相适应的培训模式. 教育理论与实践，2003，6：41.

教师职业给他们带来的快乐。此时，他们很快就要退休，因此，保守心理在大部分教师中占据优势。

三、促进教师专业发展的措施

教师专业发展受诸多社会因素的影响，但是教育系统，特别是学校是影响他们专业发展的重要因素。因此，我们主要从教育系统内部，特别是学校角度来探讨促进教师专业发展的措施。

（一）校长应关注教师的专业化发展

“一个好校长就是一所好学校”。校长是一个学校的灵魂，是学校中的重要人物。校长的行为观念对教师专业发展的效果有极大影响。校长作为带头人，他们对教师的专业发展有着重要的作用。因此，校长要重视教师专业发展的阶段特点，真正为教师的发展负责。

首先，校长要关注自身的专业发展。校长要成为名副其实的终身学习者，积极参与各项科研活动以及有关理论知识的学习，不断充实、发展自己，担负起引领教师专业发展的重任。

其次，校长要关注一线教师的专业发展。校长要认识到教师有发展的需求和发展可能；同时要认识到教师的专业发展是有规律的，是有阶段性特点的，不同阶段教师的专业发展需求是不同的。校长应当认真研究教师专业发展阶段理论，充分考虑不同阶段教师的发展需求；校长要保持积极开放的心态，通过各种方式主动与教师交流、合作，真切地理解不同教师在不同发展阶段遇到的困惑，制订出合理的阶段化专业发展计划和措施，使各个阶段的教师都能参与其中，并使每个教师在学校的专业发展计划中找到自己的位置，真正实现自身的发展。

（二）开展校本培训

从不同学者对教师专业发展阶段的研究发现，教师自身的专业发展并非在自然状态下就可以实现，而是需要科学地采取多种形式促进教师专业发展。在此，我们谈谈校本培训。

“校本”意指三个方面，即“为了学校，在学校中和基于学校”。“为了学校”即校本培训所要解决的是学校和教师教学实践所面临的问题；“在学校中”指教师应该而且必须在任职的中小学和课堂中谋求自身的专业发展；基于学校指教师培训的一切活动都必须从学校和教师的实际出发。可以说，校本培训是将教师的个体成长和学校整体发展需要作为出发点，由专家协助并指导教师，教师主动参与，通过多种途径来实现教师专业发展的一种培训活动。校本培训的方式多种多样。洪明教授在其《教师教育的理论与实践》一书将校本培训归结为以下几种方式：课题研究、同伴教学、教师间的观摩与交流活动，以及各种形式的短训班、讲座、咨询、研讨以及实地培训。

课题研究是指教师从自己的教学实践中选择一些有待解决的重要问题作为研究课题，通过对课题的研究来解决教育中的实际问题，同时提升自身的专业能力。课题研究可以通过个人力量完成，也可以与专家或同事共同完成。

同伴教学是指由两名或两名以上教师组成教学小组，教师在小组中承担不同任务，通过分工协作共同完成教学任务。其典型是“师徒制”或称“以老带新”。即教学经验丰富、教学成绩突出的优秀教师与新任教师结成对子，对新教师进行指导和帮助。这种方式比较适合于预备生涯阶段的教师。优秀教师能够尽快帮助新教师实现角色转化，适应新环境。但在教师同伴的选择上要考虑教师各自的性格特点以及性别，要做到双向选择，科学合理搭配。

教师间的观摩与交流活动，主要是通过教师间互相交流，互相听课、评课进行教学研讨和交流。这种交流可以是教师与教师之间，也可以是学校与学校之间。如上海师大附中采取的“四课制”。“四课制”指新到教师汇报课、青年教师展能课、中年教师展示课和资深教师示范课。学校对处于不同阶段的教师设计不同类型的展示课，经过一定时间的积累，使每个教师在展示课中有所收获。还有如教学研讨会、学术沙龙等方式来实现教师的专业发展。对于专家阶段的教师可以“通过搭台子、压担子，组织公开课，带出新徒弟”等方式，强化老教师的专业意识与专业责任感，同时推动新教师专业化的完成。老教师也在与新教师的接触中了解新的教学理念、新的教学内容与方法，完成自我更新，获得进一步发展。

开展各种形式的培训班、讲座、咨询、研讨以及实地培训活动。此类方式比较普遍，也比较灵活多样，主讲人可以是专家，也可以是优秀教师；时间可以灵活安排。这种方式更侧重于教师的理论学习。

（三）创建有利于教师专业发展的学校文化

教师的专业发展离不开所在学校的文化氛围，学校文化对教师的专业发展起着潜移默化的影响。

首先，创设有利于教师专业发展的学校愿景文化。学校的愿景文化包含着学校教育的核心理念、办学宗旨和使命、师生发展的目标、学校中长期发展的基本描述等。它伴随着一所学校的整个发展历程，是一所学校的独特特征。可以说，学校愿景文化是学校全体成员的价值共识，对教师的行为起着引领、激励和凝聚的作用。教师在制定个人发展目标时，学校应就其发展目标进行分析，了解教师需要哪些条件和支持，从而为教师个人发展提供有针对性的支持和服务。同时，教师在制定个人专业发展规划时也应尽量了解并参与制定学校的发展愿景，真正做到将学校的发展与个人发展紧密联系。

其次，创设有利于教师专业发展的合作文化。理想的教师文化应当是自然合作的教师文化，这种文化是最有利于教师专业发展的，不同发展阶段的教师在这种教师文化中能充分沟通与分享，追求共同进步。这就要求教师要本着开放互助的态度相互学习、相互交流。一般情况下，处于同一阶段的教师可能会遇到同样的困难和问题，同事之间的交流和合作更容易进行。但是，处于不同发展阶段、不同年龄段的教师也同样存在相互交流与合作的必要，因为不同阶段的教师有不同的发展特点、不同的发展优势和劣势。因此，学校要采取相应措施促成一种同辈之间、长辈和晚辈之间合作的教师文化的产生，鼓励教师之间的交流与合作。

教师自然合作文化并非自发形成，而是需要通过各项措施来保证实现，要经历一个由人为到自然的过程，这就需要学校通过相关制度的建设来促成合作的教师文化的产生。

（四）教育要进行教学反思与教育研究

1. 教学反思

教学反思指的是教师以体会、感想、启示等形式对自身教育教学行为进行的批判性的思考。反思的目的是为了提高教学效果，实现自我专业成长。反思可以帮助教师收录自己在教学活动中稍纵即逝的思考和灵感，质疑或评价自己的教学行为，反思可以帮助自己找出不足，从反思中吸取经验，进行改进。教师的反思虽有外部支持，但更侧重于教师自身内在驱动力的推动。我们主要介绍以下几种反思方式：

教育日志。教育日志是以日记的形式记录教师在实践活动过程中所观察到的、所感受到的、所解释的和所反思的内容。因此，日志形式简单，没有固定风格，只是教师的“有感而发，有感而记”。但日志也并非简单罗列生活中的琐事。而是通过收聚这些事件，让教师更多地了解自己的思想和相关行为。教育日志是一种很随意的方式，可以说适合于任何一个阶段的教师进行教学反思。苏联的苏霍姆林斯基以及我国的朱永新都是极力推崇教育日志的人，他们认为教育日志是一笔巨大的财富，写教育日志会让教师终身受益。

教后感（课后记）。教后感即在课后即时记载、总结教学得失、感想等。教后感形式多样，记载灵活，如可插写在教案上，或写在课本的边角。其特点就在于及时，能及时捕捉当时的教学感想，并以此作为反思材料。

教学案例。“案例是含有问题或疑难情境在内的真实发生的典型性事件。”① 教学案例自始至终是围绕特定的问题展开的，是以问题的发现、分析、解决、讨论为线索。教师的“案例研究”类似医生的“病例研究”、律师的“案例研究”，不仅可以作为教师自己成长的资料，同时可以作为教师之间分享经验、加强沟通的一种有效方式。对于退缩生涯阶段的教师则可以通过教学案例的研究找到自己的研究点，激发探究兴趣，尽快度过退缩期。

微格教学。微格教学产生于20世纪60年代，作为反思教学的一种途径，微格教学是把执教者的教学活动进行录像，然后重放录像，执教者和有关专业人员边看边评议，分析问题，设想解决问题的办法。这种方式可以将教师的上课情景再现，以直观的方式对教师的教学行为进行分析。如预备生涯阶段的教师可以通过微格教学来分析自己的教学状况，并由帮带的优秀教师为其提出合理的建议，在反思中提高教学技能。

2. 教育研究

随着素质教育的不断推进，教师成为研究者的呼声也愈加高涨。教师进行科研不仅可以促进教师自身的发展，而且可以提升课堂教学质量。但我们需要明确的是：中小学教师的科研不同与大学教师的科研。中小学教师的科研更强调贴近课堂教学实际，以课堂中的实际问题为研究对象，通过研究来改进课堂教学效果与教学质量。其任务在于解决教育研究成果在实践中的适用性，即解决具体教育问题。研究的类型主要有教育行动研究、合作研究和教育叙事研究。

行动研究。它是一种新的教育研究理念，也是一种以解决实际问题为目的的研究方式。行动研究强调“行动”与“研究”的结合，是指实际工作者根据自身的需要，对自身工作进行研究，针对需要解决的问题，提出改革措施，一边实施，一边观察并分析结果，随时调整行为。行动研究法对实际问题解决的适宜性使它很快得到发展。教师可以“边教学边研究”。这就要求教师善于从教学实践中发现问题，对日常工作保持一份敏感和探讨习惯，不断地改进自己的工作，并形成理性认识。

合作研究，即中小学教师与理论工作者合作共同开展研究。如更新生涯阶段的教师，“这期间对他们的培养和造就要采取‘推’的办法。往前推，把他们推向学科研究的前沿；往上推，把他们推到各级教育学术研究机构兼职，承担更高级的课题研究；往外推，把他们

① 郑金州. 教育研究方式与成果表达形式之三——教育案例. 人民教育，2004，20：34.

的成果和成功经验推出去，带动本地学科教学和教师群体素质的普遍提高，发挥其‘名师效应’”。[①] 此阶段的教师已经有相当丰富的教学经验，但却缺乏理论指导；急需与专家合作进行教育研究。这样做不仅能激发他们的研究兴趣，同时使中小学教师与专家互相取长补短，在与专家的合作过程中拓宽各自的视野；有利于理论研究与实践的结合。

同时，教育叙事研究、教育案例研究等研究方法都是一些适合于中小学教师的研究方法。不论哪一种方式，目的只有一个，就是通过研究促进教师专业发展，提高教学水平。

（五）教师自身应当树立专业发展的意识

教师应当树立终身发展的教育理念，不断提升自己专业素养。因为每个阶段教师专业发展的任务不同，遇到的问题也不尽相同，发展的过程就是不断解决问题的过程。如退缩期的教师可能因为教学的单调而产生乏味感，更甚者会出现职业倦怠。此时他们的发展需求则是寻找具有挑战性的新任务，寻找新的增长点，有了充足的外部条件之后，更需要教师自身的努力才能真正获得发展。

同时教师要积极规划自己的发展。教师要将自己的发展看作是一个终身的、全面的、具有阶段性的持续发展过程。各个阶段的教师要分析自己的发展现状，为自己制定适合而具体的发展目标。自我发展规划的内容可以包括师德目标、课堂教学技能目标、科研能力目标、教学实绩目标等。规划可以是一年规划，也可以是两年或三年的规划。教师制定好自己的发展规划之后，就要在日常教育教学实践中按照规划进行，严格要求自己。

思考与练习

1. 如何认识教师在教育过程中的地位？
2. 教师享有哪些权利？要履行哪些义务？
3. 了解教师的专业素养，设计自我理想教师的形象。
4. 教师专业发展经历了哪几个阶段，有何特点？
5. 结合自己的体会及观察，思考促成教师专业发展的措施。

【相关材料链接】

材料一　中小学教师职业道德规范（2008 年修订）

1. 爱国守法。热爱祖国，热爱人民，拥护中国共产党领导，拥护社会主义。全面贯彻国家教育方针，自觉遵守教育法律法规，依法履行教师职责权利。不得有违背党和国家方针政策的言行。

2. 爱岗敬业。忠诚于人民教育事业，志存高远，勤恳敬业，甘为人梯，乐于奉献。对工作高度负责，认真备课上课，认真批改作业，认真辅导学生。不得敷衍塞责。

3. 关爱学生。关心爱护全体学生，尊重学生人格，平等公正对待学生。对学生严慈相济，做学生良师益友。保护学生安全，关心学生健康，维护学生权益。不讽刺、挖苦、歧视学生，不体罚或变相体罚学生。

4. 教书育人。遵循教育规律，实施素质教育。循循善诱，诲人不倦，因材施教。培养

① 蒋亮.“三阶段，七时期”高中教师成长规律的探索. 吉林教育，2005，1：33.

学生良好品行，激发学生创新精神，促进学生全面发展。不以分数作为评价学生的唯一标准。

5. 为人师表。坚守高尚情操，知荣明耻，严于律己，以身作则。衣着得体，语言规范，举止文明。关心集体，团结协作，尊重同事，尊重家长。作风正派，廉洁奉公。自觉抵制有偿家教，不利用职务之便牟取私利。

6. 终身学习。崇尚科学精神，树立终身学习理念，拓宽知识视野，更新知识结构。潜心钻研业务，勇于探索创新，不断提高专业素养和教育教学水平。

（选自《中国教育报》2008年9月4日）

材料二　富勒"教师关注阶段理论"及其特点

阶段名称	主要特征
1. 教学前关注（preteaching concerns）	此时他们仍扮演学生角色，仅是想象中的教师角色；由于没有教学经验，因此只关注自己。对于他们观察的教师，常抱有评判的态度，甚至还带有敌意
2. 早期的生存关注（early concerns about survival）	此时实习教师所关注的是自己的生存问题，即能否在新教学环境中生存下来，通常关注于班级管理、教学内容的掌握、上级的评价以及同事和学生肯定、接纳等。在此阶段，教师往往表现出焦虑和紧张，工作压力很大
3. 教学情境关注（teaching situations concerns）	教师主要关心在目前教学情景对教学方法和材料等限制下，如何顺利地完成教学任务，以及如何正常掌握相应的教学技能
4. 关注学生（concerns about pupils）	教师开始把学生作为关注的核心，关注他们的学习、社会和情感需要以及如何通过教学更好地影响他们的成绩和表现，但他们通常要在学会应付自己的生存需要后才能对学生的需要做出反应

（根据以下资料整理：教育部师范司编写：教师专业化的理论与实践，人民教育出版社，2003年，第68页）

材料三　卡茨的教师专业发展阶段理论及其特征

阶段名称	主要特征
1. 求生存时期（survival）	教师不仅关心自己的生存问题，而且发现原来对教学的预想与实际存在差距
2. 巩固时期（consolidation）	学到一些处理教学事件的基础知识，巩固所获得的经验和技巧，开始关注个别学生
3. 更新时期（renewal）	教师对于日常工作感到倦怠，想要寻找创新的事物
4. 成熟时期（maturity）	教师有能力探讨较抽象、较深入的问题，习惯于教师的角色

（根据以下资料整理：任学印：教师入职教育理论与实践比较研究，东北师范大学出版社，2005年，第14页）

材料四　费斯勒的"教师生涯周期循环理论"及其特征

阶段名称	主要特征
职前教育阶段（pre-service）	此阶段的教育是为了特定的教师角色而作准备的，通常是在大学或师范学院进行的师资培育阶段，以及在职教师从事新角色或新工作的再培训。无论是在高等教育机构内，还是在本身学校内的在职进修活动都可涵盖在内

续表

阶段名称	主要特征
引导阶段（induction）	此阶段的初任教师通常都会努力寻求学生、同事、学校管理者及教育行政人员的认同与接纳，并设法在处理每天所遇问题及事务时获得舒适和自信
能力建立阶段（competency building）	教师通常会努力增进和充实与教育相关的知识，提高教学技巧和能力，设法获得新的信息、方法和策略。此时的教师都想建立一套自己的教学体系和风格，能经常主动地接受并吸收新的教育观念，参加研讨会和各种相关的会议，以及继续进修与深造
热心和成长阶段（enthusiastic and growing）	教师已具有较高水平的教学能力，但是一位热心于教学的教师仍会继续追求其专业成长，不断寻求新的方法来丰富其教学活动。热心成长与高度的工作满足感是这一阶段的要素
生涯挫折阶段（career frustration）	教师可能受到某种因素的影响，产生教学上的挫折感和倦怠感，工作的满足感逐渐下降，开始怀疑自己选择教学这一专业是否正确
稳定和停滞阶段（stable and stagnant）	教师抱着“做一天和尚撞一天钟”和心态，只做份内的工作，不会主动追求教学专业的卓越与成长，不求有功，但求无过，缺乏进取心
生涯低落阶段（career wind down）	教师准备离开教学岗位。有些教师回顾自己的专业经历，感到欣慰，愉快地离开；另外一些教师则会以一种苦涩的心情离开教学专业，或是因被终止工作而感不平，或是因对教育工作的热爱而觉眷恋
生涯退出阶段（career exit）	教师离开教学岗位。包括教师服务多年后的退休，以及自愿性离职或随意的中止工作

（杨秀玉．教师发展阶段论综述．外国教育研究，1999，6：40）

第五章　学　　生

【教学目标】

1. 了解学生的多重角色及学生发展的特点。
2. 了解与学生有关的法律法规，尊重并保护学生的合法权益。
3. 了解学生的特点，探索促进学生健康发展的正确思路。

自20世纪80年代以来，中国社会发生了巨大而深刻的变化，这些变化已经无可置疑地影响了或正在影响着发展中的学生。本章试图把对学生的认识放在这样的社会背景下，在一定层面上实现认识的真实、全面、深刻、细致，为将要从事教育工作的人们提供一些帮助。

第一节　认识学生

依据《中华人民共和国宪法》和《中华人民共和国教育法》等有关法律规定，广义的学生是指，在依法成立或国家法律认可的学校及其他教育机构按规定条件具有或取得学籍，并在其中接受教育的公民。

本书研究的对象是我国普通中小学校的教育现象，本章所说的学生是指，在我国符合法律规范的普通中小学校中接受教育的，符合法律规定条件的或依法取得学籍的公民。

学生是教育教学活动的重要因素之一，正确认识学生，把握学生的特点，是做好教育教学工作的前提。

一、学生的多重角色及其教育学意义

毫无疑问，学生的发展是个极其复杂的过程，在此过程中，学生受着多方面的制约和影响，也承担着多种角色。鉴于这种情况，我们不妨从教育者的角度看学生，从学生在发展过程中所承担的复合角色出发，分析各种角色所赋予学生的特点、制约和影响，以及它们之间的相互关系。

一般说，学生在发展过程中所承担的角色大致有三种：

（一）社会成员

学生也和其他人一样，从一出生就被赋予了一定的社会属性，作为社会成员而存在了。人的社会属性会随着个体的发展逐渐丰富，个体和社会的交互作用也逐渐复杂。学生作为社会成员，与社会的方方面面有着密切联系，同时也受着社会环境的制约和影响。从发展的角度看，今天的学生将来就会成为社会的一员，学生发展的质量关系到未来社会发展的进程和质量。因此，随着社会的发展和进步，社会对教育的重视程度也在不断提高。

社会环境的制约和影响对学生的发展有利有弊。所谓有利是指，社会环境的制约和影响对学生发展具有积极的启蒙作用。学生总是生活在社会之中的，学生在社会生活中逐渐了解

社会习俗、道德规范、社会需要以及社会的复杂性等，社会环境对学生发展的影响比教科书似乎更加直观、全面，实际效果也不容低估。再者，社会化是个体发展的重要内容之一，而个体社会化的实现，仅靠学校教育是不够的。有些学校出于某种考虑，采取各种措施，企图割断学生与社会的联系。这样做，不但是徒劳的，而且还会阻碍学生的社会化进程。学校教育应该因势利导，加强学校教育内容与社会生活的联系。这也是基础教育课程改革的目标之一。

所谓有弊是指，社会环境对学生的影响十分复杂，有些是不利于学生健康发展的。如社会上的不良风气、丑恶现象等，都会不可避免地对学生产生影响，甚至产生深刻影响。回避现实，刻意营造纯净的学校教育环境，不是明智的做法。学校教育的意义正在于引导教育学生，教他们学会辨别是非善恶，学会在复杂的社会环境中健康生存，可持续发展。

说学生是社会成员，不等于说学生就是一般社会成员。学生作为社会成员又具有特殊性：首先，学生是未成年人，许多适用于一般社会成员的规范，不能在学生身上简单套用。其次，学生的主要任务是学习，这是社会赋予他们的责任，同时社会也为学生完成学业提供许多便利条件。

我们强调学生的社会属性，就是要重视学生与社会的联系。无视或割断学生与社会的联系，是简单化的做法，无益于教育教学工作的开展，更无助于教育质量的提高。

（二）家庭成员

家庭本来是构成社会的重要单位，应该属于社会的一部分。但是，家庭成员之间的联系纽带具有很大的特殊性，即血缘关系。血缘关系使家庭成员之间相互制约和影响的程度大大高于一般社会人员之间的联系。因此，我们把家庭单列于社会之外。

从某种意义上说，家庭也是培养人的学校，父母亲人是学生的第一任教师。由于亲情的关系，学生可能更乐于接受来自家庭成员的意见，模仿他们的做法和思路，来自家庭的教育或熏陶对学生发展具有同样重大的影响。

一般情况下，学生是家庭成员中的晚辈，上有父母双亲，或者还有父母的前辈。在家庭成员中，学生是受呵护的对象。由于多种原因，中国逐渐进入了少子女家庭时代。家庭中子女数量减少，能使家庭有较多的资源让学生独享，家庭对学生的呵护常常近于娇纵。不少家长由于亲情的缘故，或者由于不懂教育，致使呵护多于教育，或者只有呵护而缺乏教育。学生身上由家庭教育造成的问题悬而未解，顺势延续到学校教育阶段，既给学校教育造成了困难，又不利于学生的健康发展。

学校教师应该加强对学生家庭的了解，加强与学生家长的合作，形成教育合力，更好地促进学生健康发展。

（三）学校中的受教育者

严格说，学校也是社会的一部分。但是，学校是专门、专业培养人的社会机构，这就和其他社会组织有了重大区别。再者，本书研究的主要对象就是学校教育，所以，我们就把学校从社会中提出来单独论述。

学校教育是教师和学生共同参与的活动，在教育活动中，教师和学生是有明确分工的，他们各自充当着不同的角色，承担着不同的任务。从学校教育的角度看学生，学生角色有三种含义：

首先，学生是受教育者。他们承担着社会赋予的责任和义务，以完成规定学业、实现自身的健康发展为职责。在教育过程中，学生应该遵从教师的教育，听从教师的指导，并应该得到教师的帮助。

其次，学生是教师的合作者。在教育活动中，学生没有教师的积极工作，就很难实现自身的健康发展；同样，教师没有学生的积极配合，也不能很好地完成教学任务。教师与学生之间良好的合作关系，是教学活动顺利开展的保障，更是提高教学质量的保障。

第三，学生是自我发展的实现者。学校教育的根本任务是促进学生的健康发展，学校教育的质量归根结底要通过学生发展的质量体现出来，尽管这种体现具有一定的滞后性。从教育教学过程看，教育者施加的所有教育影响，都必须通过学生的吸收、转化才能发挥作用。而学生对教育影响的吸收和转化，又具有很强的主观、主动色彩。

如前所述，学生是多种角色的复合体。学生所承担的角色无疑会对学生的发展产生重大影响，而多种角色的复合，又会使学生呈现复杂多变的特点。从学校教育的角度看，学校教育必须做好两种工作：一是整合各种角色对学生的影响，长善救失；二是在前者的基础上完成教学任务，促进学生整体素质的提高，为学生的健康发展奠定良好基础。也只有如此，教育才能真正发挥在人的发展中的主导作用。

二、人的身心发展的一般特点及其教育学意义

人的发展包括身体机能的发展和心理的发展。身体机能的发展是心理发展的基础，并且，身体机能的发展进程和程度都与心理发展的进程和程度密切相关。这样说，并不意味着两个方面的发展存在一一对应的联系，其中的关系十分复杂。下面做一简单介绍。

（一）身心发展的顺序性

这个特点的含义是，在人的发展过程中，无论是身体机能，还是心理，都是沿着一定顺序发展的。比如，人的身体机能的发展总是从上到下，有序发展，先头后颈，再到四肢。人的心理的发展也遵循一定的顺序，先简单后复杂，从低级到高级。比如，人的思维总是先发展较低级的形象思维，然后逐步发展到高级的抽象思维等。

既然人的身心发展具有顺序性，那么，教育教学工作就要充分考虑这一点，顺应学生身心发展的顺序，循序渐进，安排教学内容，选择教学的方式方法。

（二）身心发展的阶段性

这个特点的含义是，在人的发展过程中，身体的机能和心理是分阶段发展的。无论是身体的发育还是心理的成熟，都包括许多方面的内容。各个方面的发展不是随着时间的推移匀速发展的，而是在一定时段，有些方面发展得快些，有些方面发展得迟缓些。这就有了所谓发展关键期的说法。比如，人的躯体的发育最快最佳的时段是青年期以前。如果在青年期以前，营养缺乏，就会影响身高的发育。再比如，儿童口语发展的最佳时段是 2～3 岁，学说话最快，是获得词汇的高潮时期。如果在这个年龄段小儿口语发展遇到障碍，以后要弥补将会遇到困难。

身心发展的阶段性，要求教育教学工作要抓住学生发展的关键期，努力促成学生发展的量的提高和质的飞跃。《学记》中说：“时过而后学，则勤苦而难成。”

（三）身心发展的不平衡性

身心发展的不平衡性主要表现在三个方面：构成人的身心的各方面内容，在不同时期的成熟程度是不平衡的；就同一方面的发展来说，不同时期发展的速度也是不同的；身体的发展水平与心理的发展水平常常也是不平衡的。

身心发展的不平衡性，反映了人身心发展过程的复杂性。在教育教学过程中，不能仅凭一方面指标简单推测其他方面发展的水平。而是具体问题具体对待，采取审慎的态度。

（四）身心发展的互补性

所谓互补是指，当身心的某一方面发展不足、受损或缺失时，可通过另一方面的超常发展得到部分补偿。

身心发展的互补性主要表现在三个方面：一是身体机能的互补。如人的视觉受损或缺失，可以通过超常的触觉、听觉和嗅觉来弥补。二是心理发展中的互补。人的心理的各个方面也是相辅相成的整体，不是孤立的，各方面之间也有互补现象。如自尊受损可以通过超常的坚韧得到补偿。三是身心两方面发展中的互补。如身体有残疾的人常常具有超乎常人的意志等。

俗话说：勤能补拙。但又必须承认，由于许多条件的限制，勤未必能补得了拙。在教育教学过程中，教育学生具有勤奋的品质，当然没有问题。而教育引导学生正确认识自己的局限，正视现实条件，发挥长处，扬长避短，以长补短，也是不能忽视的。

（五）身心发展的个别差异性

前面谈到的特点都是针对同一个体而言的，而这个特点说的是个体与个体之间的差异。这个特点是指，在身心发展过程的同一时段，个体与个体发展的水平也可能存在较大差异。

现代教育的主流教学组织形式是班级授课制。尽管在编班的时候已经采用了较为严格统一的标准，试图把身心发展水平相近或相同的学生组织在一起，以保障教育教学活动的统一，但仍然不能从根本上解决问题。这是因为，第一，编班时身心发展水平相近或相同的学生，在后来的发展中仍然可能出现较大的个体差异。第二，即便是按统一标准选择并集中到一起的学生，这个集体内部所呈现的个体之间的差异也是不容忽略的。

因材施教是教育者永远的追求，也是对学生高度负责、对个体高度尊重的表现。所以在班级授课的同时，教育者还要注意发现、研究学生的个体差异，采取灵活多样的、具有针对性的教育措施，使学生在现有条件下得到最好的发展。

上述五点可以说是反映人的身心发展规律的特点，具有普遍的指导意义。还应注意，这五个特点不是孤立发挥作用的，也不是按某个顺序一步步发挥作用的。它们同时发挥作用，而它们之间又有着复杂的关系。

三、中小学生身心发展的阶段特点及其教育学意义

普通教育中的学生年龄一般在6～18岁之间，6～12岁属于童年阶段，对应小学教育阶段；13～16岁属于少年阶段，对应中学教育阶段。小学生和中学生各具特点，不可混为一谈；17、18岁已属于青年阶段，其实也可以看作少年与青年的过渡阶段，其特点约可同于少年，故不单论。为表达方便，我们把6～18岁的学生分为小学生和中学生，分段论述各自

的特点：

（一）小学生发展的特点

和童年对应的小学阶段，是人生发展的重要奠基时期，这个时期学生发展的质量，对于后来的发展具有十分重大的影响。无论身体的发展，还是心理的发展，在小学阶段都表现得比较平稳。从进入小学开始，学生开始掌握书面语言，进入系统的学习阶段；学习成为小学生的主要活动并受到他人的管理、评价和选拔；学生交往的范围扩大，充当的社会角色日益复杂。

在心理发展方面，小学生表现出许多值得关注的特点：

1. 认知的发展

小学生认知的素材，从口头语言、形象实物向书面语言和抽象概念过渡。有意识、有目的、在专门环境中由专业人员指导的学习过程占认识活动的主体地位。小学生所掌握的知识也由从前的日常经验转向科学概念，个别分散的知识向系统化知识转化。

另外，在道德认知方面，小学生开始逐渐理解社会的道德规范，并试图以此评价自己和他人的行为与思想。同时也会由他人对自己的道德评价逐渐转向自己对自己的道德评价。虽然，这种认识和评价仍然处于粗浅水平，但道德认识对小学生行为和思想的约束力逐渐显现。

2. 情感意志的发展

小学生的活动内容、学习内容进一步丰富多彩，在各种形式的集体组织中，与成年教师、与同龄人的交往日益密切，这些都促进了小学生情感体验的复杂化。同时，学习活动的目的性、集体性、持久性与复杂性都要求小学生具有相当的意志支持，以克服困难，完成学习任务。小学也是发展意志的最佳时期。

3. 自我意识的发展

小学教育的环境要求小学生按一定要求计划自己的活动，并对自己的活动过程及结果进行反思，重视、比较他人的评价，做出主动的选择。这将使小学生的自我意识丰富化、整体化。自我意识的发展又促使小学生开始出现对未来自我的构思、设想，也就是说，小学生已经会期待和向往。

小学教育的首要任务是帮助学生实现角色转变，适应学校学习生活，养成热爱学校、尊重教师、积极学习的态度等。其次，在学习过程中培养学生学习的自主性，树立学习的信心，培养克服困难的意志。第三，认真选择有利于小学生思想道德发展的教育内容和教学方式，从基础做起，贴近生活，力所能及，要求学生言行一致，校内外一致。第四，合理组织小学生的课外活动，发挥集体的教育作用，并为学生提供展现才能和特长的机会，促进学生自主能力的发展。第五，关心小学生的身体和心理健康。

（二）中学生发展的特点

中学生的总体特征可以概括为：身心剧变，自我意识突出，独立精神增强。随着身体的发育，知识的增加和能力的增强，中学生对待周围的事物，不再是被动地适应、服从和模仿，而是力图成为主动的探索者、发现者、选择者、设计者。中学生的身体不仅表现在身高的增长和体重的增加，而且在体态上出现了性特征。与此相关的变化是，中学生更敏感，精力特别充沛，独立性增强。

在心理发展方面，中学生表现出来的特点如下：

1. 认知的发展

中学生的思维更为抽象、概括和注重逻辑，学习具有更强的迁移能力，男女之间的认识兴趣和方式逐渐呈现较大差异，学习及其他活动的个人风格逐渐显现，对周围事物开始做出独立的判断和思考。

2. 情感意志的发展

中学生的情感特点是敏感、强烈，但依然脆弱。他们对情感的体验开始向深刻与细致两个方向发展。中学生更愿意与自己选择的伙伴一起活动，结成友谊关系，并对这种友谊关系产生一定程度的依赖。

在意志方面，中学生已经能够控制自己的行为和情绪，并为之做出自觉的努力。在一般状态下，他们可以按活动目标要求制订计划，调整行为，克服困难等。但是，中学生的意志力仍然在发展之中，当遇到极端的情况，他们也会有失控的时候。

3. 自我意识的发展

中学生自我意识的发展首先表现为对自身的兴趣与关注，他们开始能够把自己的思想和行为作为认识的对象，品味自己的心态。中学生还十分在意同伴的态度和评价，并已开始构建理想的自我。对理想自我的选择导致了一定程度的自律行为。当自己的认识和他人的认识有所不同或抵触时，常常用近似执拗的态度对付他人的干涉。

对于中学生而言，从完成学业的需要出发，健康的身体显得尤为重要。首先，要保证学生充足的睡眠、丰富的营养。其次，丰富中学生的精神生活，加强心理指导，保障学生的心理健康。第三，加强中学生学习方法、认识方法的指导，培养学生自我管理、自我学习的能力。第四，理论灌输之外，更应加强道德教育与现实的联系，在现实矛盾冲突中锻炼学生的道德认识能力、思辨能力和评价能力。第五，教师应改善与中学生相处的方式方法，主动调整与学生的关系，互相尊重，主动关心，认真倾听，重视疏导等都是必不可少的。

第二节 法律、法规视角中的学生

一、学生的权利、义务及其受教育权利的保护

学生的身份首先是公民，所以，学生具有的法律赋予一般公民的一切权利，在教育活动中也都应当受到保护，如人格权、健康权、名誉权、隐私权、财产权、受教育权等。适用于教育领域的法律法规不能超越、违犯一般法律法规，不能因为参加教育活动而凌驾于一般法律法规之上。当然，学生作为公民，也必须遵守一般法律的规定，承担作为一般公民所应承担的义务。在这个大前提下，再来看与学生有关的法律、法规对学生权利、义务及其保护的具体规定。

（一）学生的基本权利

学生的基本权利是指，教育法律赋予学生的，在教育活动中享有的权利。根据《中华人民共和国教育法》第42条规定，受教育者享有如下基本权利：

1. 参加教育教学计划安排的各种活动，使用教育教学设施、设备、图书资料

“参加教育教学计划安排的各种活动”，其前提是，要求教育机构的教育教学计划对本机构的学生公开，使学生了解教育计划。学生有权按照教育教学计划的安排参加相应的活动。

一般情况下，学校的教育教学计划都是公开的、明确的，所以，学生可以对照计划，享有自己的权利。

这项规定，适用于所有学生，而非普通中小学校的学生所独享。

2. 按照国家有关规定获得奖学金、贷学金、助学金

这项规定体现了国家对学生提供完成学业的物质保障的重视，也是学生的一项实体权利。在这项规定中，适用于普通中小学生的有奖学金、助学金两项。

3. 在学业成绩和品行上获得公正评价，完成规定的学业后获得相应的学业证书、学位证书

4. 对学校给予的处分不服向有关部门提出申诉，对学校、教师侵犯其人身权、财产权等合法权益，提出申诉或依法提起诉讼

目前我国的申诉制度尚不完善，对受理学生的申诉机关、职权、受案范围等都无明确规定。因此，学生申诉的维权还在艰难的行进途中。

5. 法律、法规规定的其他权利

这项规定中所说的法律、法规，是指有关教育的法律、法规以及依据其他法律、法规制定的有关教育的规章，如《未成年人保护法》《预防未成年人犯罪法》等。

（二）学生的基本义务

学生的基本义务是指，学生依照教育法及其他有关法律、法规，在参加教育活动中必须履行的义务。学生的基本义务因学生的年龄、就读的学校性质等不同而有所差别。根据《中华人民共和国教育法》第 43 条规定，受教育者的基本义务如下：

1. 遵守法律、法规

这项规定中的法律、法规是指宪法、法律、行政法规和依据法律、法规制定的规章。

学生是公民，当然应当遵守法律、法规。而作为学生来说，还有更多其他方面含义：就是要遵守有关教育的法律、法规和规章。与普通中小学生有关的有：《教育法》《义务教育法》《扫除文盲工作条例》《全国中小学勤工俭学暂行工作条例》《学校体育工作条例》《学校卫生工作条例》等。此外还包括国家、地方教育机构制定的有关法规和规章。

2. 遵守学生行为规范，尊敬师长，养成良好的思想品德和行为习惯

这项规定中的行为规范是指，国家教育行政管理机关制定、颁布的关于学生行为准则的统一规定。相关的具体内容见于《小学生日常行为规范》《中学生日常行为规范》《小学生守则》《中学生守则》等文件中。

3. 努力学习，完成规定的学习任务

这项规定中的学习任务包括：一种是某一教育阶段教育计划规定的，学生在该教育阶段结束时应完成的学习任务；另一种是学生为完成某一教育阶段的学业或总的学习任务，而要完成的日常的、大量的、具体的学习任务。

4. 遵守所在学校或者其他教育机构的管理制度

从广义上说，教育部门制定管理制度是国家法律法规的具体化，遵守学校或其他教育机构的管理制度，与遵守国家的法律法规，在实质上是一致的。

（三）学生受教育权利的法律保护

1. 对未成年人受教育权利的法律保护

我们所说的学生都属于未成年人，他们正处在接受学校教育的最佳时期，是人生发展的奠基阶段，应当享有充分的受教育权利。但是，由于他们未成年，身心尚未发育成熟，行为能力有限，其权益更容易受到侵害，故需要更多、更全面的法律保护。

我国对未成年人受教育权的法律保护包括国家保护、家庭保护、学校保护、社会保护和司法保护。

国家保护是指，国家通过制定宪法、法律、法规赋予未成年人受教育的权利，并对未成年人的受教育权利实施提供保障。相关法律包括：《宪法》《教育法》《义务教育法》《未成年人保护法》《预防未成年人犯罪法》等。

家庭保护是指，国家法律规定，家长及其他监护人对家庭中的未成年人有监护和教育的义务。《教育法》规定，适龄儿童、少年的父母或监护人有义务使适龄儿童、少年接受并完成规定年限的义务教育，为他们接受教育提供必要的条件，配合学校及其他教育机构对未成年人进行教育。如果父母或其他监护人不保护或侵犯未成年的人的合法权益，要依法承担法律责任。

学校保护是指，有关法律规定，学校有维护受教育者合法权益的义务，应当积极创造条件为受教育者提供教育服务。学校应当尊重和保护未成年人受教育的权利，尊重学生的人格，不得对未成年学生实施体罚或变相体罚，还应当保证学生在校享有安全、健康的教育活动和教育设备等。

社会保护是指，国家通过授权性规范和禁止性规范调动社会各方面的力量来实施的对未成年人受教育权的保护。相关的法律、法规有《未成年人保护法》《义务教育法》《劳动法》《禁止使用童工规定》《预防未成年人犯罪法》等。

司法保护是指，国家直接通过司法机关或司法渠道对未成年人和对违法犯罪的未成年人提供的特别保护。《教育法》规定，国家、社会、家庭、学校及其他教育机构应当为有违法犯罪行为的未成年人接受教育创造条件。《未成年人保护法》、《预防未成年人犯罪法》乃至《中华人民共和国监狱法》都对未成年人的受教育权利提供多方面的保护。

2. 对特殊学生群体受教育权的法律保护

特殊学生群体是指，由于生理、经济或其他客观因素，导致在享有和行使受教育权利时处于不利境地、需要特别保护的学生。一般包括三种情况：残疾人、女童和家庭经济困难的学生。

残疾人是指聋、盲、哑及有明显身心残疾的人。他们是社会的弱势群体，我国制定了一系列法律法规来保障他们的受教育权。根据法律、法规，残疾人享有的受教育权利有两层含义：一是有接受教育的权利，二是有接受适当教育的权利。我国的《残疾人保障法》规定，对残疾人要在实施普通教育的同时，加强身心补偿和劳动技能教育；依据残疾人的状况，采取普通教育方式或特殊教育方式，有条件的学校实施小班教学或个别教学；特殊教育的课程设置、教学方法等要适合残疾儿童、少年的特点。法律还规定，各级政府、社会、家庭、学校都对残疾儿童、少年的受教育权负有保护的责任。

女性的权利比男性更容易受到侵害，从而成为社会的相对弱势群体。我国《宪法》规定：公民在法律面前一律平等。任何公民享有宪法和法律规定的权利。根据我国的《妇女权益保障法》《教育法》《义务教育法》等法律规定，国家保障女性享有与男性平等的文化教育权利。凡年满 6 周岁的儿童，不分性别，都有权接受义务教育，而政府、社会、学校有责任采取措施解决女性儿童、少年就学中遇到的困难。学校的教育管理设施等也应当保障女性学生的身心健康发展。

家庭贫困学生是指，由于家庭经济困难，无力提供教育经费，在受教育期间处于贫困状态，难以完成学业的学生。这部分学生也是需要保护的弱势群体。对此，我国的《教育法》《义务教育法》《义务教育法实施细则》等法律法规都做了明确规定，要求政府、社会以各种形式对他们实行帮助。在义务教育阶段，学校实行助学金制度，同时在义务教育免收学费的基础上减免杂费。

二、管理学生的法律法规

从实际操作的角度看，管理学生的法律法规主要有权力机关、教育行政部门制定的法律、法规、规章，其目的在于促使学生管理工作规范化、制度化。

国家法律法规对学生的规定总是比较原则而且宏观，仅靠这些规定来指导教育教学工作是不够的。于是，教育行政部门依据有关法律法规，结合教育教学的实际需要，还对普通中小学生的在校管理做出了更为详细、更贴近实践操作的规定。这些管理学生的规定为教学工作的顺利开展提供了必要保障。认识并遵守这些规定，才能更好地完成教育教学任务。

近三十年来，我国相继制定了一批与学生有关的法律、行政法规和政府规章，颁布了大量的行政文件。与普通中小学校学生管理相关的有：《教育法》《义务教育法》《未成年人保护法》《预防未成年人犯罪法》《义务教育法实施细则》《学校体育工作条例》《学校卫生工作条例》等；教育部（原国家教委）颁布实施的《小学生守则》《中学生守则》《小学生日常行为规范》《中学生日常行为规范》《小学班主任工作暂行规定》《中学班主任工作暂行规定》《小学管理规程》《关于中学生品德评定的几点意见》《关于高中建立学生档案的暂行规定》《关于中学共青团工作几个具体问题的规定》《关于小学少先队工作几个具体问题的补充规定》等。

此外，各地教育行政部门根据地区教育实际的需要制定了大量的规章制度，学校结合校情制定了具有学校特色的校规校纪。这些制度也是学校管理学生的有效工具和手段。

上述规定虽然是针对学生的，但是，作为教师研究这些规定，对于完成教育教学任务也是大有裨益的。

教育法规的不断完善为依法治教、依法执教，规范教育教学活动提供了法律保障。但是，教育法规中不太恰当的或缺乏操作性的规定也为教育教学活动的开展造成了很大麻烦。教育法规的完善，不仅包括教育法规的不断补充，更应该包括教育法规的不断修正，使之在保障教师、学生合法权益的前提下，更符合教育教学规律，更好地促进教育的发展。制定和修订教育法规，应当让从事教育工作的一线教师有充分的发言权，认真倾听他们的意见和呼声。

第三节　当代学生常见的心理问题及教育学分析

心理问题会导致人的行为失常，影响正常的生活，甚至危及自己或他人的生存、发展。人类进入现代社会以来，人的心理问题变得日益严重。在这种社会背景下，学生的心理问题也日益突出。这是因为，学生阶段正是人心理迅速发展变化的时期，许多机能尚不稳定，不成熟，外界刺激更容易导致心理问题的发生、发展。有效解决当代学生的心理问题，不但有利于学生自身的健康发展，同时也是从源头上抑制或消除社会人员心理问题的重要措施。

要解决心理问题，就必须搞清楚心理问题产生的原因，问题原因清楚了，才能选择解决问题的正确思路，制定切实可行的解决方案。从心理产生的根源来看，心理是外界刺激见之于主观的感受。心理问题的产生会有两种来源：一是个人生理的原因而导致心理问题，医学界的研究证明了这一点。如果是这方面的原因导致的心理问题，就要找医生调理身体，首先解决生理健康的问题。生理健康问题解决了，心理的问题也会不治而愈。二是外界刺激造成的个体心理上的不适应。解决此类问题的思路无非两条：一是避开不良刺激或者不良刺激自然消失；二是增强适应能力或者改变认识的方式、角度。这里所说的，主要是指第二种来源的心理问题。

当代学生的心理问题表现丰富，原因复杂，试做归类并简要分析如下：

一、厌学

厌学是指学生对学习感到厌倦或厌烦的不良情绪。厌学表现为对学习失去兴趣，常常感觉身心乏力，打不起精神，疲疲沓沓，萎靡不振，甚至厌烦学习的状态。厌学不但影响学生的学习质量，如果长期得不到缓解，还会导致其他方面的心理问题，影响学生身心健康发展。

学生厌学的主要原因是：学校比较单调的学习生活，缺乏乐趣的讲授，繁重而机械的作业、练习及考试等。除了这种原因，还有其他方面的多种原因，如学习困难导致的挫折感会使学生对学习失去兴趣，产生畏难情绪，进而厌烦学习；再如学生对任课教师有看法，或受到教师批评，也可以导致对该学科的学习感到厌烦等。

虽然学生厌学问题不容易从根本上得到解决，但教师也还是可以有所作为的。比如，在条件允许的范围内，组织一些课外活动，丰富学生的业余生活，作为单调学习生活的调剂；提高教师的授课水平，采取灵活的方式授课，尽量使课堂讲授生动一些，多些乐趣，让学生在轻松和谐的环境中愉快地学习；帮助学习有困难的学生，使他们建立对学习的信心，培养他们学习的兴趣；教师抽时间和学生展开对话，互相倾诉，增进彼此了解，可以有效化解师生矛盾，消除对立情绪等。

二、逆反、过敏、忌妒等不良心理

逆反是指对来自自身之外的无论正确与错误的看法、要求等都感到厌烦并导致对抗、对立等情绪的不良状态。逆反，是人的心理的正常反应，是人格独立的表现之一。严格来说，当人开始意识到自我的时候，逆反心理就产生了。所不同的是，幼儿的行为能力比较差，往往屈从于成人或环境的压力，虽有逆反心理而不严重。成年人也有逆反心理，但由于心理品质的成熟稳定，社会阅历的丰富，乃至思维能力的提高等因素，使他们能较好地控制自己的逆反心理。中小学生的情况比较特殊，行为能力有所增强使他们不愿意屈从，而诸种心理品质不成熟、不稳定，更缺乏成人的远见等因素，都助长了逆反心理带来的负面效应。

过敏是指对外界刺激（主要是不良刺激）进行不符合事实的夸大，从而导致不良心态或行为。造成这种状况的主要原因是，学生常常不能全面看问题，尤其难以正确对待批评一类的反面刺激。

忌妒是指当人们看到他人，尤其自认为与自己水平大致相当的人，在某方面优于自己的时候，产生的不愉快的心理感受。忌妒本是一般人的心理，并非学生所独有。与社会一般人员不同的是，学生的忌妒心理往往导致不良的行为，甚至造成严重的后果。

逆反、过敏、忌妒本来已经属于不健康的心理，而它们导致的不良后果常常在学生中得到放大，很容易导致敌对、仇视、攻击，造成恶劣影响，这是需要格外警惕的。逆反、过敏、忌妒等不良心理未必能够从根本上戒除，但是教育者有责任顺应人的发展规律，一方面注意采取适当的教育措施，避免或减少对学生的不良刺激；另一方面又必须教会学生如何正确对待基于一般人性的心理弱点，绕开人生发展途中的陷阱。

三、挫折导致的焦虑或忧郁

挫折是指行为的过程受阻或行为结果达不到预期目标的遭遇。学生由于年龄的原因，往往行为能力不足，阅历较少，心理承受能力弱，遇到挫折的时候常常产生两种极端相反的不良心理反应，或焦虑或忧郁。如果总是处于这种不良心理的笼罩之下，又常会导致行为失常或失控，如轻生、自虐、自残、自杀，造成恶劣后果。

一般地说，使学生遭受挫折的表层原因有三个方面：学习困难，人际关系紧张，恋爱失败。学习困难是许多学生难以回避的主要问题，教育中过高的单一的统一要求，学习中激烈的竞争势态，不切实际的社会要求和个人期望等，都会加重学生的挫折感。学校中的人际关系相对于校外人际关系，当然是简单多了，而相对于学生的交际能力来说，又是不简单的。更由于社会的发展，一般社会人际关系的复杂性渗透到教育领域，使得师生之间、同学之间的人际关系更为错综复杂，造成学生人际交往中的困难。当代社会的发展，物质资料的丰富，尤其是食品结构的改变，大大提高了学生的身体素质，生理成熟期提前。再加上各种传媒的影响，促使学生性心理早熟，恋爱发生的概率大大提高。恋爱中的悲欢离合，导致学生心理失衡，产生挫折感也是可以理解的。

其实，作为有主观意识的人，遭遇挫折并因而产生灰色心理本是常态，也是社会的普遍现象。面对这种困境，社会的成年人因具有较大的回旋余地和较高的心理承受能力，基本可以使问题得到缓解或解除。而学校中的学生，则不具备这样的条件，这就需要教师的帮助。教师应该在完成规定教学任务的同时，注意教育学生放眼未来，正确看待挫折，鼓舞学生的信心；注意辅导学生增强人际交往方面的能力，学会理解他人，学会灵活变通；还要引导学生异性间的交往，教育学生正确处理异性同学间的关系等。

四、自卑导致苦闷、孤独、自闭等不良心理

自卑是指由于多次遭受失败挫折或与他人进行不恰当的比较而导致的自不如人的消极心理。自卑常常使人情绪低落，丧失信心，并伴随苦闷、孤独、自我封闭等不良情绪体验。严重的自卑心理会影响学生的正常生活和健康发展。

在人的生存和发展过程中，遭受挫折和失败，或者某些方面不如他人等，这种现象本来就是正常的，不可避免的。成年人中的许多人也存在一定程度的自卑心理，但由于他们具有成熟的心理，以及比较宽广的视野，常常能够通过自身的努力加以克服或修正，而轻微的自卑也不会造成发展的障碍。对于学生而言，问题就变得严重起来。

导致学生自卑的原因可以归纳为三方面：个人的际遇不好，遭受了比同龄人更多的挫折或失败；学习中的困难难以克服，而又必须时刻面对来自教育方面的过于单一的统一要求，无法回避，无力逃脱；不能全面看待自己与他人的差别，简单片面地把自己的劣势和他人的优势相比较。对于教师而言，能做的工作主要有两个方面：帮助学生克服种种困难，教会学生正确地评价自己和他人。

五、自恋

自恋是人类的一般属性，一般是指建立在胜任基础上的真正的自我价值感，认为自己值得珍惜、保护的感觉。社会是允许个体适度自恋的，而超过了社会允许的程度，就成为人格障碍。自恋的人，无法同别人建立亲密的人际关系和有效融入团队，并且经常沉浸在自己不切实际的幻想中。自恋严重影响着学生的正常发展，而且，当他们的自恋得不到满足或遭到否定时，很容易导致许多恶劣的后果。

自恋的学生常常有如下特征：过分夸大自我的重要性，沉湎于无限的成功、权力、美丽或完美的幻想，要求过分的赞扬，为达到自己的目的理所当然地占有或牺牲他人的权益，不愿设身处地地认识或认同他人的感情和需求，经常妒忌他人或认为他人都在妒忌自己，显示骄傲、傲慢的行为或态度等。自恋大约形成于一岁半到三岁之间，而有些人的自恋在后来的成长过程中不但没有得到矫正，甚至得到了来自家庭及其他社会环境因素的助长，就成了问题。

自恋与自尊不同。自尊是人类独有的心理需求，正常的自尊使得人们洁身自爱，努力工作，既维护了社会的和谐，又促进了社会的发展。具有自恋的学生过分地看重个人的面子，而苛刻地要求他人宽容自己的缺点，谅解自己不足，拒绝任何形式的批评和惩罚。自恋的学生，一旦遭遇挫折、失败，或没能及时实现自己的理想，就会倍感抑郁和绝望。进而选择激烈的反应方式，严重的还会导致他杀和自杀。学生中的他杀、自杀事件，有一部分就与自恋人格障碍有关。

导致学生自恋的原因有两个方面：一是来自家庭的。从小家境宽裕，受到宠爱和羡慕的孩子，再加上有限的顺畅生活经历，使他们产生了不切实际的权力感和自大感，自私而且无视他人的感受。二是来自教育的。当代教育界提倡的赏识教育使许多教师产生误会，在教育教学中滥用赏识，误导了学生的认识。

纠正学生的自恋问题，首先，要求教师有极大的耐心和宽容，循序渐进地开展教育工作，使学生慢慢接受事实真相，正确认识自己；其次，教师要注意采取恰当的表达方式，讲究教育技巧，避免简单化；最后，还要求教师具有高度的责任感，做好保护学生的工作，防止此类学生可能出现的偏执行为。

六、网络成瘾

在我国当代，除了贫困偏远地区以外，网络已经成为人们获取信息、交流信息的重要工具。遗憾的是，网络也对学生成长造成了一定程度的负面影响，涉及人数虽少，但不容忽视。其中网络成瘾是最让家长和教师头疼的问题。网络成瘾是一种心理障碍，不利于学生的健康发展。

导致学生网络成瘾的原因主要有三个方面：一是家庭缺乏温暖；二是学习压力；三是缺乏必要的及时的限制和引导。一般来说，学习成绩优秀的学生网络成瘾的概率偏低。而对于学习有困难的学生而言，经常要面对来自家庭和学校的压力，上网很容易成为他们排解压力或逃避现实矛盾的方便途径。又由于学生年龄方面的特点，自制力比较差，不易摆脱各种诱惑，很容易发展成网络成瘾。

从学校的角度说，组织丰富的文体活动，加强师生间的亲密接触，以及同学间的支持鼓励等都会对此问题的解决有所帮助。如果网络成瘾的问题特别严重，就应该求助于专门的机构，把他们暂时交给更有经验的专家。

学生的心理问题原因复杂，来源广泛，单靠学校教育解决学生的心理问题是有困难的。尽管如此，学校教育工作者还是利用自己的专业之长和工作之便，为之做出了积极的努力。许多学校专门配备了心理老师，疏导学生的心理问题，做好学生的心理辅导等，种种措施都起到了一定的积极作用。

思考与练习

1. 学生的概念。
2. 人的身心发展的一般特点有哪些?
3. 学生的权利与义务有哪些?

【相关材料链接】

触目惊心：学生之累 社会之痛

孩子考上了大学，自然要清出那些不再需要的中学课本书籍等。孩子平时都将用过的书籍材料，包括平时的测验试卷练习页都保留了起来，这次可真是：不清不知道，一清吓一跳。看着那成堆的书籍纸张，连孩子自己都难以相信，这些居然是他在这三四年中用过的。这实在让人感慨，于是有意做了一些统计。这一堆书中有5部分：

(1) 包括了全部高中三年的教学用书以及部分初二和初三的教材，其中高中用课本教材达75本。总计约170本，重约40公斤，共计1250元。

(2) 高中期间的各类各科练习册（基本上是随书配套的），近100本，重约17公斤，价值至少400元。

(3) 高中阶段所作的各类测验、考试卷及练习作业卷达5000多页，重约18公斤。价值至少250元。

(4) 各类课外辅导书，60多本，30多公斤，价值850元。

(5) 小学至高中，由学校“推荐”订购的一些杂志，近八九种，共130本，约9公斤，近500元。

以上各类总计，重约近100公斤，价值近3250元。

以上这些，还仅仅是一个学生由小学到高中十二年中用到的一部分而已，最多约占全部的二分之一。遗憾的是那些小学及初中的教材，在上高中前就已经处理掉了，因为实在是没有地方放置了。不过大家不难想象，如果留下十二年的全部教材、课外辅导、试卷，应该会是什么样子。如果再加上大学四年的，又会是什么样子!

不难算出，如果除去寒暑假，如果每一本书都认真读一遍，一个学生要在一个学期中学习掌握多少本书？在一个星期中要读过几本书？做多少页的考试及练习?

看了这堆书籍，我完全可以理解那些毕业后大肆焚书，疯狂发泄的学生们了。在我们那个年代，大概由小学到大学16年中用到的书籍还不及现在学生们在5年中用过得多。再看看那一堆用过的笔吧，那只是高中三年中用过的一部分，和那堆教材倒是很相称。

特别是，在这堆教材中还有50多本，几乎全新未曾使用过，总计达250元。也就是说，近五分之一价值的书可有可无。这类书以历史、地理图册、填图册、辅助补充教材如英语、语文读本，还有美术、作文、阅读材料等居多。其中多一半教材图册一笔未沾，绝对全新。

实际上，除了数、理、化、语文、生物这几个主要科目外，其他很多教材都较少用到。再加上孩子比较爱护书籍，大部分教材都少有写画，差不多都是八九成新。看着这么新的教材不能被循环利用，最后只能一元钱一公斤的当作废纸卖掉，实在令人心痛。全国有多少学生啊，这种浪费实在让人触目惊心！除了对教育出版产业链有益，于社会没有任何好处。

由于现在的教学情况，教科书在学习中所占的比重相对少了很多，也就是起一个框架与大纲的作用。于是教育出版界更注重那些种类繁多的配套教材练习册辅导书的出版，还有什么中考、高考的各科考试说明，甚至连学生们的寒暑假作业都给印制出版了。还有，也许是听说到了高中阶段有近 80%的学生都戴了眼镜，出版社把个高中的课本印的那叫一个大，整个一个 A4，让人不禁会想：这要到了大学，这书得有多大？不仅开本大，而且字大行稀，怪不得高中学生的书包最重时可达 7、8 公斤，甚至 10 公斤。也难怪见到有学生用行李车拖着书包上学了。

除了每学期由学校统一收取的课本及配套教材外，还经常要响应老师的“推荐”去买回各种辅导教材，自己也总要在根据情况再买回一些。于是就有了那一箱 30 多公斤价值 850 元的各类辅导书。到新华书店去看看，一般绝对是学生用书的占地最大，收入最多，这其中又绝对是各类课外辅导书练习册等最多。各个出版社使劲浑身解数让其出版的教辅书籍吸引人的眼球，极尽树立“权威”之能事。不信你看下面的图片，什么“海淀”“黄冈”“人大”“四中”，什么“一号文件”“皇冠”“绿卡”，说不清是“吊人胃口”还是“倒人胃口”，快赶上房地产广告了。

…………

（潮头燕．新华网论坛．2008-08-01，http：//202.84.17.149/detail.jsp？id=57397943）

第六章　师 生 关 系

【教学目标】

1. 了解师生关系的概念和特点。
2. 了解和谐师生关系的概念和特征。
3. 掌握建立和谐师生关系的要点。

师生关系是学校教育中最重要的人际关系。和谐的师生关系，既是教育教学活动得以顺利开展的重要条件，同时又具有重要的教育意义。师生关系的状态随社会的发展而变化，我国当代中小学师生关系中交织着多种现实矛盾。建立和谐的师生关系，既是教师努力的方向，同时也有赖于社会环境的积极配合。

第一节　师生关系概述

一、师生关系的概念和意义

（一）师生关系的概念

师生关系是指，教师和学生在教育教学过程中结成的人际联系，包括双方所处的地位、作用以及相互对待的态度等。我们这里所说的师生关系是指，存在于现行中小学校教育过程中的教师与学生之间的关系。

师生关系可以分为三层：一层是为满足教育教学需要而建立起来的师生联系，即所谓教与学的关系。这是师生关系的核心部分。另一层是围绕教学关系或由于教学关系而衍生出的关系，主要是管理与被管理关系。尽管教学具有管理的功能，而管理也具有教育的作用，但是，在实际教育教学过程中，教学活动和管理活动经常是各有侧重的。第三层是指师生间的一般人际关系。师生间的一般人际交往关系有些融合在教学和管理之中，也有与教学、管理关系不大的一般交往关系。三层关系相辅相成，互相制约，共同发挥作用。尽管如此，我们还是将关注的重点放在第一层和第二层关系上。

（二）师生关系的意义

学校中的教育教学活动，是在一定的师生关系维系下进行的。和谐的师生关系，是完成教学任务的必要前提。

1. 师生关系影响着教育教学工作的状态和效果

和谐的师生关系会增强师生间的合作，减少矛盾冲突，激发教师和学生克服困难的动力，从而提高教学的效率和质量。《学记》中说：“大学之教也，时教必有正业，退息必有居学。……安其学而亲其师，乐其友而信其道。是以虽离师辅而不反。”[①] 学生安心于正规教

---

① 礼记·学记. 上海：上海古籍出版社，1987，第198～203页.

学则“亲其师”，在业余活动中与志同道合者在一起则“信其道”，在这种氛围中成长起来的学生，即使离开了教师的监护也不会有所反复。“亲其师”的前提是“安其学”，而“安其学”的前提又是“亲其师”。“安其学”和“亲其师”是互为条件的良性循环。中小学生中常见因为喜欢或憎恨教师而影响学习态度的现象，这是他们的年龄特点决定的。建立良好的师生关系，无疑将对学生的学习态度以及教学的整体效果产生积极影响。

2. 师生关系影响学生的发展

师生关系的状态对学生人格的养成具有很大影响。师生关系不同于一般社会人际关系。在一般社会人际关系中，关系的双方有时可以忽略双方关系给对方造成的不良影响，但是，作为师生关系中的教师却不能忽略师生关系对学生的影响。中小学生正处在身心迅速发展的时期，很多方面还不成熟，比较脆弱，很不稳定，师生关系作为这个阶段具有重大影响力的因素之一，其状态不能不影响到学生许多方面的认识和感受。健康和谐的师生关系会使学生感到温馨安全，而宽容理解，团结合作等优良个性品质也会因而形成。反之，则会造成恶劣影响。

师生关系的状态还会影响学生人际交往能力、合作能力的发展。学生在学校中接受教育，主要和两种人打交道，一是学生，二是教师。在师生交往中，学生将逐渐体会和成年人交往的习惯和规范，并进而初步了解一般社会人际交往的习惯和规范，懂得人与人之间的理解、尊重和合作。良好的师生关系将促进学生人际交往能力的健康发展，并为学生走向社会、融入社会打下健康的基础。

二、师生关系的特点

师生关系是一种特殊的人际联系，研究并重视其特殊性，有利于教师正确对待师生关系和处理师生关系中出现的问题。

（一）师生关系的社会性

师生关系的社会性是指，师生关系是人类社会关系的重要组成部分之一，师生交往中仍然必须遵守一般社会人际交往的基本规则，师生关系的状态受一般社会关系的影响和制约。

从一般社会关系角度看，师生关系具有特殊性；而从师生关系本身来看，师生关系又不可能脱离一般社会关系的属性而存在。承认师生关系的社会性，有助于建立能促进学生健康的师生关系；否认或忽视师生关系的社会性，必将割断师生关系与一般社会关系的联系，不利于学生的健康发展。

在师生关系中，无论教师还是学生，他们都是社会的产物，都是社会的人，都和社会的其他领域有着千丝万缕的联系，这些联系注定了师生关系必然带有一定的一般社会关系的基本属性：共同的利益是结成师生关系的纽带，师生相处也必须遵守一般社会人际相处的基本规范等。

虽然学校是特殊的社会组织，但学校内部的各种人际关系并不因其特殊性而变得单一或单纯，师生关系的状态不能不受社会环境的影响。

师生关系具有社会性，对于教育教学实践来说，既有利又有弊。有利的方面是，承认师生关系的社会性，尊重现实，加强和社会的联系，把师生关系建立在正常的社会人际联系基础之上，既有利于教师的健康发展，也有利于学生的健康发展。不利的方面是，社会的负面影响会渗透到师生关系中，从而阻碍师生健康发展。其实，不管人们承认与否，社会对师生关系乃至对学校教育的负面影响从来都没有消失过。学校教育系统应该一面采取措施控制社会的负面影响，一面教育教师和学生正确认识社会，提高他们辨别是非善恶美丑的能力，使他们学会自觉抵制社会不良影响。再者，这也是师生成长过程中必须付出的成本，是难以从根本上避免的。

（二）师生关系的教育性

师生关系的教育性是指，师生关系具有一般社会关系所不具备的服务于教育教学 目标的、促进学生健康发展的意义。

师生关系的教育性，由以下三个因素决定：

1. 师生关系是在教育教学活动中结成的

人际关系结成的背景或动因常常决定着关系的性质和特点。师生关系因教育教学活动而结成，并随教育教学活动的展开而发展、变化，师生关系构成的心理氛围对学生的智力活动及心理的健康成长具有潜移默化的作用等，这些都决定了师生关系的教育性。

2. 师生关系服务于教育教学目标

任何人际关系的结成都是服务于一定目的的，这个目的的性质常常决定着关系的属性。服务于教育教学目标的师生关系，不但不能违背教育教学的需要，而且必须服从教育教学的需要。

3. 师生关系成为教育教学的手段

对教育教学手段的认识，不应该局限于有形的事物，还应该包括一切可以为教育教学所利用的一切因素。任何关系都不可能是独立于人际交往活动过程之外的联系，师生关系也是这样。当师生关系结成的时候，师生关系就成为重要的教育教学手段，贯穿于教育教学实践过程之中。

（三）师生关系的时代性

师生关系的时代性是指，师生关系的状态会随着社会环境的变化而呈现不同的特点。教育是人类社会永恒的现象，师生关系也是其中永恒存在的重要组成部分。教育随社会的发展而变化，师生关系的状态也会因此而呈现鲜明的时代特色。

师生关系的时代性一般表现在以下方面：

1. 师生关系的状态随社会形态的变化而变化

学校教育体制受国家政治体制的影响，师生关系是学校管理体制的投射。以中国为例，在漫长的封建社会里，中国存在官学和私学两种并行的教育系统，无论在哪种体系里，教师和学生的关系都带有十分浓重的封建色彩，教师独尊，学生只能是接受教育、接受管理。而且，无论从教育法令，还是世俗舆论，都在维护这个特征。师生平等的师生关系（如《论语》中记载孔子教学的状况），不是普遍现象。

社会的生产方式决定了教育的许多特点，因而也决定了师生关系的某些特点。资本主义进入 17 世纪，大工业生产已成为生产的主要组织形式，于是催生了与之相适应的班级授课制。在班级授课中，教师顺理成章地成为教学活动的控制者。

2. 教育发展的状况影响着师生关系的状况

教育的发展过程有两种形态：平稳发展期和变革期。在教育的平稳发展期，教育的各个方面都比较稳定，按部就班，约定俗成，变化较少，师生关系也因之表现出平和稳定的状态。在教育的变革期，教育的许多方面都在发生改变，新旧两种势力交替作用，观念不稳定，制度不成熟，人们对现状的认同程度不高等，这些都会反映到师生关系中，导致师生关系问题多，矛盾尖锐，摇摆不定等。

（四）师生关系的不对等性

师生关系的不对等性是指，师生关系中的教师和学生的身份地位、以及各自应有的权利、义务是不对等的。在一般社会关系中，关系双方的地位是对等的。也就是说，关系双方同时遵守同样的规范，在活动中具有同等的权利、负有同等的责任。而在师生关系中的教师和学生，却不是这样。这一点，可以从《教育法》《教师法》以及各种有关教育的法令、法规明显看出。

师生关系的不对等性是由教育的实际情况决定的，主要原因如下：

1. 年龄不对等

在师生关系中，首先是教师和学生的年龄特点不对等，教师是成年人，学生是未成年人。因为年龄不对等，所以许多方面也就不能适用同样的规范，不能担负同等的责任，也不能享有同等的权利。

2. 阅历、知识、能力不对等

在师生关系中，教师的阅历、知识、能力都远高于学生，这是教育教学活动展开的重要前提。也正因为如此，在面对同样问题的时候，教师和学生所应采取的方式、方法和要求都是不一样的。教师需要尊重，学生需要爱护，就是这个意思。

3. 教学中的地位不对等

教学是教师和学生的共同活动，有赖于教师和学生的合作。但是，师生间的合作不是一般意义上的平等合作，而是教师指导下的学生完成自我发展的过程。国家和社会赋予了教师教学活动的领导和组织的职责，这样的职责是学生无法承担的。当然，我们并不能否认学生在学习中的主体性特征，也不否认学生在学习过程中应有的创造性。当今教育改革，要求改变教师“独霸”课堂的旧习，不是要简单地把课堂交给学生，使学生的学习活动脱离教师的指导和管理。

第二节 和谐的师生关系

师生关系是因教育教学关系的确立而发生的，但并不天然或自然而然地就是人们所期望的健康的关系。师生关系有和谐与不和谐之别，和谐的师生关系有利于教育教学目标的完成，能促进师生健康发展。我们努力的目标是建立和谐的师生关系。

一、和谐及和谐的师生关系的概念

要建立和谐的师生关系，首先要懂得什么是和谐。不清楚这个概念的内涵，教师的许多努力都将陷于盲目状态。

和谐作为词语，最早可以追溯到《左传》。而和谐作为观念，一直是中华民族优秀文化的重要组成部分。进入21世纪，中共十六届四中全会提出“构建社会主义和谐社会”的概念。后来中共中央领导人把“和谐社会”的特征概括为：“民主法制、公平正义、诚信友爱、充满活力、安定有序、人与自然和谐相处。”① 清晰、准确地描述了和谐状态的特征。

和谐，《辞源》解释说：“协调。”②《现代汉语词典》解释说：“配合得适当和匀称。”③我们认为所谓和谐是指，为了实现某个共同目标，在一定时期内，不同事物（含对立事物）把矛盾对立控制在合适程度，彼此能够协调配合的状态。

和谐的师生关系是指，为完成教学任务，教师和学生把矛盾对立控制在合适程度，彼此能够协调配合的状态。

二、和谐师生关系的特征

（一）友好相待

师生关系是人与人之间的关系，和谐的师生关系首先表现为教师与学生友好相待。师生间友好相待主要包括两方面内容：

1. 相互尊重与信任

相互尊重是指，教师尊重学生的人格、意愿、意见和劳动成果等，同时学生也尊重教师的人格、知识、能力、意见、劳动成果等。尊重是人类文明的重要组成部分，也是人类的美德。相互尊重的人际关系才是健康的人际关系。

相互信任是指，教师和学生都能相信对方的诚意和能力，并能把某些任务放心地托付给对方。教师和学生不可能形影不离，他们也不可能总是面对面做同样的工作。教师和学生在教育教学中的角色地位不同，决定了他们各自的活动方式。相互信任是协调不同活动方式、减少相互牵制的重要条件。

尊重与信任是相辅相成的，相互尊重是相互信任的前提，相互信任是相互尊重的体现。

2. 相互理解与谅解

相互理解是指，教师和学生之间能相互认同活动方式、活动内容的彼此差异，并接受这种差异的合理性，从而使抵触情绪降低或消失。

相互谅解是指，教师和学生之间能以宽容的态度对待对方的错误或失误，并给予对方改过的机会。

教师和学生都是现实的人，无论他们怎样努力，都不可能没有缺点，没有错误，也不可能所有的行为都恰如其分。师生间的理解与谅解是和谐师生关系的重要标志。

（二）密切配合

教育理论从来都认为教育教学是教师和学生的共同活动，师生间的密切配合也就成为和谐师生关系的重要特征。

1. 分工与合作

师生间的合作是建立在严格分工基础之上的，而且师生的分工，不是一般流水线生产领域的那种分段负责式的分工。师生间的分工是根据教育教学的特点，以及教师学生在活动中所处的角色决定的。在教育教学过程中，教师和学生共同参与活动，各安其位，各守其职，

---

① 2005年胡锦涛在中共中央举办的省部级主要领导干部“提高构建社会主义和谐社会的能力”专题研讨班上的讲话.

② 辞源修订组，商务印书馆编辑部. 辞源. 北京：商务印书馆，1979，第504页.

③ 中国社会科学院语言研究所词典编辑室. 现代汉语词典. 北京：商务印书馆，1983，第454页.

各负其责。师生间的合作也不是两种因素的简单相加，而是为了实现教育教学目标必须具备的良好的沟通协调与活动的配合。

没有明确的分工，就会混淆教师与学生的职责；没有良好的合作，就会导致教与学的脱离甚至背离。两种失误都会影响教育教学目标的实现。

2. 充分发挥师生的积极性

在教育教学中，师生分工是一种约定，师生合作未必是发自内心需要的相互吸引。所以，仅有分工与合作还不能算是和谐的师生关系。尽管教育教学有严格的管理制度，统一的质量标准，但在活动中，师生的积极性能否充分发挥，对完成教学任务，提高教育质量都具有重大影响。充分发挥教师与学生的积极性，是和谐的师生关系不可缺少的重要指标。

（三）安定有序

学校教育是有计划有组织的群体活动，安定有序既是教育教学活动得以正常开展的保障，也是促进学生健康发展的必要条件，同时也是和谐师生关系的重要特征。和谐师生关系表现出来的安定有序，不是高压专制的结果，而是民主与集中相统一，法治与德治相结合的安定局面。

1. 民主与集中相统一

民主以多数决定、同时尊重个人与少数人的权利为原则。在教育教学中，要最大限度地促进每个学生的发展，教师就必须了解学生的需求，允许他们自由地表达，耐心倾听他们的诉求；同时教师也应当具有和学生同等的、发表自己意见的权利。现行普通教育实行集体教学、统一管理，师生不可能各行其是，而是需要协调各种因素，在兼顾各种利益的前提下，执行集体意志，就是集中。把集中意志建立在民主的基础上，尽可能顾及最大多数学生的需求，就是民主与集中的统一。

2. 法治与德治相结合

在我国当代，有关教育的各种法律、法令、法规不断健全，法制成为协调各种矛盾的重要手段。但是，在教育教学中，许多问题和矛盾不是法制所能解决的。所以，提高教师的道德水平，提高学生的道德水平，通过道德层面的约束与自觉解决问题和矛盾也是必不可少的。

（四）可持续发展

师生关系是贯穿教育教学过程始终的基本人际关系，随着各种因素的变化，师生关系必然是不断发展变化的。和谐的师生关系应该是开放的、可以自我更新提高的动态系统，可持续发展是和谐师生关系的又一重要特征。

1. 兼顾多方利益，协调多种矛盾

师生关系和其他事物一样，是多种利益和多重矛盾纠合在一起的产物。教师的利益要顾及，学生的权益要保护，管理部门的要求要满足，家长的呼声、社会的需求也不能忽视。只有兼顾多方利益，才能协调各种矛盾，把矛盾控制在合理的程度，才能 称为和谐的师生关系。无视某一方或几方的利益，否认或压制矛盾，即使求得一时的“和谐”，但终将出现动荡的局面，教育教学也将受到不良影响。兼顾多方利益，协调多种矛盾，才能使和谐的师生关系可持续健康发展。

2. 满足目前需要，兼顾长远发展

教育教学活动是连续的过程，师生关系也不是一时一地的存在。和谐的师生关系既要能够满足目前教育教学的需要，同时也要兼顾教育教学及师生发展的长期需要。不能满足目前需要的师生关系，不是和谐的师生关系；不能兼顾长远发展的师生关系，必将导致师生关系的频繁剧变，也不是和谐的师生关系。

3. 维持现实稳定，不断开拓创新

没有稳定的现实状态，教育教学活动将无法正常开展；没有开拓创新，教育教学活动将停止僵化。和谐的师生关系既能维持稳定的现实教育教学实践，又不排除或排斥教育教学活动的开拓创新。和谐的师生关系在教育教学活动的开拓创新中不断得到提升。

三、正确认识和理解和谐师生关系

（一）和谐的师生关系中依然存在矛盾

建立和谐的师生关系，不是要消灭师生矛盾，而是要把矛盾控制在合适的程度。

从古至今，中国的教育理论很少正面论及师生矛盾。由于种种原因，大多数教育理论工作者讳言师生矛盾的存在，甚至有意无意地掩盖师生关系中的矛盾。偏狭的认识不能指导师生关系的健康发展。教师和学生是不同的社会人群，他们之间存在矛盾是无法避免的，也是正常的。

师生关系中存在矛盾并不都是坏事，矛盾也可以有一定的积极作用。从实践层面看，师生矛盾又可以成为促进教师和学生发展的动力，以此直接推动教育的改革和健康发展。

（二）和谐的师生关系是实现师生双赢的合作关系

建立和谐的师生关系，不能无视师生任何一方的合理合法权益，而是要兼顾双方利益，实现双赢。

教育教学是教师和学生合作的活动，在合作中，教师的价值得到体现，学生的成长得到促进，是为双赢。双赢，是长期健康合作的根本前提。教师有教师的权益，学生有学生的权益，不能为了消除矛盾而要求其中一方作出重大牺牲。

（三）和谐的师生关系是不断发展的

和谐的师生关系需要不断调整，在发展中求和谐，不可能一劳永逸。

和谐的师生关系是人为努力形成的状态，而不是自然而然的存在。随着各种因素的变化，原来和谐的师生关系可能会矛盾激化，需要重新协调以至新的和谐。即便师生关系一直处于比较和谐的状态，而和谐的内涵和质量也是不断提高的。

和谐的师生关系，必须满足不断变化的教育教学的需要，而不能刻板僵化地照搬某一时期的和谐模式。

建立和谐的师生关系一直是教师和学生共同的追求。应该说，在以往的教育中，大多数期间，师生关系是和谐或基本和谐的。在总是不和谐的师生关系状态下，以往的教育根本无法取得那样的巨大成就。但当我们考察以往的师生关系状态时，却又发现，许多时候的做法和现代不同，甚至过去的某些主流做法正是当今教育要改革的地方。事实表明，和谐师生关系也是具有时代性的。也就是说，同样称为和谐的师生关系，而它们的内部结构状态却是不同的；这些不同之处却符合了当时的教育教学的需要，得到了当时社会观念的认同，并促进了当时教育的发展。比如，赫尔巴特对师生关系中教师和学生的定位，现在看来是不合适了，当初却极具合理性，并得到大面积、长时间推广。再如，杜威学说对教师和学生的定位，在当时的教改之初是具有相当的合理性的，而教学实践的结果证明，他的理论和他所批判的理念一样有失偏颇，其适用性甚至还有所不及。

第三节 建立和谐的师生关系

师生关系不仅是我国当代基础教育改革的重要内容，更是关系到我国当代基础教育能否健康发展的重要问题。要建立和谐的师生关系，需要教育理论家和实际工作者具有高超的智慧，默契的配合，于难能处入手，巧夺天工。

一、师生关系不和谐的原因分析

毋庸讳言，我们之所以提倡建立和谐的师生关系，就是因为师生关系还不够和谐，还存在着许多激烈的矛盾冲突。承认问题，才能研究问题，解决问题。导致师生关系不和谐的原因如下：

（一）教师权威被削弱

所谓权威，是指一种使人信从的力量。教育活动是师生的共同活动，对于中小学生而言，教师的权威无疑具有十分重大的意义。然而，在当代我国的师生关系中，教师的权威正在逐步削弱。主要原因有：

教师从教能力相对低下降低了教师的权威。教师权威树立的基础是从教能力，社会的发展对教育提出了更高的要求，教师的从教能力显得相对不足。

发生在少数教师身上的不良事件降低了教师的权威。教育规模扩大的同时也造就了庞大的教师队伍，各色人等混迹其中，社会上的不良倾向、丑恶现象几乎都能在学校一一见到，教师权威遭到质疑。

学生及家长对教师权威的漠视和挑战。当代中小学生多数是独生子女，他们中的多数人在家庭中备受呵护，个性鲜明，自我中心倾向相对严重，经不起挫折和委屈（他们自以为的）；再加上相对优裕的家庭教育条件，又使他们知识丰富，头脑灵活。这些特点几乎必然地导致他们对教师权威的漠视和挑战。当学生和教师发生矛盾冲突的时候，家长及亲属常常毫无原则地站在自己孩子一边，或隐身背后，作为孩子的坚强后盾；或径直走到前台，向学校和教师讨“公道”。在这部分家长的参与下，教师权威进一步受到削弱。

（二）教师与学生过重的身心压力

教师和学生作为社会的一部分，不可能没有任何压力，适当的压力是必要的，也是无法避免的。问题在于，我国当代师生关系中的教师和学生所担负的巨大压力前所未有。调查结果表明，教师的压力主要有以下几个方面：学生成绩差、教学或管理任务重、工作时间长、收入低、学生人身安全事故预防责任、无力照顾家庭、职称问题、发表科研论文的任务等。许多中小学教师的假期都用在进修和培训上，有的还要完成招生任务。其压力之多之大，可以想见。

教师压力大，学生的压力也不轻。我国当代的中小学生除了要承受与个体成长相伴而来的一系列烦恼，还要面对升学的残酷竞争，家长的殷切期望，沉重的课业负担，复杂的人际关系等压力，再加上心理承受能力较差等因素，许多心理问题也相伴而生。

过于沉重的压力严重影响着教师和学生的精神状态，也严重影响着师生关系的和谐。

（三）教育的统一要求与学生个体发展多样化之间的矛盾激化

在教育实践的各种矛盾中，班级授课制的统一要求与学生个体发展需求多样化之间的矛盾，依然是师生关系中最主要的矛盾。

班级授课集体教学模式的优势就在于，可以按既定规格，高效率地批量复制人才，极像机器大生产中的流水线。夸美纽斯本人就说："学校是造就人的工场"① 必须承认，按统一规格批量复制人才，注定要以牺牲人才质量和限制学生个性发展为代价。但是，由于当时条件所限，社会对人才的要求不高，个性发展的呼声也不强烈，班级授课统一要求与个体发展多样性的矛盾没有激化。

在西方，文艺复兴运动解放了人们的思想，催生了人们的民主意识。到19世纪的时候，人们已经不满足于通过受教育而获得一些知识和生存技能，而对教育提出更高更全面的要求——使人的天性得到更加完善的保护和和谐的发展。在我国，当前的教育改革也强调发展学生的个性，培养学生的创新意识和创造能力。个性和创新本来就具有复杂的多样性。班级授课制的弊端在新的社会条件下被放大了。

班级授课制要落实统一要求就需要严格管理，而个体发展需求多样化需要拓展自由空间。教师和学生无可回避地成了矛盾的双方，这个难以调和的矛盾又在其他因素的共同作用下，导致师生矛盾激化。

（四）师生间的强制性稳定联系

在古代教育阶段，官学的师生联系具有强制的稳定性，而在更大范围的教育活动中，教师和学生的联系则有着相当的自由度。也就是说，在比较大的范围内，教育中的教师和学生具有彼此双向选择的权利。这种格局当然是有弊端的，如教育活动缺乏必要的规划和前后照应等。但是，好的一方面是师生之间可以自由双向选择，可以有效地回避一些难以调和的师生矛盾。

自从教育进入近代社会以来，学制系统逐渐完整，管理制度和管理机制不断健全，并趋于稳定，教育教学实践中的灵活性相应减少。在各种制度规范的约束下，师生之间的联系也就具有了相当的、具有强制色彩的稳定性，教师和学生都失去了自由选择的权利。这种强制性稳定联系，从有利的一面看，有助于提高师生双方的责任感，便于实施长期稳定的教育措施，保障教育教学的效果。而从不利的一面看，如果师生间遇到比较难以调和的矛盾，也只能艰苦地对抗到底，毫无回旋余地，常常使矛盾激化而导致恶劣的后果。

二、建立和谐的师生关系的建议

（一）提高从教能力，挽救教师权威

从教能力是教师的职业要求，也是教师权威建立的基础。从教能力的欠缺，会降低教师

① 夸美纽斯．大教学论．北京：人民教育出版社，1979，1.

在学生中的威信，更无法赢得社会的尊重。尊师重道风气的形成，不是社会的廉价恩赐，而有赖于教师自身的努力。

在当代社会条件下，教师在知识方面的优势已经大大降低了，但不等于教师丧失了全部的优势。教师的从教能力必须从传统的以灌输为主，转变成以解释、引导、启发为主。这就需要教师发挥善于解释问题、分析问题以及掌握良好学习方法的优势，发挥教师阅历丰富、思维灵活、视野开阔的优势，在必要的机械记忆基础上，加大培养思维方法的力度。当然，还要尽可能兼顾应试的需求和全面素质的培养。

学生管理能力也属于从教能力的范围。在教师权威比较稳固的时代，教师就是规范的化身，严令之下，莫敢不从。当代的中小学生则发生了很大的变化。规范在他们看来，或者可以不太在意，或者只是对他们权利的限制，而维护、执行规范的教师自然成了他们的对立面。在这种情况下，学生管理仅靠命令和惩罚是不够的，靠强制压迫更是不可行的。这需要教师具有较强的思辨能力、解释能力。

（二）改善教师发挥权威作用的方式

权威由权力和威信两部分组成，它们互相支持，相得益彰。在传统社会中（从一定意义上说，我国的传统社会应该指20世纪70年代末国家实行改革开放政策以前），权威发挥作用的方式更侧重于权力的运用。这种倾向虽然不是教育教学领域所独有，但在教育教学领域，教师运用权力发挥权威作用的倾向一直有着不容置疑的合理性。用权力控制的方式发挥权威的作用，既可能协调关系，也可能导致冲突。因为，用权力实施强迫控制，可能使人们对强迫性控制实施者的权威产生疑问，并引起对控制的反抗。但是，在传统社会的大背景下，权力控制导致冲突的概率还是被大大降低了。

在当代，漠视权威成为时尚，挑战权威显示个性，是社会进步的表现。之所以这样说，是因为我们默认，社会的多数人具有成熟的独立思考能力。但是，当这种风气蔓延到教育教学领域，问题就比较严重了。

不需要讨论要不要教师权威，而是要研究改进教师权威发挥作用的方式，以满足当代教育实际的需要。当代教师发挥作用的方式应该比较多地侧重于教师威信的运用，而不是教师权力的运用。两种形式比较起来，前者更加含蓄、谦和，更容易被学生认同。

在当代中小学教育教学实践中，教师的权威受到严峻挑战，在一般处理问题过程中，教师很少有绝对的优势。在这样的条件下，教师就应该谦虚谨慎，认真倾听，缓下结论，或者提供多种方案让学生选择，或摆明利害让学生自己取舍。这样，既有利于问题的和平解决，又有利于发展学生的认知能力。即使在面对存在原则性分歧的问题时，教师也应该慎下结论，给自己留下充足的回旋余地，避免不必要的伤害。冲动的情绪和做法都可能导致矛盾激化，使本来主动的教师陷于被动。

近年来，教育理论研究者提倡“蹲下来和孩子交流”，并指出，蹲下来不是简单地做个动作，而是走进孩子的心里，用符合孩子思维方式的方法去引导孩子、推动孩子的发展。蹲下来与孩子交流，不仅是在视角层面上的平视，更是用一颗童心去看待孩子，理解孩子，站在孩子的角度思考问题。蹲下来与学生交流，能有效缩短师生间的心理距离，实现师生间的真情对话。

这不是对教师权威的否定和剥夺，而是对教师权威发挥作用形式的改进。在这种活动中，“蹲下来”是教师的主动行为，更偏重于达成某种目的形式。无论怎样强调在蹲下来的同时，还要注重孩子的特点，体验孩子的感受等，都表明了一个意思——教师有能力做到这些。这正是对教师权威实力和身份的间接承认。

（三）洞悉人情，关爱学生；讲究技巧，减少伤害

关爱学生，永远是教师职业道德规范的重要内容之一，工作中的绝大多数教师也不否认这一点。关爱学生不但是对教师认识层面的要求，更是对教师实践层面的要求。

研究师生冲突的事例，我们可以发现，师生之间的冲突大多具有这样的特点：冲突的第一原因常常是学生违纪；教师处理学生违纪事件的方式失误，导致主题偏移。可以说，导致冲突加剧、甚至造成严重后果的直接原因，不是学生违纪，而是教师的失误。师生冲突的结局，教师常常是实质上的受害者。归根结底，教师不顾人情，忽视技巧，是导致师生冲突发生乃至加剧的重要原因。

长期以来，人们把“人情”当成贬义词，好像一讲人情，就是油滑世故、无视原则等。在这种误解的影响下，许多处理人际关系的方式方法被简单化、机械化了。这里所说的人情是指，作为物种的人类普遍具有的、共同的应对外界刺激的习惯或心理反应。比如，人们都喜欢受到表扬，而不喜欢受到批评；与付出相比，人们更喜欢获得等。教育教学不仅要研究应该设置怎样的教育内容以满足人的各种发展的需要，而且还要研究教育教学过程中怎样顺乎人情，以使教育教学措施发挥更好的作用。

从人情的角度看，所谓关爱与否，更多地取决于受者的感受和判断。其具体含义有两个方面：出于施舍者一厢情愿的和不被收受者认同的关爱，都是没有意义的；同样的施舍，收到的效果取决于收受者需要的程度和时机。结论是，教师对学生采取的关爱措施，一定要取得学生的理解和认同，许多发自教师单方的善意都不能取得预期的效果；教师对学生的关爱一定要考虑学生的需要和恰当的时机。

（四）提高教师心理健康水平，保持良好工作状态

当代社会的各个阶层各个领域的人们都承受着空前的压力，这是社会发展带来的普遍问题。但是，相比较之下，我国中小学教师所承受的压力尤为沉重。沉重的压力使他们中有相当一部分人心理健康成问题。教师中日趋严重而普遍的心理问题，影响着教师教育教学工作的状态，以及教师处理师生关系问题的方式方法。

就中小学教师的心理问题而言，根本原因在于压力大。而指望通过改善社会环境，改善他们的工作状况，以实现减轻压力、解决心理问题的目标，显然短期难以做到。当代社会心理问题日益受到重视，各种关于心理问题防治的书籍大量出版，各种心理咨询治疗机构不断增多，但总体上看，还是不能满足人们的需求。对中小学教师来说，现有的解决心理问题的途径和方式，远不能满足他们的实际需要。

心理是人们对现实的反映，面对同一种现实，人的先天差异和后天的认识方式、角度差异，会导致不同的心理。而在众多的心理问题中，源于认识方式和角度偏差的部分占绝大多数。心理咨询和治疗的实践也证明，大部分心理问题可以通过调节认识方法和认识角度得到解决，只有少部分问题严重的需要辅之以心理治疗和药物控制。那么，有理由相信，提高教师的认识能力、思维品质，将有助于防止心理问题的产生，缓解心理问题带来的负面影响。

要提高教师的认识能力和思维品质，可以从两个方面入手：一是加强对马克思主义唯物辩证法的学习；二是吸取我国传统文化中独具特色又便于实用的认识方法、思维方法。而

且，教师认识能力、思维品质的提高，还将有利于教育教学能力的提高；教育教学能力的提高，将会减轻教师的工作压力，提高教师工作的成就感，进而改善教师的心理状态。

（五）依法执教，量力而行

在我国当代教育实践中，有关教育的法律、法规当然是处理师生关系问题的重要参照。尽管我们认为，教育法律、法规中的某些规定没有能够很周到地照顾教育实践的需要，还有继续修订、完善的必要。但是，在有关法律法规修订以前，教师没有权利无视法律、法规的规定。法律、法规是不可逾越的红线，教师不能，也不应该以任何理由为借口触犯有关法律规章。当教育教学工作需要和教育法律法规发生矛盾的时候，毫无疑问，教育教学工作需要应当让位、妥协。在教育教学工作中，即使学生触犯了有关法律法规，教师也应该按法定程序寻求解决方案，而没有权利代行执法者的职能。

依法执教，量力而行，是解决师生矛盾冲突、协调师生关系的基本原则。

建立和谐师生关系首先要求教师做出积极的努力，这是由教育教学的特点决定的；建立和谐师生关系的关键在于树立教师权威以及改进教师权威发挥作用的方式。

思考与练习

1. 师生关系的概念。
2. 和谐师生关系的概念
3. 师生关系有哪些特点？
4. 和谐的师生关系有哪些特点？
5. 论述怎样建立和谐的师生关系。

【相关材料链接】

材料一　师生本不应相视如寇仇

“即将过去的10月，对于教师职业而言夹杂着一丝悲凉”——媒体用这样充满关切的口吻开始了叙述。发生在山西和浙江的两起“弑师案”引发社会对于这一职业乃至教育本身的深刻反思，教育部基础教育司一负责人表示，政府、社会和教育工作者应积极采取措施，切实保护教师安全。教师正当使用的惩戒并非对学生的体罚，不提倡迁就学生一切行为。然而话音未落，中国政法大学又发生了一起男生在教室用菜刀砍死教授的事件。(《京华时报》10月29日)

原本应和谐的师生关系，何以会形成如此尖锐的矛盾冲突？这可是一个有着数千年尊师重教传统的君子之邦啊，师生相随，所谓“浴乎沂，风乎舞雩，咏而归”，那是一份精神交流的愉悦。师与生的关系，除了20世纪六七十年代的“礼崩乐坏”，似乎很少像现在这样紧张，紧张到了学生竟然明火执仗地“弑师”，紧张到了竟然需要教育部表态正当惩戒学生不属体罚。此种现象或许正反映了几十年以来我们在教育思想上的混乱情形。

首先，个体意识的强化对以往的教育形态形成挑战。时代变迁的表征之一就是个体意识的越来越突显。表现在学校里边，自然就是学生越来越不好管、不服管。教师依然采用以前的法子，便会遭到学生的强烈反弹，不是管出来一堆麻烦，就是放任自流不敢再管。面对此种情形，教育思想显然没有充分准备，进退失据，动辄得咎，没有研究如何在尊重学生个体的情况下，完成教书育人的使命。

现在的很多“教改”都是针对学习内容的，其实应该叫“课改”，其中被忽略的那部分才是教育的根本内容——“人的教育”。教材重要不重要？校舍重要不重要？达标重要不重要？都很重要，但所有这些“重要”最终都是要落实在具体的人身上。这些年来，教育主管部门热衷于各种物化的评比，自满于硬件设施的达标，恰恰忽视了对人的关怀，不能不说是很可惜的事情。即便有一些思想品德课程，往往又涂抹上太多的意识形态色彩，以一种高调的道德取代了基本的“人的教育”。

其次，教师对学生的正当惩戒缺乏社会的支持。其实，此番教育部的表态不过是重复了一个惯常的道理而已，并非什么石破天惊的决定。其受到关注，不过是因为这个问题平时很少得到关注而已。教师对学生固然是爱的奉献，但有时候，为了这爱能够尽可能地播撒，不免需要辅以一些小小的惩戒，惩戒的出发点和目的都是为了学生的健康成长。有惩戒，并不意味着没有平等；有惩戒，也不意味着不尊重学生。这些都是老生常谈了，只是不知道，为什么在我们这里总是淮橘成枳，总是以极端的方式表达出来。

……山西、浙江乃至北京的几起“弑师案”，甚至包括媒体曾报道过的一些恶劣教师殴打学生事件，尽管都属于极端事件，未必能够全面反映当下的师生状况，但极端事件背后，应该有很深刻的社会原因，有值得相关各方反思的东西。自由、平等、尊重也是需要通过学习才能够领会的。学生时期的放纵到了社会上，可能就是放大了的暴戾；而社会上的暴戾再反馈到学校里边，师生相对如寇仇便是很难排解的事情了。

（胡印斌，中青在线，http：//zqb. cyol. com/content/2008-10/30/content _ 2410396. htm）

材料二 不准惩罚学生是对师生双方的不尊重

在当今倾向于不惩罚学生的时候，一篇《看韩国老师如何惩罚学生》的文章却引起巨大反响，竟有90%的新浪网友赞同惩罚学生。事实上，惩罚与不惩罚本身并不是问题，只有当我们强加它许多不良后果时，才值得深究。

把砝码放在不惩罚这头的时候，政策设计者想当然地认为所有的老师都是完美的，所有的学生都是正确的，而从来没有考虑过如果发生了冲突怎么办。可现实中，我们的老师和学生不但发生冲突了，而且还很惨烈。一方面，一些无良老师罚学生啃木头、打耳光、用刀子划伤学生等；另一方面，一些问题学生把无情的拳脚和愤怒的刀子投向自己的老师。两方面都全然没有君子的作风，这究竟怎么了？

当前非常流行“没有教不好的学生，只有不会教的老师”。照此看来，学生都已经是君子或者是准君子了，老师还需要继续努力成为真正的君子才好。具体到教学实践中，就是教育主管部门与学校领导的各种要求、家长和社会对教学成绩的期待、学生中各种各样的错误等，统统得由老师承担。学生作业不交，你老师要反思；学生成绩不好，你老师要反思；学生课堂不听讲，你老师更要反思。为什么？因为这都是你的方法不对，思路不好，理念不先进。你还不是君子，要努力！可惜我们的老师是一个个鲜活的人，怎么办？

笔者曾经做过多年的中学老师，深知其中的痛苦。一位老教师给我传授法宝，说：“你就把学校当作一个大幼儿园，哄着学生，不就行了。”但小学生你还好哄，大学生就不好哄了。看看近期发生的几起弑师案，发生的年龄段一般在中高年级，就很能说明问题。

从小学一直哄到大学，但残酷的社会还会哄他们吗？每当我讲柳宗元的寓言《三戒》

时，我就想，这样没有惩罚的教育，当学生走向社会时，要么就像其中的麋鹿和老鼠那样，被凶狠的狼狗所吃掉；要么就如心理学中的逆反应那样，一定会激起更大的刺激和仇恨。事实不正在不幸地逐渐验证这样的结局吗？

惩罚与不惩罚只是方法，而不是教育目的。对学生来说，不能惩罚他的主要理由是：学生正处在生理和心理的发育期，需要呵护。但恰恰忘记了一点，我们这样做的时候，就从来没有把学生当做一个平等的人来对待，而是将其当作一个需要呵护、需要原谅、需要关爱的对象。对待犯了错误的学生不惩罚，不仅对这个学生，更是对所有学生的价值观判断的一个误导。

平等、包容是相互尊重的前提，惩罚并不是相互尊重的障碍。制定一个公开、透明、详尽、可操作的惩戒制度，既是对学生的约束，更是对教师的制约。这对于从小培养现代人所需要的责任意识、权利意识至关重要。中国有句古话，“玉不琢，不成器”。不经过打磨的人是不可能成大器的。有时候，朴素的传统哲理比经过精美包装的现代教育理念要强过百倍。

（王伟，中青在线，2008-11-18 http：//zqb. cyol. com/content/2008-11/18/content_2434896. htm）

第七章 课 程

【教学目标】

1. 掌握课程、课程结构和课程标准的概念。
2. 了解各种课程类型的分类标准，并能正确判断。
3. 懂得课程优化的原理并能在教学实践中自觉进行课程优化。
4. 了解课程计划、课程标准、教科书的编写原则及使用要求。

课程是教育理论的重要内容，是学校教育活动的核心，也是教学实践改革的核心。因为教学不论是要使学生掌握知识，还是发展能力，也不论是培养学生的技能，还是塑造学生的品德，都必须要借助一定的课程。现代教育理论围绕课程的研究，已经形成了一门独立的学科，即课程论。

第一节 概 述

一、课程的定义

（一）课程的含义

在教育领域，“课程”一词是含义最复杂、歧义最多的概念之一。理论界许多学者也对此进行了广泛探讨，但对课程是什么却没有达成共识，没有统一的界定。

在我国，“课程”一词始见于唐代。唐代孔颖达在注疏《诗经·小雅》时说“教护课程，必君子监之，乃得依法制也”。这里的“课程”主要指礼仪活动程式。到了宋代，朱熹在《朱子全书·论学》中曾多次使用课程一词，如“宽着期限，紧着课程”“小立课程，大做功夫”等。“课程”一词在这里含有学习的范围和进度的意思。

在西方，英国著名哲学家、教育家斯宾塞在1859年发表的一篇著名文章《什么知识最有价值》中最早提出“curriculum”（课程）一词，意指“教学内容的系统组织”。该词来源于拉丁文，原意为“跑道”（race course），即学生学习的路线、学习的进程。根据这一词源，西方最常见的课程定义是“学习的进程”。由于斯宾塞使用的“curriculum”一词原意是静态的跑道，故教育中过多地强调了课程作为静态的、外在于学习者的“组织起来的教学内容”层面，相对忽视了学习者动态的经验和体验的层面。

在众多的课程定义中，仔细梳理一下，大致可归为以下三类：[①]

1. 课程作为学科

这是最普遍也是最常识化的课程定义。如《中国大百科全书·教育》中的课程是这样定义的：课程是指所有学科（教学科目）的总和，或学生在教师指导下各种活动的总和，这通

① 张华. 课程与教学论. 上海：上海教育出版社，2000，第67～72页.

常被称为广义的课程；狭义的课程则是指一门学科或一类活动。①

这种课程定义把课程内容和课程过程割裂开来，并片面强调内容，而且把课程内容仅限于源自文化遗产的学科知识，其最大的缺陷是把课程视为外在于学习者的静态的东西，对学习者的经验重视不够。

2. 课程作为目标或计划

这种课程定义把课程视为教学过程中要达到的目标、教学的预期结果或教学的预先计划。如课程论专家塔巴（H. Taba）认为课程是“学习的计划”；奥利沃（P. Oliva）认为课程是“一组行为目标”；约翰逊（M. Johnson）认为课程是“一系列有组织的、有意识的学习结果”等。

这种课程定义把课程视为教学过程之前或教育情境之外的东西，把课程目标、计划与课程过程、手段割裂开来，并片面强调前者，其缺陷也是忽略了学习者的现实经验。

3. 课程作为学习者的经验或体验

这种课程定义把课程视为学生在教师指导下所获得的经验或体验，以及学生自发获得的经验或体验。如美国著名课程论专家卡斯威尔（H. L. Caswell）和坎贝尔（D. S. Campbell）认为“课程是儿童在教师指导下所获得的一切经验”。

这种课程定义的突出特点是把学生的直接经验置于课程的中心位置，从而消除了“见物不见人”的倾向，消除了内容与过程、目标与手段的二元对立。但这种课程定义有忽略系统知识在儿童发展中意义的倾向。

我们认为要明确课程的内涵必须注意以下几点：

一是课程不仅包括正规的课堂教学内容，还应包括课外学习的内容。

二是课程不仅要着眼书本知识，还应包括学生的各种活动。

三是课程编排既要服从知识本身的逻辑体系，还要服从学生认识发展的逻辑体系。

四是课程不仅要有利于知识的传递、经验的积累，还要有利于学生创新。

五是课程应有一个明确的目标体系。

综上所述，我们认为课程有狭义和广义之分。狭义的课程是指各级各类学校为了实现培养目标而开设的学科及其目的、内容、范围、活动、进程等的总和，主要体现在课程计划（教学计划）、学科课程标准（教学大纲）和教科书中。广义的课程是指学生在学校所获得的全部经验，是教师、学生、教材、环境四因素间持续交互作用的动态情境，是一种动态的、生长的生态系统和完整文化。

（二）课程内涵的发展趋势

进入20世纪70年代，课程的内涵发生了重大变化，呈现如下六个趋势：

1. 从强调学科内容到强调学习者的经验和体验

当人们强调学科而且只强调学科的时候，课程内容也就与学科内容等同起来，这样，课程就越来越排斥儿童的直接经验。由此导致的结果是课程越来越成为社会对儿童施加控制的工具，儿童的权利、儿童的发展在课程中得不到保障。为了切实保障儿童的发展，把儿童发展置于课程的核心，人们开始越来越关注学习者现实的活生生的经验和体验。但这不意味着

① 中国大百科全书总编辑委员会《教育》编辑委员会. 中国大百科全书·教育. 北京：中国大百科全书出版社，1985，第207页.

排斥源于文化遗产的学科知识，而是在儿童现实经验的基础上整合学科知识，使学科知识成为学习者发展的资源而非控制的工具。

2. 从强调目标、计划到强调过程本身的价值

只把课程作为教学过程之前或教育情境之外设定的目标、计划或预期结果，必然会导致把教育教学过程的非预期性因素排斥于课程之外。实际上，教学过程作为师生的互动过程，充满着创造性与不可预测性，正是这些因素具有巨大的教育价值。强调过程本身并不是不要目标、计划，而是把目标、计划整合到教学情境中，使之促进而不是抑制人的创造性的发挥。

3. 从强调教材这一单一因素到强调教师、学生、教材、环境四因素的整合

片面的把课程视为学科内容和目标、计划，必然会导致把教材等同于课程，出现教材控制课程的现象；而把课程视为学生的学习经验，强调教学过程本身的价值，则必然把课程视为教师、学生、教材、环境四因素间的持续交互作用的动态情境。课程由此变成一种动态的、生长性的“生态系统”和完整文化，这意味着课程观念的重大变革。

4. 从只强调显性课程到强调显性课程与隐性课程的并重

显性课程又称“显在课程”或“正规课程”，是指国家以课程计划的形式明确规定的、学校有计划地列入课程表内的所有正规的学术课程和计划内的课外活动。隐性课程又称“潜在课程”或“隐蔽课程”，主要是指通过校园文化、校园生活、校风、人际关系、集体活动等形式潜移默化的对学生产生的影响。以往的课程理论重视显性课程的价值而忽视隐性课程的作用。强调显性课程与隐性课程的并重，必然要求创设一个宽松、自由、真实而富有创造性的教育环境和教育情境。

5. 从强调“实际课程”到强调“实际课程”与“空无课程”并重

学校的显性课程和隐性课程共同构成学校的“实际课程”，而“空无课程”则是在课程改革中被学校或社会有意或无意排除于学校之外的课程。“空无课程”是美国教育家艾斯纳（E. W. Eisner）提出的概念，他认为在现行的课程体系中，许多课程因素因某种需要或未意识到其价值而被排除在外而变为“空无课程”。如在课程目标中，认知目标受到重视，而情感和动作技能被弱化，沦为“空无课程”；即使是认知目标，也往往偏重于语文和数理逻辑，而忽视直觉和感知能力。实际上，“空无课程”在人的发展过程中具有举足轻重的作用。因此，在课程改革中，不仅要思考现行“实际课程”的合理性，还应考虑“空无课程”的价值及成因，以增强课程改革的目的性和合理性。

6. 从只强调学校课程到强调学校课程与课外课程的整合

随着信息社会的到来，社会变迁速度空前加快，终身学习和学习型社会正在形成。在这种情况下，课程变革再也不能固守学校课程的疆域，而应谋求学校课程与课外课程的和谐、互补、整合。

课程内涵的上述变化，既意味着课程意识的深层变革，也在某种程度上预示着课程变革实践的发展方向。

二、课程的本质

课程作为学校教育的基本构成因素，是社会发展到一定阶段知识体系与价值体系的载体，它既是历史的产物，也是时代的产物。它一方面反映着人类进化和文明的程度，体现着一定时期的人们对主、客观世界的探索的水平；另一方面反映着政治经济制度的需要，体现着统治阶级的对未来人才要求的意志。课程的本质主要体现在：

（一）课程是国家意志的体现

学校作为人类社会的一个子系统，在阶级社会中总是阶级统治的工具，是在为统治阶级培养所需要的各种人才，学校课程自然要受政治经济制度的影响，主要表现为要根据政治需要确定课程目标，并依此来选择和组织课程内容。我们考察一下有史记载的人类不同历史时期的教学内容，就会清晰地发现，课程往往最敏感地反映着社会对教育的各种要求，体现着统治阶级的利益和国家的意志。在阶级社会中，课程具有鲜明的阶级色彩。

（二）课程是人类智慧的结晶

学校课程与一个时期科学技术的发展水平具有历史的一致性，反映着当时人类科技文化发展的基本成果，是一定历史时期人类对自然界和人类社会本身认识水平在教育中的折射。学校中所传授的各科知识，都是从一定的知识体系中筛选和加工出来的，科学的学科门类是选择课程内容的基本依据。随着知识经济的到来，科技对课程的影响将越来越明显和强烈，科技进步不断充实着学校的课程内容，并要求课程应随之不断进行改革和调整。

（三）课程是文化传承的载体

人类社会的每一步发展都是在前人经验积累上的进一步开拓和探索，继承前人的科学技术和文化成果，是社会发展的必要条件，而课程在其中承担着传递和复制社会文化的使命。学校课程通过对文化的整理和传递，可以使学生掌握人类文化的精髓，从而使人类某种文化能够在年青一代身上代代生生不息。在全球经济一体化、各种文化相互冲突和撞击的今天，学校课程又扮演起了不同文化的相互交流和相互尊重的重任。

（四）课程是社会国民素质进步的反映

课程作为时代的产物，产生于社会发展的客观需要和人们接受教育的需要，课程的内容与形式是社会发展进程的标志，从一个国家课程的构成和特色上，可以看到这个国家国民素质的发展水平。如我国古代学校以礼、乐、射、御、书、数这“六艺”作为学校课程，而现代学校则广泛开设数学、语文、外语、自然科学、计算机等现代课程，这既体现了时代的进步，也反映了国民素质的提高。

（五）课程是学生自主发展能动的选择

课程虽然体现着国家意志，反映了社会对未来人才规格的要求，但学生毕竟是具有主观能动性的活生生的人，他们在教学过程中，绝不是被动、机械地接受知识与技能训练，他们从课程中接受什么样的影响、接受多少影响，既取决于教材的规定和教师的引导，也取决于学生自身能动的选择。因此现代课程理论更加重视学生的个性与创新，更加强调学生的学习与选择，现代学校也都开设一定数量的选修课程，以适应不同学生的需要和兴趣。

三、课程的作用

课程是任何一种教育理论研究的重要问题之一。因为教育目的必须依赖一定的课程安排来实现；教学方法、教学组织形式等，都受课程制约并为课程服务；教学的质量、水平以及教学评价的标准，也主要看由课程所决定的教学内容的实施状况。因此，课程既是当今教育理论关注的焦点，也是当今教育改革的核心。在学校教育中，课程的作用可以概括为以下几个：

（一）课程是学校培养人才蓝图的具体体现

学校是培养人才的摇篮，兴办学校首先要设计人才培养的蓝图，制定相应的教育目的和培养目标，规定相应的教学任务，而课程则是人才培养蓝图的具体体现，是实现教育目的和培养目标的基础，它规定着学校最基本的问题——教什么和学什么。课程内容及其顺序结构构成了学生达到教育目标与培养目标所应学习的基本内容体系。学校课程不仅决定着所培养人才的知识结构，也决定着所培养人才的技能、技巧水平和思想态度。

（二）课程是教师从事教学的活动的基本依据

课程主要体现在课程计划、学科课程标准和教科书上，这三个文件为规范教师的教学活动提供了准绳和依据。为避免备课和讲授的随意性，教师不仅要依据课程计划、学科课程标准和教科书确定教学的基本内容，而且还要据此选择适当的教学方法。

（三）课程是学生吸取知识的主要渠道

教学活动是学生的一种特殊的认识活动，其特殊性之一就是这种活动具有间接性。在教学活动中，学生的主要任务是掌握人类在千百年历史中已经获得的、并且编入教材的知识经验。由于学生在校学习时间的有限性和人类知识总量的无限性，学生只有把经过加工、提炼、浓缩、改造的书本知识作为自己的主要学习材料，才有可能完成社会所赋予他们的使命。所以说，课程是学生汲取知识的主要渠道和重要来源。

（四）合理的课程设置对学生的全面发展起着决定作用

我国《教育法》明确规定我国的教育方针是“教育必须为社会主义现代化建设服务，必须与生产劳动相结合，培养德、智、体等全面发展的社会主义事业的建设者和接班人”，由于教学是实现教育目的的主要途径，而在教学过程中，课程设置又居核心地位，因此合理的课程设置对学生的全面发展起着决定作用。

（五）课程是评估学校教学质量的重要尺度

教学质量评估是教学过程的重要组成部分。虽然教学质量评估可从多方位、多层次进行，但最主要的还是通过对学生的学业成绩考评来实现的。通过对学生学业成绩的考核，教育主管部门可以洞察学校教育教学工作的动态，把握教育质量；教师可以全面了解教学效果，得到反馈信息；而学生也可以发现自己在学习中的优缺点和差距，从而调节努力方向。而对学生学业成绩的考核，无论是常模参照测验，还是目标参照测验，其考核的依据和标准都主要是所开设的课程，从命题到评分都必须体现该课程目标所规定的三个方面即：知识和技能、过程和方法、情感态度和价值观，离开了这个尺度就无法评定教学质量的优劣。

第二节 课程类型与结构

一、课程类型

为了正确理解课程的性质和意义，有必要对课程进行分类。根据课程分类的不同维度和不同标准，可以把课程分为不同的类型。

（一）学科课程与经验课程

根据课程材料的基本来源，即主要来自间接经验还是直接经验，可将学校课程分为学科课程与经验课程两种类型。

学科课程又称“分科目课程”，它是根据各级各类学校的培养目标和学生的发展水平，从各门学科中选择最适合该年龄段学习的内容，按照知识所固有的逻辑和系统，分门别类平行排列的课程。这种课程形式尽管人们曾对它发生过怀疑，并试图彻底废除它，但最终又不得不承认它有着不可取代的优越性。其他课程形式是对这种课程形式的补充。古希腊罗马时代的作为自由民的一般文化课程——“七艺”，我国古代教育的《四书》、《五经》及近代夸美纽斯倡导的“泛智主义”实学学科等，都属此类。

经验课程主张打破学科逻辑组织的界限，以学生的需要、兴趣、动机和能力为基础，以学生的主体性活动为中心来组织课程，也叫做活动课程、生活课程、儿童中心课程。经验课程是源于杜威的进步主义教育思想提出并发展起来的一种课程论。他们反对学科课程所强调的分科教学，认为分科编制课程是把一堆死知识分别孤立地教给学生，忽视学生的需要和兴趣，主张开展有利于儿童生活的各种类型的活动。

（二）分科课程与综合课程

根据课程内容的组织方式即课程内容的涵盖范围，可将课程分为分科课程和综合课程。

分科课程又称多学科并列型课程，是根据各种不同的学科分门别类加以编制的学校课程。这种课程各学科具有各自特定的内容、一定的学习时数和学习期限；不同的学科有一定的排列顺序，彼此有必要的联系。这类课程历史悠久，源于古代中国和古希腊，至今仍是世界各国学校中最主要、最常用的一种课程类型，具有强大的生命力。

综合课程是指“综合有关联的几门学科，成为跨越更广泛的共同领域的课程”。[①] 综合课程按综合的程度不同，又可分为相关型课程、融合型课程、广域型课程、核心型课程。

（三）显性课程与隐性课程

根据课程的表现形式或对学生产生影响的方式，可将学校课程分为显性课程与隐性课程两种类型。

显性课程又称“显在课程”或“正规课程”，是指国家以课程计划的形式明确规定的、学校有计划地列入课程表内的所有正规的学术课程和计划内的课外活动。显性课程以直接的、明显的方式呈现并作用于学生，需要有目的、有计划、有组织的实施，学生参与这类课

---

① 顾明远．教育大辞典（增订合订本）．上海：上海教育出版社，1998，第2158页．

程是有意识的。学生通过显性课程所获得的主要是学术性知识。

隐性课程又称“潜在课程”或“隐蔽课程”，主要是指通过校园文化、校园生活、校风、人际关系、集体活动等形式潜移默化的对学生产生的影响。潜在课程是课程计划以外的课程，是以间接的内隐的方式呈现给学生的，学生参与这类课程是无意识的，学生通过这类课程所习得的主要是非学术性的知识和经验。

（四）选修课程与必修课程

根据课程设置的要求，可以将课程分为必修课程与选修课程两大类。

必修课程是指由国家、地方或学校规定学生必须修读的课程。必修课体现了国家对学生所学课程的共同的基本要求。

选修课程是相对必修课程而言，是指允许学生在一定范围之内可以根据自己的兴趣、爱好和发展需要自由选择的课程。选修课体现了对学习主体——学生的重视，其主导价值在于扩大学生的知识视野，发展学生某一方面的兴趣、专长，培养学生的良好个性。选修课又可根据学生选择权限的大小，分为限定选修课和非限定选修课两类。

（五）国家课程、地方课程与校本课程

根据课程设计、开发和管理主体层次不同，可将课程分为国家课程、地方课程与校本课程三种类型。

国家课程是国家根据公民素质发展的一般要求，由国家教育主管部门制定、颁布和组织实施的课程。国家课程集中体现了国家的意志，反映了国家教育的标准，是国家对学校教育的统一要求。在我国，国家课程是基础教育课程计划中的主体部分。

地方课程是指地方教育主管部门以国家课程为基础，在一定教育思想和课程观念的指导下，根据本地区社会发展和学生发展的特殊需要，制定、颁布和组织实施的课程。地方课程是国家课程的有益补充，它能够充分利用地方的课程资源，具有浓郁的地方特色，增强了课程的地方适应性。

校本课程又称学校课程，是以学校为基地，由学校的个别教师或教师集体，根据国家的教育目的，在分析本校内部和外部环境的基础上，针对本校、本年级或本班学生的实际情况而确定和组织实施的课程。校本课程能够充分利用本社区和学校的课程资源，最大限度地满足学校师生的独特需求和个别差异。校本课程的主导价值在于通过课程展示学校的办学宗旨和特色，并进而促进教师的专业化发展。

（六）基础型课程、拓展型课程与研究型课程

根据课程任务，课程可以分为基础型课程、拓展型课程与研究型课程。

基础型课程的主要任务培养学生的基础学力，即通过基础知识和基本技能的培训，为学生成为一个合格公民打下良好基础。基础型课程是我国中小学课程的主要组成部分，是义务教育阶段的必修课，是国家统一规划并列入考核范围的学科。

拓展型课程是在基础型课程的基础上，拓展学生的知识与能力，开阔学生视野，发展学生各种不同的特殊能力的课程。拓展型课程常常以选修课的形式出现。

研究型课程注重培养学生的探究意识和探究能力，它涉及各类学科领域及学科间的交叉领域，主要通过一些探究性的课题研究活动来进行。

二、课程结构

（一）课程结构的含义

课程结构是课程内部各要素之间的内在联系和比例构成。

因学校课程由课程类型、教学科目和科目内容三个层次不同的要素构成，所以课程结构可分为宏观课程结构、中观课程结构和微观课程结构三个层次。宏观课程结构即各课程类型之间的关系及比例构成，中观课程结构即各教学科目之间的关系及比例构成，微观课程结构即科目内容之间的关系及比例构成（表 7-1）。

表 7-1　三种课程层次的关系及比例构成

<table>
<tr><th colspan="4">宏观课程结构</th><th colspan="2">中观课程结构</th><th>微观课程结构</th></tr>
<tr><td rowspan="4">国家课程</td><td rowspan="11">显性课程</td><td rowspan="5">学科课程</td><td rowspan="4">必修课程</td><td>工具科</td><td>语文、数学、外语等</td><td rowspan="6">各科目内的结构（教材结构）</td></tr>
<tr><td>社会科</td><td>政治、历史、地理等</td></tr>
<tr><td>自然科</td><td>生物、物理、化学等</td></tr>
<tr><td>体艺科</td><td>体育、音乐、美术等</td></tr>
<tr><td rowspan="5">地方课程</td><td rowspan="2">选修课程</td><td colspan="2">限定选修课程</td></tr>
<tr><td rowspan="6">活动课程</td><td colspan="2">任意选修课程</td></tr>
<tr><td rowspan="3">必修课程</td><td>科技活动</td><td>各具体活动项目</td><td rowspan="5">各活动项目内的结构</td></tr>
<tr><td>文体艺术活动</td><td>各具体活动项目</td></tr>
<tr><td>社会实践活动</td><td>各具体活动项目</td></tr>
<tr><td rowspan="5">校本课程</td><td rowspan="2">选修课程</td><td colspan="2">限定选修活动项目</td></tr>
<tr><td colspan="2">任意选修活动项目</td></tr>
<tr><td colspan="3" rowspan="3">隐性课程</td><td>物质空间</td><td>学校建筑、教育布置等</td><td rowspan="3">各构成要素内的结构</td></tr>
<tr><td>组织制度</td><td>学校组织方式、教育评价制度等</td></tr>
<tr><td>校园文化</td><td>教育语言、教师期望、心理环境等</td></tr>
</table>

（二）我国课程结构中存在的问题及调整

课程结构决定着课程功能。合理的课程结构是课程目标转化为教育成果的纽带，是课程实施活动顺利开展的依据。但长期以来，我国基础教育的课程结构存在着较为严重的缺陷。这主要表现为以下方面：

在宏观课程结构中，学科课程或分科课程、必修课程、国家课程、显性课程占绝对主导地位，而经验课程、综合课程、选修课程、隐性课程则被忽视或完全缺失，地方课程、校本课程没有得到实质性开发。

在中观课程结构中，各具体科目之间的比例失衡，如语文、数学等科目所占的比重过高。这种单一性的、比重失衡的课程类型、结构使得课程教学在注重发挥一种或几种类型课程价值的同时，忽视或放弃了其他课程类型对学生发展所具有的价值，从而直接影响了学生素质全面、和谐发展，制约了学生整体素质的提高。

在微观课程结构中，过分强调知识本身的逻辑体系和结构化，忽视了学生认知发展的顺序和教学内容与社会生活的联系。如以往英语教材不是按照“情境——结构——交际”的路子编写，而是忽视了语言的交际功能偏重阅读和语法，没有做到听、说、读、写并重；地理教材也只是按地理知识的逻辑体系编写，没有强调地理与社会生活的联系，忽视了人、地关系这条主线。

针对中小学课程结构的这种状况，指导新一轮课程改革的纲领性文件——《基础教育课程改革纲要（试行）》明确要求基础教育的课程设置必须体现课程结构的均衡性、综合性和选择性。

1. 课程结构的均衡性①

课程结构的均衡性是指学校课程体系中的各种课程类型、具体科目和课程内容应保持一种恰当、合理的比重，课程结构应包容各种类型的课程和多种与现实社会生活以及学生的自身生活密切相关的科目，同时通过课时比例调整，使其保持一个合理的比例关系。要落实课程结构调整的均衡性原则，首先要承认每类课程的独特价值和它们在实现课程目标上的独特地位与作用。其次要承认每门课程的局限性，没有一门课程能够实现所有的课程目标。再次要承认各学科教学任务有轻重之分，开设顺序有先后之别，因此在教学内容的安排上应有多有少，在课时比例的设计上应有高有低。所以说“均衡”并不是主次不分、平均分配，而是对各课程要素要区别对待，从而实现课程结构的整体优化。如在小学设置语文、数学、艺术、体育等科目，以语文、数学为核心科目，以科学、艺术等科目为基础科目。在课时安排上小学语文所占的课时比例为27%～28%，而艺术所占的比例为10%～11%；到初中阶段语文所占的课时比例调整为13%～14%，而艺术所占比例调整为6%～7%。

2. 课程结构的综合性

课程结构的“综合性”体现在三个方面。第一，应加强学科的综合性。在课程结构的改革上，应重视学科知识、社会生活和学生生活经验的整合，加强学科之间的相互渗透，从而改变现行课程过分强调学科本位的现象。就一门学科而言，应注重联系儿童的经验和生活实际；就不同学科而言，应提倡和追求彼此关联，相互补充。第二，应设计和开发综合课程，课程结构的“综合性”主要通过开发和设置综合课程的方式体现出来。我国《基础教育课程改革纲要》规定本次课程改革不仅要求开设与分科课程相对应的综合课程，而且规定小学阶段以综合课程为主，初中阶段设置分科与综合相结合的课程，高中以分科课科为主。这也就是说，综合课程与分科课程在学校课程中所占比重应随着学校教育层次的变化而变化。在低年级的课程结构中，综合课程的比重要明显超过分科课程。以后随着学生年级的升高，综合课程所占比重逐渐降低，而分科课程的比重则逐渐提高，并最终超过综合课程。或者说，小学阶段课程的综合性应强于分科性，而高中阶段课程的综合性则弱于分科性。本次课程改革就是这样处理小学、初中、高中阶段的综合性的，如在义务教育阶段，将原有的分科课程统整为包容性更强的学科学习领域，物理、化学、生物被整合为科学，历史、地理被整合为历史与社会，美术、音乐被整合为艺术。这就使得小学阶段的7门课程中综合课程多达5门，初中阶段的9门课程中综合课程至少有3门，至于高中则以分科课程为主了。第三，增设综合实践活动，综合实践活动是以实践活动的方式来组织课程内容，这种非学科性的、基于生活实践领域的高度综合的课程，对密切教学与学生自身生活和社会生活的联系，提高学生分析和解决问题的能力具有非常重要的价值。综合实践活动课程的起点是学生而非教师，即让

① 扈中平，李方，张俊洪．现代教育学．北京：高等教育出版社，2005，第221页．

学生从自身经验中形成问题，并从经验中获得解决问题的途径与方法。在本次课程改革中，基础教育各阶段都设置综合实践活动，其内容主要包括信息技术教育、研究性学习、社区服务、社会实践及劳动与技术等。

3. 课程结构的选择性

课程结构的"选择性"是依据地方、学校与学生存在的客观差异而提出的，它力图改变过去课程结构过分追求统一性、缺少弹性和灵活性的弊端，要求学校课程要以充分的灵活性适应地方社会发展的现实需要，以显著的特色性适应学校的办学宗旨方向，以多样的选择性适应学生的个性发展。课程结构的选择性主要涉及各级地方教育主管部门、学校（校长与教师）、学生有什么样的权力和有多大的权力对课程做出选择。因此，课程结构的选择性包括如下三个基本内涵：第一，课程结构要适应地区间经济文化的差异，具有一定的变通性。我国幅员辽阔，从地理位置和经济发展看，可分为沿海发达地区、中原地区、西部欠发达地区三大区域，各区域的经济发展需要有着不同文化知识结构的人才，因此应当允许各地根据本地经济发展的现实需要选择相应的课程，以适应这种区域经济和社会差异。从文化角度看，我国是多民族国家，不同民族对本民族的文化有强烈的认同感和归属感，课程结构应适应不同民族的文化认同需要，如民族文化课程、地域文化课程等。由此看来，国家层面的课程结构需要具有充分的变通性，以有利于不同地区根据自身的需要做出选择。所以要适当减少国家课程在学校课程中所占比重，为地方课程的开发留出一定的空间。其次，课程结构要适应不同学校的特点。课程改革取得成功不在于有多少理论文章和多少理论研究成果，而在于学校、教师乃至社会的教育观念是否发生转变，学校中实际发生的教育教学行为是否有了变化。因此，调动、解放每一所学校、每一位教师的积极性，使他们真正成为课程改革的主体的时候，课程改革才有希望。每一所学校的主体性集中体现在通过选择并设置能够创造和形成本校文化特色的课程上。因此要鼓励学校进行校本课程开发，从而形成国家课程、地方课程与校本课程三级课程并行的层次结构。第三，课程结构要适应学生的个性差异，建立和完善课程选修制。教育面对的是一个个具有独特个性的学生，教育的根本目的和内在价值是促进每一个人的个性发展。衡量课程改革成败的基本标志是看它是否促进了学生的个性发展。为此，课程结构必须具有选择性，只有变国家提供的"套餐式"方案为可供学生选择的"自助餐"式方案，课程才能最大限度地满足学生多样化的要求，以适应不同学生的个性差异。

（三）课程结构优化的基本要求

课程结构的优化即课程结构的合目的性改造，就是人们为了既定课程目标全面而充分实现对课程的所有内部要素和外部支持系统的整合。课程结构的优化必然要求做到以下几点：①

1. 转变传统的教育观和课程观

课程结构的优化，涉及人们的教育理念和整个教育观。传统的教育观把教育和生活对立起来，无视人发展的全面性和丰富性，视课程为学科，把教学过程等同于知识的获得过程，这种观念的陈旧无疑成为课程结构优化的巨大障碍，必须根据时代要求予以转变，树立科学地、以人为本的教育观和课程观。

① 廖哲勋，田慧生. 课程新论. 北京：科学教育出版社，2003，第248页.

2. 变革传统的教学体制

传统教学体制以教师为中心，压抑学生的自主性和创造性；以知识性的学科课程为中心，忽视学生广泛经验的获得和自主活动的安排；以考试为中心，忽视课程的完整性和学生的全面发展。这种教学体制还具有维护传统学科的天然本性，不利于活动课程、选修课程和地方课程的设置与实施。为了优化课程结构，必须变革这种传统的教学体制，建立一种以育人为本的新体制，重视活动课程、选修课程和地方课程的设置，并增强教学管理体制的弹性。

3. 改革不合理的考试制度

考试不仅是教学的指挥棒，也对课程实施和课程结构有着直接影响，科学的考试制度是优化课程结构最重要的外部条件。而我国目前的考试制度存在着许多不合理的地方，不论是平时考试，还是中考和高考，都是重知识轻能力，重记忆轻理解、综合和应用，突出强调智育，而疏于对德、体、美、劳等目标的考核。同时考试的运作机制忽视与课程设计的横向联系，这使得学校教育和教学往往偏离课程设计与课程标准。

4. 建立科学的学校评价制度

如何评价一所学校的教育教学，这也是影响学校课程结构优化的重要因素。我国现有的学校评价制度存在着许多不利于学校课程结构优化之处，必须进行改革。首先，要按照科学的教育评价理论设置各级学校评价机构，制定科学的评价章程。其次，各级学校评价机构应按照正确的评价标准全面评价学校的教育教学工作，要改革单纯以升学率衡量学校教育教学工作及教师教学工作的片面做法。最后，要把新课程方案作为学校评价指标体系中的重要项目。学科课程与活动课程的开设，必修课程与选修课程的开设，中考、高考考试科目与非考试科目的开设，都应纳入学校评价的指标体系，按一定的权重系数进行评判，从而引导和激励学校领导与教师全面贯彻结构优化的课程方案。

第三节　课程计划、课程标准和教科书

一、课程计划

（一）课程计划的含义与内容

课程计划是课程编制的第一个层次，是课程的总体规划。

课程计划根据教育目的和学校的培养目标制定的有关学校教育教学工作的指导性文件。它从整体上规定着学校的性质、任务、培养目标、教学内容的范围和学科设置、各阶段的教学进度、课时安排以及教学效果的评价标准。

我国自废科举、兴学校以来，就有这种关于课程的总体规划，当时叫作“学校课程标准”，建国后受苏联影响改称“教学计划”，现在更名为课程计划。

课程计划主要由以下几个部分组成：①培养目标；②制订该计划的指导思想和原则；③科目设置及要求；④学科开设顺序及课时分配；⑤学年编制；⑥考核要求。

课程计划由国家教育主管部门负责制订，体现着国家对学校的统一要求和质量标准，在现阶段的课程体制下，它对各级教育行政部门和学校都具有法规性质。因此，课程计划的编制工作是一项影响教育全局的重要工作，必须讲求科学性、严肃性。

（二）制订课程计划应注意的问题

（1）教学为主，全面安排。学校是教学单位，教学是学校的中心工作。课程计划的编制，一方面，应引导学校将绝大部分时间和师生的主要精力用在课堂教学之上，以保证学生在有限的学习期间内掌握现代社会所需要的基础知识和基本技能、技巧。另一方面，为了促进学生健康、和谐、身心愉悦地发展，课程计划中对于生产劳动、社会实践及其他活动也要适当安排。

（2）适当分段，相对完整，前后衔接，基本一贯。我国普通教育学制分为小学、初中、高中三个阶段，每一阶段都基本自成体系。这就要求课程的总结构应与学制结构相适应，既要相对完整，又要前后衔接，保持基本一贯。在没有普及初中的农村部分地区，小学课程必须保持独立的完整性，学科和活动的设置必须相对全面。在城市已经普及初中的条件下，小学和初中就可以不再独立分段而连贯起来，形成九年一贯制。无论在考虑小学相对完整性或考虑初中相对完整性的时候，都应该同时考虑与下一阶段初中或高中的衔接问题，以便保持基本上的一贯性。这样，可以使不继续升学的学生，有相对完整的教育准备去就业，也便于继续升学的学生深造。

（3）打好基础，关注未来。学生是学习的主体，课程计划所规定的教学内容必须符合学生的身心发展水平和接受能力，特别是在儿童接受教育的早期，课程的安排更应考虑儿童的本性，注重教学内容的趣味性和学生掌握知识的可能性，强调基础知识的传授和基本技能的养成。但随着知识经济时代的到来，知识扩充和知识更新的速度不断加快，因此，课程计划所规定的教学内容还应具有一定的预测性和前瞻性，并且注重学生学习能力和整体素质的提高。

（4）突出主要学科，保证学科之间的联系。要研究课程设置，在分析各学科的性质、任务、特点及其相互关系的基础上，确定所要开设的学科、学科顺序、开设时间、教学时数，规定活动的内容、范围和时间等，各个学科不能等量齐观，平均对待，必须根据各学科的地位作用、内容分量、教法特点等，分清轻重、主次。如语文、数学应是主要学科，要从时间及安排上给予足够的保证。各学科之间要互相联系，互相配合，而不能互相隔绝，各自为政，过分集中或过分分散。例如，物理、化学需要数学作基础，而物理又要早于化学一步，各科学习都与语文密切联系等。这样，可以使学生能够学到各科系统知识，切实地打好基础。

（5）统一性、稳定性和灵活性相结合。这就是说，课程计划要全国统一，这样才能保证规格和质量，保证逐步消除城乡差异，保证学生就学、转学、升学、就业等方便。课程计划又必须稳定，不能“朝令夕改”，确有必要实行变动时，也必须制定出妥善的过渡办法。但是，课程计划的统一性和稳定性又必须与灵活性结合起来。无论是学科设置、顺序安排、时数期限和假期的次数、长短等，在不同地区、不同学校之间，都可以或应该有所不同。统一和稳定只能是在方针、任务和基本课程上的统一和稳定。没有灵活性，就会脱离实际，也有损于统一性和稳定性。

（6）分析研究国内外已有的经验，吸取其经验教训。课程计划的制订要立足国内，放眼世界，纵向上总结国内以往课程计划的成败得失，横向上比较国外相关的课程计划，从中吸取可资借鉴的经验。

二、课程标准

（一）课程标准的含义及结构

课程标准是以纲要形式规定有关学科教学内容的标准性文件，是课程计划的具体化。制定课程标准是课程编制的第二个层次。

课程标准体现了国家对基础教育各学科课程的基本规范和要求。它不仅是教材编写的直接依据，也是教学、评估和考试命题的依据，是国家管理和评价课程的基础。它体现国家对不同阶段的学生在知识与技能、过程与方法、情感态度与价值观等方面的基本要求，规定各门课程的性质、目标、内容框架，提出教学和评价建议。可见，国家课程标准与框架是整个基础教育课程改革系统工程中的一个重要枢纽。

新中国成立以后，由于受苏联教育理论的影响，我国一度将课程标准称为教学大纲。事实上，“课程标准”在我国并不是一个新词，早在清朝末年，在“废科举，兴学校”的近代普及教育运动初期，清政府在颁布各级学堂章程中，就有了课程标准的雏形。1912 年南京临时政府教育部公布的教育指导性文件《普通教育暂行课程标准》，更是明确使用了“课程标准”一词。

目前在新一轮的课程改革过程中，我国的课程标准初步形成了一种尝试性的框架。这一框架的具体内容是：

前言：结合本门课程的特点，阐述课程改革的背景、课程性质、基本理念与本标准的设计思路。

课程目标：按照国家的教育方针以及素质教育的要求，从知识与技能、过程与方法、情感态度与价值观三方面阐述本门课程的总体目标与学段目标（如果有学段的话）；学段的划分大致规定在 1～2、3～4、5～6、7～9 年级，有些课程只限在一个学段，有些课程兼两个或两个以上学段。

内容标准：根据上述的课程目标，结合具体的课程内容，用尽可能清晰的行为动词所阐述的目标。

实施建议：为了确保国家课程标准能够在全国绝大多数学校的绝大多数学生身上实现，减少中间环节的“落差”，需要在国家课程标准中附带提供推广或实施这一标准的建议，主要包括教与学的建议、评价建议、课程资源的开发与利用建议，以及教材编写建议等。同时要求在容易误解的地方或陈述新出现的重要内容时，提供适当的典型性的案例，以便于教师的理解，同时也是引导一种新观念的有效方法。

术语解释：对标准中出现的一些重要术语进行解释与说明，使使用者能更好地理解与实施标准。

（二）对课程标准的理解和执行①

(1) 课程标准主要是对学生在经过某一学段之后的学习结果的行为描述，而不是对教学内容的具体规定（如教学大纲或教科书）。

---

① 钟启泉，崔允漷，张华. 为了中华民族的复兴为了每位学生的发展. 上海：华东师范大学出版社，2001 年，第 172 页.

（2）它是国家（有些国家是地方）制定的某一学段的共同的、统一的基本要求，而不是最高要求。

（3）学生学习结果行为的描述应该尽可能是可理解的、可达到的、可评估的，而不是模糊不清的、可望而不可即的。

（4）它隐含着教师不是教科书的执行者，而是教学方案（课程）的开发者，即教师是“用教科书教，而不是教教科书”。

（5）课程标准的范围应该涉及作为一个完整个体发展的三个领域：认知、情感与动作技能，而不仅仅是知识方面的要求。

三、教科书

（一）教科书的含义与作用

教科书是课程标准的进一步展开和具体化，教科书的编订是课程编制的第三个层次。

教科书是依据课程标准和学生的接受能力编写的教学用书。它是教程和学程的共同依据，必须体现教法与学法的一致性，它的广度和深度必须体现为课程标准与学生的可接受性的一致性。教科书是教育者和受教育者在知识授受活动中的主要信息媒介，教科书的载体可以是印刷品，也可以是幻灯片、电影片、录音录像带、磁盘光盘等。随着科技的不断发展和教学手段的不断开发，教科书的载体还将扩大，电子计算机在课堂教学中的运用，已预示了这方面广阔的发展前景。

（二）教科书编订过程中应注意研究的问题

（1）研究有关的课程计划和课程标准，根据课程计划和课程标准确定的教学目标及内容范围确立教科书的基本框架。

（2）根据本学科的性质、特点和学生学习本学科的心理特点，选择适当的编排方法如圆周式排列法、直线式排列法和综合贯通排列法等，设计教科书的结构和先后顺序。

（3）研究教学方法和学习方法，教科书编写既要考虑到教学方法手段的使用问题，对教法提出相应的指导意见和建议。与此同时，还要体现对学习方法的指导，要使教科书中含有指导学生进行认识的方法和进行智力活动的合理方式等内容。

（4）选择和编辑课文、习题、插图、实验、作业等的同时，设计编写与教科书配套的参考材料，提供进一步思考的线索。

（5）从心理学、美学、卫生学等角度考虑教科书内容的呈现方式，研究相关的版式设计、印制、装帧等技术问题。

（三）使用教科书应注意的问题

教科书虽然是师生开展教学活动的主要依据，但在教学过程中教师既不能照本宣科，也不能踢开书本另搞一套，必须对教科书有一个全面而科学的认识态度和使用策略。

（1）对教科书给以应有的重视。教科书本身是精心筛选了的课程资源，它在很大程度上反映了国家意志，反映国家对基础教育的基本要求，为基础教育树立了一个落实课程标准的参照性标杆和尺度，是倾向性很强的课程资源。因此，教科书具有其他学习材料不可替代的作用，教师在课堂教学中不能将教科书“丢”在一边肆意发挥。

(2) 不能“唯书唯上”。教科书既不是唯一的课程资源，也不是不可更改的静态“文本”，更不是师生课堂生活上唯一需要宣讲和解读的“圣经”，教科书是教学生态系统的构成因素之一。教师应当由教材的忠实宣讲者改变为课程的决策者，根据具体的教学情境，对教科书进行创造性加工，变“教教材”为“围绕教材教”。

(3) 不能把教材当做“考材”。避免教师上课“讲解教材”，学生学习“紧扣教材”，试题答案“根据教材”的错误做法，应当在抓住基本知识点的同时进行适当的拓展和延伸，并保证教学中的知识、技能、情感这三维教学目标的落实，以开阔学生的视野，促进学生素质的全面发展。

(4) 要变“教材”为“学材”。传统教科书从组织方式上看是“逻辑式组织”，顾及学术研究的体制，采用成人的观点，一切由易到难，注重逻辑；从组织单位上看是“课”，将教学内容分割为数量较多、范围较小碎块；从载体上看是以文字为主的印刷媒体；从功能上看主要是传递信息和使学生建构知识。但学生对教材的理解、掌握与他们的个人经历、认知方式有很大联系。教师应根据学生的年龄特征和生活经历，对教材的内容结构做必要调整，加强与学生实际生活经验的联系程度，使教学回归学生的现实生活，完成从教师“教”向学生“学”转移。以激发学生学习的兴趣。满足有个性的创造性学习需求。

思考与练习

1. 结合实际谈谈你对课程定义的理解。
2. 课程的作用体现在哪些方面？
3. 课程的种类有哪些？
4. 什么是课程结构优化？课程结构优化的基本要求是什么？
5. 谈谈你对课程计划、课程标准的认识。

【相关材料链接】

材料一 《普通高中课程方案（实验）》

普通高中课程方案以教育要“三个面向”的指示和“三个代表”的重要思想为指导，坚持全面贯彻党的教育方针，认真落实《中共中央国务院关于深化教育改革全面推进素质教育的决定》和《国务院关于基础教育改革与发展的决定》，适应时代发展的需要，立足我国实际，借鉴国际课程改革的有益经验，大力推进教育创新，努力构建具有中国特色、充满活力的普通高中课程体系，为造就数以亿计的高素质劳动者、数以千万计的专门人才和一大批拔尖创新人才奠定基础。

(一) 普通高中教育的培养目标

普通高中教育是在九年义务教育基础上进一步提高国民素质、面向大众的基础教育。普通高中教育为学生的终身发展奠定基础。

普通高中教育应全面落实《国务院关于基础教育改革与发展的决定》所确定的基础教育培养目标，并特别强调使学生：

初步形成正确的世界观、人生观、价值观；

热爱社会主义祖国，热爱中国共产党，自觉维护国家尊严和利益，继承中华民族的优秀传统，弘扬民族精神，有为民族振兴和社会进步作贡献的志向与愿望；

具有民主与法制意识，遵守国家法律和社会公德，维护社会正义，自觉行使公民的权利，履行公民的义务，对自己的行为负责，具有社会责任感；

具有终身学习的愿望和能力，掌握适应时代发展需要的基础知识和基本技能，学会收集、判断和处理信息，具有初步的科学与人文素养、环境意识、创新精神与实践能力；

具有强健的体魄、顽强的意志，形成积极健康的生活方式和审美情趣，初步具有独立生活的能力、职业意识、创业精神和人生规划能力；

正确认识自己，尊重他人，学会交流与合作，具有团队精神，理解文化的多样性，初步具有面向世界的开放意识。

为实现上述培养目标，普通高中课程应：

(1) 精选终身学习必备的基础内容，增强与社会进步、科技发展、学生经验的联系，拓展视野，引导创新与实践。

(2) 适应社会需求的多样化和学生全面而有个性的发展，构建重基础、多样化、有层次、综合性的课程结构。

(3) 创设有利于引导学生主动学习的课程实施环境，提高学生自主学习、合作交流以及分析和解决问题的能力。

(4) 建立发展性评价体系。改进校内评价，实行学生学业成绩与成长记录相结合的综合评价方式；建立教育质量监测机制。

(5) 赋予学校合理而充分的课程自主权，为学校创造性地实施国家课程、因地制宜地开发学校课程，为学生有效选择课程提供保障。

(二) 课程结构

1. 课程结构

普通高中课程由学习领域、科目、模块三个层次构成。

(1) 学习领域：高中课程设置了语言与文学、数学、人文与社会、科学、技术、艺术、体育与健康和综合实践活动八个学习领域。

设置学习领域能更好地反映现代科学综合化的趋势，有利于在学习领域的视野下研制各科课程标准，指导教师教学；有利于整体规划课程内容，提高学生的综合素养，体现对高中学生全面发展的要求；同时，要求学生每一学年在所有学习领域都获得一定学分，以防止学生过早偏科，避免并学科目过多，有利于学生全面发展。

(2) 科目：每一领域由课程价值相近的若干科目组成。八个学习领域共包括语文、数学、外语（英语、日语、俄语等）、思想政治、历史、地理、物理、化学、生物、艺术（或音乐、美术）、体育与健康、技术等 12～13 个科目。其中技术、艺术是新增设的科目，艺术与音乐、美术并行设置，供学校选择。鼓励有条件的学校开设两种或多种外语。

(3) 模块：每一科目由若干模块组成。模块之间既相互独立，又反映学科内容的逻辑联系。每一模块都有明确的教育目标，并围绕某一特定内容，整合学生经验和相关内容，构成相对完整的学习单元；每一模块都对教师教学行为和学生学习方式提出要求与建议。

模块的设置有利于解决学校科目设置相对稳定与现代科学迅猛发展的矛盾，并便于适时调整课程内容；有利于学校充分利用场地、设备等资源，提供丰富多样的课程，为学校有特色的发展创造条件；有利于学校灵活安排课程，学生自主选择并及时调整课程，形成有个性的课程修习计划。

2. 课程设置及其说明

普通高中学制为三年。课程由必修和选修两部分构成，并通过学分描述学生的课程修习状况。其具体设置如下：

说明：

（1）每学年 52 周，其中教学时间 40 周，社会实践 1 周，假期（包括寒暑假、节假日和农忙假）11 周。

（2）每学期分两段安排课程，每段 10 周，其中 9 周授课，1 周复习考试。每个模块通常为 36 学时，一般按周 4 学时安排，可在一个学段内完成。

（3）学生学习一个模块并通过考核，可获得 2 学分（其中体育与健康、艺术、音乐、美术每个模块原则上为 18 学时，相当于 1 学分），学分由学校认定。技术的 8 个必修学分中，信息技术和通用技术各 4 学分。

<table>
<tr><th>学习领域</th><th>科目</th><th>必修学分
（共计 116 学分）</th><th>选修学分Ⅰ</th><th>选修学分Ⅱ</th></tr>
<tr><td rowspan="2">语言与文学</td><td>语文</td><td>10</td><td rowspan="16">根据社会对人才多样化的需求，适应学生不同潜能和发展的需要，在共同必修的基础上，各科课程标准分类别、分层次设置若干选修模块，供学生选择</td><td rowspan="16">学校根据当地社会、经济、科技、文化发展的需要和学生的兴趣，开设若干选修模块，供学生选择</td></tr>
<tr><td>外语</td><td>10</td></tr>
<tr><td>数学</td><td>数学</td><td>10</td></tr>
<tr><td rowspan="3">人文与社会</td><td>思想政治</td><td>8</td></tr>
<tr><td>历史</td><td>6</td></tr>
<tr><td rowspan="2">地理</td><td rowspan="2">6</td></tr>
<tr><td rowspan="4">科学</td></tr>
<tr><td>物理</td><td>6</td></tr>
<tr><td>化学</td><td>6</td></tr>
<tr><td>生物</td><td>6</td></tr>
<tr><td>技术</td><td>技术
（含信息技术和
通用技术）</td><td>8</td></tr>
<tr><td>艺术</td><td>艺术或
音乐、美术</td><td>6</td></tr>
<tr><td>体育与健康</td><td>体育与健康</td><td>11</td></tr>
<tr><td rowspan="3">综合实践活动</td><td>研究性学习活动</td><td>15</td></tr>
<tr><td>社区服务</td><td>2</td></tr>
<tr><td>社会实践</td><td>6</td></tr>
</table>

（4）研究性学习活动是每个学生的必修课程，三年共计 15 学分。设置研究性学习活动旨在引导学生关注社会、经济、科技和生活中的问题，通过自主探究、亲身实践的过程综合地运用已有知识和经验解决问题，学会学习，培养学生的人文精神和科学素养。

此外，学生每学年必须参加 1 周的社会实践，获得 2 学分。三年中学生必须参加不少于 10 个工作日的社区服务，获得 2 学分。

(5) 学生毕业的学分要求：学生每学年在每个学习领域都必须获得一定学分，三年中获得116个必修学分（包括研究性学习活动15学分，社区服务2学分，社会实践6学分），在选修Ⅱ中至少获得6学分，总学分达到144方可毕业。

(三) 课程内容

高中课程内容的选择遵循如下基本原则：

时代性：课程内容的选择体现当代社会进步和科技发展，反映各学科的发展趋势，关注学生的经验，增强课程内容与社会生活的联系。同时，根据时代发展需要及时调整、更新。

基础性：强调掌握必需的经典知识及灵活运用的能力；注重培养学生浓厚的学习兴趣、旺盛的求知欲、积极的探索精神、坚持真理的态度；注重培养搜集和处理信息的能力、获取新知识的能力、分析和解决问题的能力、交流与合作的能力。高中课程内容既进一步提升所有学生的共同基础，同时更为每一位学生的发展奠定不同基础。

选择性：为适应社会对多样化人才的需求，满足不同学生的发展需要，在保证每个学生达到共同基础的前提下，各学科分类别、分层次设计了多样的、可供不同发展潜能学生选择的课程内容，以满足学生对课程的不同需求。

国家通过制定各科目课程标准规定高中课程的主要内容和要求。

(四) 课程实施与评价

1. 合理而有序地安排课程

高中一年级主要设置必修课程，逐步增设选修课程，学生可跨班级选修；高三下学期，学校应保证每个学生有必要的体育、艺术等活动时间，同时鼓励学生按照自己的兴趣和需要继续修习某些课程，获得一定学分，也可以安排总复习。

学校在保证开设好所有必修模块的同时，要积极创造条件，制定开设选修课程的规划，逐步开设丰富多彩的、高质量的选修课程。

为加强集体主义教育，发展学生的团队精神和合作意识，高中三年以行政班为单位进行学生管理，开展教育活动。

2. 建立选课指导制度，引导学生形成有个性的课程修习计划

学校要积极进行制度创新，建立行之有效的校内选课指导制度，避免学生选课的盲目性。学校应提供课程设置说明和选课指导手册，并在选课前及时提供给学生。班主任及其他教师有指导学生选课的责任，并与学生建立相对固定而长久的联系，为学生形成符合个人特点的、合理的课程修习计划提供指导和帮助。学校要引导家长正确对待和帮助学生选课。

学校要鼓励学生在感兴趣、有潜能的方面，选修更多的模块，使学生实现有个性的发展。

3. 建立以校为本的教学研究制度

学校应建立以校为本的教学研究制度，鼓励教师针对教学实践中的问题开展教学研究，重视不同学科教师的交流与研讨，建设有利于引导教师创造性实施课程的环境，使课程的实施过程成为教师专业成长的过程。学校应与教研部门、高等院校等建立联系，形成有力推动课程发展的专业咨询、指导和教师进修网络。

4. 充分挖掘课程资源，建立课程资源共享机制

为保障高中课程的实施，学校应加强课程资源建设，充分挖掘并有效利用校内现有课程资源。同时，大力加强校际之间以及学校与社区的合作，充分利用职业技术教育的资源，努力实现课程资源的共享。

学校课程的开发要因地制宜，努力为当地经济建设和社会发展服务，注重普通高中教育、职业技术教育与成人教育的融合与渗透。农村地区的高中学校要结合农村建设和发展的实际开发课程资源。

学校课程既可以由学校独立开发或联校开发，也可以联合高校、科研院所等共同开发；要积极利用和开发基于现代信息技术的课程资源，建立广泛而有效的课程资源网络。

5. 建立发展性评价制度

实行学生学业成绩与成长记录相结合的综合评价方式。学校应根据目标多元、方式多样、注重过程的评价原则，综合运用观察、交流、测验、实际操作、作品展示、自评与互评等多种方式，为学生建立综合、动态的成长记录手册，全面反映学生的成长历程。教育行政部门要对高中教育质量进行监测。

材料二　《义务教育课程设置实验方案》

根据《国务院关于基础教育改革与发展的决定》和《基础教育课程改革纲要（试行）》构建符合素质教育要求的新的基础教育课程体系的要求，设置义务教育阶段的课程。课程设置应体现义务教育的基本性质，遵循学生身心发展规律，适应社会进步、经济发展和科学技术发展的要求，为学生的持续、全面发展奠定基础。

（一）培养目标

全面贯彻党的教育方针，体现时代要求，使学生具有爱国主义、集体主义精神，热爱社会主义，继承和发扬中华民族的优秀传统和革命传统；具有社会主义民主法制意识，遵守国家法律和社会公德；逐步形成正确的世界观、人生观、价值观；具有社会责任感，努力为人民服务；具有初步的创新精神、实践能力、科学和人文素养以及环境意识；具有适应终身学习的基础知识、基本技能和方法；具有健壮的体魄和良好的心理素质，养成健康的审美情趣和生活方式，成为有理想、有道德、有文化、有纪律的一代新人。

（二）课程设置的原则

1. 均衡设置课程

根据德智体美等方面全面发展的要求，均衡设置课程，各门课程比例适当，并可按照地方、学校实际和学生的不同需求进行适度调整，保证学生和谐、全面发展；依据学生身心发展的规律和学科知识的内在逻辑，义务教育阶段九年一贯整体设置课程；根据不同年龄段儿童成长的需要和认知规律，根据时代发展和社会发展对人才的要求，课程门类由低年级到高年级逐渐增加。

2. 加强课程的综合性

注重学生经验，加强学科渗透。各门课程都应重视学科知识、社会生活和学生经验的整合，改变课程过于强调学科本位的现象。

设置综合课程。一至二年级设品德与生活课，三至六年级设品德与社会课，旨在适应儿童生活范围逐步从家庭扩展到学校、社会，经验不断丰富以及社会性逐步发展；六至九年级设科学课，旨在从生活经验出发，让学生体验探究过程，学习科学方法，形成科学精神；一至九年级设艺术课，旨在丰富学生的艺术经验，发展感受美、创造美、鉴赏美的能力，提高审美情趣。

增设综合实践活动，内容主要包括：信息技术教育、研究性学习、社区服务与社会实践以及劳动与技术教育等。使学生通过亲身实践，发展收集与处理信息的能力、综合运用知识解决问题的能力以及交流与合作的能力，增强社会责任感，并逐步形成创新精神与实践能力。

3. 加强课程的选择性

国家通过设置供选择的分科或综合课程，提供各门课程课时的弹性比例和地方、学校自主开发或选用课程的空间，增强课程对地方、学校、学生的适应性，鼓励各地发挥创造性，办出有特色的学校。

在达到九年义务教育基本要求的前提下，农村普通中学试行“绿色证书”教育，形成有农村特点的学校课程结构。城市普通中学也要逐步开设职业技术课程。

（三）课程设置

表一：义务教育课程设置表（略）

表二：义务教育课程设置及比例（略）

（四）义务教育课程设置的有关说明

表一为义务教育阶段一至九年级的课程设置，表二为义务教育阶段各年级周课时数、学年总课时数、九年总课时数和各门课程课时比例，每门课的课时比例有一定弹性幅度。地方与学校课程的课时和综合实践活动的课时共占总课时的16%～20%。

省级教育行政部门可根据本省（自治区、直辖市）不同地区社会、经济、文化发展的实际情况，制定不同的课程计划；学年课时总数和周课时数应控制在国家所规定的范围内；根据教育部关于地方课程、学校课程管理与开发的指导意见，提出本省（自治区、直辖市）地方课程、学校课程管理与开发的具体要求，报教育部备案。民族学校、复式教学点、简易小学等学校的课程设置，由省级教育行政部门自主决定。

每学年上课时间35周。学校机动时间2周，由学校视具体情况自行安排，如学校传统活动、文化节、运动会、远足等。复习考试时间2周（初中最后一年的第二学期毕业复习考试时间增加2周）。寒暑假、国家法定节假日共13周。

晨会、班队会、科技文体活动等，由学校自主安排。

综合实践活动是国家规定的必修课，其具体内容由地方和学校根据教育部的有关要求自主开发或选用。综合实践活动的课时可与地方、学校自主使用的课时结合在一起使用，可以分散安排，也可以集中安排。

为培养学生的创新精神和实践能力，各门课程普遍增加了实践活动。学校在做学年教学安排时，应根据活动的性质和内容，统筹合理安排。

初中阶段的学校在选择分科与综合相结合的课程时，若选择科学、历史、地理，可相应减少自然地理的内容；若选择历史与社会、生物、物理、化学，则应参照相关课程标准安排自然地理的内容。

各门课程均应结合本学科特点，有机地进行思想道德教育。环境、健康、国防、安全等教育也应渗透在相应课程中进行。

一至六年级设体育课，七至九年级设体育与健康课，均应贯彻“健康第一”的原则。七至九年级体育与健康课程标准中要求的健康知识，应在学生进行相关体育活动时，使学生了解，但不得组织笔试。

小学开设英语课程的起始年级一般为三年级。各省级教育行政部门可结合实际，确定本地区小学开设英语课程的工作目标和步骤。

初中阶段开设外语课程的语种，可在英语、日语、俄语等语种中任选一种。外国语学校或其他有条件的学校可开设第二外语。民族地区的中小学校，外语课程的设置由省级教育行政部门决定。

第八章　基础教育课程改革

【教学目标】

1. 学生初步了解本次基础教育课程改革的内外部背景。
2. 学生能够掌握基础教育课程改革的总体目标与具体目标。
3. 学生能够分析和评价深入推进基础教育课程改革的基本策略。

在新旧世纪交替之际，我国启动了建国以来的第八次基础教育课程改革。1999 年 6 月，第三次全国教育工作会议颁布的《中共中央国务院关于深化教育改革全面推进素质教育的决定》提出“调整和改革课程体系、结构、内容，建立新的基础教育课程体系”。同年，国务院转发的《面向 21 世纪教育振兴行动计划》也明确指出“改革课程体系和评价制度，2000 年初步形成现代化基础教育课程框架和课程标准，……”2001 年 5 月，《国务院关于基础教育改革与发展的决定》进一步明确了“加快构建符合素质教育要求的基础教育课程体系”的任务。新一轮改革正式启动。本章在分析导致本次课程改革的外部背景与内部背景的基础上，阐明基础教育课程改革的总体目标与具体目标，分析我国课程改革十年进程所凸显的基本特征，提出进一步深化课程改革的推进策略。

第一节　基础教育课程改革的背景

一、基础教育课程改革的外部背景

（一）知识经济社会对课程改革的要求

知识经济就是指建立在知识和信息的生产、分配和使用基础上的经济，它是知识的资本化，知识是决定经济增长的关键因素。这个阶段的特点就在于经济的发展不再取决于劳动力资源和自然资源的占有和支配，主要取决于智力资源的占有和配置，科技成果转化成产品的速度加快，形成知识形态生产力的物化，人类认识和开发新的资源的能力大大增强。可见知识经济中知识、智力等无形资产起决定性的作用，智力资源等无形资产成为资源配置的第一要素，在生产中以高科技产业为支柱，高技术产业以高科技为其重要资源依托，消费以高技术产品和通过信息产生的知识为主。知识经济在内容上以信息科学技术、生命科学技术、新能源与可再生能源技术、空间科学技术、海洋科学技术等为标志，这种知识形态可以促进人与自然的协调、可持续发展。

知识经济强调对知识和信息的占有和利用，创新成为对一个人的基本要求。生活在知识经济社会的人需要三张通行证：学术性通行证，包括读、写、算的能力；职业性通行证，就是在急速发展的世界上工作所需要的职业素养和技能；开拓技能的通行证，强调思维、规划、合作、交流、组织、解决问题和追踪等不同的能力。可见知识经济时代对人的素质要求十分全面，因而对教育的冲击力是多方面的。教育必须把培养高智力的人才作为自己的重要目标之一，注重对学生创新意识、创新精神、创新能力的培养。在知识经济中，知识的含义更加广泛，包括了西方20世纪60年代以来关于求知的“四个W”概念：“知道是什么(Know-what)”“知道为什么(Know-why)”“知道怎么做(Know-how)”“知道是谁(Know-who)”。这样，知识就不再是强迫学生接受的事实性的概念和原理，而是可以探究的问题。知识经济以高科技发展为特征，许多新的科技不断出现。在这样变化的世界中，要求每个人不但拥有知识技能，掌握学习的过程和方法，还要形成良好的情感态度和正确的价值观，做到全面和谐的发展。

知识经济对教育的要求，必然地反映到学校课程中来，要求学校课程要适应未来社会发展对人的素质各方面的要求。这就需要对基础教育课程中不适应时代发展要求的内容进行改革，以使课程与经济的发展变化相协调、相适应。

（二）加入世界贸易组织（WTO）对基础教育的影响

2001年12月11日，我国成功加入WTO，这进一步加强了我国与世界的联系，对我国的经济也产生了重要而深刻的影响，并涉及社会发展的方方面面，这种影响也必将反映到教育中来。伴随着中国与世界经济的一体化进程，我国的基础教育也面临着前所未有的冲击与挑战，同时面临着新的发展机遇。我国的基础教育要积极面对国际基础教育的竞争，这也是我国基础教育课程改革的外部动因之一。

加入WTO，我国政府做出两项重要承诺，一是按国际通行的规则办事，二是向全球开放中国市场，教育市场也是我国承诺开放的市场之一。在目前的153个WTO成员中，我国是47个承诺对外开放教育市场的国家之一。我国加入WTO对教育服务的承诺是部分承诺，《服务贸易总协定》第十三条规定：除了政府彻底资助的教育活动以外，凡收取学费、带有商业性质的教学活动均属于教育贸易服务范畴，它覆盖基础教育、职业教育、高等教育、成人教育的服务和技术培训。与其他国家相比，我国教育服务贸易的开放程度是相当大的，涉及大多数教育领域，尤其是普通教育系统和职业教育系统，开放程度相当可观。具体内容是：在项目上不包括军事、警察、政治和党校等特殊领域的教育，即以上领域不对外开放；除了上述领域和义务教育外，我国在初等、中等、高等、成人教育及其他教育服务等5个项目上做出承诺，包括学前教育和普通高中教育，许可外国提供教育服务。

我国政府加入WTO对教育所做的服务承诺，使我国的基础教育面临许多新的情况，基础教育领域（指非义务教育，下同）属于承诺的教育服务的一部分。这种冲击与影响主要表现在以下几方面：一是使我们的基础教育的思想观念发生转变，积极应对入世对基础教育的挑战。尽管我国已经加入WTO数年，而许多基础教育界人士对入世后基础教育面临的挑战认识并不是很到位，很多人认为对教育的冲击不大。其实教育市场的开放已成为必然的趋势。发达国家多把教育看作一种产业，WTO所要求的“市场准入”“最惠国待遇”等将使世界各国更加关注我国的巨大教育市场，这将加快我国教育市场的开放，迫使我国的基础教育在开放中提高竞争力，基础教育的培养目标也将做适当的调整。二是对基础教育办学体制的影响。从我国的教育承诺可以看出，以商业存在的教育服务将会使许多外国团体或个人来华参与我国基础教育的办学，或来我国单独办学。这一方面可以带来先进的教育管理体制和机制，推动我国教育的现代化，另一方面也促进我国基础教育办学体制进一步面向市场，使办学体制更加多元化。三是对基础教育课程与教材的冲击。入世后，我国原有的基础教育课程存在的问题进一步凸显，要求我国的基础教育在课程目标、内容、实施、评价、管理等各方面进行改革，这将促进我国基础教育课程改革的开展。四是对师资队伍的冲击与挑战。自然人流动方式的承诺，一成员方教师可以以个人身份前往对方国家任教为学生提供服务。这一方面可以加速教育人员的往来，最大程度地获取国外的教育资源，但另一方面也要防止我国的优质教育资源过分外流，以充分利用国外的基础教育资源为我国的基础教育服务，因此基础教育的师资队伍建设将是一项重要的任务。五是生源方面，会有许多留学生来华接受教育，同时我国也会有许多学生出国接受教育，如何确保基础教育的生源是入世后面临的又一大挑战。六是引起教育教学方法手段的变革。教育信息化将进一步普及，教育信息化的程度将成为一个国家、一个地区教育现代化水平的重要的标准。七是德育工作面临的挑战。入世后，多元文化之间的交流与碰撞进程进一步加快，学生接受各种文化的影响更丰富、更直接。我国的德育工作要与时俱进，才能做到既主动吸纳世界各国的先进文化，又使我国的优秀传统文化进一步发扬光大。

从以上可以看出，入世对我国基础教育的冲击与影响是全面而深刻的，这就要求我国的基础教育要进行改革，而课程作为教育的心脏必然成为教育改革的核心和关键的环节。入世促使我们加快构建一个开放的、充满生机的基础教育课程新体系，以培养更多高素质人才。

二、基础教育课程改革的内部背景

（一）世界基础教育改革对我国基础教育改革的影响

随着知识经济的到来和科学技术的迅猛发展，世界各国都认识到基础教育对社会经济发展的重要作用，纷纷开展了大规模的教育改革。在这些改革中，许多国家都把课程作为改革的重要组成部分，这主要可以从以下几个主要发达国家和发展中国家的教育改革中看出。

20世纪80年代，面对全球经济、科技、文化和社会的根本性变化对教育产生的巨大冲击，美国进行了大规模的教育改革。针对美国中学质量下降和文盲增多的情况，在经过广泛的调查之后，1983年4月，美国国家教育优异委员会发表了《国家处在危急之中：教育改革势在必行》，旨在使美国教育克服“平庸”而达到教育的“优异”。该委员会认为教育优异的基本特征就在于适应迅速变化的世界，实行公正而又高质量的教育，为学生的终身学习打下良好的基础。为此，该委员会制定了掌握教育优异的标准，提出对教学内容进行改革。综合中学在课程设置上分成为升学做准备的学术轨、为就业做准备的职业轨、为适应生活做准备的普通轨，并将英语、数学、自然、科学、社会科学和计算机作为中小学的基础训练课，并对每一门课都提出了具体的要求。另外对学生的学习时间和师资水平的提高都提出了不同的建议。之后，美国的教育取得了一定的成就，基础教育教学得到了加强，学生的学业成绩有了较大的提高，学校管理工作也有所改善。1991年美国公布了《美国2000年教育战略》，提出了“新的世界标准”，规定了英语、数学、自然科学、历史和地理这五门核心课程的教学大纲和不同年级学生应达到的目标。1994年美国总统克林顿签署了《2000年目标：美国教育法》，除了继续加强英语、数学、自然科学、历史和地理等基础课之外，还把外国语和艺术作为核心课程，从根本上确保学生对基础知识的掌握和基本能力的培养。在课程设置上以发展学生的个性为中心，专门设置了思维技能课、创造技能课和创造劳动课，并把学生能力的培养贯穿于各科课程目标之中。另外，该法在考虑各州地区差异，鼓励和资助各州进行课程改革的前提下，也力图建立全国性的教育标准，以使全国学生都达到基础教育阶段的基本要求。经过改革，美国中小学的基础得到了加强，学生各方面的素质也有了较大的提高。

英国也积极进行教育改革。由于英国是地方分权制国家，中小学课程设置历来是“多元、多轨"，没有统一的要求。针对地方自行设置课程，国家没有统一规定而导致教育质量不高的现状，英国于1988年颁布了《教育改革法》，提出建立全国统一的国家课程，强调学生在基础教育阶段应学习广博的、平衡的相关课程，规定中小学必须开设核心课程和基础课程。核心课程包括英语、数学和科学三门学科，基础课程包括现代外语、技术、历史、地理、美术、音乐和体育七门学科，这些都是国家统一规定的课程，因此属于国家统一课程，由此出现了国家课程和地方课程并存的局面。小学绝大多数课程是核心课程；中学，核心课程则占总课时的30%～40%，基础课程占总课时的45%，这样中学的基础课程和核心课程共占总课时的75%～85%，从而保证了这些课程的基础地位，也加强了国家对中小学课程的控制。另外，英国也十分重视学生道德教育，要求学生掌握四个核心道德观念，即对人的尊重、公正与合理、诚实、守信。在此基础上处理好六个关系：其一，与自己最近的人的关系；其二，与社会的关系；其三，与所有人的关系；其四，同个人的关系，对个人的正确理解和评价；其五，与自然界与环境的关系；其六，对待"上帝"的关系，即接受宗教信仰的问题。

法国基础教育改革的重点是小学恢复了合科教学，高中推迟了分科的时间，目的在于加强学生的基础知识的学习。同时，法国基础教育改革中还十分注重公民知识教育，认为这是每个公民都必须接受的教育，其目的在于使学生既获得基本知识，又能关心国家及国际的重大问题，以此激发学生的社会责任感和使命感。

日本一向重视教育的发展与改革，以适应时代及社会发展需要，近年来更是加大了教育改革的力度。1985年日本临时教育审议会的第一次咨询报告提出了教育改革的八项基本原则[①]：尊重个性；重视基础知识和基本技能；培养创造力、思维能力和表达能力；提供更多的教育选择的机会；使教育环境个性化；向终身学习体系过渡；适应国际化；适应信息时代。1987年3月临时教育审议会在第四次终结报告中把重视个性、向终身学习体系过渡、适应时代的变化作为教育改革的基本观点。日本一向重视学生的全面发展和个性成长，在教育中尊重学生的自由、自主，重视培养学生的创造力、思维能力和表达能力。这些能力的培养对个性的发展有重要的影响，而丰富多样的个性只有在掌握基础知识和基本技能的基础上才能形成，同时在教育中也努力为儿童创造"人性化"的教育环境。例如，1987年日本《推进教育改革大纲》提出了"尊重儿童的个性，增进儿童身心健康"的建议，在同年12月的课程改革标准中，再次强调"重视作为国民所必要的知识，加强个性教育"。1989年公布的新的小学学习指导要领中，把"个性化"作为改革的基本精神之一，重视儿童精神上、思想上的完整，让儿童确立自己真正的自我。

在教学中，日本把学生的基础知识的学习作为课程标准的首要目标，强调在教学中加强读、写、算的教育，提高基本要求，并对教学内容进行精选。1991年日本提出了高中国语科、社会科、理科、外国语科、音乐科、美术科以及保健体育等学科的课程目标。构成以上科目课程目标的内容有：①关心、兴趣、态度；②思维能力、创造力；③知识、理解；④技能表现。这样的课程目标重视了学生的基础知识和基本技能的训练和各方面能力的培养，还涉及价值观的形成，使学生得到了全面的发展。近年来日本特别重视学生的能力培养和提高，1989年公布的中小学学习指导要领把培养儿童的"生存能力"作为教育发展的根本出发点；1996年日本《关于面向21世纪我国教育的发展方向》也把"生存能力"作为教育应

---

① 陆有铨. 躁动的百年——20世纪的教育历程. 青岛：山东教育出版社，1997，第525页.

培养的面向21世纪人才所必需的素质和能力，并将其确定为终身学习的基础。1998年日本教育审议会公布的新的中小学课程审议案草案，增加了综合学习课程，让学生独立学习、自主发现，培养学生寻求解决问题的方法和创造性开展活动的能力。日本在教育改革中还明确提出了适应国际化的原则，主要是加强学生良好道德品质的教育和国际意识的培养以及加强学校的信息技术教育。1989年文部省颁布的教学大纲曾对德育目标和内容进行了改革，主要目标是把学生培养成为“具有自主性的日本人”，以使他们拥有不屈不挠的精神和丰富的精神世界。为了应对国际化的发展，日本教育审议会提出，教育的目标应是让学生在广阔的视野基础上理解异国文化，培养无偏见、自然地和不同文化、习惯的人交流以及共同生活的素质和能力。与之相适应，日本中小学的课程目标始终贯穿国际意识的培养，并在各门学科中加入了相应的国际化教育内容。在适应信息化社会方面，日本主要是确立信息道德，构建信息化社会学习系统，有效地运用信息手段，创造良好的信息环境。

韩国在教育改革中也极为注重学生国际意识的培养，在20世纪90年代提出了培养面向21世纪的“新韩国人形象”，即能够主导信息化、开放化和国际化的社会，具有主体精神、创造精神和有道德的韩国人。为增强学生的国际意识，韩国采取了以下措施：①实施外语早期教育；②开发韩国传统及国际素养教育，培养能够主动适应国际社会环境并具有韩国传统性及国际普遍性的人才，支持国际社会的地区研究；③推进韩国和国际教育水平的比较研究，提高教育水准；④增进国际教育交流与合作；⑤主动迎接教育开放，将教育开放视为增强教育国际化及保证竞争力的契机。为增加学生国际观念，安排了世界历史、世界地理、政治经济和社会文化等课程。

丹麦在基础教育改革方面把促进和发展教育的国际化作为重点，在课程中增加了有关国际教育的内容，包括世界各国的宗教信仰、风土人情、民俗民风、经济状况、对外贸易及旅游资源等。另一方面重视外语教学，把利用外语进行交流的能力视为学生扩大眼界，提高社交能力的基础。

苏联解体后，俄罗斯在教育改革问题上除延续苏联20世纪80年代以来的教育改革趋势外，逐渐朝着“国际化”“多样化”“人道化”的方向发展。1992年俄罗斯颁布了《俄罗斯联邦教育法》，在该法的教学计划中体现了多样性，并努力使统一性和多样性相结合，把课时分为不变部分和可变部分。不变部分是国家统一规定的必修的教学科目，如俄语、文学、数学等，其课时占总课时的74%；可变部分指选修的教学科目，占总课时的24%左右，与以往相比，扩大了地方课程的权限。俄罗斯的课程体现了综合性和多样化的特点，不论是中央级的基础教学计划还是地区性基础教学计划，课程大都以整体化为编订的原则。此外，课程微型化则是为了满足学生的不同兴趣和个性的差异，以及提供新的科技信息而设计的小型课程。这些教育内容“以保证个人的自我选择并为其实现创造条件，发展公民社会、巩固和完善法治国家为最终目的”，“保证使受教育者达到符合世界标准的教育程度和知识水平，达到符合世界标准的总的社会文化修养和职业修养水平，达到个性在世界文化和民族文化体系中的一体化，培养出与现代社会相适应并以完善此社会为已任的具有个性的公民，复兴和发展社会的人才潜力”。

联邦德国在教育改革中针对高度分散的课程和学制制定了一些统一的教学要求，增加了科学技术和体育的教学时间，把普通教育与职业教育结合起来。20世纪80年代后，面对科学技术的迅猛发展，联邦德国注重加强学生的基础教育，提高了基础学科的课时数。在历史课的教学中对学生进行热爱和平的教育。面向欧共体，德国加强了外语教学，重视信息技术教育，目前信息课也已经成为绝大多数州完全中学的会考课程，重视道德教育，增设伦理课。另外，德国还开设了许多跨学科的课程，使学生各方面的能力和素质都得到了提高。

总体看来，各国教育改革虽然各具特色，但我们不难把握其共同的特点，就是各国在教育改革中都注意课程设置的统一性和灵活性；注重课程目标的完整性，强调学生的全面发展和个性培养；重视学生的基础知识的学习和基本素质的提高；注重学生多方面能力的培养；强调培养学生良好的道德品质；重视学生国际意识的培养。这些改革反映了世界各国教育改革的共同之处，构成了一幅波澜壮阔的世界教育改革的场景，为我国的基础教育课程改革提供了可资借鉴的经验，形成了我国基础教育课程改革的又一背景。

（二）课程观念的变革引发的改革需求

顺应着时代精神和国际课程改革的大潮，现代课程发展的基本理念也呈现出许多新的特点和趋势。世界课程理念的变革对推进我国基础教育课程改革也产生了重要的影响。

1. 全人发展的课程价值取向

课程实践在本质上是一种价值创造活动，因而必须遵循一定的价值原则。课程的价值是作为主体的社会和学生与作为客体的课程之间的需要关系的反映。

在课程发展史上，由于时代背景不同、人们的政治立场、哲学倾向各异，导致了对课程价值的不同认识，从而出现了不同的课程价值追求。其中，较有代表性的课程价值取向是：第一，突出伦理政治的课程价值取向。第二，适应社会生活的课程价值取向。第三，强调个人发展的课程价值取向。以上几种课程价值取向都曾经对学校课程的理论和实践产生过深刻的影响。

进入 20 世纪 90 年代以后，世界各国掀起了新一轮的课程改革热潮。这次改革的一个显著特征就是确立了全人发展的课程价值取向，表现出以下特点：①

（1）注重课程目标的完整性，强调学生的全面发展。

（2）重视基础知识的学习，提高学生的基本素质。

（3）注重发展学生的个性。

（4）着眼于未来，注重能力培养。

（5）强调培养学生良好的道德品质。

（6）强调国际意识的培养。

2. 科学与人文整合的课程文化观

科学主义的核心是“科学崇拜”和“工具理性”。人文主义反对社会的划一性和人的机器化，否认人的理性的作用，否认科学技术的价值，认为只有人的非理性因素，诸如人的情感、意志等，才是人的存在、人的本质，而理性和科学不过是意志的工具。

20 世纪中期以来，一些睿智的思想家已经开始对科学理性与人文精神的对立表现出深深的忧虑。于是，寻求两者沟通与融合，成为不同研究领域里的学者所共同关心的问题。特别是自 20 世纪 80 年代末期以来，在教育领域里寻求科学主义与人本主义这两极之间的平衡，已经变成了一种集体行动，我们可以从“学会生存”“学会学习”“学会关心”“学会理解、宽容与尊重”.“学会认知、学会做事、学会共同生活、学会生存”这些具有国际意义的教育思潮中把握这种融合趋势的脉搏。

---

① 靳玉乐，张家军. 国外基础教育课程目标的特点及其启示. 外国教育研究，2000，4.

科学人文性，就是以建立在科学理性之上的，并用人文精神来规范、统领科学，从而实现科学与人文彼此关照、相互包容，最终达到二者协调统一浑然一体的关系。这正如美国著名学者萨顿曾经鲜明提出的那样，要建立科学人文主义。萨顿指出，为了防止科学主义的出现，"我们必须准备一种新的文化，一个审慎地建立在科学——在人性化的科学——之上的文化，即新人文主义"。"新人文主义不排除科学，相反将最大限度地开发科学。"它将"赞美科学所含有的人性意义，并使它重新和人生联系在一起"。同时，萨顿还指出："一个真正的人文主义者必须理解科学的生命，就像他必须理解艺术的生命和宗教的生命一样。"[①] 由此可见，科学人文性课程是科学主义课程与人本主义课程整合建构的课程，它以科学为基础，以人自身的完善和解放为最高目的，强调人的科学素质与人文修养的辩证统一，致力于科学知识、科学精神和人文精神的沟通与融合，倡导"科学的人道主义"，力求把"学会生存""学会关心""学会尊重、理解与宽容""学会共同生活""学会创造"等当代教育理念贯穿到课程发展的各个方面。

3. 回归生活的课程生态观

回归生活世界的课程生态观，从本质意义上说，就是强调自然、社会和人在课程体系中的有机统一，使自然、社会和人成为课程的基本来源。

（1）自然即课程。这意味着课程应向自然界开放，与自然界融为一体，使学生有机会走向自然，并在感受、认识和探索自然的过程中，谋求人对自然的伦理精神、审美体验和求真意识的统一，进而成为自然的关爱者、有创造力的生产者和有责任心的环境保护者。

（2）生活即课程。这意味着课程直接面向社会，与生活融为一体，既使课程与学生生活和现实社会实际之间保持密切的联系，又使实践和生活成为学生个人发展的活的源头。

（3）自我即课程。这意味着课程应向自我开放，尊重个人的感受、体验和价值观念，关注人的个人知识或自我知识，把学生看成是知识与文化的创造者，而不是知识与文化的被动接受者。因此，课程应成为学生真实而生动的生活世界，在这里，学生可以自由地展示他的智慧和情感，学会自主、学会选择、学会创造。向自我开放的课程，还意味着人性的回归，人的情感、品质、人格、技术、知识等不再成为待价而沽的商品，人的尊严、价值、自我意义、个性得到了张扬，科技理性的控制本性和功利取向得到了修正，科学与理性开始闪烁出人性的光辉。在向自我开放的课程世界里，教师不再是真理的"占有者和宣示者"，学生也不再是真理的被动接受者，他们都是真理的追求者和探索者，师生之间不再是单向的授受关系，而是你我关系、对话关系。

4. 综合取向的课程设计观

我们把课程设计看作是课程的基本理论向课程实践转化的中介、桥梁。

课程设计的取向即课程设计的指导思想，是指在课程设计过程中制约着课程设计活动的价值准则。课程设计者的课程立场的不同，造成了课程设计的价值取向上的差异。从根本上说，这些不同取向与人们对课程来源的不同认识有关。一般认为，课程的来源包括三个方面：一是原生性来源——知识；二是内生性来源——学生；三是外生性来源——社会。[②] 由于不同的课程设计者偏重于课程的不同来源，于是，中小学课程的设计便大致形成了三个主要的取向：学科本位取向、学生本位取向和社会本位取向。每个取向都有一套对学校课程的

① 萨顿. 科学史和新人文主义. 陈恒六，译. 北京：华夏出版社，1989，第 10、124～125 页.

② 郝德永. 课程研制方法论. 北京：教育科学出版社，2000，第 71 页.

看法，课程设计所强调的重点也就不同，甚至同一取向中也还有进一步的分歧。目前，认为某一种取向一定优于另一种取向的简单化思维模式已经落伍，人们考虑更多的是如何将这几种取向整合起来。

要整合，首先必须解决两个问题：一个问题是，在学科、学生、社会之间，以何为主进行整合？另一个问题是，学科、学生、社会几种取向之间的整合有没有阶段性？如前所述，现代课程发展的一个基本理念就是强调全人发展的课程价值取向，因此，学生以及学生的全面发展应当成为整合各种课程设计取向的中心，学科与社会应该为这个中心服务。这是转变课程设计取向的关键，也是一个国际趋势。同时，在基础教育的不同阶段，实现课程设计取向整合的策略应有所差异。在幼儿园和小学阶段，课程的设计应以学生的兴趣为基础，最大限度地谋求学生的自然性之发展；在中学阶段，课程的设计应以社会为中心，但目的不是把学生培养成社会的"工具"，而是要最大限度地谋求学生的社会性之发展；只有到了大学教育阶段，课程的设计才开始以学科为中心，以谋求学生的专业能力之发展，因为到了大学教育阶段，学生的自然性和社会性已经得到了比较充分的发展，强调专业发展便成为必然。当然，课程设计取向的阶段性整合策略只是相对的，不是绝对的。在实际的教育情境中，也很少有采取某一极端的课程设计取向的，课程的设计往往是各种设计取向的结合。

总之，课程设计的理论取向正在走向以学生的全面发展为核心，把学生本位取向、学科本位取向和社会本位取向辩证地整合起来，张扬学生个性发展的课程设计理念。

5. 缔造取向的课程实施观

从已有的课程实践来看，新课程的实施有以下几种取向：得过且过（muddling through）、忠实（fidelity）、相互调适（mutual adaptation）和缔造（enactment）。①

得过且过取向是一种最保守的取向，教师在课程实施过程中总是力求避开问题和矛盾，力求平稳和少犯"错误"。他们的课程实施就是一种"应付"。在忠实取向中，课程知识的建构是课程专家学者的事，教师仅是课程的被动"消费者"和忠实执行者。在相互调适取向中，教师不再是课程的忠实执行者和被动"消费者"，而是课程的主动改造者和调整者。调适取向强调和关注课程计划对具体实践情境的适应性，关注在具体情境中发生的具体课程问题。

缔造取向关注的是师生的课程建构问题，认为师生是课程的创造者，他们应当致力于课堂中自然发生的课程问题。因此，应特别注重课程实施过程中的意义诠释、文化背景、价值认同等。这种取向是建立在课程实施者个人的教育观念之上的，强调批判性对话和主体意识的觉醒，因而，其成败的关键与课程实施者的课程设计能力关系很大。

在四种课程实施取向中，第一种最不足取。忠实取向是课程实施研究初期比较流行的观点。但后来的研究发现，忠实的课程实施是极为罕见的。由于教师个人知识经验与能力背景的差异性、实践情境的丰富性和复杂性、专家课程的不完善性等诸多方面的原因，教师几乎不可能完全忠实地实施专家开发的课程。于是，相互调适取向开始受到人们的青睐。它旨在增强外部预设课程对实践情境的适应性，但教师和学生还没有以课程主体的角色和身份进入其视野，还没有成为其关注的中心。随着近些年来国外教师赋权运动的兴起及对师生个性、主体性、创造性的弘扬，缔造取向因其把教师和学生推向了课程实施的中心和主体地位而越

① M. Fullan, A. Pomfret. Research on Curriculum and Instruction Implementation. *Reviwe of Edicational Research*, 1997, 47: 3.

来越多地引起了人们的关注，也越来越被人们认同和接受。

缔造取向的课程实施是最具有创新性的，它非常强调在课程实施的过程中要充分发挥师生的自主性、能动性和创造性，特别是要求教师具备较强的课程设计能力，因为教师不仅是课程的实施者，而且还是课程的设计者。因此，把教师看作教育研究者和课程设计者，是缔造取向的课程实施的一个非常重要的理念。

6. 民主化的课程政策观

课程政策关注的核心问题是课程权力的分配和再分配，从国际课程政策发展的趋势来看，最大限度地反映各种利益集团的意志，保证课程政策制定的民主化与科学化，是各国的一个共同追求。所谓课程政策的民主化，意味着课程权力的分享，意味着课程由统一化走向多样化。

在课程政策的改革实践中，各国一般都致力于在国家课程、地方课程和学校课程之间寻找适合本国情况的立足点。一方面，过去强调地方和学校分权的国家，现在开始注重确立国家课程标准。例如，美国是典型的地方分权制的国家，全国没有统一的课程标准和要求，各个州都有自己独立的课程体系，但到了 1989 年这种局面开始被打破。另一方面，过去强调中央集权的国家，现在开始注重地方和学校的课程决策权力。例如，苏联是典型的中央集权制的国家，但苏联解体后，俄罗斯并没有沿袭过去的教育模式。1992 年 7 月批准通过的《俄罗斯联邦教育法》对中小学课程改革等做了详细的规定，如规定教育的自由化与多样化、教育管理的民主化与自主性为国家政策的基本原则，从而使教育呈现出多元化的发展趋势，即在统一的教育政策以及课程目标的前提下，注意不同民族、不同地区经济文化等的差异性。我国一直比较重视中央对课程的统一决策，20 世纪 80 年代以来，进行了课程多样化的改革尝试。随着《面向 21 世纪教育振兴行动计划》中《跨世纪素质教育工程》的实施，我国新一轮基础教育课程改革正式启动。这次课程改革的一个重要目标就是“为了保障和促进课程对不同地区、学校、学生的适应性，实行有指导的逐步放权，建立国家、地方和学校的课程三级管理模式。”

（三）我国原有基础教育课程存在的问题

1. 课程目标缺乏完整性

课程目标是一个国家教育目的的具体化。一般来说，课程目标由四个部分组成：认知类，包括知识的基本概念、原理和规律，理解和思维能力；技能类，包括行为、习惯、运动能力；情感类，包括思想、观点和信念；应用类，包括应用前三类来解决社会和个人生活问题的能力。这样的目标非常完善，有利于学生的全面发展和个性培养。而我国的课程目标更多地体现了社会的要求，各学科的目标大多是为升入高一级的学校而设置的，对于学生的全面发展和个性培养重视不够。在具体的课程目标上偏重于认知能力的发展，对于学生的创造精神、实践能力关注不够，这就造成了学生知识面过窄，缺乏个性，创新能力和实践能力缺乏等片面发展的现象。

2. 课程结构学科本位，缺乏整合性

传统上我们对课程持一种“课程即学科”的观念，因而课程采用的是分科设计，学科课程所占的比重较大，活动课程和综合课程所占的比重较小，选修课微乎其微，而且各个学科之间互相独立，单独教学。这种分科过细的课程结构导致了不同学科之间缺乏联系和整合，课程门类过多等弊端。小学课程门类达到 9 门之多，初中则有 13、14 门课不等，这既加重了学生的学习负担，又导致了学生对现实世界认识的割裂，使学生缺乏综合分析和解决问题的能力，影响了课程的品质。因此，减少科目，加强课程整合，让学生融会贯通不同学习领域的知识，就成为课程结构改革的重要方向。

3. 课程内容缺乏时代性

课程内容应适应时代发展的要求，与学生的生活实际相联系，而我国的课程和教材内容相对陈旧，不能充分反映时代精神。课程内容重视学科经典内容的选择和学科体系的严密性，与学生现实生活中所需要的知识、技能缺乏紧密的联系；有些内容难度过大，难于理解，增加了学生的学习负担；学科之间也缺乏联系，对基础知识广而博的特征重视不够。这就是平时我们说的课程内容的繁、难、偏、旧，这不仅影响了学生的全面发展，也使一部分学生成了学业失败者，造成了许多农村中小学生的辍学。

4. 课程实施的“忠实”取向

课程实施的重要途径是教学，许多教师在课程实施中采用的是“忠实”取向，即按照课程设计者建立起来的一套程序和方法将课程计划付诸实施以达到预期的课程目标。这种课程实施把课程看成了规范性的教学内容，教材成了学科知识的载体。在这种观念的指导下，教学以教师、课堂、书本为中心，重视向学生传授“客观真理”，学生则在学习中重结果，轻学习过程，忽视独立思考和个性发展，缺乏思考、批判、创新的能力，重视认知目标，忽视情感目标，缺乏对学习方法、学习习惯和人生态度的培养。在教学中，教师重视的是学生“应试技巧”的训练，忽视学生德智体全面的发展，这种教学窒息了学生的思维和智力，忽视了学生的交流、合作和主动参与，摧残了学生的兴趣和个性，导致了学生主动性、独立性的丧失，无法培养学生的批判意识、探究意识和实践能力。

5. 课程评价过于强调选拔功能

课程评价的方式可以是多种多样的，评价的功能也是非常多的，而我国的课程评价手段和功能比较单一。过于强调评价的选拔功能，忽视评价的改进与激励功能；过于注重量的评价手段，忽视质的评价手段；评价中重视对结果的评价，忽视对过程的评价。许多教育主管部门和学校“应试教育”的观念根深蒂固，一张试卷定终身，使许多学生失去了学习与发展的机会，造成了学生之间的不适当竞争。对学校来说，升学率成为评价学校教育质量的最重要甚至是唯一的指标，对于教师来说，学生的考试成绩的好坏成为衡量教学质量的唯一尺度。

6. 课程管理过于集中

长期以来，我国的课程管理体制是中央集权型的管理体制，但是我国不同地区之间的差异很大，发展很不平衡，而教育又与各个地区的经济社会发展密切联系，因此中央集权制的课程管理体制无法顾及地区、学校和学生之间的差异，在很大程度上影响了教育质量。目前，世界各国的课程管理体制正趋向中央集权和地方分权相结合的模式。我国自 20 世纪 90 年代起也逐步将课程决策的部分权力下放给地方，课程管理权也部分下放给地方和学校，但是我国的地方课程和学校课程所占的比重很小，教材也未实现多样化，学校开发课程的权力不大，教师在一定程度上仍是国家课程的执行者，因此难以满足不同地区和不同学校发展的需要。

我国的原有基础教育课程存在的诸多问题，决定了改革势在必行，而这次课程改革也不同于以往修补式改革，而是在新的理念指导下进行的全面彻底的重构。

第二节　基础教育课程改革的目标

一、基础教育课程改革的总体目标

21世纪的课程改革应体现时代及社会发展的要求，特别是在现代社会，世界各国之间的联系越来越密切，相互之间的交流也越来越频繁，国际化的特点越来越明显，各国只有在保持民族性的前提下才能真正地融入国际社会，做到在国际社会中既保持自己的特色又能为世界的发展做出自己的贡献。从世界各国教育改革中，我们也可以看出各国的教育改革对学生提出了许多共同性的要求。我国的这次课程改革也力图体现这些要求，体现时代及社会发展的特色。首先在改革指导思想的先进性上，《基础教育课程改革纲要（试行）》指出，基础教育课程改革以邓小平同志关于“教育要面向现代化，面向世界，面向未来”和江泽民同志“三个代表”重要思想为指导，全面贯彻党的教育方针，全面推进素质教育。可见，本次课程改革的指导思想是“三个面向”和“三个代表”，素质教育理论与实践也对课程改革有重要的指导作用。这些指导思想紧贴时代发展的脉搏，与时俱进，反映了时代发展的要求，从根本上确保了课程改革的方向。这次课程改革的目标分为总目标和具体目标，总目标体现了时代对学生的要求和学生应具备的共同素质，具体目标进一步说明了总目标的要求和实现总目标的途径。

本次基础教育课程改革的总目标是：使学生具有爱国主义、集体主义精神，热爱社会主义，继承和发扬中华民族的优秀传统和革命传统；具有社会主义民主法制意识，遵守国家的法律和社会公德；逐步形成正确的世界观、人生观、价值观；具有社会责任感，努力为人民服务；具有初步的创新精神、实践能力和人文素养以及环境意识；具有适应终身学习的基础知识、基本技能和方法；具有健壮的体魄和良好的心理素质，养成健康的审美情趣和生活方式，成为有理想、有道德、有文化、有纪律的一代新人。

可见，总目标与世界各国的教育改革的共同特点是一致的，把对学生的全面发展和个性培养的要求结合起来，重视了学生基础知识的掌握和基本素质的提高，强调学生创新精神、实践能力的培养，关注学生的环境意识的培养，强调科学和人文素养的结合，使学生既能做到身体健康和心理健康，又能很好地适应社会生活，体现了时代对每个公民的要求和以学生发展为本的目标取向。

二、基础教育课程改革的具体目标①

1. 改变课程过于注重知识传授的倾向，强调形成积极主动的学习态度，使获得基础知识与基本技能的过程同时成为学会学习和形成正确价值观的过程

原有课程的弊端是：以知识为本，过分注重知识的系统传授，忽视对学生态度、情感和价值观的培养。我国基础教育的一个传统就是注重学生的基础知识的掌握和基本技能的培养，这在国际上也是我们的一个优势。但问题的关键是，教学过程过分强调本门学科领域的基础知识、基本技能的掌握，而忽视了学生态度、情感、价值观等方面的发展。例如，中学语文、历史的教学不能有效地激发学生对祖国语言、文化的热爱，物理、化学的教学也未能

① 宋乃庆，徐仲林，靳玉乐．中国基础教育新课程的理念与创新．北京：中国人事出版社，2002，第33～38页．

很好地激发学生对科学的爱好和追求。

本次课程改革倡导全人教育。对不同阶段的学生在知识与技能、过程与方法、情感态度与价值观等方面都提出了基本的要求，强调课程要促进每个学生身心健康发展，培养良好的品行和终身学习的愿望和能力，正确处理知识、能力、情感、态度、价值观之间的关系，克服过分注重知识传授和技能训练的倾向。各学科的课程目标都包括：知识与技能、过程与方法、情感态度与价值观。如历史与社会课程的目标有：情感态度与价值观、技能、能力、知识；数学课程的目标有：知识与技能、数学思考、解决问题、情感与态度；科学课程的目标有：科学探究（过程、方法、能力），科学知识与技能，科学态度，情感与价值观，科学技术与社会的关系。课程标准对课程的分目标也都提出了具体的要求。例如，物理课程标准对情感态度与价值观分目标提出了 7 点具体要求，即能保持对自然界的好奇，初步领略自然现象中的美妙与和谐，对大自然有亲近、热爱、和谐相处的情感；具有对科学的求知欲，乐于探索自然现象和日常生活中的物理学道理，勇于探究日常用品或新器件的物理学原理，有将科学技术应用于日常生活、社会实践的意识，乐于参与观察、实验、制作、调查等学科实践活动；在解决问题的过程中，有克服困难的信心和决心，能体验战胜困难、解决物理问题时的喜悦；养成实事求是、尊重自然规律的科学态度，不迷信权威，具有判断大众传媒是否符合科学规律的初步意识；有将自己的见解公开并与他人交流的愿望，认识交流与合作的重要性，有主动与他人合作的精神，敢于提出与别人不同的见解，也勇于放弃或修正自己的错误观点；初步认识科学及其相关技术对于社会发展、自然环境及人类生活的影响，有可持续发展的意识，能在个人力所能及的范围内对社会的可持续发展有所贡献；有将科学服务于人类的意识，有理想，有抱负，热爱祖国，有振兴中华的使命感与责任感。

2. 改变课程结构过于强调学科本位、科目过多和缺乏整合的现状，整体设计九年一贯的课程门类和课时比例，设置综合课程，以适应不同地区和学生发展的需求，体现课程的均衡性、综合性和选择性

本次课程改革要重建新的课程结构。一是强调综合性，构建分科课程与综合课程相结合的课程结构。在一定范围内，设置综合课程。小学以综合课程为主。初中阶段设置分科和综合相结合的课程，鼓励选择综合课程。高中以分科为主，探索学分制管理。从小学至高中设置综合实践活动课程并作为必修课。重组课程内容，加强学科知识之间的内在联系，加强学科知识与学习者的联系，加强学科知识与社会生活现实的联系。二是加强选择性，以适应地方、学校、学生发展的多样化需求。课程根据不同地区经济、文化发展的需求以及学生多样化发展的需求，具有较大的个性和选择性。国家以法规的形式规定国家课程，并确定其基本标准，使学生通过对课程的全面学习，养成基本态度，掌握基础知识、基本技能。地方和学校根据自身的特点和需要，在执行国家课程的同时，设置和开发地方课程和校本课程，并和国家课程融为一体，实现课程的多样化。三是加强课程结构的均衡性。我们要培养的是德、智、体、美全面、和谐、均衡发展的人，而不是培养某一方面得到发展的人。从小学起逐步按地区统一开设外语课，中小学增设信息技术教育课。农村中学的课程设置要根据现代农业发展和农村产业结构调整的需要，深化“农科教结合”和基础教育、职业教育、成人教育的“三教统筹”等项改革，试行“绿色证书”教育并与农业科技推广等结合。

3. 改变课程内容繁、难、偏、旧和过于注重书本知识的现状，加强课程内容与学生生活以及现代社会科技发展的联系，关注学生的学习兴趣和经验，精选终身学习必备的基础知识和技能

新课程改革的目标是，一方面要选择适合现代社会发展需要的内容，一方面要紧密联系学生的学习兴趣和生活经验，精选学生终身学习与发展必备的基础知识和技能，正确处理现代社会需求、学科发展需求与学生发展需求在课程内容的选择与组织中的关系，体现课程内容的现代化。

4. 改变课程实施过于强调接受学习、死记硬背、机械训练的现状，倡导学生主动参与、乐于探究、勤于动手，培养学生搜集和处理信息的能力、获取新知识的能力、分析和解决问题的能力以及交流与合作的能力

新课程改革倡导建构性学习。学习是一个主动的过程和个性化的过程，学习的途径是多方面的，包括在生活中、实践中的学习。实践证明，只有民主型的教师才是培养创造性人才的好教师。教师在教学过程中应与学生积极互动，共同发展，正确处理传授知识与培养能力的关系，注重培养学生的独立性和自主性，注重学生的经验与兴趣，推行研究性学习，培养学生运用主动参与、探究发现、交流合作的学习方法，引导学生质疑、调查、探究，在实践中学习，促进学生在教师的指导下主动地、富有个性地学习，使每个学生的能力都得到发展。例如，地理课程标准对课程实施的过程与方法提出了具体的要求，即通过各种途径感知身边的地理事物，并形成地理表象；初步学会根据收集到的地理信息，通过比较、抽象、概括等思维过程，形成地理概念，进而理解地理事物分布和发展变化的基本规律；尝试运用已获得的地理概念、地理基本原理，对地理事物进行分析，做出判断；尝试从学习和生活中发现地理问题，提出探究思路，搜集相关信息，运用有关知识和方法，提出看法或解决问题的设想；运用适当的方法和手段，表达自己学习的体会、看法和成果，并与别人交流。

5. 改变课程评价过分强调甄别与选拔的功能，发挥评价促进学生发展、教师提高和改进教学实践的功能

伴随着“应试教育”而产生并逐渐完善的教育评价考核体系不仅为人们所掌握、接受，而且正无可争议地发挥着重要的导向、强化功能。分数的功能被异化为学校教师和学生价值的货币表现。诸如学生升学、编班、排座位、评选三好学生、评选优秀学生干部、考试座位排队、学习优劣的评价，教师的工作业绩、奖金、提干、评选先进、评聘专业技术职务、分房、课时津贴、年终考核，这一切无一例外地不与学生的考分挂钩，都是用学生的“考分”作为行为价值的度量标准。而对学生来说，一张试卷定终身。评价一个学校的教育质量，往往是用“升学率”作为评价中的硬指标。过分地强调评价的甄别和选拔功能，把教育的目的和过程单一化了，使基础教育成了“升学教育”。这种评价方法也使课程产生了相当的局限性，课程设置与教学内容基本上是为升学服务的，忽视了对学生个性的发展施以影响，不利于既有科学文化基础又有实践技能的各种创造性人才的培养。

本次课程改革把课程评价作为重要内容，建立发展性评价体系，改变课程评价过分强调甄别与选拔的功能，是对课程评价理论和实践的一大突破。一是要建立促进学生全面发展的科学评价体系。提出评价不仅要关注学生的学业成绩，而且要发现和发展学生多方面的潜能，了解学生发展中的需求，帮助学生认识自我，建立自信；促进学生在原有水平上的发展，发挥评价的教育功能。在对学生的评价方面采取了三个新措施：一是教师在日常教育活动中，实施“促进学生发展的记录与分析法”，实施“探究式学习评价”，促进学生综合素质、学生的创新精神和实践能力的发展培养，改进考试内容和方式。二是要建立促进教师不断提高的评价体系。强调教师对自己的教学行为的分析与反思，建立以教师自评为主，校长、教师、学生、家长共同参与的评价制度，使教师从多渠道获得信息，不断提高教学质量。三是建立促进课程不断发展的评价体系，周期性地对学校课程执行的情况、课程实施中的问题进行分析评估，调整课程内容，改进教学管理，形成课程不断革新的机制。

6. 改变课程管理过于集中的状况，实行国家、地方、学校三级课程管理，增强课程对地方、学校和学生的适应性

中小学课程与地区的差异有着直接的关系。教育要适应并推动当地经济和社会的发展，就必须培养出适合当地实际需要的人才。如果课程脱离当地的实际，就会影响教育和经济的发展。现实中，我国各地的经济、文化、教育发展的不平衡性问题极其突出，绝不是短时期可以改变的。上海、北京、广州等一些大中城市和经济发达地区现在不仅普及了九年义务教育，而且能很快普及高中教育，个别地区实现了高等教育大众化。但是，在西部欠发达地区，一部分地方只能普及初等义务教育，甚至只能普及3～4年小学教育。西部地区针对大量学生完成义务教育阶段后不能继续升学而需要就业的实际，要求在义务教育阶段提供一些职业技术教育。由此可见，发达地区、欠发达地区、城市和农村等不同的地区，智力超常学生和非智力超常学生，其需要是不同的。然而，我国的课程管理体制一向是中央集权式的，长期使用全国统一的教学计划、教学大纲和教材，忽视了地区和学生的差异。中小学课程管理体制和教材的多样化仍存在许多问题：课程模式单一，所有的学生面对同一种课程要求，出现了有的学生“吃不饱”，有的“消化不良”的现象；教材的品种虽然打破了“一纲一本”的局面，但是从全国范围内来看，“多样化”还远未实现，难以满足不同地区和不同学生发展的需要；教材的难度虽然有所降低、重点有所分散，但在广大贫困地区教师和学生仍难以适应。

从世界范围来看，过去集中管理课程的国家都增加了课程的灵活性、多样性，而过去非集中管理课程的国家都在加强统一的要求。世界各国的教育虽然千差万别，但是也必然有共同的规律可以寻找，可以遵循。国内外的实践证明，权力的过分集中和过分的分散都不利于课程管理的科学化。因为，管理的过分分散将影响一个国家的整体教育质量，这是国家利益所不允许的；相反，管理过分集中，则使课程缺乏灵活性，趋向“僵化”，不能适应不同社会个体和不同地区社会发展的需要。良好的课程管理体制必须使“集中”与“分散”恰当的结合。因此，课程的结构和内容要适应不同地区的差异，不同学校的特点，以及学生的个别差异。为学生提供更多的选择性，就必须充分发挥地方、学校和教师乃至学生进行课程资源开发的主体作用，给地方和学校较大的机动时间和自由空间。2001年6月，《国务院关于基础教育改革与发展的决定》以及《基础教育课程改革纲要（试行）》中正式提出：实行国家、地方、学校三级课程管理。这不仅是从我国实际情况出发的，而且也借鉴了国外的先进经验。新一轮基础教育课程改革提出实行国家、地方、学校三级课程管理体制，把中央集权与地方分权、社会需要和学生发展、国家统一的教育目的和学校教育的办学特色辩证地结合起来，是对课程管理理论和实践的一大发展。

第三节　基础教育课程改革进程的特征与推进策略①

一、基础教育课程改革的实施进程

（一）义务教育阶段课程改革的实施进程

1. 实施的准备与过渡（2000 年至 2001 年 9 月）

课程改革正式实施之前，教育部于 2000 年开始组织力量对当时使用的教学大纲和教材进行修改，作为正式实施课程改革的准备与过渡。基本的指导思想是“先立后破、先实验后推广”。当时教育部的一个基本想法是，在新课程大面积推行之前，对现行的教学大纲和教材进行有限的调整。在尽可能短的时间里，使一些先进的课程改革的理念与方法在全国范围内宣传出来。如当时的数学教学大纲的修改中，要求每学期增加一次综合实践活动。同时，用最短的时间对相应的教材进行了修改。这种过渡性的调整，对于新课程的实施起到准备和预热作用。

2. 国家级实验区的启动与推进（2001 年至 2002 年）

2001 年 9 月义务教育阶段的新课程在 38 个国家级实验区开始实验。② 为此，进行了前期的培训等准备工作。国家级培训采用集中参与的方式进行，组织实验区的教师、校长、教研人员和教育管理者，进行不同层次、不同类型的培训。例如，关于教师培训，是由直接参与课程改革的专家学者对实验区的教师代表进行培训。每个省只有一两个实验区，省里用较大的气力组织实施，尽可能动员人力和物力支持国家级实验区的工作。

3. 省级实验区的启动与运行（2002 年至 2003 年）

2002 年开始启动省级实验区课程实验，按照教育部的部署，由省（市、区）负责选择、组织与落实。2002 年全国共启动 520 个省级实验区，有 18％的县（区）使用新课程，平均每个省有将近 18 个实验区。第一批省级实验区的运行基本采用国家级实验区的方式，动用省和国家课程改革的智力资源和相当数量的物质资源。组织较系统的培训与指导，配置一定数量的教学设备与资源。2003 年，又有 910 多个省级实验区启动课程实验，占全国县（区）的 32％。2002 年和 2003 年两年共有 1400 多个省级实验区进行课程实验，占全国县（区）的 50％左右。

4. 大面积快速推进（2004 年至 2005 年）

到 2004 年，全国就有 90％的县（区）的起始年级使用新课程。2005 年除个别地方外，在小学和初中起始年级全面使用新课程。这意味着以前没有进入实验的学校此时必须无条件地进行课程改革实验。

5. 逐步调适并实现常态化（2005 年以来）

到 2004 年和 2007 年，国家级实验区的初中和小学分别完成一轮的实验，以后完成一轮实验的地区逐步增多。部分学校积累了较为丰富的实验研究经验，探索出一些切实可行的课程实验策略与方法。部分地区和学校进入了课程改革的常态阶段，同时，对基础教育课程改革的若干问题也进行了较为深入的讨论，发现和提出新课程实施过程中的一些问题。对课程

---

① 马云鹏. 基础教育课程改革：实施进程、特征分析与推进策略. 课程·教材·教法，2009，3.

② 首批国家级实验区为 38 个，后来增加到 42 个.

改革理论和实践都有了新的理解和认识。2005 年，教育部组织专家对义务教育数学课程标准进行修订，2007 年开始修订义务教育阶段其他学科的课程标准，并对义务教育阶段的课程改革进行总结与调适。当各学科课程标准修订完成后，义务教育课程的实施将进入一个新的阶段。目前只有很少一部分学校进入常态化的课程实施阶段，大多数学校仍需要在今后的改革过程中进行实验。

从课程改革实施的实际情形来看，我国课程改革的推进是分阶段进行的，开始实验区范围比较小，后期的推进速度较快。在短时间内进入改革实验的学校和教师越多，可能出现的问题也会越多，需要的专业支持和提供的资源也越多。实验范围的迅速扩大，给总结实验经验和研究新问题带来一定的难度。需要更加及时有效地发现新问题，解决新问题，以便保证课程改革健康发展。

（二）普通高中课程改革的实施进程

教育部于 2003 年 4 月公布《普通高中课程方案（实验）》和各学科课程标准。2004 年新课程开始进入实验区，从 2004 年到 2007 年普通高中课程改革的实施经历了以下几个阶段。

1. 酝酿与准备阶段（2003 年至 2004 年）

在《普通高中课程方案（实验）》公布前后，教育部组织专家学者和一线教师、教研员进行了几次专题研讨，为高中课程的实施做了较充分的准备和一定范围的宣传。

从 2003 年 7 月到 2004 年 6 月，教育部先后在海口、青岛、北京和银川组织召开四次普通高中新课程实验工作研讨会，会议就高中课程实施问题，特别是实验省高中课程改革的准备工作进行深入的专题研讨，研讨的议题与内容主要包括以下五个方面。

其一，教育部领导对普通高中新课程实验工作的指导意见：要把课程改革放在关系到国家发展、民族前途的重要位置上；高中课程改革进入实验是一项重大事件，不是做一项具体的工作，是我国普通高中教育的历史性事件；课程改革也是一种政府行为。

其二，明确高中课程改革实验工作的指导思想与目标任务，提出普通高中课程改革推进的规划和普通高中课程改革实验工作基本原则。实验工作的基本原则包括：立足国情，改革创新；国家指导，地方为主；分区规划，分类指导；以校为本，开展实验；社会参与，形成合力。

其三，确定普通高中课程实验工作时间表。2004 年 3、4 月份完成国家级培训，然后各省进行省级培训。为了让课程改革落到实处和有效实施，学校要排好课表，要让教师参与学校课程实施方案的制定，要给学校和教师留有充分的时间。

其四，组织普通高中课程改革专家组和有关课题研究负责人参加研修会，并让他们在会上做有关专题研修报告。研修活动围绕着普通高中课程改革的背景、指导思想、课程方案及其实施等方面的内容进行。通过研究普通高中新课程实施的相关问题，进一步明确各级教育行政部门在普通高中新课程实验过程中的责任和作用。研修活动以讲座与专题研修相结合的方式进行。

其五，确定与普通高中课程改革实施有关的研究专题，交流各省普通高中课程实验的准备情况。包括制订计划，设立课程研究中心，成立课题组。重点研究的问题包括高中课程实施模型与排课、选课、开课、评价等问题。

四个实验省（市、区）的负责人对高中课程改革实验的准备情况和当前存在的问题进行交流，他们一致认为，《普通高中课程方案（实验）》体现了世界课程改革的趋势，在此方案规定下的高中教育是面向世界的教育，是追求高质量的教育，是面向现代化的教育，高中课程改革的成功意味着中华民族未来的希望。但是高中课程实施的困难比较大，其中充满了各种各样的利害关系，处理起来比较困难。同时，课程实施是一个实践的问题，是一个长期的探究过程。我们要克服困难，解决问题，可以从学科入手，进行大规模的调研工作，举办专家讲座等，对有关问题进行深入讨论。

2. 初期实验阶段（2004 年至 2005 年）

经过一年多的准备，2004 年 9 月第一批普通高中课程改革实验在四个省（区），即山东、广东、宁夏和海南进行。这四个省（区）实验准备比较充分，实验过程也比较平稳。2004 年 9 月，从普通高中课程改革实验区进行的准备与启动状况评估中可以了解到，启动的准备情况良好，不同方面的人员对课程改革的认同度比较高，各地采取了一些具体和有效的措施。同时，在实验过程中也暴露出一些问题，如选修课如何落实，高考方案如何制定等。2005 年增加一个实验省，保证了改革实验的连续性，为后续高中课程改革的推进打下了基础。

这期间，山东、广东、宁夏和海南先后出台了包括高考改革方案在内的一系列课程改革的配套方案，并在学校层面上探索总结具有可操作性的经验。

3. 中期实验阶段（2006 年至 2007 年）

2006 年高中课程改革突破了 2005 年的瓶颈，有五个省（市）进入实验行列，这五个省（市）是福建、天津、辽宁、浙江、安徽；2007 年又有五个省（市）进入高中新课程实验，它们是北京、湖南、黑龙江、吉林、陕西。

4. 全面推进阶段（2008 年至 2010 年）

2007 年教育部办公厅印发《关于 2007 年推进普通高中新课程实验工作的通知》，明确指出，到 2010 年高中新课程将在全国全面推行，要求没进入高中新课程的省份做好高中新课程实施规划和各项前期准备工作。2008 年，江西、山西、河南、新疆、新疆建设兵团和上海开始进行高中新课程实验。到 2008 年共有 21 个省（市、区）使用新的高中课程，有三分之二的省份进入了高中新课程实验。按照教育部的安排，从 2010 年开始全国普遍实施新的高中课程方案。

二、基础教育课程改革的特征

从 2001 年课改进入实验区后，教育部组织的课程专家评估小组先后于六年中对新课程实施状况进行了四次评估，并发表了部分研究成果报告，[①][②] 为教育部门的政策制定提供参考。有关专家将具体课程实施过程中所凸显的基本特征概括如下。

（一）教师对课程改革具有较高和较稳定的认同感

在几次评估的教师问卷中，都涉及教师对课程改革的理念与目标的认同和教师是否适应

① 教育部“新课程实施与实施过程评价”课题组．基础教育课程改革的成就、问题与对策．中国教育学刊，2003，12：35～39.

② 教育部“新课程实施与实施过程评价”课题组．课程改革实验区追踪评估的最新报告．教育发展研究，2005，5：18～23.

课程改革的问题。对问题“您认为本次课程改革的理念与目标是否能实现”几次评估的结果基本一致，认为完全可以实现和基本可以实现的比例在80%左右，认为暂时不能实现的比例均不到20%，认为完全不能实现的不足2%。这说明，课程改革的理念与目标是可以实现或基本可以实现的。随着课程改革的推进，这一认识基本没有改变。它说明教师对课程改革有比较稳定的较高的认同感。第三次评估在选项上与其他几次略有差别，为5个选项，即完全可以实现（11.3%）、基本可以实现（43.9%）、经过努力可以实现（37.9%）、实现难度较大（5.9%）、不能实现（0%）。但从数据中认为实现难度较大的只占5.9%，多数认为基本可以实现或经过努力可以实现，同样说明教师对课程改革有比较高的认同度。

在前三次评估中都有新课程与教材对教师是否适应的问题，“很适应”和“基本适应”的比例合起来都超过90%，并且“很适应”的比例呈上升趋势，第一次到第三次分别是13.5%，23.2%，25.2%。多数教师能够适应新课程与教材，并且适应情况良好的教师不断增加，说明随着课程改革的推进，教师不但保持对课程与教材的较强适应性，而且越来越多的教师能很好地适应新课程与教材的变化。

（二）课程改革带来管理者、教师和学生的观念转变和方法创新

1. 管理者与教师的观念改变

一是校长、教师对自身专业责任的认识发生了变化。学习、研究与探索成为校长、教师的需求，校长、教师认识到实施新课程需要学习来补充新知识、新技能，特别需要更新观念。在调研中发现，许多校长自觉地写读书笔记、不断学习、不断研究新问题，不再停留在常规的管理上。在教师座谈中，教师们普遍谈到，课程改革给教师提供了一个很好的平台，新课程促进了不同教育思想的交锋，向教师提出了新的挑战。二是教师的课程观发生了明显的变化。多数教师能根据学生和情境需要活用教材。当问到“您在教学中是如何利用教材的?”，69.4%的教师选择“利用教材时根据实际情况作适当的调整”，仅有3.5%的教师完全按教材组织教学。同时，教师的专业发展意识和课程资源开发意识也有了明显的增强。三是教师的教学观和学生观发生了很大的变化。在问卷中，当问及“老师上课经常鼓励学生提问吗?”有38.7%的学生认为老师总是鼓励他们提出问题，51.1%的学生认为教师经常鼓励学生提出问题。同时，教师努力将课堂变成民主的学习和交流场所，有学生在问卷的开放题中说，“现在的老师对我们来讲也好像换了个人似的，以前上课，整节课都是老师讲，学生做错了题目就要受到批评，而现在每节课老师大约讲半节课，学生讲半节课，学生回答问题时，即使我们答错了，老师不但不批评，反而还是积极鼓励我们，让我们对学习越来越有信心，越来越感兴趣。”

2. 校本教研制度的建立

从调研中了解到，实验区在创建校本教研制度上，均有自己的特色。为有效实施新课程创造了条件，提供了保障。例如，重庆市渝中区实施了“研究推进、课题带动”的策略。各个学校立足本校的实际，创造性地实施了校本教研制度，有关部门在全区组织了集体研讨、观摩、培训于一体的“新课程实验现场会”“新课程实验阶段总结交流会”“新课程校本教研论坛”等。在第四次评估中，94%的教师认为校本教研有必要或很有必要，89.4%的教师认为所在学校应定期或不定期开展校本教研活动。

3. 新的课程管理机制的形成

课程改革实验需要与之相配套的管理机制与方法，因此，课程实验区首先对课程管理机

制进行了创新，以保证课程改革实验的顺利开展。如有学校高度重视课程改革实验，由专人负责课程改革实验工作的同时，将“常规教学与管理”赋予新的内涵与意义。在教师问卷中，对于“课改以来您是否有机会和其他学校的相关教师进行交流”的问题，回答“总是”或“有时”的比例总计占 69.2%。在教学过程中，能够“总是”或“经常”反思自己的教育教学实践的总计占 81.6%。多数教师有和其他同事交流的机会，大多数教师能够在教育实践中不断进行反思。这从某种角度上说明学校正在形成合作、交流、反思的教师文化。

（三）课程实施过程的地区和学段差异

从几次评估结果的分析中，可以看到城乡之间、中学和小学之间均存在较大的差异；在对课程改革的认同，对课程教材的适应等方面，都表现出比较明显的地区和学段的差异。小学教师认为“暂时不可以”的比中学教师低近 10 个百分点。村镇教师认为“暂时不可以”的比省会城市分别高出 32 个百分点和 5 个百分点。对课程与教材难度的认识，中学和小学、城市与农村也存在较大的差异。小学教师认为教材过难和稍难的比例（38.9%）低于中学教师（47.6%）。省会城市认为教材过难或稍难的教师（28.5%）明显低于农村教师（47.9%）。

（四）课程改革推进过程中的困难与问题

一是城乡差异明显，农村课改进程存在一定难度。由于城市、乡镇、农村三类地区学校在教育资源等方面存在差异，城市学校的课程改革推进得比较顺利，而乡镇和农村存在一些困难。在农村实验区的一些学校，教师缺乏基本的信息技术教学手段，加上学校运行经费的解决渠道不畅，农村学校课改面临着许多困难。

二是课程资源匮乏，经费投入不足。四次课改评估都涉及改革实验中遇到的主要困难的统计，排在前三位的主要困难分别是缺少课程资源、时间紧和缺乏指导。缺少课程资源是教师实施新课程遇到的最突出问题，以农村地区表现最为突出。时间紧和教师负担过重问题也很突出，对教师的专业支持和引领以及实施的政策和经费保障（尤其是评价制度）都是不容忽视的。

三是校本教研不够深入，教师缺少专业支持。课程改革推动了校本教研制度的建立和校本教研制度作用的发挥。校本教研制度的推行在很短的时间内取得了一定的成效，也得到了广大教师的认可。但校本教研制度真正发挥作用还需要专业支持。教师和校长都反映，虽然专家和学者介绍了很好的理论，但是将这些理论转化为实践，还需要更多的专业支持。调查中发现，教师认为缺少专业支持是影响新课程实施的不利条件之一，在给定的十个选项中，位列第二。专业支持的来源主要是教研员和各层次的专家。调查表明，仅有 5%的教师经常得到专家的指导，而近 20%的教师只能得到教研员的指导，加大课程改革专家和教研员对课程实施的指导是深入课程改革的重要因素。

四是部分课堂教学存在单纯追求形式的现象。调查中发现，有的课堂教学虽然表面上气氛活跃，学生也积极展开讨论、探究、合作，但是往往对于形式上的东西过于看重，过多地追求活跃的课堂教学气氛，学生并没有得到实质性的发展和提高，教学缺乏有效性。

三、基础教育课程改革的推进策略

（一）进一步坚定课程改革方向，增强对课改的信心

课程改革实施以来，关于新课程的目标、内容以及实施中存在的问题引发了人们的广泛研究和讨论，人们开始反思课程改革的方向与存在的问题。如何看待改革的方向，怎样面对实施过程中出现的问题，是值得重视的。对任何一次教育改革来说，实施者对改革的认同是影响改革成败的一个重要因素，教师的认同感在实施初期，会受到课程政策宣传等因素的影响，而在实施的中、后期，影响教师对课程改革认同的直接因素就是实施的效果问题。课程改革在总体运行上取得的成果，对于增强人们改革的信心具有重要作用。随着实施的推进，不断总结、推广改革过程中的成功经验，采取有效措施解决改革过程中出现的重大问题，同时适当修订课程改革方案，会使实施者坚定改革的方向，增强改革的信心。这是推进基础教育课程改革的心理策略。

（二）认真总结课改经验，丰富和发展我国的教育理论

十年来课程改革实践积累了许多的经验。这些是课程改革方面的财富，应当及时总结、提炼和交流。需要通过多种方式对课程改革的进程和实施效果进行专门的研讨，做好提炼与升华的工作，及时推广具有普遍借鉴意义的经验。决策者、理论工作者、媒体工作者应该走进基础教育课程改革第一线，走进课程实施的现场，与课程实施者一起分享课程改革的经验，积累课程教学改革原创性经验，科学发展我国的教育理论。当代我国教育理论的科学发展，离不开我国基础教育课程改革实践的检验与推动，离不开对传统优秀教育理论和经验的继承和创新，离不开以改革开放的心态对国外好的做法的研究和借鉴。我国基础教育课程改革实践及其经验总结是发展具有中国特色教育理论的源头活水。认真总结课程改革的实施经验，是科学发展我国教育理论的实践性基础；基于总结实施经验而升华成的先进教育理论，又是进一步推进我国基础教育课程改革的理论性基础。这是深化基础教育课程改革的明智策略。

（三）正视课程改革中出现的不平衡现象

在我国基础教育课程改革的整体推进中，教育的均衡发展与公平问题不容回避。要科学推进这项改革，我们应当格外关注并研究课程实施过程中突出存在的城乡之间的不平衡和中小学之间的差异，应当及时地采取有效措施实现城乡课程改革的协同发展和均衡发展，应当加大对农村地区的教育投入，特别是教师的培训与提高方面的投入，针对农村地区的需要采取具体可行的措施提高农村教师专业水平和课程实施能力。例如，加大网络资源的开发与利用，将课程改革成功的经验和优秀教师的示范教学通过多种媒体送到农村第一线。应针对中小学的特点和不同学科的特点进行分类指导，特别是解决课堂教学中遇到的具体问题。这是整体推进我国基础教育课程改革的和谐策略。

（四）对课程改革方案进行恰当的调整

改革的成功受多方面因素的影响，改革方案的清晰度、可行性、明确性是改革成功不可缺少的条件。课程改革的过程是一个互动调适的过程，实施者要努力使自己适应新课程的要

求，提高自己新课程的实验能力和实施能力。课程的设计者也应通过实施过程的研究与反思，及时了解出现的问题，对课程方案进行必要的调整。应建立一种反馈、沟通与交流的渠道与机制，创造条件使实施者与设计者、管理者保持经常性的交流。在此基础上，及时调整课程改革方案，使其更为完善与可行。这是推进课程改革的互动策略。

（五）加强行政管理与政策导向

中央和地方行政部门在我国基础教育课程改革的设计与实施过程中起着重要的组织领导和政策导向作用，是推进如此大规模课程改革的至关重要的因素。因此，行政管理的可行和有效，政策导向的正确和合理对于课程改革顺利推进十分重要。教育行政部门必须采取有效的政策和策略，使课程改革健康有序地推进与发展。如，在具体的操作层面上，各级教育行政管理者应当及时了解、切实解决学校和教师在课程实施过程中遇到的问题和难题，及时提供政策上的保障和专业上的支持。这是推进课程改革的行政策略。

思考与练习

1. 世界基础教育课程观念呈现出哪些变化?
2. 谈谈你对全人发展课程价值观的认识。
3. 谈谈你对科学与人文整合的课程文化观的理解。
4. 我国原来实行的基础教育课程存在那些问题和不足?
5. 基础教育课程改革的总体目标是什么?
6. 基础教育课程改革的具体目标是什么?
7. 谈谈基础教育课程改革的推进策略。

【相关材料链接】

材料一　建国后历次基础教育课程改革简介

第一次，1949 年至 1952 年。1950 年 8 月，中央人民政府教育部颁发《中学暂行教学计划（草案）》，这是新中国第一份教学计划。1952 年 3 月，教育部颁布了《中学教学计划(草案)》，严格规定了政治课的具体学科 课程分别为中国革命常识、社会科学基础、共同纲领和时事政策四门课。同年 10 月，教育部颁发了第一份五年一贯制小学的《小学教学计划》。

第二次，1953 年至 1957 年。这 5 年间，国家共颁布了 5 个教学计划，其中在 1953 年至 1955 年颁布的三个计划中，大幅减少了教学时数，首次在教学计划中设置劳动技术教育课。1956 年颁布了新中国成立后第一套比较齐全的中学各科教学大纲，1956 年国家正式发行新中国成立以来的第二套中小学教科书，特别注意了学生的动手能力的培养，系统性、思想性、科学性 都有不同程度的凸现。

第三次，1958 年至 1965 年。1958 年，教育受“大跃进”的影响，引发了“教育大革命”，开始大量缩短学制，精简课程，增加劳动，注重思想教育。1959 年，中共中央国务院联合发布了《关于试验改革学制的决定》，各地开始了较大规模的多种学制的改革试验，出现了小学五年一贯制，中学五年一贯制，中小学十年一贯制，中小学九年一贯制，高中文理分科的初步试验。

第四次，1966 年至 1976 年。“文化大革命”期间，教育事业遭到严重破坏，中小学课程的建设和教学研究停滞不前，停课“闹革命”，学校只存在一种教材，就是毛泽东著作和报刊“社论”。1968 年各地复课后，一般是自编教材，主题多为强调工农业生产知识，搞“工农兵教育”，严重破坏了学科体系和课程结构。

第五次，1977 年至 1985 年。教育部于 1978 年颁发《全日制十年制中小学教学计划试行草案》，规定全日制中小学学制十年，小学五年，中学五年。1981 年 4 月发布了《全日制六年制重点中学教学计划试行草案》和《全日制五年制中学教学计划试行草案的修订意见》，增加了历史、地理等学科，加强了美术、音乐课的教学，并逐渐在高中开设选修课，以劳动技能课代替农业基础知识。

第六次，1986 年至 1991 年。1986 年 10 月，国家教委公布了《义务教育全日制小学初级中学教学计划（初稿)》，首次在初中开设选修课，规定选修课时数占全部课时的 4.1% 并且在教材的建设上留出更大的余地给予乡土教材和选修教材，以适应不同地域学生的不同需要。

第七次，1992 年至 2000 年。1992 年国家教委颁布《义务教育全日制小学、初级中学课程计划（试行)》，第一次将以往“教学计划”改为“课程计划”，并且第一次安排“地方课程”。1993 年秋，国家教委正式执行《义务教育全日制小学、初级中学课程计划》，第一次将活动与学科并列为两类课程。1996 年的《全日制普通高级中学课程计划（试验)》第一次将“课程管理”作为课程计划中一部分独立出来，规定“普通高中课程”由中央、地方、学校三级管理 。

（郑东辉：新中国课程改革的历史回顾，《教育与职业》2005 年第 13 期）

材料二　基础教育课程改革纲要（试行）

改革开放以来，我国基础教育取得了辉煌成就，基础教育课程建设也取得了显著成绩。但是，我国基础教育总体水平还不高，原有的基础教育课程已不能完全适应时代发展的需要。为贯彻《中共中央国务院关于深化教育改革全面推进素质教育的决定》和《国务院关于基础教育改革与发展的决定》，教育部决定，大力推进基础教育课程改革，调整和改革基础教育的课程体系、结构、内容，构建符合素质教育要求的新的基础教育课程体系。新的课程体系涵盖幼儿教育、义务教育和普通高中教育。

一、课程改革的目标

1、基础教育课程改革要以邓小平同志关于“教育要面向现代化，面向世界，面向未来”和江泽民同志“三个代表”的重要思想为指导，全面贯彻党的教育方针，全面推进素质教育。

新课程的培养目标应体现时代要求。要使学生具有爱国主义、集体主义精神，热爱社会主义，继承和发扬中华民族的优秀传统和革命传统；具有社会主义民主法制意识，遵守国家法律和社会公德；逐步形成正确的世界观、人生观、价值观；具有社会责任感，努力为人民服务；具有初步的创新精神、实践能力、科学和人文素养以及环境意识；具有适应终身学习的基础知识、基本技能和方法；具有健壮的体魄和良好的心理素质，养成健康的审美情趣和生活方式，成为有理想、有道德、有文化、有纪律的一代新人。

2、基础教育课程改革的具体目标，改变课程过于注重知识传授的倾向，强调形成积极主动的学习态度，使获得基础知识与基本技能的过程同时成为学会学习和形成正确价值观的过程。

改变课程结构过于强调学科本位、科目过多和缺乏整合的现状，整体设置九年一贯的课程门类和课时比例，并设置综合课程，以适应不同地区和学生发展的需求，体现课程结构的均衡性、综合性和选择性。

改变课程内容“难、繁、偏、旧”和过于注重书本知识的现状，加强课程内容与学生生活以及现代社会和科技发展的联系，关注学生的学习兴趣和经验，精选终身学习必备的基础知识和技能。

改变课程实施过于强调接受学习、死记硬背、机械训练的现状，倡导学生主动参与、乐于探究、勤于动手，培养学生搜集和处理信息的能力、获取新知识的能力、分析和解决问题的能力以及交流与合作的能力。

改变课程评价过分强调甄别与选拔的功能，发挥评价促进学生发展、教师提高和改进教学实践的功能。

改变课程管理过于集中的状况，实行国家、地方、学校三级课程管理，增强课程对地方、学校及学生的适应性。

二、课程结构

3、整体设置九年一贯的义务教育课程。小学阶段以综合课程为主。小学低年级开设品德与生活、语文、数学、体育、艺术（或音乐、美术）等课程；小学中高年级开设品德与社会、语文、数学、科学、外语、综合实践活动、体育、艺术（或音乐、美术）等课程。

初中阶段设置分科与综合相结合的课程，主要包括思想品德、语文、数学、外语、科学（或物理、化学、生物）、历史与社会（或历史、地理）、体育与健康、艺术（或音乐、美术）以及综合实践活动。积极倡导各地选择综合课程。学校应努力创造条件开设选修课程。在义务教育阶段的语文、艺术、美术课中要加强写字教学。

4、高中以分科课程为主。为使学生在普遍达到基本要求的前提下实现有个性的发展，课程标准应有不同水平的要求，在开设必修课的同时，设置丰富多样的选修课程，开设技术类课程。积极试行学分制管理。

5、从小学至高中设置综合实践活动并作为必修课程，其内容主要包括：信息技术教育、研究性学习、社区服务与社会实践以及劳动与技术教育。强调学生通过实践，增强探究和创新意识，学习科学研究的方法，发展综合运用知识的能力。增进学校与社会的密切联系，培养学生的社会责任感。在课程的实施过程中，加强信息技术教育，培养学生利用信息技术的意识和能力。了解必要的通用技术和职业分工，形成初步技术能力。

6、农村中学课程要为当地社会经济发展服务，在达到国家课程基本要求的同时，可根据现代农业发展和农村产业结构的调整因地制宜地设置符合当地需要的课程，深化“农科教相结合”和“三教统筹”等项改革，试行通过“绿色证书”教育及其他技术培训获得“双证”的做法。城市普通中学也要逐步开设职业技术课程。

三、课程标准

7、国家课程标准是教材编写、教学、评估和考试命题的依据，是国家管理和评价课程的基础。应体现国家对不同阶段的学生在知识与技能、过程与方法、情感态度与价值观等方面的基本要求，规定各门课程的性质、目标、内容框架，提出教学和评价建议。

8、制定国家课程标准要依据各门课程的特点，结合具体内容，加强德育工作的针对性、实效性和主动性，对学生进行爱国主义、集体主义和社会主义教育，加强中华民族优良传统、革命传统教育和国防教育，加强思想品质和道德教育，引导学生树立正确的世界观、人生观和价值观；要倡导科学精神、科学态度和科学方法，引导学生创新与实践。

9、幼儿园教育要依据幼儿身心发展的特点和教育规律，坚持保教结合和以游戏为基本活动的原则，与家庭和社区密切配合，培养幼儿良好的行为习惯，保护和启发幼儿的好奇心和求知欲，促进幼儿身心全面和谐发展。

义务教育课程标准应适应普及义务教育的要求，让绝大多数学生经过努力都能够达到，体现国家对公民素质的基本要求，着眼于培养学生终身学习的愿望和能力。

普通高中课程标准应在坚持使学生普遍达到基本要求的前提下，有一定的层次性和选择性，并开设选修课程，以利于学生获得更多的选择和发展的机会，为培养学生的生存能力、实践能力和创造能力打下良好的基础。

四、教学过程

10、教师在教学过程中应与学生积极互动、共同发展，要处理好传授知识与培养能力的关系，注重培养学生的独立性和自主性，引导学生质疑、调查、探究，在实践中学习，促进学生在教师指导下主动地、富有个性地学习。教师应尊重学生的人格，关注个体差异，满足不同学生的学习需要，创设能引导学生主动参与的教育环境，激发学生的学习积极性，培养学生掌握和运用知识的态度和能力，使每个学生都能得到充分的发展。

11、大力推进信息技术在教学过程中的普遍应用，促进信息技术与学科课程的整合，逐步实现教学内容的呈现方式、学生的学习方式、教师的教学方式和师生互动方式的变革，充分发挥信息技术的优势，为学生的学习和发展提供丰富多彩的教育环境和有力的学习工具。

五、教材开发与管理

12、教材改革应有利于引导学生利用已有的知识与经验，主动探索知识的发生与发展，同时也应有利于教师创造性地进行教学。教材内容的选择应符合课程标准的要求，体现学生身心发展特点，反映社会、政治、经济、科技的发展需求；教材内容的组织应多样、生动，有利于学生探究，并提出观察、实验、操作、调查、讨论的建议。

积极开发并合理利用校内外各种课程资源。学校应充分发挥图书馆、实验室、专用教室及各类教学设施和实践基地的作用；广泛利用校外的图书馆、博物馆、展览馆、科技馆、工厂、农村、部队和科研院所等各种社会资源以及丰富的自然资源；积极利用并开发信息化课程资源。

13、完善基础教育教材管理制度，实现教材的高质量与多样化。

实行国家基本要求指导下的教材多样化政策，鼓励有关机构、出版部门等依据国家课程标准组织编写中小学教材。建立教材编写的核准制度，教材编写者应根据教育部《关于中小学教材编写审定管理暂行办法》，向教育部申报，经资格核准通过后，方可编写。完善教材审查制度，除经教育部授权省级教材审查委员会外，按照国家课程标准编写的教材及跨省使用的地方课程的教材须经全国中小学教材审查委员会审查；地方教材须经省级教材审查委员会审查。教材审查实行编审分离。

改革中小学教材指定出版的方式和单一渠道发行的体制，严格遵循中小学教材版式的国家标准。教材的出版和发行试行公开竞标，国家免费提供的经济适用型教材实行政府采购，保证教材质量，降低价格。

加强对教材使用的管理。教育行政部门定期向学校和社会公布经审查通过的中小学教材目录，并逐步建立教材评价制度和在教育行政部门及专家指导下的教材选用制度。改革用行政手段指定使用教材的做法，严禁以不正当竞争手段推销教材。

六、课程评价

14、建立促进学生全面发展的评价体系。评价不仅要关注学生的学业成绩，而且要发现和发展学生多方面的潜能，了解学生发展中的需求，帮助学生认识自我，建立自信。发挥评价的教育功能，促进学生在原有水平上的发展。

建立促进教师不断提高的评价体系。强调教师对自己教学行为的分析与反思，建立以教师自评为主，校长、教师、学生、家长共同参与的评价制度，使教师从多种渠道获得信息，不断提高教学水平。

建立促进课程不断发展的评价体系。周期性地对学校课程执行的情况、课程实施中的问题进行分析评估，调整课程内容、改进教学管理，形成课程不断革新的机制。

15、继续改革和完善考试制度。在已经普及九年义务教育的地区，实行小学毕业生免试就近升学的办法。鼓励各地中小学自行组织毕业考试。完善初中升高中的考试管理制度，考试内容应加强与社会实际和学生生活经验的联系，重视考查学生分析问题、解决问题的能力，部分学科可实行开卷考试。高中毕业会考改革方案由省级教育行政部门制定，继续实行会考的地方应突出水平考试的性质，减轻学生考试的负担。

高等学校招生考试制度改革，应与基础教育课程改革相衔接。要按照有助于高等学校选拔人才、有助于中学实施素质教育、有助于扩大高等学校办学自主权的原则，加强对学生能力和素质的考查，改革高等学校招生考试内容，探索提供多次机会、双向选择、综合评价的考试、选拔方式。

考试命题要依据课程标准，杜绝设置偏题、怪题的现象。教师应对每位学生的考试情况做出具体的分析指导，不得公布学生考试成绩并按考试成绩排列名次。

七、课程管理

16、为保障和促进课程对不同地区、学校、学生的要求，实行国家、地方和学校三级课程管理。

教育部总体规划基础教育课程，制订基础教育课程管理政策，确定国家课程门类和课时。制订国家课程标准，积极试行新的课程评价制度。

省级教育行政部门依据国家课程管理政策和本地实际情况，制订本省（自治区、直辖市）实施国家课程的计划，规划地方课程，报教育部备案并组织实施。经教育部批准，省级教育行政部门可单独制订本省（自治区、直辖市）范围内使用的课程计划和课程标准。

学校在执行国家课程和地方课程的同时，应视当地社会、经济发展的具体情况，结合本校的传统和优势、学生的兴趣和需要，开发或选用适合本校的课程。各级教育行政部门要对课程的实施和开发进行指导和监督，学校有权力和责任反映在实施国家课程和地方课程中所遇到的问题。

八、教师的培养和培训

17、师范院校和其他承担基础教育师资培养和培训任务的高等学校和培训机构应根据基础教育课程改革的目标与内容，调整培养目标、专业设置、课程结构，改革教学方法。中小学教师继续教育应以基础教育课程改革为核心内容。

地方教育行政部门应制定有效、持续的师资培训计划，教师进修培训机构要以实施新课程所必需的培训为主要任务，确保培训工作与新一轮课程改革的推进同步进行。

九、课程改革的组织与实施

18、教育部领导并统筹管理全国基础教育课程改革工作；省级教育行政部门领导并规划本省（自治区、直辖市）的基础教育课程改革工作。

19、基础教育课程改革是一项系统工程。应始终贯彻“先立后破，先实验后推广”的工作方针。各省（自治区、直辖市）都应建立课程改革实验区，实验区应分层推进，发挥示范、培训和指导的作用，加快实验区的滚动发展，为过渡到新课程做好准备。

基础教育课程改革必须坚持民主参与、科学决策的原则，积极鼓励高等院校、科研院所的专家、学者和中小学教师投身中小学课程教材改革；支持部分师范大学成立“基础教育课程研究中心”，开展中小学课程改革的研究工作，并积极参与基础教育课程改革实践；在教育行政部门的领导下，各中小学教研机构要把基础教育课程改革作为中心工作，充分发挥教学研究、指导和服务等作用，并与基础教育课程研究中心建立联系，发挥各自的优势，共同推进基础教育课程改革；建立教育部门、家长以及社会各界有效参与课程建设和学校管理的制度；积极发挥新闻媒体的作用，引导社会各界深入讨论、关心并支持课程改革。

20、建立课程教材持续发展的保障机制。各级教育行政部门应设立基础教育课程改革的专项经费。

为使新课程体系在实验区顺利推进，教育部在高考、中考、课程设置等方面对实验区给予政策支持。对参加基础教育课程改革的单位、集体、个人所取得的优秀成果，予以奖励。

第九章　教学设计

【教学目标】

1. 理解教学及教学设计的概念；认识教学及教学设计的重要性，树立教学是学校的中心工作的观点。

2. 树立教学设计的新理念；能运用这些理念指导具体的教学设计。

3. 掌握教学设计的策略；能运用这些策略于具体的教学设计中。

教学是学校的中心工作，是学校培养人才，实施全面发展教育的基本途径。教学过程包括教学设计、教学实施和教学评价三个环节。教学过程作为一个动态的发展历程，是三者之间相互作用、相互影响、循环往复、不断深化的过程。其中教学设计是保证教学有效性的前提，是教学实施前要做的一切准备工作。教学实施是教学过程的中心环节，是将教学设计的静态内容动态地展现，教学评价是对前两个环节的总结、反思与提升，又是保证新的过程进行的基础和前提。本章主要分析教学设计的基本理念和策略。

第一节　教学设计概述

一、教学的概念及意义

（一）教学的概念

要实现教育目的，有效地促进学生的发展，必须通过许多工作来实现，其中主要的一项工作就是教学。教学是学校的中心工作，是学校培养人才，实施全面发展教育的基本途径。教学工作搞得好不好，关系到整个教育质量的高低，关系到培养人才的素质。

教学是教师的教和学生的学的统一活动，是学生在教师有目的、有计划的指导下，积极主动地学习和掌握系统的文化科学基础知识和基本技能，发展能力，增强体质，促进身心全面发展的一种教育活动。这个定义包含如下三层意思：第一，强调教师教与学生学的结合或统一，即教师教和学生学是同一活动的两个方面，是辩证统一的。首先，教不同于学，在教学情境中，教主要是教师的行为，学主要是学生的行为。教师与学生之间存在着差异，教与学之间也存在着差异。教主要是一种外化过程，学主要是一种内化过程。其次，“教”和“学”相互依存，相辅相成。“教”离不开“学”，“学”也离不开“教”。教学永远包括教与学，但不是简单地相加，而是有机地结合或辩证统一。第二，明确了教师教的主导作用和学生学的主体地位。在教学过程中，教师主导着教学活动的方向和性质，学生永远都是学习活动的主人；教师只能指导学生学习而不能代替学生学习，学生只有在教师的有效指导下才能更好地学习；既不能以任何形式削弱教师的主导作用，也不能以任何借口剥夺学生的主体地位。第三，指出了教学对学生发展的促进功能。学生身心的健康成长，离不开教学的深刻影响。学校教学不仅使学生掌握一定的知识和技能，还要发展学生的能力，增强学生的体质，形成学生良好的思想品德，促进学生身心的全面发展。

（二）教学的意义

1. 教学对社会发展的作用

从教学的社会功能上看，教学是促进社会发展的必要手段。社会的延续和发展离不开科学文化知识的传递，离不开符合社会需要的一代新人的培养；而知识的传递、新人的培养主要是靠学校的教学工作实现的。通过教学，向青少年一代传递人类长期积累起来的知识经验、道德伦理思想，使他们的个人认识在较短的时间和有限的空间内就能达到当代社会的认识水平。因此，教学是社会延续和发展的必要手段之一。

2. 教学对个人全面发展的作用

从教学的育人功能上看，教学是实施全面发展教育，培养全面发展人才的基本途径。

教学是实施德育的基本途径。学生正确的政治观点、思想观点和道德品质的形成和发展，必须建立在自然科学、社会科学和思维科学的基础之上，而这个科学基础是通过各科教学奠定的。

教学是实施智育的基本途径。它可以使学生在较短的时间内，用较少的精力，较全面地获得人类几千年积累起来的大量的知识和技能，并使学生以此为基础，获得智力的迅速发展和提高。教学使智育的实施突破了时间、空间的局限，大大加快了认识的速度，扩大了认识的范围，是一条获取知识、发展智力的捷径。

教学也是实施体育、美育和劳动技术教育的基本途径。一方面，学校专门开设了体育、音乐、美术、书法及生产劳动课，通过这些学科的教学，对学生进行专门的体、美、劳方面知识与技能技巧的培养。另一方面，学生还可以从其他各科教学中获得关于体、美、劳方面知识的教育和教养等。

3. 教学在学校教育中的作用

学校是教书育人的专门场所。在学校的全部工作中，教学活动所占时间最多，涉及学科广泛，教学内容丰富，对学生全面发展起着重大作用。学校教育工作必须以教学为主，全面妥善地安排教学、生产劳动、社会活动的时间，建立稳定的教学秩序，才能切实保证提高教育质量，实现学校的培养目标。以教学为主，是学校区别于其他部门的一个本质特点。

新中国成立以来教育工作实践表明，什么时候学校工作以教学为主，教学秩序就稳定，教育质量就能够保证。反之，任何时期不以教学为主，教学秩序就会混乱，教育质量就会下降。学校工作“必须以教学为主，努力提高教学质量”，这是学校工作正反经验的科学总结。当然，以教学为主，并不等于“教学唯一”“教学就是一切”。如果排除社会活动、生产劳动及其他课外活动等，就会背离全面发展的方针。因此，必须在教学为主的原则下，全面安排好学校的各项活动，以保证学生的全面发展，提高教育质量。

二、教学设计的概念及特点

（一）教学设计的概念

教学设计就是运用系统论的观点和方法，按照教学规律和教学对象的特点，设计教学目标，规划教学全过程诸因素的相互联系和合理组合，确定实现教学目标的方法、步骤，为优化教学效果而制定实施方案的系统的计划过程。

“设计”这一概念在许多领域被广泛使用，如工程设计、产品设计、美术设计、发型设计等，但是人们对“设计”的理解却不尽相同。《现代汉语词典》对“设计”的解释是：“在正式做某项工作之前根据一定的要求预先制定方法、图样等。”简单地说，设计就是人们在开展活动之前的一种策划或安排。它具有一定的预想性与创造性。

设计被引入到教学领域以后引起了人们很大的兴趣，为什么要把它引入到教学领域？这是由教学的复杂性、多变性所决定的。教学活动是影响人的活动，通过它如何实现对学生发展的目的、发展什么、怎么发展都需要人们进行认真的研究。没有好的教学设计就不会有好的教学实践，没有教师对教学的认真设计，教学活动是难以顺利进行的。

（二）教学设计的特点

就教学设计本身来说，它具有系统性、创造性和最优化等特点。

1. 系统性

如果把教学设计活动的基本思想概括成一句话，那就是系统方法论。从系统科学的观点看，系统是由一定的相互联系、相互作用、相互依赖的要素组成的有机整体。所谓系统方法，是从系统的角度来分析和考虑问题，把研究对象当作一个系统来认识，作为一个系统来处理的方法。教学活动即是一个由教师、学生、教学目标、教学内容、教学媒体和方法等诸因素构成的动态系统，是一个多任务、多层次、多要素的复杂系统，系统中的各因素相互联系、相互依赖、相互制约。我们在进行教学设计时，要把教学看作一个系统，采用系统分析的方法去考察教学系统中的各个要素以及相互联系的方式，要把对各个要素的研究放在整个教学系统中进行，不要脱离系统的整体，去孤立地研究它的某个要素。例如，要把某单元某课时的教学内容放在整个教学的全过程上分析，处理好教材部分与整体的关系；同时还要注意教学内容与其他要素的相互联系、相互作用。只有系统的设计和分析，才可能取得良好的教学效果。

2. 创造性

俗话说，文无定体，教无定法。教学不可能有一套刻板的程式。教学设计的过程，也就是教师在创造性地思考、深入钻研教材的基础上，根据不同的教学目标，不同学生的特点创造性地设计教学实施方案，为成功进行教学绘制蓝图的过程，这也是教师发挥创造才能的过程。

3. 最优化

教学设计的过程即是寻求最优化的教学实施方案的过程。用系统观点来分析，教学系统的优化，既有赖于各教学要素的优化，还有赖于各要素间的结合方式的优化，使之通过关联、渗透达到促进，从而使整体功能达到最优。最优化要求教师在进行教学设计时要合理地确定教学系统内的结构要素，教学目标方面要具有全面性、适度性、可行性，教学内容要科学而系统，教学方法和教学媒体要科学地选择和应用，检测方案的制定要完整可靠。但是要素的优化并不等于系统的优化，系统的整体功能不是各个要素功能的简单相加，而是通过各要素的协调、整合，重新产生一种新的功能。所以教学设计必须从整体效益出发，恰当地考虑各要素在整个教学结构中的地位和作用，优化各要素间的组合方式，使教学效率和质量得到有效的提高。

三、教学设计的功能

（一）教学设计有利于提高教学的科学性和艺术性

教学主体在进行教学设计时，会自觉地运用现代教学理论，确定切实可行的教学目标，客观分析教学内容以及学生的实际特点，制定达成教学目标的程序与策略。这种以系统论思想为指导、遵循教学规律的教学工作，其科学性自然会大大提高。

在教学设计中教师甚至会考虑自己在教学中的情感运用，他们也会从教学审美的角度考虑问题。教学设计使教师对教学的程序与策略成竹在胸，这有利于他们在教学过程中灵活运用所设计的程序与策略。教学创造是以教学设计为前提的。一些特级教师的教学之所以形象、生动、富有艺术性，就在于他们能够精心设计教学。因此，教学设计有利于提高教学的艺术性。

（二）教学设计有利于提高教学的有效性

教学设计旨在以学生为中心设计行之有效的方法，让学生积极参与教学，使他们乐学、好学。教学设计总是考虑为学生营造轻松愉快的学习情境，培养他们的创造精神。如何调动学生学习的积极性、使他们学会学习是教学设计者首先要考虑的问题。教学有效性取决于学生是否学会了学习、学生在教学中的参与度、愉快的学习情境等。由此可见，教学设计有利于提高教学的有效性。

（三）教学设计能够提高教师的教学业务水平

教学设计的过程是教师研究教学的过程。在这个过程中他们需要研究学生的特点、教学内容、教学方法、教学媒体等。所以从这个意义上说，教学设计是建立在教学研究的基础之上的。一个优秀的教学设计，需要教师对他所承担的教学任务进行深入细致的研究，不断提高自身的教学素质和业务水平。传统教学中教师照本宣科根本谈不上教学设计。凡是优秀教师都很重视教学设计，正是教学设计使教师成了学者，使他们的工作富有研究性。

第二节　教学设计理念的更新

一、教学目标设计理念的更新：从知识本位到注重发展

教学目标的设计是教学设计的一个重要方面，决定着整个教学设计的方向、过程及结果评估，直接关系到教学效果和学生的发展。

传统的教学设计过分强调认知性目标，在教学目标中被规定得清楚而明白的，首先是本节课需要掌握的技能、技巧，而智力、能力、情感、态度、价值观等方面的目标只是形同虚设。由此导致的结果是课堂教学只关注知识的传递，见书不见人，忽视了学生是一个“完整的人”。

造成此问题的主要原因是由于长期以来我国基础教育课程是以知识为基础和价值取向而建构的课程，结果是知识教育过度。对于绝大多数教育工作者来说，课程就等于知识，把课程的获得等同于学习知识，很少有人去思考它的合理性，可以说已经达到了一种集体无意识状态。

这种知识本位课程观在教学设计中的突出表现就是“双基论”，重视“基本知识”“基本技能”目标，而忽视其他方面的目标，导致学生发展的片面性。

新一轮基础教育课程改革的基本思路是从新世纪社会、经济发展所面临的需要和挑战出发，从以知识为基础和价值取向转变为以人的发展为基础和价值取向，来重建课程体系。以人的发展为本是新一轮基础教育课程改革的核心理念，该理念强调面向全体学生，着眼于学生的全人发展，尊重学生的个性差异，重视培养学生的完整人格。新课程对学生的全面发展做了重新定位，每一门课程都提出要对以下三维目标进行有机的整合：知识与技能、过程与方法、情感态度价值观。为了满足学生全面和谐发展的要求，新课程中的课程目标正在走向多元、综合和均衡。

与新课程改革相适应，教学目标设计理念必须从以知识为本位转向以发展为本位，并在教学设计中具体体现在以下几个方面：

第一，教师要“目中有人”“心中有人”。教师在进行教学设计时，首先要认真分析本学科对于学生而言独特的发展价值，而不是首先把握这节课教学的知识重点与难点，不能把学生当作是为学习这些知识而存在的，教师是为教这些知识而存在的。当然，这不是说不要传授书本知识，而是要把传授书本知识服从、服务于促进学生有个性的、可持续的、全面和谐的发展。

第二，教师要有“全人”的概念。学生的发展是全人的发展，而不是某一方面的片面的发展。知识与技能、过程与方法、情感态度价值观三个方面的整合，是各学科课程目标的共同框架，要具体落实到每一节课上，使学科知识的增长过程同时成为学生人格的健全与发展过程。

第三，要注重学生的个性发展。每一个学生都是一个特殊的个体，在他们身上既体现着发展的共同性特征，又表现出巨大的个体差异。教师不仅要承认差异，而且要辩证地对待，把学生的差异作为一种资源来开发。具体体现在目标的设计上要有一定的“弹性区间”，使每一个学生都学有所得、得有所长。

二、教学过程设计理念的更新：从以教为本到主体参与

传统的教学设计往往是以教师的教为本，“以教论学”，学生的学只能围绕教师的教而展开，忽视了学生在学习过程中的自主性。教师在备课时的中心任务是钻研教材和设计教学过程，按教材逻辑，分解设计一系列问题或相关练习，把既定的知识传授给学生。学生被视为教师的劳动对象，其任务就是把教师所传授的知识储存起来。所谓发挥学生主体性，也只是为了让学生更主动地发出学习行为，以便更好地掌握确定的知识。之所以出现这一问题，在于旧的课程观是一种“知识本位”的课程观，以“知识为中心”的课程理念必然要求一种以教师为中心的教学相匹配。这种知识本位课程观强调知识是一种客观的、普遍的、永恒的真理，知识是人类遗产中最宝贵的东西，是文化的核心。教师负载着传递人类文化的重任，承担着将学生培养和训练成成人社会所要求的那种人的职责，在教育这个大千世界中应当具有一种“中心”或“核心”的地位。相应地，学生在教学中则处于“边缘”状态和被动接受的地位。这种传统的课程观把学习看作是对人类长期积累下来的文化知识的一种“复制”，通过单向的信息传递使学生接受既定的教学内容，从而达到使年青一代掌握知识的目的。

新课程体系则充分肯定了学生的内在价值，注重学生学习的选择性和创造性，树立起“学生即目的”的新理念。这和传统的课程观把知识看作是客观的、一成不变的观念相反，

而是把科学知识看作是通过个人的经验与探索发现的，即认知个体在与周围环境的相互作用中，逐步建构起关于外部世界的知识。学习活动不是由教师向学生传递知识，而是由学生自己建构知识的过程。学习者不是被动地接受信息，而是主动地建构信息。

与新课程改革相适应，教学过程设计理念必须从“以教师的教为本位”转变为“以学生的学为本位”，真正确立学生的主体地位。但强调以学生的学为本位并不否定教师在现代教学设计中的地位，而是要教师明确现代教学设计首先是为学生的有效学习服务的。这种观念在教学设计中具体体现在以下几个方面：

第一，教师要把学生看作真正的学习主体。教师应认真研究学生学习的实际起点，根据实际起点确定教学起点、过程，为学生的学创造有利条件。

第二，要使全体学生参与教学。教师在进行教学设计时要从不同层次学生的学习基础出发组织学生参与教学活动，使他们在原有基础上通过参与教学都有所发展。

第三，让学生参与课堂教学的全过程。学生在课堂中的参与不应局限于独立思考和练习阶段，从教学目标的确定、教学内容的选择、学习过程的设计到学习方法的选择，都应让学生积极参与，培养学生学习的自主性，促使其成为真正的学习主体。

第四，要引导学生全身心参与。学生的参与不仅是智力因素参与，非智力因素也要参与，不仅思维参与，其他感官也要参与。应充分解放学生的大脑、双手、嘴巴、眼睛，让他们主动地参与动眼观察、动耳聆听、动笔记录、动脑思考、动手操作、动口讨论的全过程。只有让学生的多种感官全方位参与学习，才能调动学生的学习积极性，使课堂教学焕发出生命活力。

三、教学方式设计理念的更新：从单向灌输到情境建构

与以“知识本位”和“教师本位”相联系的是传统的教学设计过分强调知识和技能自外而内的外铄过程，教学过程只是教师讲，学生被动地听、记、练，忽视了学生探索新知识的经历和体验，把形成结论的生动过程变成了单调刻板的条文背诵。另外，传统的教学设计只重视信息的单向传递，忽视师生之间、学生之间的多向度交往。

造成上述问题的原因仍是“知识本位”课程观的影响。这种课程观强调课程是社会选择和社会意志的体现，课程是既定的、先验的，是外在于学习者甚至是凌驾于学习者之上的，学习者只能是服从课程，在课程面前是接受者的角色。教师的任务是把这些既定的内容传授给学生，学生的学习成了纯粹被动地接受、记忆的过程。它不仅不能促进学生的发展，反而成为学生发展的阻力。

新课程的重要理念之一是倡导建构的学习。改变课程实施过于强调接受学习、死记硬背、机械训练的现状，倡导学生主动参与、乐于探究、勤于动手，培养学生搜集和处理新信息的能力以及交流与合作的能力。课堂教学的本质是要促进学生的有效学习，教学设计要为学生进行“知识建构”创造一种具有“情境性”和“协作性”的学习环境，从而推动其在建构的过程中获得发展。这种学习环境的设计主要体现在以下几个方面：

1. 设计问题情境

通过创设多种形式的教学情境，激起学生的求知欲和好奇心，引导学生积极主动地去探索问题、解决问题，让学生经历知识的形成过程，知道知识的来龙去脉，而不是仅仅记住现成的结论。

2. 设计协作情境

学习是一种社会性活动，师生的交往互动是促进学生有效学习的基本途径。不同学生对同样的现实问题会有多样化的理解，而理解的差异本身就是一种非常宝贵的资源；共享和交流对同一问题的不同看法和理解，并在此基础上达成共识或达成谅解就是一种广泛、深入而有效的学习。在设计时，教师应安排学生进行小组学习，鼓励小组活动，促进信息交流；创造条件，使学生有机会相互交流，发表自己的意见，评价他人的观点。

四、设计观的更新：从静态预设到动态生成

生成对应于预设。教学是预设与生成的矛盾统一体。预设是教学的基本要求。教学设计可以说就是对教学的预设。但传统的教学设计过于强调静态预设，许多设计者以其主观目的、愿望为依据设计了导入、展开、小结、作业、板书等教学过程，设计出了精细的提问，预定了标准答案，准确计算好一节课在不同环节的时间分配。这样的设计成了“剧本”，上课成了“彩排”，成为执行教案的过程。学生在课堂上实际扮演的是配合教师完成教案的角色。这使得教学失去了应有的活力，变得沉闷、乏味，缺乏意义的显现。

造成这种现状的原因是因为以往的课程是一种制度性课程或称之为官方文件课程。课程只是政府和学科专家关注的事，教学的过程就是忠实而有效地传递课程的过程，而不应当对课程做出任何变革。教师在教学设计时严格依据教学大纲和教材编写意图，严格设计教学过程，课堂上则按照设计好的程序进行教学。

新的课程观认为，课程不再是承载特定知识的文本，即文本课程，而是学生生活世界的经验和体验，即体验课程；课程也不再是教学前的计划和目标，即制度课程，而是师生共同探求新知识的课程，即过程课程；课程也不再是由教材这一单因素构成的静态课程，而是教师、学生、教材、环境等多因素相互作用形成的动态的、生长的建构过程。相应地，教学也不再是忠实地执行课程计划（方案）的过程，而是师生共同实施、开发和创造课程的过程，是实现课程内容持续生成与转化、课程意义不断建构与提升的过程。

与新课程改革相适应，传统的静态预设的教学设计观必须转变为动态生成的设计观。在进行教学设计时，教师应考虑不断变化的情况，掌握应对的策略，通过把弹性因素和不确定因素引入教学过程的设计，使教学设计为师生课堂教学的实践留出主动参与、积极互动、创造生成的可能。

这种动态生成的观念在教学设计中具体体现在以下几个方面：

1. 教学目标的设计应有灵活性

课程标准规定的课程目标作为一般要求，具有普遍性、基本性，但课程目标又有它的超越性和不确定性，教学目标必须潜在和开放地接纳始料未及的体验，要鼓励师生互动中的即兴创造，实现并超越目标预定的要求。

2. 教学内容的设计应有灵活性

新课程标准为教师留下了许多空间，新课程理念强调教材的“范例性”，允许教师立足实际，着眼发展，依据教材但不拘泥于教材，从广度和深度上对教材进行再创造，加强教材与现代社会、科技发展及学生生活之间的联系。

3. 教学过程的设计应有灵活性

教学过程的设计重在由何开始、如何推进、如何转折等全过程关联式策划，不是硬性规定步子大小和全班同步行进。不同的学生有不同的学习途径和方法，不同的学生有不同的学

习需要和学习速度，为了达到新课程标准规定的学习结果，教师在教学过程设计上应有灵活性，以适应不同的学习者有不同的学习速度和学习能力这一实际情况。

第三节 教学设计的过程

教学设计是一项系统设计，它必然依照一定的程序和步骤进行。完整的教学设计主要包括以下几个环节：教学目标设计；根据学生已有水平的教学起点设计；教学过程的设计。这几个环节是互相联系的。其中教学目标的设计对教学的发展起着调整和控制作用，制约着教学设计的方向。学生的已有水平是进行教学的“内在条件”，在进行教学设计时必须确定学习者的已有水平，确定向教学目标努力的起点，并据此设计相应的外部条件。这些外部条件包括教学内容的组织安排，教学方法和教学媒体的选用及课堂教学结构的安排等。这些外部条件的设计要与学习者的内在条件有机地配合起来，从而优化地达成教学目标。

一、教学目标的设计

科学、合理地确定教学目标是进行教学设计时必须正确处理的首要问题。所谓教学目标是指教学活动的指向或学生学习的结果，包括知识、智力、情感、身体素质等各个方面。教学目标是教学的出发点和归宿，对教学活动起着调整和控制作用。现实表明，对教学目标认识不清，没有看到它是进行教学活动首先应该明确而又必须全面贯彻的问题，是导致教学质量低下的原因之一。所以教学活动必须有明确的教学目标，教学设计应从目标开始，必须重视教学目标的选定和准确的表述。

（一）设计教学目标的依据

设计教学目标的依据是课程标准和学生的发展现状。

国家课程标准是国家对基础教育课程的基本规范和要求。《基础教育课程改革纲要（试行）》明确指出，课程标准是教材编写、教学、评估和考试命题的依据，是国家管理和评价课程的基础。它体现国家对不同阶段的学生在知识与技能、过程与方法、情感态度与价值观等方面的基本要求，规定各门课程的性质、目标、内容框架，提出教学和评价建议。课程标准是设计教学目标的重要依据。

（二）教学目标的选定

传统教学设计存在的问题之一是对教学目标理解的片面化，过分强调认知性目标，在教学目标上被规定得清楚而明白的是本节课教学的知识“重点”和“难点”，需要掌握的技能、技巧，而智力、能力、情感、态度、价值观等方面的目标只是形同虚设。

全面设计教学目标，不能只注重知识领域的目标，而忽视其他领域的目标。教学目标是依据课程目标来设计的，课程目标应贯穿和体现于教学目标之中，因此，教学目标的内容范围与课程目标应该是一致的，具体可分为三个领域：知识与技能，过程与方法，情感态度与价值观。知识是指事实、概念、原理、规律等，技能是指动作技能以及观察、阅读、计算、调查等技能。过程与方法是指认知的过程和方法，科学探究的过程和方法，认知过程中人际交往的过程和方法，特别强调在过程中应用知识，学习和运用方法。情感态度与价值观，一般包括对己、对人、对自然及其相互关系的情感、态度、价值判断以及做事应具有的科学态度、科学精神。确定教学目标的内容范围时，一定要全面考虑三个领域，不可有所偏废，而在具体的每节课中，教学目标又可以有不同的侧重点。

不能以课程的具体内容标准代替教学目标。课程的具体内容标准是课程目标的具体化，但它不是详细、具体的教学目标。例如，“练习使用显微镜”这一节课，如果把具体内容标准中的“说明显微镜的基本构造和作用”直接作为教学目标，显然是不合适的。综合相关因素，可以将本节课的教学目标设计为：知识与技能目标——说出显微镜主要构件的名称和作用，说出显微镜的规范操作方法，练习使用微镜，尝试使用显微镜观察生物玻片标本；过程与方法目标——学会按程序操作和观察；情感态度价值观目标——认同显微镜的规范操作方法，爱护显微镜。本节目标侧重于动作技能“练习使用显微镜、尝试使用显微镜观察生物玻片标本”。

（三）教学目标的表述

选定教学目标是设计与实施教学的首要工作，而如何表述教学目标使之发生最大的效能也是一项很重要的工作。教学目标的传统表述，常以教师为本位，以较抽象、笼统的话语来表达。例如：“通过这堂课的教学，我们要培养学生发现、分析、解决问题的能力”。这样表述的教学目标存在的问题有：主语是教师，而不是学生，教学目标应指向学生的发展，而不是说明教师应做什么；目标表述不够明确，过分笼统含糊，难以观察、测量，很难肯定教学目标是否确实达成，因而教学目标对教学活动的指导作用往往流于空泛，没有发挥它应有的作用。

那么一个规范的教学目标应怎样阐述呢？

1. 行为目标的 ABCD 表述方法

ABCD 指的是教学目标中应包含的四个要素，ABCD 是四个要素的英语单词首字母，它们的含义分别是：

（1）A 即 audience，意指“学习者”。要有明确的学习者，这是目标表述句中的主语。根据具体情况，可标为“小学三年级学生”“初二的学生”等。

（2）B 即 behavior，意为“行为”。要说明通过学习后，学习者应能做什么，是目标表述句中的谓语和宾语。这是关于目标表述中的最基本的成分，不能缺少。表述行为的基本方法是使用一个动宾结构的短语，行为动词说明操作的行为，宾语则说明动作指向对象。课程与教学目标的具体性、明确性，主要取决于行为动词的可观察性和可操作性，所以应尽量避免使用诸如“理解”“掌握”等含义不易确切把握的词。

（3）C 即 conditions，意为“条件”。要说明上述行为在什么条件下产生，是目标表述句中的状语。条件是指学习者表现行为所处的环境、设备、信息、时间、人等因素的限定。如在“一个小时的平时测验中”“依照书本第四章的课文”“不得参考笔记或其他参考资料”等，均是对行为目标的条件叙述。在实际的目标表述时，有时条件要素可省略。

（4）D 即 degree，意为“程度”，即明确上述行为的标准。标准是指作为学习结果的行为可接受的最低衡量依据。标准可从行为的速度、正确性、质量等方面确定，如“指认 8 个当中的 3 个”（准确性）、“15 分钟内”（速度）、“至少达到 80 分”（质量）。与条件要素一样，标准要素也可省略。

现介绍一个运用 ABCD 方法表述的目标例句：“给予 20 个要填写形容词的未完成的句子，学生能在 15 分钟内分别写出形容词以完成的句子”。其中，“学习者”是“学生”。“行为”是“写出形容词”。“条件”是“20 个需要填写形容词的未完成的句子”。“标准”是“15 分钟内”。

由于各门学科的具体内容不同，学生的年龄阶段不同，因而教学目标的具体阐述各不相同，但其基本要求是：应明确教学对象，如“小学六年级学生”；应说明通过教学后，学生应能做什么，即行为；应说明学生的行为在什么条件下产生；应规定评定学生行为的标准。这样表述的目标明确具体，切合实际，才能给教学提供具体的指导。当然，在实际运用中，并不需要机械地按照这样四个部分组成的形式编写教学目标。

2. 内部过程和外显行为相结合的表述方法

按照上述方法表述的教学目标具有具体、明确、可观察和可测量的性质，有利于评价教学结果，但它本身也有缺点。在实际教学中，有许多作为目标的心理过程难于采用表示外显动作的术语来描绘，如情感领域内的目标就很难表述，因为学生在这方面的变化难于观测，常常是内隐的。要具体描述情感目标，只有通过一些事实来说明。我们可以先用描述内部心理过程的术语来陈述概括的教学目标，然后用可观察的行为作为例子使这个目标具体化。

如地理课在讲到“人类与环境”课题时，要求学生树立可持续发展的观点。这样的目标可以表述为：

学生能树立可持续发展的观点；

能说出可持续发展的大概意思；

能运用所学的知识批判现实中破坏环境的思想和行为；

对有不符合可持续发展思想的实例材料，能指出并作出批判和评述。

在这一组表述中，前面一部分“学生能树立可持续发展的观点”是对内部过程的表述，后面三句话是为了说明内部过程而表述的可观察、可测量的外显行为。两者相结合的表述方法，既保留了行为目标表述的优点，又避免了行为目标只顾及具体行为变化而忽视内在心理过程变化的缺点。

二、了解学生

要进行教学设计，还应该对学生有一个客观的、正确的评价。准确地把握学生的已有水平，确定教学的起点，是成功教学的十分重要的前提。

（一）了解学生心理发展的一般特点

要了解学生所处的年龄阶段的特征，从整体上把握学生的一般特点（可参考本书有关章节）。

（二）了解学生的具体准备状态

除了了解学生的一般特点外，我们还必须了解学生对某一单元或某一节课教学的准备状态，大体包括以下内容：①了解学生是否具备了必须的知识、技能基础；②了解学生对学习新任务的情感态度，这主要涉及学生的学习愿望、毅力、动机、兴趣等；③了解学生对学习新任务的自我监控能力，这主要涉及学生的学习习惯、方法、策略及风格等；④了解学生对目标状态是否有所涉猎，这主要指学生学习新任务时，是有“中间路障”还是已经能够“长驱直入”了。

了解学生对于某个单元某节课教学的具体准备状态，不能光凭教师的印象或直觉猜测，需要借助测验、谈话、观察等手段。如在教学之前给学生一个预试，也可以是在课堂上询问学生，如“有多少同学曾经用过显微镜?”这样，通过测验、谈话等方式，我们就可以了解学生对某课题的准备状态，据此可以确定教学的起点。

（三）了解学生的差异

每一个学生都是一个独特的个体，既找不到两个完全相似的学生，也不会找到适合所有学生的教学方法。人无全才，人人有才，因材施教，人人成才。所以教学设计中要研究学生的个别差异，根据学生的学习基础、性格等进行差异性教学。

教育改革的根本标志是从选拔适合教育的儿童到创造适合儿童的教育。最适合学生的教育是最成功的教育。让教学适应学生的差异是当前教学改革面临的最大的挑战。多少年来，我们的基础教育研究共性教育多，研究差异性教学少。教师热衷于研究大纲、教材、教法的多，研究和分析学生的差异少。这恰恰是导致一部分学生学习失败的重要原因。新课程的一个重要理念就是要促进每位学生的发展，而每一个学生又是一个独特的个体。所以了解学生的差异，强调学生差异存在的客观性、普遍性和多样性，承认个体差异、关注个体差异、满足不同学生的需要，是“使每个学生都能得到充分发展”的基本前提。

三、教学过程的设计

教学目标和学生的起点水平确定之后，接下来就需要对实现目标的过程进行设计，具体包括教学内容的组织安排、教学方法和教学媒体的选用设计、教学检测的设计以及课堂教学结构的安排等。这些外部条件的设计要与学习者的内在条件有机地配合起来，从而优化地达成教学目标。

（一）教学内容设计

教学内容的设计过程也就是教师认真钻研教材，开发教学资源，选择组织讲授内容的过程。

教材和教科书并不是完全相等的概念。教材是教师和学生据以进行教学活动的材料，包括教科书、讲义、讲授提纲、参考书、活动指导书以及各种视听材料等。其中，教科书是教材的主体部分，故人们常把教科书简称为教材。

在课程改革中，我们应当确立起“教材系列”的概念和观念。教材是成套化系列，绝不仅仅限于教科书。教科书是学校教育中最重要的教材，或是教材系列的主体部分，是衡量一个国家或地区基础教育水准的重要标志。从这个意义上说，那种将教科书视为唯一绝对的教材的传统观念和行为是不恰当的，而走向另一个极端的轻视或放弃教科书的观念和行为同样是不恰当的。

传统教学强调“以本为本”，师生不敢越雷池一步。而课程标准给则教科书编写者和教师留下了许多空间，允许并鼓励大家立足实际，着眼发展，依据教科书但不拘泥于教科书，从广度和深度上对教科书进行再创造，既可以调整教科书编排的顺序和内容，也可以对教科书提出批评和疑问。

（二）教学方法和教学媒体的选用设计

教学方法和教学媒体两者是紧密关联的。一方面，无论哪一种教学方法都需要媒体的配合，教学方法具有物质性的特点。教学方法的物质性也就是对教学媒体的依赖性，这是不以人的意志为转移的。另一方面媒体的使用必须贯穿一定的教学方法。教学方法和教学媒体是互为作用的，任何一方不恰当，均会影响课堂教学效果。

1. 教学方法的选用

教学方法是教师和学生为实现教学目的、完成教学任务所采用的方式和手段的总称，它包括教师的教法和在教师指导下的学生的学法。在长期的教学实践中，人们积累了多种教学方法，如讲授法、谈话法、讨论法、读书指导法、演示法、参观法、实验法、练习法、实习作业法等。讲授法是教师借助口头语言系统地向学生传授知识的方法，包括讲述、讲解、讲读、讲演等方式。讲授法是教学的主要方法，也是运用最广泛的方法。谈活法是教师运用与学生进行对话的方式进行教学的方法。讨论法是学生在教师的指导下围绕某个问题，发表自己的看法，从而互相启发，搞清问题的一种教学方法。读书指导法是教师指导学生阅读课本和参考书，培养学生自学能力的方法。演示法是教师通过展示实物、直观教具、实验或动作示范，使学生获得知识或巩固知识的方法。参观法是教师根据教学要求，带领学生到校外一定场所对实际事物进行观察、研究，从而获得知识、发展智能、提高思想认识的一种方法。实验法是学生在教师的指导下运用一定的仪器设备进行独立操作，从事实验活动，以获得知识的教学方法。练习法是学生在教师的指导下通过读、写、算、做等实际活动，培养技能技巧的方法。实习作业法是学生在教师的指导下进行一定的实践操作活动，以培养实际操作能力的方法。

教学方法是多种多样的，每种方法各有其特点及适用范围，一定要从实际情况出发，灵活地、创造性地、综合地运用各种方法。选择教学方法的依据如下：

第一，从具体的教学目标或教学要求出发。对教学方法的选择直接起作用的应是教学目标。每节课的教学目标和要求不同，采用的教学方法就不一样，每个教学目标都需要有与该项目相称的教学方法才得以实现。如果是要求学生掌握基本的概念、原理，可以讲授为主；如果是要求培养学生发现问题、解决问题的能力，则须创设必要的问题情境；如果要求学生形成某种动作技能，就得在讲解要点的同时，作恰当的动作示范。巴班斯基说过，每种教学方法就其本质来说都有优缺点，每种方法都可能有效地解决某些问题，而解决另一些问题则无效，每种方法都可能会有助于达到某种目的，却妨碍达到另一些目的。

第二，从学科特点和教学内容出发。依据学科的特点来选择教学方法，就是依据学科的性质和教材的特点来选择方法。属于自然科学的物理、化学、生物等学科，常常采用实验的方法；属于社会科学的语文、外语、历史等学科，常采用听、读、说、写的讲授方法；而音乐、美术、体育、劳动等学科，就不能采用讲授为主的教学方法，需要讲练结合，精讲多练的教学方法。各学科不同章节的教材，内容不同，采用的教学方法也应有所区别。例如，数学要讲的内容是公式、定理、法则，教师可采用以讲解为主的教学方法，让学生明确这些基本概念；如果主要是培养学生的计算能力，并通过计算印证数学上的一些基本概念，则可以采用练习的方法。

第三，依据学生的特征。学生的年龄不同，学习的心理过程也不同，对中学生所采用的方法，自然与小学生所采用的教学方法要有所区别：同样是中学生，对初中一年级与对高中二年级学生的教学方法也应有所不同，这主要是由于学生年龄差异所造成的在心理发展水平上的差异。例如，在初中经常使用启发式谈话的教学方法，在高中则多用讲解的方法。在物理和化学课上常用的实验方法，高中生经教师的指导，可以独立地进行难度较大的实验：而初中学生，特别是刚刚接触实验的学生，必须在教师细致的帮助下，一步步地做些比较简单的实验。

第四，依据学校的具体条件。各个学校的教学设备、条件都不尽相同，教学方法的选用也应有所差异。如有些地区经济较为落后，学校理、化、生的实验设备缺乏，学生分组实验仍有困难，教师此时可选择演示法，如果演示也困难，可采用图示。

第五，教师本身的条件。从某种意义上说，教学方法只是一种工具，教师在实践中总是以自己的特性去选择教学方法的。例如，有的教师语言生动形象，幽默有趣，讲话逻辑性强，就可以多采用一些讲述或讲解的方法，把事物描绘得生动具体，而后由浅入深，提示事物内在规律。有的教师不善于作具体形象的语言描述，却长于运用直观教具的演示，引导学生学会仔细观察，也同样清晰地讲清了问题。

2. 教学媒体的选用

媒体，是英文 Media 的译名，也称媒介。意思是载有信息的物体，或储存和传递信息的工具。教学媒体是储存和传递教学信息的工具。它一般可以分为两类，一类是传统教学媒体，又叫普通教学媒体，包括教科书、标本，模型、黑板、图表等；另一类是现代教学媒体，又叫电子技术媒体，包括幻灯、投影、录音、电影、电视、电子计算机等。两类教学媒体，为实现同一教学目标服务，它们相辅相成，互相结合，构成教学媒体体系。

近年来，随着我国基础教育普及程度的提高，中小学教学媒体的改革也有了长足进步。教学媒体种类渐多，质量等级渐高，媒体在教学环节中被选用的频度也越来越大。然而，深入教学实际人们就不难发现，在教学媒体的选用上存在着许多问题，主要是：第一，盲目选用：对使用媒体欲解决什么问题心中无数，讲排场、装门面；第二，攀高选用：唯现代化、唯价位观念盛行；第三，无知选用：使用者对各种媒体的特点、作用、使用规范不甚了解，难以发挥应有效能；第四，欠开发选用：对媒体的潜在性能缺少研究，多种媒体的整合效果得不到充分挖掘。这些问题的存在，严重影响了教学媒体作用的有效发挥。为最大限度地发挥媒体作用，提高教育教学质量，在选择和运用教学媒体时应遵循如下基本要求：

第一，明确目的，讲求实效。教师在选用教学媒体时，要有明确的目的感，要有的放矢。它包含两个方面的意义：一是从教学的总体目标要求出发，宏观上考虑教学媒体的选用，以保障总体教学目标的实现；二是从具体的教学内容出发，微观上考虑教学媒体的选用，为的是保证局部教学要求的实现。讲求实效也是媒体选用的最基本要求，它强调的是媒体在教学过程中的作用效果。恰当选择，合理使用是关键，只有这样，才能充分利用媒体功能，展现媒体特点。

第二，媒体选择与组合的最优化。最优化是对媒体选择与组合提出的要求。最优化是具体的。某种媒体组合对某教师、某班组的教学来说是最好的，但对另一教师，另一班组的教学则不一定。因此，最优化要求指的是在具体条件下的最优化。教师要注意两点：一是选择媒体要全面考虑，综合运用多种媒体（传统媒体、现代媒体）比只有一种媒体效果好。要考虑教学的需要，各种媒体的特点和功能，同时还要考虑现实条件，即现有设备和经济条件。二是媒体的组合要合理。要把各种媒体的使用有机地结合起来，合理地应用于教学过程，力求使各种媒体的长处在教学中充分发挥出来。

第三，教师指导与媒体的演播有机结合。要实现教师指导与媒体演播的有机统一，首先，要加强对视听内容和方法的指导，即要使学生知道看什么、听什么、怎样看、怎样听，要引导学生抓住事物的主要特征或重要方面，并了解事物的内在关系与发展变化过程，在丰富学生感性认识的同时，还要启发学生思考。其次，运用教学媒体，搞好双边活动的配合，尽量使教师、教学媒体、学生的活动协调一致，这样便于及时了解学生的学习情况，从而媒体以及相应的教学内容、步骤做出合理调整。

（三）教学检测的设计

在一切系统中都存在着信息反馈，没有信息反馈，系统就无法实现有目的的最佳运动。教学作为一个动态系统，要有序地达到既定的教学目标，也必须在经常的调控中才能实现。教学检测就是对教学系统实施调节与控制的必要手段和重要依据。

应该意识到，检测的目的不只是为学生评等，它还包括了确定学生的学业表现情况，以便查明教学的薄弱环节和疏漏之处，为教学补救提供依据。编制检测项目时要注意的问题有：

第一，检测项目与具体教学目标之间应有对应匹配关系。每个教学具体目标的达成与否至少要有一个检测项目来加以落实，必要时甚至可以用几个不同类型的检测项目来检查一个教学目标。

第二，用最适当的评估手段检测不同的学习结果。知识目标要求学生再认或回忆学过的信息，其行为标准是“说出”“描绘”“列举”“选择”等，所以选择题、填空题是较合适的评估手段。至于动作技能的目标，评估者有时只要对学生的操作过程稍加观察就可了然于胸，或者采用“核对表”进行更准确的评价。

（四）课堂教学结构的设计

前面已谈过教学内容的设计，以及教学方法和教学媒体的选择、教学检测的设计等，但归根结底都要回到具体的课堂教学结构上来，对一节课的程序进行设计，先干什么、后干什么，教师做什么、学生做什么进行应合理安排。

课堂教学结构的设计，首先要根据具体的教学目标、教学对象及教学内容恰当地选择教学环节。在选取教学环节之后，要具体设计课堂教学各环节的组织，如采取何种手段引起学生注意，采取何种方法、运用何种媒体呈现有关内容等。在教学环节设计的基础上进行“总装”，使课堂教学结构中诸环节衔接自然，协调有序，使之从整体上形成最佳的组合，以保证教学目标的实现。在进行课堂教学结构设计时必须注意具体问题具体分析。教学目标不同，学生特点不同，学科内容不同，具体的课堂教学结构的程式也就有所不同，一定要从实际出发，使课堂教学结构具有鲜明的针对性和有效的适应性。

四、教案的编写

在教学改革中，尤其在教案设计方面，全国各地的一线教师和教学研究人员都探索出许多新的经验，这里介绍三种教案的设计思路，也是三种教案的编写形式，这样做的本意并不是要教师机械模仿（因为教学设计思路是多元的，教案编写形式也是多样的），而是旨在开拓思路，使大家在此基础上去创造更多更新更科学的教案设计思路。

思 路 一

此教案编写的形式按着“教材分析——学生分析——设计理念——教学目标——教学流程”这五个部分来设计。这种思路的优点是比较全面地体现课改精神，尤其突出了学生分析和设计理念两个内容。但也有不足，即比较繁琐，如果教师每课都这样写教案势必就加重了负担。所以建议这种教案可以对重点章节有选择地编写。

思 路 二

与案例一比较本教案形式就比较简练。它只是编写了两部分内容：一是思路综述；二是教学简说，思路综述实际是把教材分析、教学目标、学生分析、设计理念综合在一起来说明。这样比较节省也容易形成整体。而教学简说主要说明教学流程，即教学过程的方法步骤。这种编写教案的方法也很值得借鉴。

思 路 三

本教案的设计比较有创新。首先形式上简练概括比较实用，通过“定位——切入——探究——拓展”四个层面把一节课的设计要素提领出来。“定位”说明的是教学内容、教学目标、重点难点和设计意图，这为一节课的教学方面做了注脚。“切入”是课前导入和创设情境。“探究”说明的是课堂教学过程，学生的学习活动安排和教师的组织活动安排。“拓展”是对课堂向课外延伸的设计。

下面是一个完整的教学设计案例。

《有多少人为了我》教学设计①

陈 萍

教材分析：《有多少人为了我》是小学三年级下学期第三单元《我的成长和他人》中的一个教学内容，是对小学低年级“自己能做的事自己做”“积极做家务劳动”“爱护别人的劳动成果”的继续和延伸，也是对上一课“我的劳动体验”的进一步升华和拓展。

教学目标：①体会各行各业劳动者给自己的生活带来的方便，懂得我们的生活离不开各行各业的劳动者；②观察、访问身边的劳动者，尊重他们的人格，感谢他们，珍惜他们的劳动成果。

课前准备：邀请学校工作人员到课堂；制作多媒体课件。

教学时间：2 课时

第 一 课 时

教学内容	教师活动预设	学生活动预设	设计意图
师生互动，生成话题	1. 谈话引导学生思考：看了“有多少人为了我……”这个话题，产生什么疑问？ 2. 根据学生提问板书	学生提出疑问 学生可能会问的问题有： 1. “人”是指谁？ 2. 到底有多少人？ 3. 为我干了什么？ 4. 这些人为什么要为我？ ……	小学三年级学生与外界接触的频度与广度都在拓展，在这一基本人际关系确立的关键时期，如何看待自己与他人的关系是不可回避的问题。学生有和劳动者交往的背景，却没有引起自己的有意注意，没有“在场”感。本次活动试图把这种关系凸显出来，从而将学生的无意识变为有意识 如何引发？由学生主动生成问题，然后根据学生生成的问题展开本次活动

① 杨九俊．备课新思维．北京：教育科学出版社，2004，第1页．

续表

教学内容	教师活动预设	学生活动预设	设计意图
唤醒生活记忆，拓展生活经验	1. 从每天的早餐说起，引导学生思考“一天中有多少人为我们辛劳” 2. 播放录像	1. 回顾：每天早晨香浓的牛奶、喷香的早点经过多少人的手才到了自己手中？ 2. 观看录像，思考：当我们在睡梦中，有多少人在忙碌？ 3. 讨论：从录像中看到了哪些人？在干什么？有什么感受？ 4. 结合自己亲身经历，谈谈从白天到夜晚，当自己需要（ ）时，有谁为自己提供方便	这个环节旨在还原生活情节，引发学生对生活经历的回顾，让学生感受自己的生活与身边劳动者的关系。录像旨在用镜头说话，拓展学生生活经验
	3. 说上课现场：“哪些人为我们今天在这里上课付出了劳动？”	1. 先说在活动现场能直接看到的人 2. 再由现场拓展开去，说说为我们提供了方便却不能直接接触到的人。感悟“一粥一饭当思来之不易，半丝半缕恒念物力维艰”	课堂生活也是儿童生活的一部分，引导儿童对熟视无睹的生活的有意注意，引发看到“物”后之人
	4. 激活学生提问：“到底有多少人为了我？”	1. 小组合作：把与自己生活有关的职业名称写在卡通纸上 2. 进行交流：答案贴在黑板上，与教师共同完成板书 3. 感受：为了我的人能否写得尽，说得完？	学生尝试穷尽为生活提供方便的人，感悟与我们生活有关系的人写不尽，数不清！
	5. 教材留白：“假如” 6. 联系生活实际谈谈感受	1. 设想假如有一天，各行业的人都停止了劳动，我们的生活会怎么样？ 选一个自己喜欢的话题，用自己喜欢的方式来表达！可以说一说，唱一唱，画一画 2. 春节时，家里的保姆、小区的工友回乡过春节了，我们的生活有什么不同？ 3. 感悟这些劳动者和我们是什么关系？	营造“缺失情境”，感受每个行业普通劳动者的不可或缺。引导“生态式”、“共生式”的思维方式。教材留白是对教材功能的拓展，还学生以选择权
整合课程资源，进行访问活动	1. 指导学生制定采访计划 2. 组织学生进行现场访问活动 3. 协助学生把用数码相机拍摄到的现场访问镜头对接多媒体	1. 讨论小队采访计划，进行分工 2. 自己选择采访对象，在现场进行访问活动。学生们可以选择能经常接触到的学校的各位工作人员，也可以选择平时较少有机会接触到的来自全国各地各个领域的劳动者 3. 交流采访收获：学生谈采访收获，展示采访的文字、声音或图片资料	新课程强调尊重儿童正在进行中的生活，本次教学活动是在课堂外进行的，现场的每一位劳动者都是难得的活动资源，我们十分珍惜。这样的接触使课堂内外互动，既能让儿童了解各行业劳动者，又能帮助学生掌握访问方法，为课后观察访问身边劳动者打下基础

续表

教学内容	教师活动预设	学生活动预设	设计意图
升华情感体验，问题拓展延伸	1. 深情地配乐朗诵散文 2. 激发学生进一步提出新问题 3. 媒体播放与人们衣、食、住、行有关的劳动者的图片。播放背景音乐：歌曲《为了谁》	1. 美文欣赏：《生活中有许多这样的人》，感受美好意境，升华情感体验 2. 思考：通过参与活动，又产生什么新的问题？ 3. 带着疑问、带着思索去面对身边的劳动者	教学既要还原生活又要提炼生活，触动情感，影响态度，提升价值观。教学活动告一段落，并不意味着对某个问题探讨的结束，而应当是新思考的开始

思考与练习

1. 什么是教学？有何意义？
2. 什么是教学设计？有何特点？
3. 教学设计有什么功能？
4. 应树立什么样的教学设计理念？
5. 教学设计的策略有哪些？
6. 运用本章所学的理论，就所熟悉的学科教学内容，设计一节课。

【相关材料链接】

材料一　新课程“教学过程”改革的要求

教师在教学过程中应与学生积极互动、共同发展，要处理好传授知识与培养能力的关系，注重培养学生的独立性和自主性，引导学生质疑、调查、探究，在实践中学习，促进学生在教师指导下主动地、富有个性地学习。教师应尊重学生的人格，关注个体差异，满足不同学生的学习需要，创设能引导学生主动参与的教育环境，激发学生的学习积极性，培养学生掌握和运用知识的态度和能力，使每个学生都能得到充分的发展。

大力推进信息技术在教学过程中的普遍应用，促进信息技术与学科课程的整合，逐步实现教学内容的呈现方式、学生的学习方式、教师的教学方式和师生互动方式的变革，充分发挥信息技术的优势，为学生的学习和发展提供丰富多彩的教育环境和有力的学习工具。

（选自《基础教育课程改革纲要（试行）》）

材料二　国外采用多元智能进行教学的一个实例

了解乘法的意义，记住一些基本的乘法口诀，是继续深入学习数学的必要基础。而这一点对学生而言，可能是特别困难的。以下内容是一个教师使用多元智能理论帮助学生们切实理解乘法运算的例子。其中的活动建议都是按多元智能来进行分类的，以便使大家明白哪种形式的课程可以纳入哪些智能领域。每种活动往往要涉及一种以上的智能，但这里只以所强调的那种智能来命名。

1. 数理-逻辑活动

有些学生天生擅长数理-逻辑学习，对这些学生来讲，数学是有趣的，解决等式问题是一种乐趣。

数小珠子：给每个学生几张白纸、50 个小珠子、胶水和一支彩色笔。教师在黑板上写下 3×4=12。向学生们解释，乘法运算只不过就是反复相加而已，今天他们要用相加的方法来学习乘法运算。在这个等式下面画三个大圆圈，并在每一个圆圈里画上四个圆点。向学生们解释，等式中的第一个数字告诉我们需要多少圆圈，等式中的第二个数字告诉我们要把多少小珠子放进每一个圆圈里。让学生们一块儿数数圆圈里一共有多少圆点，并在等号后的圆圈里写上“12”。

再给全班列举几个类似的例子。然后，在黑板上写下 10 个没有答案的等式，让学生们选择他们喜欢的一个等式，在纸上画圆圈，在圆圈里放小珠子，从而得出答案。让他们把小珠子用胶水粘在纸上，并写出等式来。

2. 语词活动

语词技能较强的学生，往往通过叙述和词汇才会对数学理解得比较好。这种学生中有许多人认为，学习中光有数字没有意思，枯燥无味。为此教师可以采用以下做法：

创造写作场景：让学生们写包括乘法运算在内的简短词语问题。鼓励他们给每个数字都起个名字并具有其个性。比如，8 可以叫做雪人 8 先生，4 可以叫作福莱迪 4。用下面的例子让他们开始：

福莱迪 4 吃了 3 个柠檬，肚子疼了 12 天。

雪人 8 先生给他家盖了 2 所房子，因为他有 16 个孩子。

胆小的 5 在他家后院挖了 5 个洞，把 25 本喜剧书埋在洞里让他妹妹找不着。

南希 9 节食减肥，一周减 6 磅，一直减到体重只有 54 磅。

3. 视觉-空间活动

视觉记忆力强的学生擅长画画和建筑类的活动。当他们能把乘法运算想象为立体画的时候，他们学得就更轻松了。

乘法运算图画：让每个学生选择五个特别难记的乘法运算等式。然后，让他们画出一幅表明等式和答案的图画来。学生们可以画出图画并且把等式和答案放在图画中的某个地方。比如 5×6 的图画就可能是一个男孩穿着一件印着 5 号的衬衣，他站在一个住房单元的门前，门上写着 6 号。男孩正和一个女人说话，这个女人正拿着一个写着 30 的蛋糕，庆祝她 30 岁生日。

乘法运算建筑模型：作为家庭作业，让学生选择他们感觉困难的两个乘法运算。然后，让他们搞出一个立体的东西来，这个东西在使用后要能够表明他们所选择的等式。比如：9×6=54 这个等式就可以通过搭一座房子模型来表明，这座房子里有 6 个房间，每个房间里有 9 件家具。学生们要向全班展示他的作品而不必显示那些等式。学生们喜欢研究这些模型，并且琢磨这些模型所包含的乘法运算原理。

4. 身体动觉活动

善于使用身体运动智力来学习的学生，运动和动手活动能够帮助他们记忆乘法运算。例如：

跳绳：把学生分成两人一组，给每组中的一个人一条跳绳。没有绳的学生给他的伙伴出一道乘法运算题。持绳的学生要跳题中的每一个数，然后再跳出正确答案的次数。例如：题目是 4×5，那么，跳绳的学生要跳 4 次，并且要说“4”，再跳 5 次，并且要说“5”，最后再跳 20 次，并且还要说“20”。然后两个学生再轮换。

5. 音乐活动

生来就通过音乐来学习与积累信息的学生，认为采用唱歌和发声的方式来记忆乘法运算最有趣。在教学时，如果听到这些学生唱出一种乘法运算口诀，请不要感到惊奇。

乘法运算音乐：有几种乘法运算口诀录音带可在文具店买到。每天数学课前放这样的录音带。

乘法运算韵律：让学生们两两结对，用一种乘法运算形式（如 5×0，5×1，5×2，…）创造出自己的乘法运算韵律来。

6. 人际关系活动

具有较强人际关系智力的学生，和其他学生一块儿学习远比他一个人坐在那儿拿着数学书学习更快乐、更轻松。因此可以采用下列活动形式：

对手赛：学生两人一组，给每组发一张答案卡和一些假钱币或小奖品，让每对学生轮流测验其对手。一个人答对了，就可以得到一个奖励。当所有奖品都被拿走时，比赛就告结束。学生们各自查点自己得了多少奖品，看谁赢得多。

乘法运算演讲表演：让学生们参加“乘法运算演讲表演”，他们可以当观众，也可以当表演者。表演以“一个乘法运算题的艰苦生活”为题，由“天真无邪的乘法运算”主持。在给每个数字一种个性以后，邀请学生们表演乘法运算中的角色。比如，福莱迪 4 可以讨论当他不得不与雪人 8 先生玩时他是多么慌乱。而上一回他们又玩了一次，他竟然抓住了雪人 8 先生作弊多达 32 次。

调查：让学生们自己调查其中的 20 名学生，看哪种方式帮助他们更轻松地学会乘法运算口诀。

7. 自我意识活动

有些学生需要安安静静地整理他们所学的信息。这些学生善于自己记忆信息，而对小组活动的忙乱感到麻烦。有时，他们并不在意别人，他们知道自己怎样才能学得更好，他们需要有时间进行独立学习和“照自己的方式来学习”。

安静时间：允许学生有安静的不受干扰的时间来学习和记忆乘法运算。

乘法运算日记：让学生们在学习或复习乘法运算时记日记，写下哪些问题掌握了，哪些问题仍然难于记忆，这将强化学习。此外，还可以让学生们评价哪些活动有助于学习乘法运算，并且让他们写下他们自己为什么有这样的想法。

（选自教育部基础教育课程教材发展中心组织编：新课程与学生发展，北京师范大学出版社，2001 年，第 116～120 页）

材料三　说　　课

一、说课的涵义

说课就是授课教师在充分进行教学设计的基础上，面对同行教师和专家讲述自己的教学设计和为什么这样教的理论根据；然后由听者评说，大家共同讨论，确定改进意见；再由授课教师修改完善其教学设计的活动。

二、说课的类型

从不同的角度，可以将说课划分为不同的类型，如从说课的时间安排划分，可分为课前说课与课后说课；从说课的范围划分，可分为备课组说课、教研组说课、年级组说课、全校说课、公开说课等；从说课的目的划分，又可分为教研型、汇报型、示范型、观摩型、竞赛型等。

三、说课的实践意义

（1）说课有助于教师转变教学观念，学习教育理论，更新知识结构。

（2）说课有助于教师增强教研意识，投身教学改革，探索教学新路。

（3）说课有助于教师发挥群体优势，加速队伍建设，提高教学质量。

四、说课的内容

1. 说课标

胸中有“标”，教学不慌。说课标就是要把课程标准中的课程目标作为本课题教学的指导思想和教学依据，从课程论的高度驾驭教材和指导教学设计。说课标，不仅要准确把握好课标中的“内容标准”，还要注重课标中的“活动建议”，从实际教学和学生的学习状况出发，在尊重“内容标准”的前提下，有选择性的采用一些“活动建议”。

2. 说教学目标

在说课中，说教学目标占有重要位置。教学目标是依据课程目标来设计的，课程目标应贯穿和体现于教学目标之中，因此，教学目标的内容范围与课程目标应该是一致的，具体可分为三个领域：知识与技能，过程与方法，情感态度与价值观。确定教学目标的内容范围时，一定要全面考虑三个领域，不可有所偏废，而在具体的每节课中，教学目标又可以有不同的侧重点。

3. 说教材

在新课程理念下，课程标准是教学的准绳，教材是实现课程目标的途径和手段。“运用教材而又不拘泥于教材”是新课程教材使用的基本原则。因此，教师必须钻研新课程标准，领会教材编写意图，分析教材的逻辑系统，把握好知识结构，明确本课题或章节内容在一个学段、一个年级的教材系统中所处的位置及其作用。

4. 说学情

学情，就是包括学生年龄特征、认知规律、学习方法及已有知识和经验等在内的总和，它是教师组织教学活动的依据，是学生学习新知的基础。要对学生的起点状况进行分析，关注学生进入教学前的学习状态，即原来具有的知识、技能、态度等。通过了解学生在既往的学习中已有的知识准备情况，了解学生对学习的态度、爱好、思维水平等情况，才能更好地为说课提供背景和依据，才能真正体现新课程理念，做到有的放矢。

5. 说教法

说教法就是在一定教学理念的指导下，根据本课题特定的教学目标、教学内容和学生学业情况，说出选用的教学方法，以及采用这些教学方法和教学手段的理论依据。“教学有法，教无定法”，一堂成功的课，其教学方法的选择、设计，应当是多种因素综合作用的产物。

6. 说学法

教学本身就是一种教与学的双边活动。学法指导是针对授课内容的难易程度，结合学生的具体情况，指导学生掌握知识的方法和技巧，要指导学生活学活用。恰当的学法指导，有助于学生对基本概念的理解，有利于学生掌握和运用这些知识分析更多更广的内容。

7. 说教学过程

说教学过程，就是围绕教学设计思路，依据新课程理念说具体的教与学的双边活动安排及这样安排的理论依据。在说教学过程时要把教学过程所设计的基本环节说清楚，也就是要说明教学活动如何开始，怎样展开，最终又怎样结束。但具体内容只须概括介绍，只要听讲人能听清楚“教的是什么”“怎样教的”就行了，不能像给学生上课那样详细讲解。同时不仅要注意详略得当，重点要突出说，难点要详细说，还要讲清楚“为什么这样教”。

在说课中说教学过程是重点，因为通过这一过程的分析才能看到说课者独具匠心的教学安排，它反映着教师的教学思想，教学个性与风格。也只有通过对教学过程设计的阐述，才能看到其教学安排是否合理、科学，具有艺术性。新课程强调学生学习的过程，倡导学生体验参与，倡导教师关注学生的情感，营造宽松、民主、和谐的教学氛围，让学生在“做中学”“用中学”，培养学生综合运用知识的能力，为其终身学习奠定基石。

（王晔：新课程理念下说课基本内容的构建，安庆师范学院学报（自然科学版），2008年，第1期，第125—126页）

第十章　教学实施

【教学目标】

1. 理解课堂教学及课的类型与结构概念；掌握组织课堂教学的基本程序。
2. 掌握教学实施一般过程的基本要求，尝试运用教学理论分析解决教学实际问题。
3. 掌握教学实施中常见问题的处理策略，结合自己的实际或通过案例进行分析与交流。

教学设计、教学实施、教学评价构成教学的完整过程，教学实施是教师具体开展教学活动时要遵循的基本要求与程序，主要体现在课堂教学、作业的布置与批改、课外辅导、学生学业成绩的考查和评定。课堂教学是教学实施的主要环节之一，课堂教学对学校教育质量的提高起到关键的作用。本章将主要分析教学实施的基本要求和方法策略，作业的布置与批改、课外辅导、学生学业成绩的考查和评定将在学科教学论中进行分析。

第一节　教学实施概述

一、课堂教学、课的类型

（一）课堂教学

课堂教学是相对于课堂教学之外组织的活动而言。课堂教学是将学生按年龄和知识水平分成有规定人数的班，教师以班为单位，按固定的时间表分科进行连续教学的一种组织形式。课堂教学质量的好与差，课堂教学效率的高与低，不仅影响到学生的健康成长，影响到教师的情绪体验与自身的发展，而且影响到学校教学质量的提高。

（二）课的类型

课的类型是根据一节课要完成的教学任务与任务多少划分的课的种类。正确划分和运用课的类型，可以使教师对每堂课在整个教学体系中的地位和作用有明确的认识，保证教学过程的系统性和完整性，促使学生全面、牢固地掌握知识、技能和发展能力。

课的类型可划分为两大类：单一课和综合课。单一课是指一节课内只完成一种教学任务的课。这类课有以讲授教材为目的的新授课；以巩固知识为目的的复习课；以培养技能、技巧为目的的练习课；以检查学生知识技能为目的的考查课等。

综合课是指一节课内同时完成两种或两种以上教学任务的课，这种类型的课，在中小学用的最为普遍。

二、课的结构

课的结构是指一节课的组成部分以及各部分进行的顺序和时间分配。课的类型不同，其结构也就不同。即使同一类型的课，由于各门学科特点不同，学生年龄特征不同，教师采用的教学方法不同，其结构也不完全相同。

以一节综合课为例，其基本部分及其大致进行顺序如下。

1. 组织教学

这是任何类型的课都不可缺少的环节，是保证课堂教学顺利进行的前提条件。其目的是使学生在精神上、物质上做好上课的准备，保持安静而有秩序的上课环境。组织教学可分为起始组织和过程组织两个方面，贯穿于一节课的始终。

2. 检查复习

检查复习的目的在于指导学生复习已学过的教学内容，对已学过的知识进行巩固记忆和加深理解，加强新旧知识的联系。教师应根据教材特点和教学需要，采用多种检查复习的方法，如口头问答、书面问答或者黑板演算等。

3. 讲授新知识

其目的在于使学生掌握新知识。这是课的结构的中心部分。

4. 巩固新知识

其目的在于使学生对所学知识当堂理解、消化和巩固，并掌握运用新知识解答习题的要领，为学生独立完成课外作业打下良好基础。

5. 布置课外作业

其目的在于使学生进一步巩固深化课内所学的知识，培养学生独立学习的能力和习惯。

第二节　教学实施的一般过程

上课是整个教学工作的中心环节。一般而言，要使课堂教学进行的有序、高效，要求教师把学科知识、教育理论知识与教学艺术、自己的经验与感悟融为一体，才能充分调动学生学习的主动性，才能使师生间达到知识同步、思维同振、情感共鸣，使课堂教学过程富有生机，焕发生命的活力。

一、课的导入

（一）导课的意义

导课是指教师在一堂课的开始，用恰当而巧妙的方法，将要学习的新知识与以前学过的有关知识进行回忆、衔接、整合，引起学生的注意，激发学生对新学学习内容的兴趣的过程。教师精神饱满地走上讲台，充满热情的引入新课，对学生具有极大感召力和榜样作用。事实证明，教师真情的微笑，能使学生感到师爱的轻抚；教师和善的目光，会柔化学生课前兴奋的心理状态；教师充满希望的说出鼓励的话，会赢得学生感激和信任的目光及情感。导课的意义体现在：

1. 集中学生注意力，明确学习内容与目标

一节课开始时，学生的心理是很复杂的，教师以新颖别致，富有情趣的语言、或生动有趣的故事、实验、或对联、典故等形式开讲，可以把学生的心紧紧抓住，收剑各种与学习内容无关的思维活动，尽快将注意力集中指向教师、指向即将学习的教学内容，为学生学习新知识创造良好的条件。

2. 激发学习兴趣，产生学习动机

新课开始，教师以贴切而精练的语言传达教学意图，明确学习内容与要求，可以使学生产生新奇感，产生对学习内容探索的愿望，会增强学习的主动性和积极性，学习效率就会提高。

3. 搭建新知识学习的桥梁与平台

科学知识本身具有很强的逻辑性，新知识的学习要借助于已经学习掌握的一定知识，加深和理解新知识，需要学生提取一定的原有知识。导课是通过组织学生复习学过的相关知识，唤起学生对旧知识的回忆，从新旧知识的联系中，引出对新学内容的思考与理解，引导学生从已知的领域进入到未知的境地，促使学生产生探求新知的强烈愿望。

（二）导课的具体方法

古人作文有："凤头、猪肚、豹尾"之说，凤头者意指文章开头要美，课的开头有多种形式，但都应融科学、艺术、教育于一体才能富有吸引力和激发学生的学习兴趣。

1. 以旧引新法

当本节教学内容与先前所学有关课程有内在联系时，教师可采用温旧引新的方法，让学生通过复习旧知，激起对探索新知的渴求。运用这种方法使新旧知识过渡自然连贯，顺理成章，起到"老课不生厌，新课不生畏"的作用。

2. 点拨开导法

当学生经过预习，遇到不懂而想搞懂的问题，处于"心愤口悱"的状态时，教师可提供信息，讲思路，讲方法，进行点拨，帮助学生叩开探索的大门。

3. 形象导入法

对于一些比较抽象的内容，可采用形象导入，或实物演示，或展示图片或通过音乐、舞蹈等形式导入。这种方法能调动学生所有感官的参与，唤起学生的直接经验，通过联想，为理解概念打下良好基础。

4. 设疑导入法

教师可以通过故事、笑话、格言、佳联、典故等开头，巧妙地向学生提出问题，设疑布阵，引起悬念。疑设得巧，会像一颗石子投入学生的心田，会激起思维的绿波，智慧的涟漪，使学生从始而疑，继而思之，到终而知之。

5. 开门见山法

教师开讲就点明该课主题，提示难点、重点，引起学生的注意。如从破题释义入手或从某一层次或视角直接导入课文。这样的导入可以使学生很快进入对学习中心问题的探求，直截了当，清晰简明，促使学生思维迅速定向，抓住学习内容的重点与难点。

（三）如何克服紧张情绪

在教学过程中，有些新教师感到情绪紧张，表现为出汗、胆怯、心慌、害羞等，面对学生时呼吸急促、不敢正视对方、脸红、语无伦次、忘了讲课的词语等。以下方法可以使这些现象得以缓解：

1. 心理稳定法

上课时提前进入教室，熟悉室内环境，并与学生交谈，这样有助于消除陌生感，缓解、释放紧张情绪，促进心理稳定。或准备一杯温开水，在讲课前慢慢地喝，慢慢地咽下，也能舒缓紧张情绪。如果刚上讲台，害怕和学生的目光对视，可暂时把目光盯在倒数第二、三排的某个位置上，但不要盯住某个学生不动，也可缓解胆怯的心理。

2. 呼吸调整法

教师走上讲台后，不要急于开口，先采用胸腹联合呼吸法，做几次深呼吸。吸气时，胸腔应尽量舒展、吸气要深；注意不要抬头、耸肩，否则会将教师的紧张暴露给学生。吸满气后，要有意识地控制片刻，然后缓缓呼出。这种深呼吸可以有效地调节心律过快，呼吸紧张等症状。

3. 自我暗示法

在准备上课前，给自己一些积极的暗示，“我行”“我准备得很充分”“我最好”等，带着愉快的心情走进教室。登上讲台后，先说几句自己最有把握或最轻松的话，这种自我暗示，是一种有效的精神安慰剂，会调节自己的潜意识，尽快平息紧张情绪。

4. 精力集中法

教师在教学过程中应把注意力集中到讲授的内容上，“目中无人”地讲下去，课前怎么准备的就怎么讲。一旦讲起来后，紧张的情绪和胆怯的心理就会逐渐地降低，且会越讲越流利。

5. 默想脱敏训练法

在经历了课上的紧张后，课下舒适地坐在椅子上或躺在床上，两眼微闭，摒弃其他杂念，回忆引起高度紧张的诱因，如学生的目光、陌生的教室等，反复体验那种紧张的情绪。不久，就会感到紧张程度越来越低，最后，完全消失。

二、课的过程展开与组织

（一）利用注意规律组织教学

俄国教育家乌申斯基说：“注意是我们心灵的唯一门户，意识中的一切，必须都要经过它才能进来”。注意力集中是学生进行学习和掌握知识的基本条件。

1. 教师要善于运用学生有意注意和无意注意相互转化的规律组织教学

心理学研究表明，不同年龄的学生，有意注意的时间也不同，7～10岁时，有意注意时间为20分钟，10～15岁为25分钟，15岁以上为30分钟。教师要在学生有意注意时间内讲授重点、难点。要善于在教学活动穿插一些有趣的情节，使学生心倾神往、乐而不倦，又要善于向学生讲明学习目的，激发学习动机，激励学生用顽强意志来完成学习任务。两种注意方式的巧妙结合和交错有致，使教学活动具有生动性和节奏性。

2. 要巧妙地使用适宜的停顿

停顿是引起注意的一种有效方法。在停顿中，教师要注意掌握时间的长短。3秒钟的停顿可以引起学生们的注意，但是20秒钟或更长时间的沉默则会使人难以忍受。与有经验的教师相比，一个新教师往往会害怕停顿和沉默，每当出现这种情形时，他们就赶紧用附加的问题或陈述填补进去。有经验的教师在提出一个问题后，总是停顿一会儿让学生思考，做好回答的准备。当学生回答完问题之后再次停顿，给学生进一步思考的时间，促使其把问题回答得更全面。在对一个新知识点进行分析之后，或对一个问题演绎、推理之后，教师也要有一个适当的停顿，以使学生回味、咀嚼、消化、巩固所学的知识。一节课中恰当地进行停顿会使人感到有节奏感，教师不停顿地讲述45分钟，不利于学生思考和消化理解知识。

（二）创设质疑激思的问题情境

“让学生在生动、具体的情境中学习”是新课程的一个重要理念。创设质疑激思的问题情境是指教师通过语言、动作、声音、图像、教具、实验等手段，创造直观、具体、形象的问题情境，使问题能激活学生的经验，启发学生的思维，使学生在问题中质疑、批判、探索、创造。

教师在创设问题情境时要做到：

1. 问题情境的创设要具有激趣性和科学性

要符合学生的生活经验、知识背景、认知水平与年龄特征，符合知识的逻辑体系，才能激发学生的兴趣，集中学生的注意力，启迪学生的思维，发挥学生的想象，调动学生的学习情绪，学生的内在感受才是轻松愉悦的。

2. 问题情境的创设要具有目的性

要从教学内容和教学目标出发，合理选取素材，精心组织，巧妙地使学生处于积极的学习状态。同时要深入挖掘情境内部蕴藏的知识要素，提高情境的利用率。

3. 问题情境的创设要具有生活性和整体性

教师要创设与学生的生活或社会的发展息息相关的问题情境，还要把握好各环节的衔接和过渡问题，避免刻意营造情境氛围。

（三）探索多元化的教与学方式

1. 恰当运用具体的教学方法

教师课上使用的教学方法应符合教材特点、学生特点，并能充分利用现有的设备条件，要发挥促进学生顺利高效掌握所授内容的要求。在实际教学过程中，学科不同，学生水平不同，知识的性质不同，要求教师能够根据具体的情况灵活选择不同的方法。

2. 重视对学生思维能力与学习方法的培养

教师要帮助学生形成自主学习的愿望，创造条件满足他们学习上的各种需求，帮助学生自我建构起新的更高的学习能力基点。在课堂教学实践中，教师不仅要传递知识，更重要的是要教给学生学习知识的有效方法，同时要注意培养学生自主学习的能力和学习责任感。教师要充分挖掘、利用和发挥学生已有的生活经验、学习经验和学习潜能，帮助学生愿学、乐学、活学，成为学习的真正主人。

3. 进行多种教学方式的新探索

教师要根据教学内容的需要，将讲授、探究、合作学习进行有机的整合，通过提示、点拨、讨论、交流等形式，增进探究兴趣，分享学习资源与成果，同学间取长补短，使每个学生都能得到良好的发展。当学生对教学内容了解不多，学习不够主动积极时，教师要善于提出有趣味的问题，激发学生学习兴趣；当讲到全课关键性问题时，教师要通过一定方式引起全班同学精神集中，全神贯注，力求使每个学生都能积极思考问题；如果有些问题学生难以理解，要采取通俗形象的语言进行类比分析，辅以生动活泼的直观教学，为学生理解知识创造必要的条件；当学生具有一定的知识和经验时，要尽可能通过合作、探究、讨论等方法，引导学生通过思考和互相交流，探索问题，解决问题，锻炼学生的独立自学能力，促进其良好智力品质的发展。

（四）创造宽松民主的课堂教学氛围

教育学研究也表明，学生在轻松愉快的课堂教学气氛中，大脑皮层容易形成兴奋中心，激活神经系统，使感知、注意、记忆、想象、思维等心理活动处于积极状态。从某种意义上说，教学的民主程度越高，学生学习的热情度也就越高。

创造宽松民主的课堂教学氛围，教师要做到：

1. 建立民主、平等、合作的新型师生关系

教师要以学生现有的发展水平、兴趣、爱好为出发点，用教师的睿智走近学生，关注、欣赏、理解学生，为学生营造一个崇尚真知、追求真理、自主创造、发展个性的宽松民主的教学氛围，增进师生情感的沟通，消除学生的心理重压，使学生积极参与、思考和交流，在教学中形成民主、平等、合作的新型师生关系。根据教学活动的需要，教师既可以是传道者和引导者，也可以是学习者和意见倾听者；既可以是长辈和导师，也可以是兄长和朋友；既是新课程的开发者，又是学生潜能的发现者和挖掘者。

2. 关爱、尊重、期望、信任学生

教师对待学生的态度要一致，给每个学生一个平等的发展和学习的机会，给相对弱势的学生以更多有真诚关爱。教师要尊重每位学生做人的尊严和价值，尊重学生独特的思维方式和活动方式，尊重和保证他们的独立性和差异性。在教学过程中，教师的注意，对学生来说，就意味着发现了他们的光彩，意味着对他们的了解、重视、鼓励、关怀和喜爱。教师的注意，常常比表扬更能触及学生的心灵和情感，具有更加深刻的意义和作用。老师要通过一个关怀的眼神、一句鼓励的话语、一个肯定的微笑、一种殷殷的期望，甚至哪怕一次善意的批评，使学生感受到来自老师的关注，从而激励学生保持积极主动、自觉自律的学习状态。

（五）给学生具体、及时的评价

课堂教学过程中，教师要关注学生情感、态度、价值观等方面的发展，注重采用多元化的评价方式、手段，及时对学生的学习做出恰当的评价。这样才有助于学生认识自我、建立自信，激发学习热情，活跃课堂气氛，在培养学生良好的学习习惯和学习品质。

在对学生进行评价时，教师要做到：

1. 及时反馈

教师要关注全班同学和每个学生在课堂过程中的表现，根据具体情况做出及时的评价，使学生在学习过程中知道应该做什么和如何去做。具体形式有：对于学生的积极参与给予肯定；对于学生的用词准确、贴切给予赞赏；对于学生独特的解题思路给予提倡；对于学生回答中的问题给予补充；对于学生出现的错误耐心分析。

2. 评价标准是生成的、动态的

教师对学生的评价，不能仅注重结果，更要重视学生学习的过程，关注学生的参与，重视合作交流的意识与情感、态度、价值观的发展，根据实际情况调整完善教学的评价标准。

3. 实施真诚恰当的激励评价

教师对学生的评价，要坚持客观公正原则，对问题和成绩不缩小，不夸大，防止主观偏见。在客观公正原则的基础上，还要坚持鼓励为主，但要避免过多、无度的鼓励。在教学过程中，教师要善于捕捉学生学习的闪光点，对不同的回答、对不同层次的学生给予恰当的评价，可采取语言激励，手势的肯定，微笑的赞赏，眼神的默许，物质的奖励等措施。

4. 评价主体与方式的灵活性

对学生的评价应全面、灵活，注意采灵活多种的形式与方法。评价主体方面，也可引导学生之间互评和学生自我评价，让学生自我评价有效地促进后续的学习。评价方式要与评价内容和学生学习的特点相结合，可采取课堂观察行为表现、注重学习过程与形成评价和书面考试等形式。

三、课的结尾

（一）结课的意义

课的结尾指在一节课的结束时，教师运用归纳、比较、启发、激励等多种方式，组织学生对所学的知识和技能及时进行巩固和运用，促使学生将所学和新知识进行梳理与提炼，纳入到自己的认知结构的过程。结课的意义体现在：

1. 帮助学生巩固和深化所学的知识和技能

结课时，通过强调基本概念和基本法则，可以加深学生的印象；通过概括、比较相关的知识，形成知识网络，促使学生把握知识之间的内在联系，使所学的知识更加清晰、系统。通过这样的过程，可以培养学生良好的思维习惯，培养和锻炼学生的学习能力。

2. 强化学生的学习兴趣

绝妙精彩的结课，可以使学生对所学的内容产生深厚的学习兴趣，可使学生展开丰富的联想与想象，留下无穷的余味。结课的形式多种多样，但好的结课会起到这样的作用，或激发学生的探索欲望，使学生对所讲内容有“难舍难丢”的追想；或给学生留下“言有尽而意无穷”的感受，使学生展开丰富的想象；或采取“欲知后事如何，且听下回分解”的方式，以激发学生对下一次学习的兴趣；或前瞻后顾，妙手点拨，使这节课的结束，成为下节课的开端，架起沟通新课的“桥梁”。

3. 促进学生智能和良好品德的发展

结课时教师紧扣教学目标，引导学生总结教学重点、难点，抓住主要的“纲”和“线”，起到“画龙点睛”之功效，有助于培养学生的系统、归纳、概括的能力；或教师引导学生总结自己的思维过程与解决问题的方法，促使学生掌握各个学科的学习方法；或结合所学的知识，挖掘知识内在的思想教育因素，培养学生科学的学习态度与理想，促使学生知能和良好品质的发展与提高。

（二）结课的方式

设计好一个耐人寻味的结尾，可以起到引导学生总结重点，理清脉络，加深记忆，巩固知识的作用。因此，教师要做好课程的结束工作，不可“虎头蛇尾”，有始无终。一堂好课的结束常有言有尽而意无穷的感觉。

1. 归纳全篇，揭示要点

为了使学生对所学内容有完整而深刻的理解，到了结尾处，教师应注意做好总结工作。用短暂时间，尽量少的语言使讲课主题得到升华，以便于学生理解和记忆，起到画龙点睛，统摄全课的作用。在课的结束时，教师对全课的内容作概括提炼式的总结，及时强化重点，明确关键，进一步提示规律，促使学生对知识的整合。归纳总结的方式灵活多样，多采用图示、列表等方式，可由教师来做，也可由教师指导学生做或师生共同讨论完成。

2. 巧布悬念，再激新疑

教学是一个不断设疑、解疑的过程。为了设疑激思，教师可根据教材内容的要求和特点，在课的结尾时，设置一下必要的悬念，不加解答，让学生课下思考。或在关键的“节骨眼”上止住，造成一种悬念，使学生欲罢不能，促进学生探索新知。总之，结课要力争做到：收中寓展、隐线纤纤。让学生带着问题走出课堂，在下一次课时，带着自己的思考进入课堂，激发学生的求知欲。这种结课可以引起学生对知识的联想和迁移，为后续的学习内容做好准备。

3. 激励反馈法

结课时可采用正向激励与反向激励。如果课上学生积极参与，课堂气氛活跃，教学效果明显。在课的结束时，教师要给予具体明确的表扬与肯定，这是正向激励。这种方式会使学生受到极大的鼓舞，密切师生关系，缩小师生之间的心理距离。

相反，如果课堂教学效果不太理想，学生参与的积极性不高，或课堂松散。在课的结束时，教师要以事实为依据，提出存在的问题，或让学生思考，或教师自身分析原因，对学生和自身提出学习的具体要求和改进的方法。这是反向激励。只要教师态度诚恳，情感真挚，就会收到良好的效果。

4. 比较法

这种结课方式是将新学习的知识与原有的知识进行对比分析，找出它们各自的本质特征或不同点，同时找出它们的内在联系或相同点，促使学生更准确、深刻地理解知识，使所学的知识系统化。进行比较式结课时要注意找好比较点，一般以本节课讲授的重点、难点或前后知识的联接点作为比较点。

5. 布置作业，提出要求

在一般情况下，大多数教师都是以布置课外作业的形式，作为一堂课的结束。课外作业是课堂教学的继续和发展，它对学生进一步巩固知识、发展智力有重要作用。因此，教师应在下课之前布置完作业。在布置作业时，教师应提出明确要求，对难度较大的作业，给予必要的提示，教给学生思考的方法和解题的路子，作业的分量要恰当。

对于作业，教师可采用全批全改或抽样批改，了解学生的理解掌握情况。对学生完成作业情况要及时反馈，或通过课堂对答案纠错，使学生巩固所学，提高作业质量；或进行总结，表扬先进，激发学生学习的积极性。如此等等，都有待于教师的灵活掌握，恰当运用。

总之，教师要有很强的时间观念，科学地组织安排讲授内容，养成按时下课的习惯，向课上要质量，不要拖堂。

第三节 提高课堂教学有效性的基本技巧

一、激发学生学习兴趣的技巧

兴趣指一个人倾向于认识、研究和获得某种事物的心理特征，学习兴趣是指学生在学习过程中所表现出来的对其所学知识的爱好、探索和追求。学生对学习有无兴趣，又往往来源于教师的讲授和有目的的培养。这就要求教师做到“寓教于乐，教学有方，开窍有术”。那么在教学中如何培养学生的兴趣呢？根据许多优秀教师的教学经验，可以归纳为：

（一）以“需”引趣

兴趣来源于认识和需要，学生进行学习总是受一定的学习动机支配。在学习中，最现实、最活跃的成分是“认识兴趣”或叫“求知欲”。要使学生愿意学习，这就要求教师做到：

1. 讲好绪言课

在绪言课中把这门学科的知识结构、意义作用，结合大量生动事例，讲深讲透，如教师可以从不同角度揭示所教学科对工农业生产、对学生自身发展、对学生认识社会等方面的重要作用。

2. 注意联系实际

在教学过程中，教师要注意联系实际，进行有目的的教育，以此激发学生对所学学科的兴趣，唤起他们好奇、探索的渴望精神，如教师可以结合学科发展史穿插科学家对科学探索的过程，可以将典故、对联、猜谜穿插在教学内容中，使学生感到所学知识就在我们身边，从而激发学习动机。以“需”引趣，可以实现一个转变，即变“要我学”为“我要学，我愿学，我爱学”。“要我学”是教师外在的推动、引导，“我要学”是学生积极主动学习的具体表现。

（二）以“得”引趣

让学生感到自己听课有收获，有一种成功愉悦的体验，会极大地激发起学习兴趣。所得愈多，反馈越快，兴趣越大。要做到这点，要求教师：

1. 了解学生

了解掌握学生的思想情况，知识水平和智力水平，抓住重点、难点问题深讲精讲，使学生经过适度紧张的智力活动真正理解所学内容。

2. 对学生学习的结果及时反馈

对学生学习的点滴变化、成绩和进步给予肯定、表扬和鼓励，要做到具体、恰当、明确，如学生回答问题的角度新颖、或声音响亮、或语言准确、或提出新的观点等。在这样的课堂教学中，能够使学生体验到一种愉悦的情感，这会激发他们进一步学习和钻研的信心和力量。正如许多教师在总结成功经验时讲到的：“一个人第一次的成功体验会激发起他千百次的获得成功的欲望和信念。”大量教学实践证明：学生在学习中如果获得成功，受到表扬和鼓励，他们的学习积极性和学习兴趣就会不断提高。

（三）以“疑”引趣

学起于思，思源于疑，有疑才有问，才有“究”，有疑意味着有了学习的主动性和自觉性。教师讲课，就是要打破学生脑海的平静，使学生的脑海在听课过程中波涛迭起。因此，有经验的教师讲课是将知识拧成一个个小石头子，变成一个个的疑问，投入学生的心田，激起他们的思考，起到“投石击开水底天”的作用。

设“疑”时，教师要做到：

（1）疑问设在重点、难点问题上。教师要调动学生积极参与的主动性，就要善于运用启发性教学，准确把握知识的重点、难点与联接点，将疑问设在重点、难点问题上，设在知识联接点上，才能通过设疑达到激思解惑，培养和训练学生良好思维能力的目的。

（2）疑问设得周密科学，经得起推敲，并能得到科学论证。这样才能充分调动学生学习的积极性，激发他们为解开疑点而积极思维的兴趣。

（四）以“新”引趣

渴望了解和掌握新东西是正常人的心理。学生的直接兴趣与学科内容和教学过程本身密切相连。因此，这就要求教师：

1. 注意教学内容的新颖丰富

教师不仅要认真钻研学科课程标准，准确把握重难点，而且要注意本学科内容的最新研究成果，将基础知识和前沿知识有机地结合起来。

2. 教学方法新颖多样

教师在教学中要采用形式多样的教学方法，注意教学形式和手段的生动性和科学性，合理恰当地使用教科书和插图、教学挂图、教学活动卡片，恰当地使用幻灯、投影、录像、录音等现代化手段，这些新颖、动态、直观的形象刺激物，会引起大脑皮质有关部位的兴奋，形成优势兴奋灶。

3. 注意语言和非语言辅助手段的运用

教师娴熟、精炼、形象生动的讲述，优美、准确、利落的示范动作，面带微笑的表情，充满自信的情态会深深地感染、启发、影响学生。课堂教学中教师做到内容新、方法新、语言新，这是诱发和培养学生学习兴趣的重要条件和保证。

（五）以“难”引趣

“乐趣寓于疑难之中”，学生对有一定难度的问题非常感兴趣，他们运用自己的智慧克服的困难愈多、愈大，兴趣也愈高。这就要求教师：

1. 不断向学生提出有一定难度的问题

通过有一定难度的问题，引导、启发学生通过分析、综合、推理判断等思维活动，理解掌握知识。“难”并不是越深越好，“难”要有一定的限度，难度应设在“最近发展区”。“难”就是要形成一种可望而经过努力又可及的状态。让学生体会到“跳一跳才能摘到果子”的味道。“跳”就是让学生开动脑筋，独立思考。

2. 注意培养学生的非智力因素

在教学过程中，教师要通过引导学生克服学习过程中的困难、失败、挫折，培养学生的非智力因素。如情感的稳定性、意志的坚韧性正是在与各种各样的困难中锻炼出来的。当学生遇到学习中的困难、挫折、失败时，教师给予及时的沟通、帮助、引导，使学生在困难面前鼓起勇气，让学生体验到学习过程中克服困难，突破难关的成功、喜悦，体会到苦中有乐、苦中有甜，在克服困难中磨砺思维锋芒，提高智力水平。

（六）以“创”引趣

心理学告诉我们，学生在求知过程中有所发现和创造，就会焕发出浓厚的兴趣，产生主动学习的内驱力。施教之功，贵在引导。关键要点就是要设法激发学生求知的欲望，启发独立思考，在教师引导下，自己发现问题，解决问题。正如苏霍姆林斯基所说的：“在学生的脑力劳动中，摆在第一位的并不是背书，不是记住别人的思想，而是让学生本人去思考”。在教学中要求教师：

1. 展示教师的思路

教师要用自己严密的逻辑推理、多样的解题方法给学生做出表率，教师要在科学知识上不断学习、积累与创新，通过展示思维过程、展示推理方法，促使学生学会思考、学会方法。

2. 鼓励学生提出问题

教师要鼓励学生积极思考，对书本知识质疑、发问，培养学生求异思维和发散思维的意识和能力。

3. 鼓励学生大胆发表自己的看法

鼓励学生对所提的问题大胆发表自己的看法，鼓励其他同学发表意见，在相互讨论问题中学会交流、倾听，学会合作、宽容，学会从多角度、多层面思考和解决问题，培养学生主动发现问题和积极探寻问题的能力。在这样的过程中，学生会成为科学知识的“探索者”和“再发现者”，而不再是被动的接受者，这会极大促进学生智力的发展，尝到思维飞跃之果，从而极大地唤起强烈的求知欲和进行创新的勇气和尝试。

二、板书设计的技巧

板书是教师运用黑板，以凝练的文字语言和图表等传递教学信息的教学行为方式，板书是教师的一项基本教学技能。独具匠心的板书和板图，既有利于传授知识，又能发展学生的智力；既能产生美感、陶冶情操，又能促进学生形成良好的习惯；既能激发学生的学习兴趣，又能启迪学生的智慧，活跃学生的思维。

（一）板书的类型

板书作为课堂教学的重要组成部分，具有条理清楚、层次分明地提示一节课主要内容的作用。运用板书讲解重点、难点内容时，可以在关键的地方圈圈点点，或用不同颜色粉笔表示或绘画，因此，能突出教学难点、关键点，具有增强记忆、增强语言效果的作用。板书的种类可以分为：

1. 提纲式

提纲式是按教学内容和教师的讲解顺序，提纲挈领地编排书写的形式。这种形式能突出教学的重点，便于学生抓住要领，掌握学习内容的层次和结构，培养其分析和概括的能力。

提纲式板书范例：

小壁虎借尾巴

小壁虎（尾巴挣断）→ 借 { 小鱼（摇、泼水）
老黄牛（甩、赶蝇子）不行→长出一条新尾巴
燕子（摆、掌握方向）

（动物的尾巴各有各的用处）

---

2. 词语式

它的特点是简明扼要，富有启发性。通过运用具有内在联系的关键词语，引发学生思考，加深对教学内容的理解和记忆，促进学生思维能力的提高。

词语式板书范例：

消化系统：

（1）组成：消化管：口腔、咽、食管、胃、肠、肛门

消化腺：唾液腺、胰腺、肝脏等

（2）消化过程：食物 口腔 咽 食管 胃 小肠 盲肠 肛门

物理消化：牙齿咀嚼 舌搅拌 胃蠕动 小肠蠕动

化学消化：唾液湿润 胃液消化 胆汁（微生物消化）（残渣排出）

酶消化 胰液、肠液

---

3. 表格式

这种形式的板书是根据教学内容可以明显分类的特点而设计的。教师根据教学内容设计表格，提出相应的问题，让学生思考后提炼出简要的词语填入表格。教师也可以边讲解边把关键词语填入表格，或有目的地把内容分类并按照一定位置书写，归纳、总结时再形成表格。

表格式板书范例：

句式	主语	谓语动词	宾语
主动句式	施动者	“把”	受动者
被动句式	受动者	“被”	施动者

4. 线索式

这种板书以教材提供的时间、地点为线索，反映教学内容的主干。它把教材内容的内在结构和逻辑关系简明地呈现在学生面前，有助于学生对其全貌的了解。这种板书指导性强，对于复杂的过程起到了化繁为简的作用，便于记忆和回忆。

线索式板书范例：

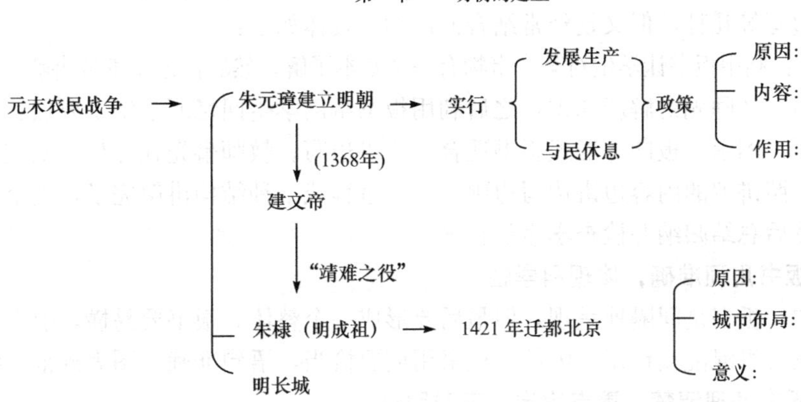

5. 图示式

板书过程中，教师用具有一定意义的线条、箭头、符号等组成的图形来组织教学内容的方法。特点是形象直观地展示教学内容。通过图示，许多难以用语言解释清楚的事物能一目了然地呈现在学生面前，具有保持注意，激发学习兴趣的作用。

图示式板书范例：

		题材	表达方式	语言	作用
《桥》	桥	写各式各样的桥 →	描写抒情为主 →	生动、形象 →	以情动人
《中国石拱桥》	桥	只写石拱桥 →	说明为主 →	平实、准确 →	以知教人

6. 总-分式

这种板书适于先总体叙述、后分述，先讲整体结构、后讲解细微结构的教学内容。这种板书条理清楚、从属关系分明，便于学生理解和掌握教材的结构，给人以清晰完整的印象。

总-分式板书范例：

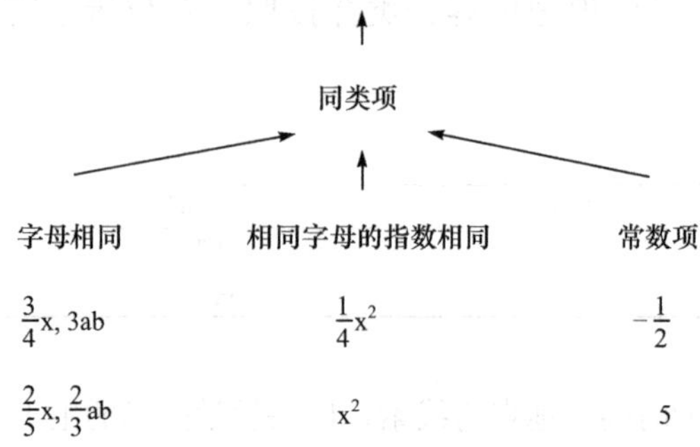

（二）板书设计的基本要求

1. 板书与语言讲解相结合

板书与语言讲解有机结合才能较好地传递教学信息。二者结合的形式有先写后讲、先讲后写、边讲边写等几种，但又是经常结合使用的。具体如下：

先写后讲：利用板书让学生对某一事物有一个基本了解，然后再逐步细致讲解。

先讲后写：教师先讲解新知识，之后利用板书帮助学生回忆所学知识要点。

边讲边写：图示、板图等形式板书适合于边讲边写。教师事先在黑板上确定好书写、绘图的位置，按照讲解的内容边讲边写边画，一个过程或某种结构讲解完了，整个板书或板图也完成了，然后总结归纳并检查学生是否理解。

2. 内容上，板书用词准确，体现科学性

在教学中，板书是间隔地呈现，但最后要形成一个整体。板书要易懂，引人深思，不能由于疏忽造成意思混乱或错误。因此，板书用词要恰当，语句准确，图表规范，线条整齐。

3. 层次上，板书条理清楚、重点突出，有鲜明性

学科教学内容具有较强的层次性、逻辑性和连贯性，教师板书设计必须反映这一特点。

在布局上，板书应合理、有计划性。为此，教师课前应根据教学要求，确定好板书的内容，规划好板书的格式，预设好板书的位置。在教学过程中，才能有条不紊地按计划进行，准确而灵活地加以运用。一般来说，板书可分为系统板书和辅助板书。系统板书书写教学内容的提纲，帮助学生掌握每堂课的主要内容，或使用黑板中间部分，或从黑板左边开始。黑板的右边或两边作为辅助板书或画板图。

4. 方式上，书写规范、准确、有示范性

板书要工整，必须遵循汉字的书写规律，做到书写规范、准确，不写自造简化字。字的大小应以后排学生能看清楚为宜。教师的板书除传授知识外，还能引导和训练学生养成良好书写习惯。

5. 形式上，板书表现方式多样、有趣味性

好的板书设计会给学生留下鲜明深刻的印象，形成理解、回忆知识的线索。在课堂教学中，教师应该根据教学的具体内容和学生思维的特点，运用好板书。

教师走动时应注意：走动有控制，不能分散学生的注意力；走动或停留的位置要恰当。

5. 手势语

手势语即教师的手掌及上肢的动作所发出的信息。从表现功能上，可把手势语分为四类：其一情意手势，主要用于展示言语者的情感。其二指示手势，用于指示要说明的人、事物、方向等。其三象形手势，用来描摹或比划具体的事物或人的形貌。其四象征手势，专指具有某些明确含义的手部动作。

教师在运用手势时：有明确的目的，克服随意性；简洁、自然、适度；尽量避免消极不良的手势。

在教学过程中，教师恰当运用态势语有时可以起到此时无声胜有声的效用。如通过走动组织课堂纪律，通过目光提醒学生听讲等。从学的方面看，学生可利用听觉搜集教师的语言信息，用视觉捕捉教师的非语言信息，拓宽信息收集渠道，从而提高学习效果。

四、提问的技巧

提问是通过师生相互作用，检查学习、促进思维、巩固知识、运用知识、实现教学目标的一种教学行为方式。课堂提问是激发学生思维，活跃课堂气氛的重要手段之一。它有助于学生打开思路，加深对课文的理解。《学记》曰：“善问者如攻坚木：先易其者，而后其节目，及其久也，相说一解。”

（一）提问过程的基本阶段

1. 引入阶段

提问时教师可以用不同的语言或方式来表述同一问题，激发学生对所提问题的兴趣和展开积极的思维，为回答问题做好准备。

2. 陈述阶段

引起学生对提问注意之后，教师需对所提问题做必要的说明，引导学生弄清楚所提问的主题，促使学生通过回忆将新旧知识联系起来。在陈述问题时，教师应做到语言清晰准确。在提示方面，教师可预先唤醒学生对相关知识的提取与组织。

3. 介入阶段

在学生不能作答或回答不完全时，教师可以从以下五个方面帮助或引导学生思考问题：核对或查问学生是否明白问题的意思；学生没听清题意时，再重复所提问题；在学生对题意不理解时，需要用不同词句说明问题；要求学生尽快做出回答或完成教学指示；提示问题的重点或暗示答案的结构或思路。这一阶段教师的作用是通过设计一个个问题，让学生充分展开思维过程，由此揭示知识的逻辑推理过程。这一过程，教师应把握的“度”是：教师提的问题，学生能够回答的教师不说；教师提的问题，多个学生能够集思广益回答的教师不说；教师提的问题，多个学生回答后，没有回答全或不知道的内容教师要说，这时学生的注意力会高度集中，思维异常活跃；教师提的问题，学生都回答出来，教师的作用是抽象、概括与提升。

4. 评价阶段

教师可用不同的方式对学生的回答做出评价，给予及时的反馈。

（二）提问的形式

在教学过程中，教师应根据知识的性质或提问的任务选择不同的提问形式。

1. 回忆式提问

要求学生根据记忆准确与精确地回答问题。一般来说，在课的开始或对某一问题的论证初期使用，为新知识的学习提供材料，这类问题不宜太多。

2. 理解式提问

理解式提问用来检查学生对复杂的陈述性知识的理解掌握情况，多用于讲解新课之后或课程结束时。学生要回答这些问题，必须对已学过的知识进行回忆、解释或重新组合。这类问题又可分为三种：其一要求用自己的话对事实、事件等进行描述，了解对所学知识的理解；其二要求用自己的话总结或概括中心思想，看是否抓住了实质；其三要求对事实、事件进行对比，掌握其不同与相同，达到深刻理解。

3. 运用式提问

运用式提问是建立一个问题情境，让学生运用新获得的知识和过去所学的知识来解决新的问题，中小学教学常用这类提问。运用式提问主要是用来考查学生对概念、规则等程序性知识的掌握情况。在回答问题的过程中，学生需要运用所学的概念或规则给出对问题的解答。

4. 分析式提问

分析式提问是要求学生识别条件与原因，或找出条件之间、原因与结果之间的关系。要求学生通过阅读，理解结构，寻找根据，找出联系，进行解释或鉴别，并组织自己的思想，回答这类问题需要多种知识和技能的参与。

5. 综合式提问

这类问题的作用是激发学生的想象力和创造力。通过对综合提问的回答，学生需要在脑海中检索与问题有关的知识，并对这些知识进行分析和综合，从而得出新的结论。这类问题能够激励学生进行创造性思维，适合作为笔头作业和课堂讨论教学。综合提问的表达形式为："根据……你能想出问题的解决方法吗?""为了……我们应该……""如果……会出现什么情况?""假如……会产生什么后果?"等。

6. 评价式提问

评价式提问是要求学生对给出的材料进行价值判断。评价提问可以分为三种类型：其一学生对特定对象提出看法（评价他人观点）或评定思想价值；其二学生判断各种解决问题方法的长处与短处，找出最简捷的方法与步骤；其三学生判断艺术品及文学作品等的优缺点。

（三）提问设计的基本要求

1. 提问要由浅入深

教师提问时，要遵循先易后难的原则，要注意将问题组成有其内在联系的问题串或问题链，通过问题的展开，使学生进行大胆的想象和严密的思维，掌握和理解知识。

2. 问题要有启发性

提出问题要做到表述清晰、措辞恰当、意义连贯。提问要有启发性，要切中关键。要问在学生难以理解的内容上或容易忽略的地方；问题要促使学生进入"愤""悱"状态，激活思维活动；问题要做到"道而弗牵，强而弗抑，开而弗达"。

3. 提问的语速与方式

提问的语速由问题的难易决定。简单、较容易的提问可以用较快的速度叙述；而高级的问题，除应有较长时间的停顿外，还应仔细缓慢地叙述，使学生对问题有清晰的认识。

提问要讲究方式。要先面向全体学生提问题，而后指定学生回答。一个问题提出后，要给学生留下思考的时间，待全班同学积极思维、跃跃欲试时，再指定同学回答问题。切勿先指定学生再提出问题。

4. 区别指导

（1）在教学过程中，教师应根据学生的知识、能力与个性特点指导学生的回答。教师要细心观察班级里谁在积极参与活动，谁对活动不感兴趣，对不愿参与的学生要利用多种方式唤起学习的兴趣。

（2）对不善于表达思想的学生要给予锻炼的机会。对于学习不太好的学生让其先回答比较简单的问题，及时给予鼓励和帮助，增强其自信心。要特别注意坐在教室后面和两边的学生，不要忽视他们。提问态度要和蔼，有亲和力，要使学生愿意参与，大胆回答。提问问题要先易后难，先问浅显些的，调动全体同学思考并鼓励学生回答，答对了及时表扬鼓励，答错了要耐心引导，诚恳帮助，在此基础上，再提出一些较难的，以此类推，尽可能通过学生的积极探索，得出正确答案。

（3）在回答中强化规范。对于不愿意参加的学生，在提问时应将注意力对准他们，但并不一定非让他回答问题，主要是促使其对问题进行思考。另外，教师对未举手而叫起来能够讲出正确答案的学生要提出教学要求，强化规范。对学生正确或不正确或不完整的答案要及时给予具体评价与纠正，使学生知道如何努力与改正。

5. 深入探询

（1）必要的提示。对于一些难度较大的问题或求异思维的内容，教师要给出一些暗示性语言表述，提示点明解决问题的方向，引发学生更深入思考和回答问题。当学生回答不完全或有错误时，教师要提示学生回忆相关已学的知识或生活经验，应用已学过的知识，进行新的探索。

（2）探询与提升。为了引导学生能更深入、更清楚地表达自己的观点，提高学生评论、判断和交流的能力，教师应注意：对于因思考不深入、视野狭窄、概念不准或不完全而导致的错误应答，要通过进一步探索使其明白哪里错了、为何错、如何改。要通过同学间的讨论与交流，使学生学会从不同角度或多方面来考虑问题，从而全面系统地掌握知识或把握思考问题的线索及步骤。通过对问题进行一题多写、一题多变、一题多能、一题多练的训练，促使学生对已有的结论多问为什么。通过合作小组的讨论，让学生学会倾听、学会表达、学会争辨、学会宽容、学会谦和，提高学生的交往能力和合作能力。

第四节　课堂教学中常见问题处理

一、课堂教学中偶发事件的处理

（一）偶发事件

在课堂教学过程中，出现的一些教师意料不到或突如其来的教学情景、行为、事件称为偶发事件。偶发事件具有随机性，多元性，巧妙性特点。教师在课堂教学过程中面对各种随机事件，迅速敏锐地做出判断，采取恰当有效的措施，保证教学顺利的进行就是教师的教育机智。偶发事件处理得当，或可以开阔学生的思路，深化和提升讲课的内容；或让学生有一种“柳暗花明又一村”的感觉，开阔学生的眼界；或在善意的忠告中，给学生刻骨铭心的教诲；或以教师自身良好的人格与心理素质，对学生起到感染、启发、熏陶的影响作用。处理不好，将直接影响到课的进行与效果。

（二）偶发事件处理的类型

1. 冷处理

所谓冷处理，即教师对学生的恶作剧等偶发事件，采取冷静的方式。即教师面对偶发事件，见怪不怪处之泰然，不惊奇、不慌乱，不立即追究，不立即批评，而是充分发挥自己的发散、换元、转元的教育机智。发散，是指教师善于将全班视线的焦点从闹恶作剧的学生身上发散开，避免使这一学生再成为注意的热点。换元，是教师巧妙地将学生恶作剧的形式，变成一种教育的形式，其转换的关键，在于教师语言艺术的运用。转向，即教师用新颖别致的方式，将学生的注意中心引到教师所安排的方向上。

2. 温处理

所谓温处理，即教师对于因为外在因素或疏忽或不慎所造成的不利影响，如小黑板掉落、板书别字、发音错误等所引起的学生哄笑，课堂纪律混乱，教师应态度温和地承认错误，并顺其自然地过渡到原教学进程的轨道。在面对自身失误时，需要教师承认和纠正自己的错误。在答不上学生问题时，老师要坦诚、认真地说“不知道”，在真理面前严谨的作风，会使学生加深对老师的信任感。

3. 热处理

所谓热处理，即教师对于一些偶发事件，趁热打铁，或正面启发诱导，或严肃批评教育。但应注意不要花费太多的时间，同时应避免“顶牛”现象的发生。

教师在处理偶发事件时，方法上灵活多样；情感上，要合理合情、情理共鸣。要通过教师的机智干预和处理，使教学向积极方向转化，使师生在知识和品德上相通，在情感和理智上相容。

（三）偶发事件处理的具体形式

教师在处理偶发事件过程中表现出来的高度理智感、责任感和巧妙的教学艺术，能使学生感受到教师炽热的心肠和闪光的智慧，感受到教师的人格美，这一切都能转化为一种心灵的感化力量，增强学生对教师的信赖感，使师生关系变得亲切、自然，从而创造出一种和谐的课堂气氛，取得理想的教学效果。

1. 化奇为平

课堂教学中，学生由于好奇会提出一些教师意料不到的问题，这类问题需要教师运用教育智慧，给予恰当的引导和提升。如对能给学生产生强烈震动与深刻印象的问题，用趁热加工法；对一些需要有充裕时间去考虑的，用冷却处理法较好；对影响范围不大的，教师通过目光、表情、提问等暗示方法来处理；对学生或自己出现的错误而又不能马上找出错误所在的，则采取共同讨论法等。

2. 化恶为善

教师能够巧妙地将学生的恶作剧，变为一种教育的形式，起到化弊为利、化恶为善的作用，显示了教师的教育智慧。

3. 化问为启

课堂教学的过程是师生间的双向活动过程。课堂上的突发性信息，与学生的认知与情感活动有关。当学生的思维被积极地有效地激发起来时，情感处于兴奋、活跃状态，对信息的理解与反馈会呈现出多样性和随机性，其中有可能出现教师难以预计到的问题或内容，这就需要教师运用教学机智，引导变通，通过调动学生的思考和相互讨论，分析和解决。

4. 化错为探

教学内容本身具有逻辑性、严密性和准确性，同时教学的方法具有灵活性与多样性，课堂上会出现师生在认知领域上的偏差或失误，会出现这样或那样的“错误”。机智的教师能够恰当地运用错误信息，将它有效地转成教育的宝贵资源。

5. 化丑为美

对于学生在课堂教学中出现一些不好的行为，教师通过巧妙的换元，既解决了问题，又维护了学生的面子，会使学生更加敬重老师。

二、课堂教学中“问题行为”的处理

（一）问题行为

问题行为指课堂教学中不能遵守公认的正常学生行为和道德规范，不能正常与人交往和参与学习的行为。问题行为主要分为两类：一类是外向性的攻击型问题行为，包括活动过度、行为粗暴、与同学关系紧张、不专心听讲等。另一类内向性的攻击型问题行为，包括过度的沉默寡言、胆怯退缩、孤僻离群，或者冷漠、过度焦虑、神经过敏等。问题行为不仅干扰正常的教学活动，引起课堂纪律问题，而且会影响学生身心健康的发展。对于课堂问题行为，应以预防为主，建立各种行为分析程序，采用多种方法巧妙处理。

（二）有效调控课堂问题行为的策略

1. 做好预防

为防止课堂问题行为产生，教师首先要使学生明确应遵守的规章制度，要求应具体、明确、可行，使学生有章可依；其次要整体关注，尽量使更多的学生参与到课堂教学的各种活动中，学生的所有活动要在教师的关注视野之中；再次一心多用，同时跟踪或注意几个容易出问题的学生，通过适当的走动、暗示和变换活动吸引学生的注意和激发兴趣，避免问题行为的发生。

2. 利用暗示进行调控

暗示是指教师有目的、有针对性的以多种多样、含蓄间接的方式对学生在课堂教学中不良言语、行为进行提醒、纠正的教育技能技巧。其具体形式有：

(1) 语言暗示。这是指通过语言形式进行的暗示，例如，教学语言的声调就可藏有丰富的潜台词，而每一种语调都可以使对方获得某种附加的信息。特别是对那些注意力容易分散的学生，多采用提示语言进行暗示性鼓励，可以控制问题行为的发生。

(2) 目光暗示。这也是师生之间沟通感情、交流思想、给予提示的过程。如学生上课交头接耳，教师可用目光示意应中止谈话；学生偷看课外书，教师可轻轻从他身边走过，用目光的接触告诫学生中止。一般而言，学生在课堂中违反纪律，总是心虚胆怯，只要教师稍加目光暗示，学生就会敏感地接受这一信息。

（3）氛围暗示。通过创设轻松愉快的课堂氛围，师生间的相互尊重，同学间的相互认同与接纳，都可以调动学生积极情感，使之身心投入教学过程。

（4）活动暗示。在有目的、有计划地组织的各种内容与形式的教学活动中，教师的意图渗透其中，亦可使学生受到有益的教育，达到预期的效果。如当有的学生注意力分散时，教师可请他到黑板前演算，或扮演教学情境中的某一角色，使该生的注意力重新集中到讲授的内容上面。学生在参与各种活动中，往往能够把思维集中到要解决的问题之中，从而避免问题行为的发生。

（5）综合暗示。它指运用多种手段而实施的影响方式。如在教学过程中，教师对学生进行含而不露的批评、委婉的劝告，都是彼此心照不宣、心领神会的。教师的一个眼神、一句话、一个动作都可能富有含蓄的暗示，使学生受到深刻的启发和教育。

3. 适时制止不良行为

（1）正面教育。当暗示不灵时，教师可采用反语正说的方式，坚持正面教育。如教师说：某某同学前几节课听讲专心，没有随便说话，相信这节课也会这样做。这样，常能激发学生的自尊心，使其自觉遵守纪律。

（2）提问同桌。当个别学生看课外书或做其他作业，如果教师直接提问该生，一方面可能使该生惊慌失措，增加焦虑；另一方面由于该生答题可能不对路，易引起哄堂大笑。这时教师可请该生的同桌或邻近的同学回答问题，以示警告。

（3）使用幽默。当课堂气氛不热烈，学生发言不踊跃，学生思维受到限制时，教师可使用一两句幽默得体的话语，激发学生思维，活跃课堂气氛，使学生能够轻松愉快地参加讨论。

（4）反复提示。在有些情况下，学生有意无视教师的要求，或与教师争吵，或向教师提出这样那样的请求，想试试教师的情感、意志。如果教师对学生的要求恰当，教师能够坚持，学生认识到教师态度明确，教师再配之有效的措施维持课堂纪律，学生不良的行为就会慢慢消失。

（三）处理问题行为的基本原则

1. 爱心为前提

教育实践证明：爱是教师和学生心灵沟通的基础，是教师取得良好教育效果的奥秘所在。教师的爱心具体体现在教师要耐心、宽容地对待每一个学生。教师要对事不对人，要尊重学生的人格，不要伤害学生的自尊心。

2. 适度为准则

教师在处理问题行为时，方式上，要掌握分寸，宽严相宜。在问题行为的处理上，要考虑学生的年龄特征，要以事实为依据，要客观、公正、理智地处理，才能起到积极的作用。教师要给学生更多的宽容与信任。但宽容不是软弱无能、无原则地迁就，也不是对学生不良行为的默认和纵容。

3. 做好课后心理辅导

课堂问题行为的发生往往起因于个体认知的偏差或目标的迷茫或不正确的自我评价，或来自外界因素的影响，需要教师课后通过心理辅导，帮助学生改变认知、信念与行为，促使其学习、生活、情绪、社会适应性向良好的方向发展。

思考与练习

1. 什么是课堂教学、课的类型和结构?
2. 导入新课的具体方法有哪些? 结合自己的实际补充一种或两种。
3. 缓解上课紧张情绪的方法是什么?
4. 如何有效地组织课堂教学?
5. 结合自己的学习生活，谈谈激发学习兴趣的方法。
6. 偶发事件的类型、形式与处理原则是什么?
7. 有效调控课堂问题行为的策略有哪些?

【相关材料链接】

材料一 课堂教学理论研究的新动向

近年来，课堂教学理论在如下三方面有了很大的发展：哲学认识论基础从强调知识和技能的获得、学科体系的系统化的旧唯物主义教学观，转向探讨现代化认识的主体性、实践性、社会性的新教学观，集中研究人的主体能动性、人的发展问题；研究方法从单纯的因果解释转向关注研究方法的科学性、研究结论的开放性和统一性；教学观念实现了以“人的发展”为主题，以现代教育观、人才观和质量观的确定为主要内容的变革。如建构主义的教学理论、主体发展的教学理论、研究性学习理论、自主探究教学理论等，均反映了教学理论的新的发展。

(选自全国十二所重点师范大学联合编写：教育学基础，教育科学出版社，2002 年，第 206 页)

材料二 巧设疑问激发学习兴趣

一位教师在讲“条件反射”时，先给同学讲了一个故事。三国时期，曹操带兵打仗，一次行军，路途遥远，士兵感到口渴，附近又没水，影响了行军的速度，怎么办? 这时曹操灵机一动，指着前面的一片树林说，前面是梅林，梅子又酸又甜。这时士兵嘴里分泌出唾液，干渴程度有所缓解。讲到这里，教师提出了问题，为什么曹操说梅子又酸又甜时，士兵嘴里会分泌出唾液，这里有什么科学依据呢? 我们今天学习的内容就能解决这个问题。今天要讲的内容是“条件反射”。3 或 5 分钟的设疑，能够把同学们的注意力吸引到要讲授的内容上来，激发他们积极的思维，造成“愤”“悱”状态，使学生想思考、愿意参与、敢于表达，使分析解决问题的过程成为学生耳听、心想、口说的过程。一旦解决了疑问，学生会对自己的学习能力感到兴奋、喜悦，体会到学习的成功，对学习充满了自信。

(根据听课记录整理)

材料三 四类学生对待教师提问的态度与教师的不同处理方式

学生类型	学生特点	教师处理误区	教师恰当处理
理解能力强、能积极回答	学习好，积极思维，愿意表现并能正确回答	关注较多，回答问题的次数较多	利用他们活跃课堂气氛，起到对问题回答的带头和引导作用

续表

学生类型	学生特点	教师处理误区	教师恰当处理
理解能力强、被动回答	学习好，积极思维但不愿主动回答；提问到他能正确回答	注意较少，很少提问	采用鼓励措施，如“你回答问题思路清晰或流利等”，要求按回答问题规则做
理解能力弱、积极回答	学习较差，善于表达并积极举手，但不能正确回答	注意较多，但不愿意让回答，担心答错耽误进度	引导对问题的多层思考，如“从另一角度，你如何看这个问题”，注意不要挫伤积极性
理解能力弱、被动回答	学习较差，不善于表达且不举手或根本不想回答	注意最少，基本遗忘这些学生	给一些较容易的问题，通过其正确回答，以正反馈方式培养积极思考及回答问题的兴趣

（根据长期听课观察整理）

材料四 化奇为平

一位初中英语老师为了培养学生的听力和增加词汇量，在每次临下课前几分钟给学生补充课外读物。一次，他选择的是一个爱情故事，他自己扮演男女主人公，非常投入地朗读，正在这时，一张小纸条递了上来，上面写着：“老师，请你用中文解释 I love you 的含义”。很显然，这个学生不是不懂得这句话的意思，而是有意调侃。面对这样的问题，老师坦然地跟全班同学说了小纸条的内容，然后转过身把“I love you”写在了黑板上，自己读了一遍，让同学也读了一遍，这时教室静得出奇，老师开始解释：“I”是谁呀？是“我”，学生回答道。那我是谁呢？这下把学生给问住了。老师连问两遍后有学生小声回答：你是老师。对，“我”是老师。那“you”是谁呢？“学生”，这下学生齐声回答道。那“I love you”不就是“老师爱学生”吗？你们再看看，这句话能不能倒过来念？能，“学生爱老师。”教师接着说道：love 有多重含义，亲情、友情、爱情、真情中都包含了爱，随着年龄增长，你们对“I love you”这句话的理解会越来越深。这时，有的同学点头，有的同学微笑，对教师的敬意油然而生。同时，老师看到教室后边的一位同学的脸微微发红，他们相对一笑，无须言语，释然与满意同在。

（根据听课记录整理）

材料五 化恶为善

一次，某教师上数学课，走到讲台前，发现黑板上画着自己的一幅漫画，并夸大了老师相貌中的缺陷，引起了课堂的混乱。面对这种情况，老师平和地问同学：“画的是谁啊?”然后老师自答：“真像我，看来画画的同学还真有两把刷子”。听到这话，同学们安静了下来。老师接着说：“现在我们要上课，这幅画不能保留，我们要擦掉”。当老师拿起板擦时，值日生迅速上前，拿过板擦擦掉了那幅画。在值日生擦黑板时，老师说：“同学们，要记住，自尊和尊人，画画要看时间和地点”。接着，教师开始上课。在处理这样的事情当中，老师通过善意的忠告，解决了一个小小的恶作剧，让同学懂得了尊人和自尊的道理。

（根据听课记录整理）

材料六 将错误变成课堂教学的教育资源

有位特级教师上“交换律”的公开课，在进行提高练习的时候，教师出示了三行圆点，每行 8 个，其中有 11 个是蓝点，13 个是红点。老师请学生用本节课学习的加法交换律或乘法交换律表示这里的总数。前面的环节很顺利，学生轻易说出了 11+13=13+11。接下来该是乘法了，没想到一个学生站起来说：11×13=13×11，很显然，这位学生没有把总数考虑进去。老师没有直接否定他的答案，而是问学生：你们能很快知道 13×11 比 100 大还是比 100 小吗？学生用10×10相比较，很快得出 13×11 比 100 大。老师说：是啊，13×11 比 100 还大，肯定不会是 24 的。那应该是怎样的算式呢？有一个学生站起来说：12×2=2×12。当然，这个答案也不是老师想要的。他让学生说理由。学生说：把一个红点看成蓝点，就是 2 个 12，所以 12×2=2×12。教师表扬了学生很会动脑筋。受到鼓舞，又有学生提出 6×4=4×6，当然也是有道理的。最后才有人说出了最初的正确答案：8×3=3×8。

在这个过程中，教师非常注意调动学生学习的积极性，即便是错误的 11×13=13×11，教师也利用它插入了一个估算的训练，至于 12×2，6×4，既然学生有不同于一般的思路，就更没有必要拘泥于自己的预案了。教师在尊重学生理解的多元性基础上给予了恰当的引导，24 既等于 3×8，也等于 4×6，等于 2×12，甚至 1×24，既然这些都有助于对乘法交换律的巩固，然后再与具体练习内容联系，巧妙利用学生的错误信息，进行多向思维，使它变成了难得的教育资源，体现了课堂教学的生成性和建构性。

（根据听课记录整理）

材料七　面对抄袭的作文

一次，在作文讲评课上，当老师念完某一同学的作文并进行范文分析时，一位同学站起来说，曾在某个杂志上见过这篇文章，显然，这是一篇抄袭的作文，抄袭作文的同学就在现场，无地自容，老师也很难堪。老师平和了一下心态，问同学："这篇文章好不好？"许多同学不回答，个别同学说："好也是抄的"。老师接着说："我们先来分析这篇文章好在哪里？"先后有 6 位同学对文章的结构、情节、语言进行了分析，老师接着说："好的作文要有感而发，如果老师留的作文你们没有经历过，可以推荐一篇别人的文章，这时应注明作者和出处，我提议将这篇作文作为第一篇推荐文，大家说好不好？"同学们心领神会，点头表示同意。第二天，老师就收到了抄袭作文同学的一封信，信中表示感谢老师维护了她的面子，也给了她刻骨铭心的教诲。

（根据听课记录整理）

材料八　化问为启

一次，老师上化学课，老师问了问题之后，让一位学生上台来演示这个实验步骤和结果，该同学胆小内向，站在讲台有一分钟不知做什么，样子很尴尬。下面的学生有的开始窃笑，有的假装不去注意，把脸扭向一边。教室"静"得让人无法忍受。这时老师递给他一支粉笔，并提示让他先把主要步骤先写出来，使这位学生有机会转过身去，紧张的情绪平静下来。同时，老师向全班同学也提出了一些问题，让同学去思考，在这个过程中，这位同学完整地做完了这个实验，老师最后说，"你很棒！你刚才经历了一个很艰难的时刻，你表现出了自己的勇气，我们为你骄傲。"在教学中，当学生出现尴尬时，这位老师通过机智提醒，给了学生一个调整的空间，老师帮助学生控制了局面，给了学生释放灵性和智慧的宽松空间，保证学生顺利完成了实验。

（根据听课记录整理）

第十一章　教 学 评 价

【教学目标】

1. 了解和把握教学评价的内涵和基本原理；掌握评价一堂好课的主要指标及实施课堂教学评价的基本技术；掌握学生学业成绩评定的基本方法，把握考试评价改革的发展趋向。

2. 通过教学评价的实践性活动，体验和把握教学评价过程，从而掌握方法。

3. 以教学评价案例为先导，体验教学评价过程和进行角色体验，从而真正获得情感态度价值观的转变，理解新课程评价理念。

教学评价是根据一定的评价目的，采用科学的评价标准和方法，对教学过程及效果进行质和量的价值判断的过程。测量是评价的基础、而评价使测量获得了实际意义。相对评价、绝对评价、个体内差异评价是进行教学评价价值判断的基本方法。开展教学评价改革，应确立正确的思想基础，树立发展性教学评价理念。

课堂教学评价标准由指标系统、权重系统及标准系统构成。一堂好课应体现知识与技能、过程与方法、情感态度价值观三维目标的实现。课堂教学评价实施的主要任务是收集和分析处理评价信息。

学生学业成绩评定有两类重要的测验形式，包括标准化测验和教师自编测验。表现性评价及成长记录袋评价是学生学业质性评价的重要方法。考试评价改革包括考试内容及方法的改革。

第一节　教学评价概述

一、教学评价内涵

（一）评价与测量

《辞海》：评价泛指衡量人物或事物的价值。认为评价是在衡量价值，在此以其近义词替代称为“价值判断”。

即：衡量价值＝价值判断

不难发现，评价与价值有着十分密切的关系。按照马克思主义的观点，价值反映着主客体的关系，是客体对主体需要的满足。评价是关于价值的判断，我们对人物或事物做出主观的“好”与“坏”的判断，往往就被称为“评价”，这里的好与坏就是“价值的判断”。

美国学者格朗兰德（N. E. Gronlund）：评价是在量或质的记述的基础上进行价值判断的活动。

即：评价＝测量（量的记述）或非测量（质的记述）＋价值判断

测量（量的记述）或非测量（质的记述）属于事实判断，而评价则是事实判断加上价值判断。

所谓事实判断是指对事物的现状、属性与规律的客观描述。如我们说，某个学生已经掌握了四则运算的规则，就是事实描述。事实判断的基本要求是它的客观性，即真实地反映事物的本来面目。

而价值判断则是在事实描述的基础上根据评价者的需要和愿望对客观事物做出的评判。很显然，这其中有很大的主观成分，因为这个评判与评价者的价值观相联系。而每个不同的评价者（具有主观能动性的人），却有着不同的经历，政治、经济地位存在差异，所获得的经验、形成的意识、情感等各不相同，各有自身的习惯、爱好、志趣等，也就是说，评价者之间的价值观千差万别，他们可能会对同一件事物、同一个人做出完全不同的以至截然相反的“价值判断”。相对于事实判断的客观性，价值判断的主观性、不一致性则是绝对的。

分析格朗兰德对评价的定义，事实判断可以通过测量也可以是非测量，那么测量则是进行价值判断的重要手段之一，或称为价值判断的基础。

故评价与测量的关系表现为：

测量是评价的基础，测量所获得的结果是评价所需信息的主要的、可靠的来源，是对评价对象的状态和价值进行客观判断的前提。

测量的结果只有通过评价这个环节才能获得实际意义，否则，便成了一堆抽象而枯燥的数字。

（二）教学评价的本质及内容

教学评价是根据一定的评价目的，采用科学的评价标准和方法，对教学过程及效果进行质和量的价值判断的过程。

从其基本概念表述可见，教学评价从本质上说是一个价值判断的过程，具有客观性、是一个组织化的过程。也正是因其过程性及客观性的特性，才使我们有必要学习了解教学过程并掌握教学评价的技术和方法。

教学评价是对教学过程及效果所进行的价值判断，但由于人们对教学过程所指理解不一，便形成了对教学评价的内容范围认识上的差异。

有观点认为教学评价存在两个层面：一是包括学校教学管理在内的教学工作评价；二是教师教学（主要是课堂教学）的评价①。依此观点，教学工作评价则一般包括教学思想建设、教学管理制度建设、教学研究队伍建设及教学条件等。而教师教学评价则主要是指课堂教学质量评价。

另有观点认为，教学评价与教学工作评价有区别②。教学评价包括教学过程中的教师、学生、教学内容、教学手段与方法、教学环境、教学管理等诸因素的全面评价。而教学工作评价仅指对教师的教学工作过程的评价，即对教师的备课、上课、批改作业、课外辅导、命题考试、教学总结等教学的基本环节的评价。

由于通常我们理解的教学过程，是教师的教与学生的学所组成的双边活动或互动过程，核心反映于课堂教学。而教学效果则集中反映于学生的学习结果。故在此将教学过程及效果的评价定位于课堂教学评价及学生学业成绩的评定。如此选定内容也是为了增强学习的实效性，从而提高学习者的从师技能。

---

① 陈玉琨．教育评价学．北京：人民教育出版社，1999，第185页．

② 沈振佳．中小学教育评价．广州：广东高等教育出版社，2000，第88页．

二、教学评价价值判断方法

（一）相对评价法

所谓相对评价是指确定评价对象在团体中相对位置的一种评价方式。

这是根据价值标准分类所确定的一种评价类型，其评价标准设在了团体内部，特点是根据评价对象的整体状态确定标准，只适用于所选定的评价团体。

开展教学评价时，要求把评价对象个人的得分与团体其他成员的得分进行相对比较，从而明确自己在团体中的地位。

开展相对评价主要能起到两个方面的作用：

（1）判定评价对象之间的成就差异。

（2）将评价对象按某种特定顺序排列。

在教学评价中，针对教师及课堂教学效果常常进行相对评价，用于比较教师间的教学素养及课堂教学质量的好坏。而更为常用的是教师运用相对评价法来评价学生。相对评价发端于 20 世纪初兴起的心理和教育测验，经过近百年的发展形成一套完整的测量和统计方法。例如，在学期末，教师需根据学生综合素质发展情况及学科学习情况，对学生进行分析和判断，按照从优到劣的顺次将一班或某一团体的学生逐一排队，每个学生都可以找到其在一班或某一团体所处的位置。学科教学中采用相对评价法评定学生学业成绩更为突出，常常以学生的考试成绩为学生排队。目前国内外考试记分方式不尽相同，大致可划分为百分制、等级制，百分制较等级制评分方式更利于相对评价顺次排队。

通常人们将相对评价也称作常模参照评价。这里所谓的常模，就是按评价目标需要制定出的一个比较合理的参照标准。当然相对评价使用更广泛，在教学评价中可用于对学生进行的综合评价，而常模参照评价一般是在测量学习成就时采用的（学习成就测验常称为常模参照测验）。由于常模建立在评价对象群体测评的基础之上，是依据测验适用对象总体的平均成绩而制定的。所以常模的适用范围取决于取样的范围，河北省的中小学生常模，不能用于解释其他省中小学生。由于不同历史时期，样组的平均水平也会有不同的变化，常模也将随之变化，因此常模应及时修订。正是由于常模建立在现时被评对象的实际水平之上，是相对于特定评价团体制定的，因此这一标准也是一种相对标准，用相对标准进行的常模参照评价当然是相对评价。

标准分数（通常称 z 分数）也是一种相对评价，考察的是评价对象在总体中处于什么位置。

$$z=\frac{x-\bar{x}}{\sigma}$$

式中：z 表示标准分数；x 表示某一被评者的综合评定值；$\bar{x}$ 表示全体被评者综合评定值的平均数；σ 表示全体被评者综合评定值的标准差。

相对评价有其固有的功能，可以帮助我们鉴别个别差异，利于选拔，适应性强，但也存在明显的局限性：

（1）相对评价的评价标准来自群体内部，确乏客观标准。

（2）相对评价的结果只表示评价对象在团体中的位置，并不表示其实际水平。

（3）相对评价容易使评价对象间产生过于激烈的竞争。

（4）由于相对评价重视位次，容易使评价对象忽视目标的完成情况。

由于相对评价十分强调评价对象间的相互比较，以次序定质量，故在使用中应注意：

一是等质性。例如，数学的80分和语文的80分是不等质的，不可进行比较。

二是实效性。由于相对评价会产生激烈的竞争，往往造成人际关系紧张，故采用相对评价应强调其对教学的改进功能，不可把着眼点放于为惩治排队相对落后的评价对象。

（二）绝对评价法

所谓绝对评价是考查评价对象达到客观标准或目标程度的一种评价方式。

这是根据价值标准分类所确定的一种评价类型，其评价标准设在了团体外部，是在外部制定了一个客观的标准或目标。

第二次世界大战后，相对评价逐渐暴露出它的弱点。比如，进行学生学业成就评价时，它对学生学习所起的作用主要是考核和监督的功能，而不能充分起到诊断学习缺点、难点，使学生主动调节努力方向、确保实现各项教育目标的作用。1963年格拉泽发表文章指出相对目标标准的不足，并提出在今后的学校教育中，应该着重于绝对目标标准的主张。总之，到60年代，在多元智能结构新理论和其他新教学论的影响以及课程改革迫切要求的推动下，与相对评价对应的一种新的评价方式——绝对评价诞生了。

通常人们将绝对评价也称作标准或目标参照评价。

由于这一标准或目标是独立于评价对象群体之外的相对客观的要求和尺度，它与评价对象群体的实际水平无关，例如，学生会考主要是考查学生学习的基本水平，以课程标准为标准或目标，不以学生在某一团体中排名顺序为标准。

绝对评价是在克服相对评价教育性不足的基础上产生的，相对于相对评价，绝对评价的主要作用表现为：

（1）明确评价对象与客观标准的差距，了解评价对象的实际水平。

（2）利于对评价对象进行诊断和改进。

但绝对评价的局限性也十分明显：

（1）绝对评价的标准由人来制定和掌握，难免主观性。

（2）相对于相对评价的标准，绝对评价的标准确定困难。

（3）在评价过程中，评价对象不需要和别的个体或单位进行比较，因而容易自我满足，不利于形成竞争气氛。

绝对评价以达到目标的形式设定所期待的、通过教学活动来实现的内容，适用于达标性的活动。在学生学业评价中教师自编测验则倾向于采用绝对评价，在每个学习单位或目标学习完结用以了解达到所设定标准或目标的程度。

在开展教学评价实践中应强调以绝对评价为基础，实现绝对评价与相对评价的有机结合。纵观教育评价理论和实践的发展，也是经历了一个从相对评价到绝对评价，到绝对评价与相对评价结合互补的历程。

（三）个体内差异评价法

所谓个体内差异评价是将评价对象自身状况设为评价标准进行的评价。

个体内差异评价主要有两种情形：

(1) 把评价对象的过去和现在进行比较，考察其进退情况。

(2) 把评价对象的某几个侧面进行比较，考察其所长或所短。

个体内差异评价法改变了相对评价和绝对评价与外部对象比较的状况。相对评价是评价对象个体与团体内其他个体比，绝对评价是评价对象与外部的标准或目标比。而个体内差异评价是自身的比较，充分照顾到了个性的差异，在评价过程中不会给被评价者造成过大的压力。

个体内差异评价的作用主要表现为：

(1) 张扬个性，允许评价对象间存在差异。

(2) 鼓励进步，以进步幅度定质量。

由于个体内差异评价法既不与客观标准比较又不与其他评价对象比较，是按一定的价值原则进行的判定，往往在现实评价中很难找到评价的参照点。比如，某学生数学期中考试成绩是 80 分，而期末考试成绩是 60 分，是否可以说该学生数学学习成绩下降了？解决这样的问题只有结合相对评价找到其在团体中的位置才可以。故，开展个体内差异评价常常与相对评价结合进行。

如两次测验，均有一个分数，应化为标准分数进行比较，也就是通过找到各自在团体中的位置来确定其进步程度，实际上就是把相对评价与个体内差异评价结合起来的方法。

三、教学评价改革

（一）确立教学评价改革的思想基础

1. “以人为本”的管理思想

这里的“以人为本”基于马克思主义关于人的价值观，认为人在生产生活中居主导地位，管理不是对人的束缚和压制，而是要将工作的重心转向调动人的主动性、积极性和创造性上，也就是“以人为本”的管理。

一般认为，教学评价也是教学管理的一种手段，而根据“以人为本”的管理思想，不是要通过教学评价将评价对象管住、管死，而是将教学评价视为教学活动的一部分，教学评价的目标产生于教学活动过程之中，评价过程也不是简单的由“因”到“果”的线性关系，而是评价者与评价对象的一种交互作用的反映，难以用实证的、定量的方法解释一切，更不能只看结果不看人，而是要更多地关注过程、关注教学评价对人的激励作用、关注评价的生成性和创造性。

坚持“以人为本”，则要求开展教学评价重视发挥人的作用，将视线聚焦于被评价者的发展上，要吸收被评价者一同参与评价过程，强化质性评价的作用。

2. “后现代主义”的哲学思想

“后现代主义”来自于人们对于社会文化危机及社会生存危机的思索，也是对后工业社会（信息时代）的回应。作为一种思维方式，后现代主义哲学是对传统思维方式的挑战和扬弃。虽然出现了不同的流派，但其具有的共同特征表现为：反基础主义、反本质主义；不确定性、内在性；对科学理性的质疑；对整体性、同一性的反叛。简单地说就是“批判性”“多元化”。

我们开展教学评价以“后现代主义”为哲学思想基础，不是将“后现代主义”思想全盘吸纳，而是看重了其所倡导的创造性和鼓励多元思维。也正为此，要求开展教学评价要强调多元价值观、重视差异，这一点对教学评价标准及其建立本身就是一个挑战。按照“后现代主义”思想，教学评价反体系化、反统一预设标准，要求评价标准反映个性、反映特色。对评价信息的量化法处理认识也发生了改变，认为量化的方法并非就是完全客观的、科学的，要求更多地采用质性评价的方法来增加教学评价的教育性。

3. “建构主义”的教育思想

建构主义思想倡导者们更关注如何以原有的经验、心理结构和信念为基础来建构知识，强调学习的主动性、社会性和情境性。

就教学评价而言，以往强调评价对象的接受性，评价者具有权威性，被评价者完全被置于评价过程之外。依据“建构主义”的教育思想开展教学评价，要求我们要重视自我评价的作用，使评价对象不仅了解自己，而且同时对评价目的及方法等有深刻的理解，达到自我认识、自我激励、自我完善的目的。而且强调评价对象的参与性，注重形成性评价的作用，使教育评价成为对评价对象的引导、促进和帮助。

（二）树立发展性教学评价理念

1. 体现民主协商精神

以往开展教学评价，我们采用最多的是泰勒的目标达成模式，即开展评价的依据是把所要评价的内容分成具体可见的、可操作的行为目标，评价就是围绕这些目标考察其达到的程度，也被称为“预定式评价”。在评价的过程中，评价对象一直游离于评价过程之外，评价者站在个人的角度，对评价对象的性状、功能、效果等根据已有的评价标准进行价值判断，目的就是为了区分优劣，实施奖惩。也可以说，这种评价是一种自上而下的单向评价，评价结果是评价者强加于评价对象的。

发展性教学评价，则是由评价者与被评价者双方共同承担发展目标的任务，旨在最终的发展，不是为做一个简单的结论。因此，要评价者与被评价者双方协商评价目标、评价计划。由于发展性教学评价是在评价者与被评价者之间达成共识的基础上进行的评价，被评价者能积极主动地参与评价，这是对以往教学评价的极大突破，有效地防止了被评价者在评价中易于出现的防卫心理、焦虑心理及应付心理等影响评价的不良心理状态，且被评价者的这种有意识性和自觉性，也是其进步和发展的基础。

2. 关注目标的非预期效应和效果

泰勒模式以目标为中心，关注的就是目标达成度。这种评价模式包含的一个假设就是目标全面而科学。我们十分认同目标的作用，没有目标的教学是盲目的，也注定是失败的。然而，一方面目标本身的合理性、可行性值得探讨，也就是说它“全面而科学”只能是一种假想，或者说是一种理想状态；另一方面，教学本身是一种创造性的劳动，评价标准不可能包容一切，况且以往的教学实践也证明了在教学过程中，除了要达到的预期目标之外，还会产生各种非预期目标的效应和效果。

正是因为制定目标本身不可能面面俱到，而且目标本身的科学性也有待在教学实践中检验，我们更希望富有创造性的教学活动，提倡开展发展性的教学评价，关注非预期目标的效应和效果。这种关注的目的是因为评价的目的不止于呈现一个结论，更在于能使评价对象成长和发展。因为就教师而言，这种非预期目标的效应和效果，可能正是其教学的艺术性所在，是其潜在特质的一种表现，但却是无意识的。就学生而言，则能激励其创造性思维和表现，张扬其个性。

3. 注重评价标准及角度的多向化

“预定式评价”的特点是先有一个统一的标准再实施评价，更多地是要对评价对象排队，进行优劣对比。所以强调标准的统一性、数量化，否则就没有了比较的依据。

而现实中，评价对象各具特点，其发展也是多方面的，我们无法将其统一化。况且教学评价是一个价值判断，无论教学内容的选定、方法的选择还是教学程序的安排等，都因地、因时、因人而异，难以优劣而论。

开展发展性教学评价要求注重价值的多元性，也就是注重评价标准及角度的多向化，从评价对象的特点出发由评价双方商定评价方案，主要是考虑评价对象的未来发展，且这种发展可以是多方面的、多角度的。所以，发展性教学评价将不拘于评价对象的知识、能力，还会涉及其情感、性格的健全发展及审美情趣、创造天赋等。也就是说，这种评价不仅包括其外在的行为、态度，而且包括其内在的精神气质和性格。

4. 强调评价过程的周期性

以往教学评价常常是通过一节课或组织一次评比活动开展，区分出优劣便达到了目的。所以，检查、听课、给结论成了教学评价的主旋律。相对时间短，一堂课、一遍检查打分就可以解决问题。发展性教学评价要求改变评价对象被动受评的局面，使其积极主动参与其中，通过评价活动不仅要使评价对象深刻理解教学活动，刻意谋划和构思教学活动过程，还要提升评价对象的自我意识和自主精神，实现培养目标。

由于发展性教学评价是一个对评价对象的培养过程，变终结性评价为形成性评价，不可能一蹴而就，所以应周期性推进。通过评价不仅使评价对象深刻了解教学过程，也使其了解评价过程，从而学会自我评价。发展性教学评价对教师独特的教学风格形成和良好教学艺术水平提高具有良好的作用，也是促进学生主动发展的有效模式。

第二节 课堂教学评价

一、课堂教学评价标准

（一）课堂教学评价标准及编制

课堂教学评价标准是开展课堂教学评价的尺子，也称评价的指标体系。它是由各层级评价指标按照一定逻辑关系结合而成的指标系统、权重系统和标准系统共同构成的一个有机整体。

1. 指标系统及编制

指标系统是具有紧密联系的反映评价对象整体面貌的一群指标。

（1）指标系统的结构及指标类型。其基本结构为：

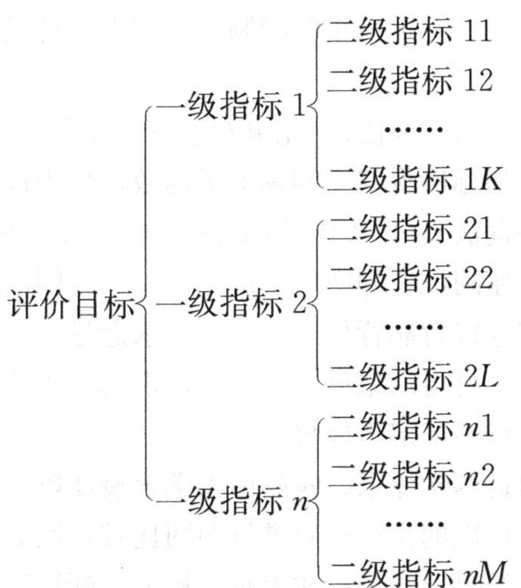

从功能上区分，可将课堂教学评价指标分为素质指标、效能指标和职责指标三种类型。

素质指标指那些能反映评价对象所承担的职责或完成的各项任务应具备的基本条件的指标，又称条件指标。如教师的语言表达能力。

效能指标包括效果指标和效率指标两部分。效果指标是注重评价对象行为结果的指标，如教学目标的实现程度；效率指标是注重行为有效程度的指标，如课堂师生投入的时间精力与所获结果的比。

职责指标指反映评价对象所应承担的责任和完成任务方面情况的指标，其内容包括做好某一项工作最为基本的行为规范要求。如教学方法适当。

(2) 指标系统的编制方法。设计指标系统一般包括两个步骤：

第一步提出初拟指标，主要是指标设计者、教学专家或学科有经验的教师通过发散性的思维提出指标。可利用“头脑风暴法”、“因素分解”、“理论推演”等方法完成。

第二步对初拟指标进行筛选。初步提出的评价指标，一般数量较多，往往会出现内涵相同、互相包含、互相矛盾、互为因果等问题，需要对初拟指标进行合并、综合、剔除等。通过筛选把那些符合设计原则要求，反映评价对象本质特征指标保存下来。可利用经验的方法也可利用数学的方法完成筛选指标。经验的方法可采用个人经验和集体经验法，其中集体经验法可采用调查的方法。而数学的方法主要有主成分分析法、聚类分析法等。

2. 权重系统及编制

指标权重是表示某一评价指标在整个评价体系中重要程度的量数，也称权数。权重系统则指量数系统。

(1) 权重的表现形式及作用。权重可以用小数、百分数、整数形式表示。百分数、整数形式可视为小数形式的变式。

若用 W 表示权重，用 Wi 表示第 i 项指标的权重，则小数形式的权重应满足如下条件：

$0<Wi\leqslant 1$（当 1 个层次上只有 1 个指标时为 1）

$$\sum_{i=1}^{n} Wi = 1(i = 1,2,3,\cdots,n)$$

建立权重的作用在于：可以确定评价指标在指标体系中的关系，使评价指标体系成为一个有机整体；可突出对评价对象评价的重点；为评价指标量化创造条件；保证整体综合评价结果的科学性。

（2）权重系统的编制方法。权重系统的编制可采用专家意见平均法、特尔菲法、层次分析法等多种方法。

专家意见平均法（也称专家会议法）：先由专家分别给课堂教学评价指标系统中各个指标分配权数，然后求出每个指标所得权数的算术平均数，作为该指标的真正权数。

特尔菲法（也称专家咨询法）：由美国兰德公司赫尔默于 1964 年发明。特尔菲是古希腊传说中的神谕之城，城中有座阿波罗神殿，可以预卜未来，因而借用此名。其基本思想就是把需赋权的评价指标制成问卷以背靠背形式向专家征求意见，问卷用匿名方式经专家判断后收回，然后进行总汇、统计，再将结果反馈给专家，供其修正个人意见做参考。通过多次反复使专家的意见逐渐收敛，最后确定指标权重。

层次分析法：是由美国运筹学专家、匹兹堡大学教授斯塔（T. L. Saaty）70 年代初提出的。它的基本原理是在同一层次的指标中间进行两两比较，区分出各级指标影响评价目标实现的相对重要程度，将判断结果以数值形式表示，构成判断矩阵，然后经过运算确定同一层次指标相对重要程度的权重值。

3. 标准系统及编制

评价标准是对评价对象末级指标达到要求的程度在数量和质量方面规定价值判断的准则和尺度。评价标准的集合则为标准系统。

（1）评价标准系统的要素。标度是评价时测定的单位标准，或者说是评定的档次。可定性也可定量。

标号是区分程度的符号。通常用字母 ABC、汉字甲、乙、丙或数字 123 来表示，没有独立意义，起辅助作用。

指标不同标度的具体要求，常用语言表述。

（2）标准系统的编制方法。设计标度：根据评价目的及评价对象的具体情况设计标度。

一般来说，定量的标度是在每个等级上给出相应的赋值范围，如教学目标分 A、B、C、D 四个等级，如果教学目标占总体课堂教学质量的 10 分，则 A 等赋值在 10～9.0 分之间；B 等在 8.9～8.0 分之间；C 等在 7.9～7.0 分之间；D 等在 6.9 分以下。

定性的标度，则是直接分等并表达基本性质，如分四等优、良、中、差。分两等合格、不合格。

确定达到标度的量具：根据末级指标的特点来设计表达形式，比如，利用积分式评语、隶属度评语式等。

积分式评语是把末级指标分解为若干要素（以评语的形式编写），给每个要素指派独立的分数。分两种：一种是等分积分；一种是累计积分。等分积分式是指标分解成的每一个要素的标度都相等。累计积分式是指标分解成的每一个要素的标度不相等，按评价标准累计相加。

隶属度评语式是用模糊数学中的隶属度函数为标度的一种评价标准。分为：隶属度分段式；隶属度全域式。隶属度分段式是将要素的各个等级分别规定属于隶属度的某个范围（如优等为 1.0～0.8，良等 0.7～0.5）。一般来说，要素的等级若是递进关系，可采用这种方式。隶属度全域式是评价者对因素的每个等级（要素）都可选择隶属度 0 至 1 之间的任一实数。一般说等级若是并列关系，可采用隶属度全域式评价标准。

（二）一堂好课的主要指标

1. 对一堂好课标准的新视角

华东师范大学的叶澜教授认为：一堂好课没有绝对的标准，但有一些基本的要求。就“新基础教育”而言，一堂好课要达到的基本要求是：有意义、有效率、有生成性、常态性、有待完善的课。

天津教育科学研究院的王敏勤教授认为评价一堂课：一看教师的基本素质；二看确立和落实三维教学目标的情况；三看使用教材的情况；四看师生教学方式的转变情况。

北京师范大学的裴娣娜教授认为：“现代课堂教学目标是多元价值并存的”。强调掌握基础知识、基础技能训练、获取生活经验、创造性思维能力培养、情感陶冶的价值取向。教学要体现现代课堂教学的基本价值，评课就要以这些基本价值为视角。因此，怎样评课的关键在于我们如何制定和把握评课的视角和标准。让这个视角或标准能够反映我们的教学集中取向，能够适切教学评价的实际。

2. 新课程一堂好课的主要指标

之一①

〇一堂好课应整体体现三个方面：真实的学习过程；科学的学习方式；高超的教学艺术。

〇一堂好课应以学生的发展来衡量，做到知识与能力同步发展，认识与情感和谐发展。体现在：教学目标多元性；教学过程生成性；教内容开放性；教学评价激励性；媒体使用恰当性。

〇一堂好课的总体要求应体现在建构性、生成性和多元性的统一。

〇一堂好课应明确地凸显在学生的学习活动状态上，体现在：学生的参与状态；学生的交流状态；学习目标的达成状态。

之二②：

〇学生主动参与学习：学生参与的时间和广度；学生参与与他人的合作；学生参与高水平的认知活动，在解决问题中学习；学生参与过程中有情感因素的投入，学生被学习内容和学习过程所吸引。

〇教学过程中对学生创造性的培养：看教师有没有在教学中贯彻创造性思维教学的基本原则；看学生回答问题以及学生自己的提问有没有独创性。

〇教师的教学设计：教师的教学观念及设计思想；教师对学生发展水平的了解程度；教师对教学内容、方法的整体把握；教师能否为学生提供主动参与的时间和空间；教师思考问题的深度和广度。

之三③：

〇教学目标：教师要把全班学生培养成推理缜密、思想方法与行为方式以及社会价值观念都有助于学习的学习者。

---

① 万伟，秦德林，吴永军. 教学评价方法与设计. 北京：教育科学出版社，2005，第 43～47 页.

② 唐晓杰. 课堂教学与学习成效评价. 南宁：广西教育出版社，2000，第 75～81 页.

③ 钟启泉. 基础教育课程改革纲要（试行）解读. 上海：华东师范大学出版社，2001，第 318～319 页.

• 不仅应表现出，而且一定要对所有学生的各种不同见解、技能和经验都有所尊重；

• 要使学生在决定应该教什么和应提供什么学习环境的时候都有真正的发言权；

• 要在学生中间培养协作精神；

• 要将学生的技能、思想方法、行为方式和价值观念作为重点加以培养。

〇教学设计：教师要为学生制定合理的教学方案。

• 为学生制订一个包含年度目标和短期目标的计划；

• 要针对学习内容修改与设计课程，使之适合于学生的经历、兴趣、知识水平、理解力和其他能力；

• 选择教学和评价方案，以提高学生对知识的理解，把学校变成学生积极参与学习的场所。

〇管理学习环境：教师要营造和管理好学习环境，为学生们学习提供必要的时间、空间和资源。

• 要安排好可以利用的时间，使学生们有机会参加扩展性研究；

• 要创造一种灵活的、有助于学生学习的环境；

• 要确保学习环境的安全性；

• 要使可以利用的设备、学习教材、视听媒体能够为学生所利用；

• 要能鉴别和利用校外的学习资源；

• 要使学生参与学习环境的设计。

〇促进教学：教师要学会引导学习，会将学习活动化难为易。

• 要组织好学生围绕学习问题进行讨论；

• 要设法使学生认识到并担负起他们在学习中所应担负起的那份责任；

• 要认识到学生们存在的巨大差异，并能采取相应的做法和措施，鼓励全体学生人人都充分参与到学习之中；

• 要利用学生的数据、有关人员对教学工作的评议，以及与同事间进行交流、总结和改进教学。

〇对学习的评价：教师要参与对他们的教学及学生们的学习所进行的不断评价。

• 要使用多种方法，系统地收集关于学生的理解与其他能力的数据；

• 要分析评价数据，指导教学；

• 要指导学生进行自我评价；

• 要向学生、教师、家长、决策人员以及公众报告学生的学习过程和学习效果。

之四①：

〇知识与技能：

• 知识技能目标：清楚准确；容量适中，重点突出，难点突破，联系生活，指导实践。

• 学生能掌握所学知识技能，独立归纳所学内容，并能分析、解决相关问题。

• 突出学科思维方法，培养学生自主、探究、合作、体验的学习能力。

〇过程与方法：

• 教学内容：正确合理，程序分明，密度恰当。

---

① 上海市中小学《新课程课堂教学评价标准》（草案），2006 年.

• 教学活动：内容充实有梯度；自主学习有时间；师生互动，生生互动有空间。

• 教学方法：因材施教，面向全体，主体突出，方法灵活；能引导学生发现问题、分析问题、解决问题；培养学生的创新意识和创新能力。

• 教学基本功：教态自然，有亲和力；语言表达有感染力；板书设计合理美观；教学手段先进、恰当。

◯情感态度与价值观：

• 培养学生积极向上的人生观、世界观和价值观。

• 教学民主，相互尊重，创设和谐、宽松的教学氛围。

• 学生乐于动脑动口动手，学习兴趣浓，信心足，感受成功的快乐。

上述评价指标均反映了新课程的主要思想，立足三维目标的实现，强调突破“课堂、教材、教师”中心，鼓励“自主、合作、探究”学习方式。在课堂教学评价实践中可根据评价目的选择和组合。

二、课堂教学评价的实施

（一）收集信息

1. 课堂教学评价信息资料分类

（1）经常性资料。教师：主要指与教学有关的日常工作材料，如教师的备课笔记、教案、单元教学计划以及有关科目的教材。

学生：作业、作品、课堂笔记、考试卷。

（2）课堂信息资料。这是指通过各种课堂教学评价手段所得到的信息资料。其中包括：

评价者通过直接（亲临课堂听课）或间接（通过看录像）观察教学的全过程后所获得的有关信息资料；

评价者通过与学生、教师及有关人员谈话所直接收集到的关于课堂教学优缺点方面的态度和意见。

采用问卷或测验的方式从学生那里直接获取的调查结果；

这些资料是评价教师课堂教学质量的重要参考依据，特别要注意这些资料的真实性、可靠性和准确性。

2. 收集课堂教学评价信息的方法

（1）观察。直接深入课堂或观看录像资料了解课堂教师及学生的行为表现。

（2）问卷。通过问卷形式了解教师对课堂教学效果的主观印象及学生在教学过程中的情绪体验。

（3）访谈。可以进行个人或集体访谈，更深入的了解师生对课堂的感受及相关意见。

（4）对学生进行整体测验或抽样作业。主要是指在课后采取纸笔或操作性测验，检验学生课堂教学的学习成效。

（二）分析处理信息

1. 分析内容

分析相关的课堂评价信息资料，课堂教学资料可做量化分析的内容如课堂教学结构，其含有教学环节及时间分布；教师及学生活动情况分析，包括教师提问次数、学生活动的情况分析等。可进行定性分析的内容包括教师教学设计及教学过程的独特性、教师所提问题的层次、学生活动的质量等。

2. 分析方法

采用定量的分析方法可采用模糊综合评判法，特别是通过各指标达标程度分析，了解评价对象的基本情况。

定性的分析方法目前采用较多的是开展大型面谈，让大家充分地发表见解，尤其是任课教师，将自己对教学的认识、教学的组织以及对教学效果的认识讲出来。

开展面谈要注意技巧：优先让任课教师发表意见、解释、辩解；允许不同意见，但表达应让任课教师乐意接受；发现问题是面谈的关键，但指出问题必须讲求艺术。

3. 信息反馈

对于评价结果的反馈形式不拘一格，但应考虑如下要求：将定量评价进行定性处理；反馈要考虑激励性；共性与个性要兼顾。

第三节　学生学业成绩评定

一、标准化测验及教师自编测验

（一）标准化测验及基本要求

标准化测验是指具有规范的标准，对各个环节按照系统的科学程序加以组织并对误差做严格控制的测验。

其基本要求：

（1）要有规范的标准，保证测验在统一的、明确的标准约束下进行。

（2）要有一套严格的科学程序来规范测验的整个过程，以保证标准的贯彻执行。

（3）要严格控制误差。标准化测验一般属于常模参照测验，其主要用于选拔，故学校日常教学中教师并不多用。

（二）教师自编测验及基本要求

教师自编测验是教师根据教学需要，自行设计和编制测验。

基本要求：

（1）严格按照目标参照测验的要求进行。

（2）编制测验要符合科学进度。

（3）测验内容覆盖面力求广阔，体现一定的启发性和灵活性。

教师应注意平时积累题目，建立小型题库，对测验进行效度、信度分析，不断提高自编测验的质量。

教师自编测验一般属于标准或目标参照测验，是教师日常教学经常运用的一种测验，用以了解学生单元或阶段的达标情况，了解教学中存在的问题和获得改进信息。

（三）测验的编制

1. 测验编制的程序

（1）确定测验的目的、对象、内容、形式。测验目的和对象决定了测验的重点和测验技术的采用。测验内容是指测验应确定范围，如一般要制定考试大纲。测验形式是指口试、笔试、操作等。

（2）根据测验的范围制定测验“双向细目表”。双向细目表有两个维度：

一是测验的内容（课、项目）分布。

二是目标层次（例如，根据布卢姆的认知领域的目标分类，包括：识记、理解、应用、分析、综合、评价）。示例见表 11-1 所示。

表 11-1　学科学年测验的双向细目表

	识记	理解	应用	分析	综合	评价	分值/题量
第一单元	3	5	5	3	2	2	20/8
第二单元	2	5	5	3			15/6
第三单元	2	2	4	2			10/4
第四单元	2	2	4	2			10/4
第五单元	2	5	6	3	6	3	25/10
第六单元	4	6	6	2	2		20/8
分数/题量	15/6	25/10	30/12	15/6	10/4	5/2	100/40

（3）根据双向细目表命题。

●纸笔性测验命题应把握：

○题型的分类。按学生作答的方式可分为选答题和自答题两类，选答题是要从给出的答案中选出正确的答案，而自答题则要求学生自己写出答案；按评分误差的大小可分为客观性试题和主观性试题两类，客观性试题没有或有很小的评分误差，主观性试题则评分误差较大。

○各类题型的特点及命题原则。选答题主要包括选择题、是非题、组配题等，其中选择题是最为常用的题型，有单项选择、多项选择等。命题时应注意：

• 设问明确，题干尽量采用肯定式。
• 备择项 4～6 个为宜，表达要尽可能概括。
• 避免任何形式和内容上的暗示，备择项句子长短与句式大体相仿。
• 备择项表达准确不能引起歧义，干扰项的错误类型应具有典型性。
• 各备择项应相互独立，应选项在各题中要随机排列，使其无规律可循。
• 尽可能少用“是非题”减少猜答案问题出现。
• 组配题的对应选项数量最好不等，防止以排除法推出正确答案。

自答题主要包括填空题、简答题、论述题等，其中简答题含有多种形式，如计算题、制作图形图表、名词解释等。

编写填空题应注意：

• 需填空的内容应有重要意义，且每空确保只有一个正确答案。

• 每题留空不宜太多，1～2 个为宜。

• 最好不从教材上摘录原文为题，数值形填空要规定预期精确度。

编写简答题应注意：

• 注意目标水平，不宜只考查识记内容。

• 明确规定答题的范围、容量和精度等。

编写论述题应注意：

• 应以考察分析、综合、评价等高层次认识水平为主。

• 题意明确、不产生歧义。

• 问题具体、重点突出。

• 明确答题要求和评分规则。

●操作性测验编制应把握：

○操作测验的类型。根据测验情境的现实性程度可分为书面操作测验（如绘图、设计），辨认测验（如实物识别、倾听辨别机器故障），模拟操作（如模拟法庭、教学试讲），工作样本（如速记、完成实验等）。

○操作测验编制的步骤及要求：

• 详细界定所测内容。如操作任务的准备；操作程序；操作成果等。

• 选择适当的操作测验类型。结合学习内容选择相应的测验情境，力求最大限度地获得真实的情境。

• 明确操作测验的要求，给出描述性的指示语。比如，说明完成的是什么任务、在什么条件下实施、判断的依据。

• 编制测量工具。操作测验对操作过程和结果都需要详细的观察记录，故设计好观察记录量表。

（4）实施预测，制定评分细则。标准化测验一般要先组织小范围的预测，了解测验题目的各种性能指标，然后对试题进行修改、筛选、更换，保证试题质量。

2. 测验项目分析

（1）难度。难度指项目的难易程度，以难度系数来表示。难度系数则是以正确回答某题的人数与参加测试的全体人数之比为指标。

$$P=\frac{R}{N}$$

P 表示难易程度；R 表示正确回答某题的人数；N 表示全体受试人数。

实质上，根据题目的形式和记分方法不同，以及受试人数的多少，在运用以上基本公式时还有不同的变化式，以便对难度的估计更客观、确切。

以上表述的以通过率计算难度是二分值题项的计算方法，即所答题非对即错。但若遇到连续变量计分的题项，则需采用如下公式进行难度估计：

$$P=\frac{\overline{X}}{W}$$

$\overline{X}$ 表示全体受试者对某题得分的平均数；W 为规定的该题的满分。

对于难度值的确定意见不一。通常认为，题目难度 P 值的一般水平，应大于受试者对题目回答正确的概率，如在 4 择 1 的选择题中，回答正确的概率为 1/4＝0.25，如有 40 个受试者，回答正确 10 人，P＝10/40＝0.25，有 75％的人没回答上来，这样的题目属于太难。

一般认为，难度值在 0.0～0.2 或 0.0～0.3 为难度高；0.2 或 0.3～0.7 或 0.8 为中度；0.7 或 0.8～1.0 为低难度。总体看，认为较适宜的难度值为 0.4～0.7 之间。

（2）区分度。它是指测试题目对受试者实际水平的鉴别程度。

估计与分析题目区分度的方法很多，但实质上都是以受试者对题目反应与某种参照标准之间的关系为基础的。

区分度计算常用鉴别指数法。

公式：$D=P_H-P_L$

D 表示鉴别指数（区分度指数）；P_H 与 P_L 分别表示高分组与低分组的难度值。

一般来说，当 $0.40<D<0.70$ 时，则表示题目能将不同水平的受试者的成绩很好地拉开，也就是区分度良好。

二、学生学业成绩质性评价

（一）表现性评价

1. 表现性评价的内涵

所谓表现性评价是指通过观察学生在完成实际任务时的表现来评价学生已取得的发展成就。[①] 此定义建立在对传统学生学业成绩评价批判的基础之上。传统评价以纸笔测验为主，过于关注甄别与选拔，过于关注得分高低，对学生情感、态度、价值观等内容的测评显得无能为力。

表现性评价主要是指由学生完成某一特定任务，从而评价分析其表现的水平和状态。这种特定任务与纸笔性测验的题目设定的任务可能相同，但纸笔性测验完成的题目是一种假想的情境，而表现性评价更为强调学生行为，在真实的情境中完成。

以往我们总是以为只有像音乐、美术、体育、实验等具有操作技能的内容可以进行表现性评价，而事实上，这种评价方式可以推广到各个学科。只要是完成某任务或一系列任务，便可以评价其在完成任务过程中的表现。

其实早在 20 世纪 50 年代初，这种评价方式已引起了关注，但直到 80 年代才在美国大量推广，大约有 40 多个州采用此方法评价儿童的写作能力，有的州还以立法的形式要求采用表现性评价的方法评价学生，到 90 年代已有很多教育工作者钟情于表现性评价。表现性评价之所以被青睐，是因其所具有的特性所致。

2. 表现性评价的特性

（1）注重过程。完成任务总会有结果，但同一结果却可能由不同的过程所致，特别是涉及复杂的认知和心理活动，甚至有时没有清晰的结果，更需要考证过程。通过对学生任务完成过程的表现行为的深刻分析，发现其学习困难、学习障碍。特别是学生完成相同任务采用了不同手段和行为方式，有的可能走捷径，有的可能走弯路，这样可以更好地探测学生的成就水平。

（2）关注多方面的表现。表现性评价需要在真实情境中进行，这样在完成任务时就会涉及多方面的关系，就如我们前面所举例子，如果纸笔性测验面对的只是一个简单的四则运算

① 周卫勇．走向发展性课程评价——谈新课程的评价改革．北京：北京大学出版社，2002，第48页．

题，而进行表现性评价，不仅认知方面的因素，就是语言表达能力、人际关系处理能力、决策能力等情感及社会技能方面都成了表现性评价的内容。

（3）评价行为的现实性。教育的最终目的是要让学生利用所学知识应用于现实，解决实际问题，表现性评价具有这一特性，评价学生在真实情境中的表现，对学生的行为表现进行直接的测量、评价、分析，较之纸笔性测验更为直接、现实。

3. 选择表现性评价任务的制约因素

表现性评价是要评价学生完成任务的情况，那么任务的确定便成为评价的重要问题。一般来说，确定任务应考虑如下因素：

第一，任务本身所具有的代表性。考虑学生所完成任务的表现能在多大程度上类推到类似的任务中的表现，这样评价才会产生意义。

第二，任务反映学生的生活实际。任务能反映学生的生活实际才使得完成其有价值，学生在完成任务中的表现表明了学生解决实际问题的能力。虚拟的情境也可以进行表现性评价。

第三，任务集中学生多方面的表现。所完成的任务越是需要学生多方面知识、能力综合，采取多种措施，有步骤，有过程，越能发挥表现性评价的优势。

第四，任务与教育教学的联系性。学生完成的任务应是教育教学的成果，如果缺乏与学校教育教学的联系性则没有了针对性。

第五，任务的普适性。所选任务应面对所有学生，不分民族、性别与社会经济背景。特别是不要因为学生的性别差异和家庭背景而导致不公平。

第六，任务的可操作性。表现性评价要求学生完成的任务不能太单一，但也要符合学生的实际水平，也就是学生可以进行完成任务的活动，同时还要考虑任务确实可以实施，具备完成任务所需要的资源条件。

第七，任务表现行为的可测可评性。学生完成任务的表现应可以准确、可靠地进行测量和评价，也就是其行为可以观测。

当然，在实际的评价中，任务的确定不一定将以上问题面面俱到，根据评价的目的和需要可以少考虑某些因素，或确定某几个方面为选择任务的标准，但大多情况下还是应满足所有的因素要求。

4. 表现性评价的开展

（1）设计表现性任务和完成任务的适当情境。表现性任务是在表现性评价过程中评价者要求学生完成的具体任务。常用的主要有六种类型：结构性表现任务、口头表述、模拟表现任务、做实验或调查、创作作品、完成研究项目等。在实际评价活动中，选择哪一种或几种表现性任务，需要教师根据评价的内容或教学目标、具体情景特征以及学生的发展水平和时间、空间与设备条件限制来决定。

（2）全面、准确、及时地收集信息。开展表现性评价，评价者必须根据评价目标观察和记录反映学生的实际操作的信息资料。学生的实际操作的结果需要通过学生的作业、行为记录、谈话记录、非正式测验或正式测验等资料来评价。收集资料的准确性将直接影响表现性评价的成败。在收集时要做到全面地收集，及时地分析、记录。记录手段多种多样，可采用纸笔记录、保存学生日记和展示的作品、利用录像和摄影等。

特别提示：充分利用检核表进行表现性评价。将所要评价的过程或结果的特征列举出来，评价者便可以对应着开展评价分析。可以将容易出现错误的行为列上，以便及时诊断出问题。检核表要留有空白，将活动者有特色的方面记录下来。

(3) 制定详细的评价标准和评分规则。传统的纸笔性测验属于选择-反应，是一种封闭状态下的测量，有固定的答案和程序，只检验达成度；而表现性评价属于建构-反应，是一种较为开放的情境中的测量，往往没有一致的结果，也没有统一的程序，较之纸笔测验的评价难度大得多。

制定评价标准需要确定反映完成任务质量的关键指标，并用语言描述学生表现的优劣情形，由于表现性评价对应学生复杂的反应，可以将评价指标分出多种程度来表达优劣。然后进行系统的观察，以收集所需要的评价信息。

构建一个完善、公正的评分规则才能将获得的信息资料用于判断学生的学业情况。这个评分规则以一般性的评分规则为基础，根据不同学科的特点将一般性的评分规则具体化为某一学科的评分规则。

（二）成长记录袋评价

1. 成长记录袋评价的内涵

成长记录袋评价是指教师和学生有意地将各种有关学生学习材料收集起来，并进行合理的分析与解释，以反映学生在学习与发展过程中的努力、进步状况或成就的评价。

成长记录袋评价又称档案袋评价，是基于学生发展个性而开展的一种评价活动。一些专业人士为记录和反映自己的成长历程和成就、技艺的进步而使用成长记录袋。运用到学生学业成绩评价，主要是收集学生学习中的作品，展示其某项学习的发展轨迹。

2. 成长记录袋的特性

成长记录袋较传统的纸笔性测验有较大的不同，主要反映于：

(1) 能反映学生某一活动多方面的表现。成长记录袋内容丰富，可以展示学生多方面的情况，使评价内容丰富多彩。

(2) 学生本人参与评价。纸笔性测验由教师或教育者控制，学生很被动，只有接受测评及评价分数。而成长记录袋评价不打分，将学生的成长“证明”（作品）归纳在一起，这一过程学生参与其中，还有相应的选择权。

(3) 尊重学生的个体差异，允许异步发展。成长记录袋评价是一种个性化的评价方法，它关心的是被评价个体的成长过程，而相对于纸笔性测验则用同一标准要求所有学生。

(4) 重视自我评价。成长记录袋集中的作品由学生创作、收集，本身已表现了学生的评价能力和对自我的认识，而且成长记录袋评价本身就含有学生自我评价的目标，学生通过不断回顾作品而从中获得发展。

(5) 关注学生的进步、努力与成就。一般进行纸笔性测验仅考查结果的正确性，关注的是学生成就，而成长记录袋则记录学生发展的过程，同时关注进步、努力与成就。

(6) 使教、学、评融为一体。成长记录袋内容丰富，且是一个连续性的过程，使得收集与评价成为主动经常性的工作，从而发现作品质量的变化。

3. 成长记录袋的类型

成长记录袋按功用大致可分为三种类型：

(1) 过程性成长记录袋。为描述学生成长过程，需要收集大量的学生作品，这些作品应具有系列性，有成功的也有不成功的，特别是出现错误的作品及改正的过程性的作品应全部存档，这样才利于学生进行自我评价，也容易发现进步的轨迹，也可以说这些作品是学生进步或退步的有关证据。因此，该类型的成长记录袋应按时间顺序创建，使其发展过程渐渐展现。

（2）展示性的成长记录袋。这种成长记录袋收集的是学生认为最能表现自己最高水平的作品，这样就需要对作品质量仔细反省，并掌握相应的评价标准。该类型的成长记录袋能提高学生的自我评价能力，也较为具有激励性，因此低年级学生尤其适用。

（3）评价性的成长记录袋。主要是确定学生是否达到了预期的水平，这样收集什么样的作品，以及对作品进行评价的任务都应由教师承担，而且评价目的决定了这种成长记录袋的评价要有统一的标准。

4. 成长记录袋评价的方法

成长记录袋评价是表现性评价的一种，是一种新型的评价方法，具体的操作可能会涉及开展成长记录袋评价的目的、作品的选择、作品的评价、作品的存放、作品的交流、家长的参与等问题。

（1）确定使用成长记录袋的目的。为什么要进行成长记录袋的评价，如果目的是为了展示学生的成就或特长，收集的主要内容是学生最满意、最重要的作品；如果是为了描述学生某一时期内学习与发展的过程，发现其在学习上的优势和不足，不仅要装最优作品，还要将过程性的东西（如一篇文章的草稿）也装进去；如果是为了评价学生学习与发展的水平，那要将标准规定好放入，以便于比较。确定了使用成长记录袋的目的也就为成长记录袋的收集的作品分了类。

（2）对作品的选择应做出相应的规定。在收集作品的类型确定后，具体收集哪些作品应有一个明确的规定，如数学，收集解决复杂数学问题时产生的草稿、修改稿和终稿；收集所有的单元测验卷；收集与数学有关的其他学科的作品等。

（3）召开成长记录袋交流和评价会。利用成长记录袋评价有一个最为明显的功能就是提高学生的自我评价能力，所以教师不仅要帮助和提示学生收集好作品，更要敦促学生经常地进行自我评价，使其处于对自己发展过程的表现的不断回顾和反思中。检验和提升学生自我评价的好办法就是经常召开交流和评价会，形式不拘一格，可以一对一地进行师生交流，也可以开展小组交流，还可以召开作品展示会，并邀请家长及专家参加。这样学生可以通过交流和评价更好地认识自己，使问题得以改进，同时在听取他人意见时解释、辩论还可以强化学生的语言表达能力、与人交流等许多方面的能力。

开展成长记录袋评价如果采取相对评价的方法，想给予所有学生一个一致性的评定分数让其能相互比较是十分困难的。如果以区分优劣和鉴别为目的，选择成长记录袋评价则不够明智。所以，我们还是抱定其个性化评价的优势进行操作，满足个别学生的需要、兴趣和能力。

5. 电子成长记录袋的开发

成长记录袋内容主要是学生作品及进行自我评价或进行反思的材料，这些材料进行长期保存不是很容易，进行调阅更是费事，成长记录袋评价的实践促使人们开发电子档案袋。

美国的学者巴莱特多年致力于电子档案袋的开发，他认为：电子档案袋就是应用电子技术，以多媒体的形式（音频、视频、图片、文本）收集、组织档案袋的内容。档案袋是一个整合性的有机组织，它将标准（学习目标）、学生作品及评价的内容有机地组合在一起。并认为这一形式有着诸多益处：

• 最低限度的存储空间

- 易于备份
- 便于携带
- 可长时间保存
- 以学习者为中心
- 增进技术性技能水平
- 通过超级文本链接为某些标准提供论据更简易
- 易接近性（尤其是网络档案袋）

（1）电子档案袋开发的工具。使用何种工具建立电子档案袋，一方面要考虑使用中的实用性；另一方面也依赖于开发者的技术操作能力。对此，巴莱特作了如下概括：

• 非数字式的作业制品，其中一些以录像带的形式存在。

• 存储在计算机硬盘、软盘或局域网服务器上的电子文件。

• 存储在计算机硬盘、软磁盘、高密度压缩盘或局域网服务器上的数据库、超媒体或幻灯片（Powerpoint）。

• 存储在计算机硬盘、可读写光盘（CD-RW）、高密度压缩盘（Zip 或 Jazz）或者局域网服务器上的 PDF 文档（Adobe Acrobat）。

• 采用网制作程序制作、发布到 WWW 服务器的 HTML 网页。

• 诸如 Macromedia Authorware or Director 多媒体创作程序，压制到可读写光盘或者以“流”式格式发布到万维网上。

可见，建立电子档案袋通常采用的工具为：关系型数据库、超媒体“卡片”软件、多媒体制作软件、（HTML）万维网页、Adobe Acrobat（PDF 文件）、微软 Office 办公软件、多媒体幻灯片、数字式或模拟式录像。

（2）电子档案袋开发的步骤。对开发电子档案袋的过程，很多专家进行了研究并予以归纳，如美国学者 Ivers 和 Barron 将多媒体开发过程概括为五个步骤：

第一步：对潜在展示对象的需求的估计、确定展示的目的以及选择最适合档案袋建立目的的工具。

第二步：选定适合观看的内容及呈现顺序，设计流程图。还应选定适宜的软件、存储和呈现媒介。

第三步：收集用于展示的多媒体材料，并采用适当的多媒体制作程序把材料组织成一个序列。

第四步：向预期的对象展示。

第五步：联系评定的目的和背景评价效果。

开发电子档案袋还是应以实现二维纸质档案袋功能为基础，考虑尽可能地简便和易于操作。以目前的情形看，不一定非要和网络连接，只要考虑先把学生作品通过扫描、录像等方法保存到计算机中，再将反思性的内容与作品实现良好的链接，且可以不断地进行评价就可以了。

同时可以借助开发商的力量，开发出供我们建立电子档案袋所需的软件包。

三、考试评价改革

（一）考试评价内容改革

基础教育课程考试评价，在内容上主要是以课程标准为依据。反映于三维目标的实现，即知识和技能、过程与方法、情感态度与价值观。

1. 与社会实际和学生生活实际相联系，注重考查学生分析和解决问题的能力

传统考试以纸笔测验为主要形式，突出三个中心，即“教师中心”“教材中心”“课堂中心”，考试内容严重脱离实际，尤其是各学科自成体系，导致学生通过了考试，抑或成绩优秀，但难以解决实际问题。

我们倡导重视考试内容与社会实际和学生生活经验的联系，一方面是避免脱离实际考偏题、怪题；另一方面则是贯彻理论与实际相结合原则，促使学生掌握学科知识间的联系性，并把握理论知识的应用性。

国家课程标准是考试命题的根本依据，新的课程标准各学科都十分注重教学内容贴近社会实际和学生生活经验，例如，义务教育小学数学课程标准中要求学生通过实践活动，初步获得一些数学活动的经验，了解数学在日常生活中的简单应用；物理课程标准中有这样的内容：“调查市场上出售的成品服装和鞋子尺码的国家标准。通过对自己身体各部位的测量，搞清自己应购买哪种规格的上衣、裤子和鞋子。”各学科课程标准中这种鲜活的例子不胜枚举。据此，考试命题应切实地体现这一思想，尽量选取与社会实际和学生生活经验密切联系的内容，增加情境性、真实性，使学生学能所用，学有兴趣。

2. 融入对学生情感、态度、价值观的评价

基础教育课程改革特别强调了对情感、态度、价值观的评价，在各学科课程标准的评价建议中都有明晰的表达。而且很多学科都具体化，还提供了案例。

例如，义务教育新课程数学课程标准强调：学生结合现实背景理解运算的意义，重视估算，加强心算，鼓励算法多样化，在养成按一定规则进行基本运算的基础上，鼓励使用计算器探索数学世界、解决复杂问题；同时较大幅度地降低了对繁杂运算（含较大数目、多位小数及带分数的运算以及四则混合运算和复杂的代数运算）的要求，因为繁杂的运算训练不仅对学生适应未来生活没有帮助，而且会影响他们数学能力的发展和积极的情感体验。

又如，义务教育生物课程标准提出了“对学生情感态度与价值观的发展状况进行评价——学生的情感态度与价值观是学生心理发展的基本内容，在生物教学过程中，教师应密切关注学生情感态度与价值观方面的进步以及良好行为习惯的养成”。例如，在“认识保护生物圈的意义”的学习活动中，不仅应该评价学生相关的知识和技能，同时也应对学生在活动中表现出来的热爱家乡和祖国的情感、保护环境的意识、实事求是和勇于探索的科学精神等方面进行评价。

对学生的情感、态度、价值观的评价，在学科考试中，可根据学科特点确定各学科非学业评价的关键项目和关键指标。当然，不一定非在期中、期末、会考等学业成绩测验等大型考试中特意的组织考试，可以通过对学生学习过程的记录，如行为观察，也可以做一些问卷、访谈。

3. 关注学生完成任务的方法和过程，着重考察其思维方式和能力

大家知道我们现在采用所谓的客观性测验：选择、判断等可以大题量，广覆盖。我们只重量而不能重质，很难让学生体会到思想深刻的乐趣，也不能考评学生解决问题的灵活性和创造性，不利于学生良好思维品质的形成。

新课程考试改革要求：考试题目设计要使学生在解决问题时充分表现出思维过程，从对问题的思考、收集材料、推理、判断到结论的全过程应能体现出来。不单是看学生取得的结果，更重要的是了解学生取得结果的思维过程，其思维方式是什么、思维能力如何。

国外对学生学业成绩考察常有一项“研究”“调查”，就是反映了这一点。我们的考试评价完全可以考虑让学生设计研究方案或提出解决问题的方案，也许其答案不固定，甚至得不出一个具体的结论，但可以通过其研究问题和解决问题的思路来确定其发展水平。题目的设置及答案还考虑一定的开放性，鼓励学生自己想象，培养学生的创造性。

(二) 考试评价方式方法改革

一般来说，可以把考试的方式分为三种：书面考试（纸笔性测验）、口试、操作性考试。而传统的考试评价只重选拔功能，基本上是单一的纸笔性测验，且“一纸定终身”。

改革考试评价的方式方法就是更新理念，探索运用更多的考试形式和方法，将日常考试演变成学习过程。

1. 探索灵活多样的考试评价方法

改变以往单一纸笔测验的方式，可以考虑根据学科的性质和教学目标引入口试，如外语、语文等学科可以适当加大口试比例，现实中，外语口试的考试形式已在实践中。注重引入表现性考试，应根据对学生基本素质的要求，设立反映学生动手操作能力的表现性考试形式，像学科实验、小制作，给学生展示特长和兴趣爱好的机会。

考试形式多种多样，像辩论、课题研究、实践操作等都可进行考试评价。纸笔测验也应考虑改革，倡导开卷的考试形式，开卷考试形式考查的重点在于学生分析和解决问题的能力，而不是强化记忆。允许学生带资料进入考场，重在考查学生收集、选择、运用资料的能力。

2. 将日常考试演变成学习过程

一般而言，考试评价总是居高临下，评价对象处于被动地位。这种状况不利于学生的发展，他们不能很好地理解考试评价的意图，甚至为应付考试而不惜旁落被认为非重点的学习内容。改变考试评价观，应认识到调动学生积极参与考试评价是促进其发展的重要举措。对于学生而言，学习是其终身的事情，需要其学会不断地利用考试评价的方式来了解自己的进步，分析自己的成绩，定向自己的发展。做到这一点需要其对考试本身有一个深刻的认识，也需要积极地参与考试的整个过程。我们日常的考试不是为了选拔，是通过考试促动学生学习，获得更好的学习效果，甚至考试本身就是一个学习的过程。

这样看来，让学生自己出考题、给学生多次考试机会、进行差异性考试也就不足为怪了，因为学生学习过程中的考试不是选拔性的考试，鉴别优劣、排队不是日常考试评价的目的。

思考与练习

1. 如何理解测量与评价的关系？

2. 相对评价、绝对评价、个体内差异评价各有何作用？教学评价实践中如何处理好其关系？

3. 课堂教学评价标准由哪些系统构成？如何编制？

4. 课堂教学评价的主要指标是什么？

5. 就所熟悉的学科教学内容，试编制一份试题。

6. 新课程如何开展考试评价改革？

【相关材料链接】

材料一 新课程教育评价改革要求

“改变课程评价过分强调甄别与选拔的功能，发挥评价促进学生发展、教师提高和改进教学实践的功能。”

"建立促进学生全面发展的评价体系。评价不仅要关注学生的学业成绩，而且要发现和发展学生多方面的潜能，了解学生发展中的需求，帮助学生认识自我，建立自信。发挥评价的教育功能，促进学生在原有水平上的发展。"

（选自《基础教育课程改革纲要（试行）》）

材料二　新课程教学评价倡导的基本理念

关注学生发展：在教学目标上，要完成知识、技能等基础性目标，还要注意学生发展性目标的形成。

强调教师成长：课堂教学评价要沿着促进教师成长的方向发展。其重点不在于鉴定教师的课堂教学结果，而是诊断教师课堂教学的问题，制定教师的个人发展目标，满足教师的个人发展需求。

重视以学论教：对传统的课堂教学评价进行改革，体现以学生的"学"来评价教师的"教"，强调以学生在课堂教学中呈现的状态为参照来评价课堂教学质量，主要从学生的情绪状态、注意状态、参与状态、交往状态、生成状态六个方面进行评价。

（杨九俊主编：新课程教学评价方法与设计，教育科学出版社，2004 年，第 10～13 页）

材料三　学生学科学业成绩评价方法的选择及评价工具的设计

纸笔测验是常用的评价工具，而观察法、访谈法、情境测验法、行为描述法、成长记录袋等质性评价方法也是需要选择运用。

评价工具有现成的，但大多需要评价实施者自己动手设计和制作。一般来看，中小学用得最多的评价工具通常是评价表。设计时应注意：评价表的形式既可以是评价表格，也可以是评价项目清单；不仅要有反映学生学业成绩的评价表，而且要有反映学生学习过程和学习态度的评价表；评价表的设计要体现"以质性评价为主"的评价理念；评价表的设计要考虑评价主体多元化的需要，使学生的自我评价、教师的评价和家长的评价都体现出来。来自不同评价主体的评价既可以设计在一张评价表上，也可以用不同的评价表分开设计。

评价工具实例 1，见表 11-2：

表 11-2　小学生科学学习情况评价表（学科知识部分）

评价范围		考核成绩	轶事记录
物质世界	单元一		
	单元二		
	单元三		
生命世界	单元一		
	单元二		
	单元三		
地球与宇宙	单元一		
	单元二		
	单元三		
期末考核成绩：			
教师评语：			

评价工具实例2：

“种子萌发环境条件”探究活动评价表

让学生在日常生活和观察的基础上提出种子萌发可能需要的环境条件，如水、空气、温度、阳光、肥料、土壤等。

设计实验，进行实验，收集实验数据和资料，总结出种子萌发必需的环境条件。

教师和学生可以参照下列各项给予评价：

- 能否根据观察或生活经验提出问题，根据问题提出假设？
- 能否利用身边的材料设计探究假设的实验方案，包括设计对照实验？
- 能否按照实验计划准备实验材料，有步骤地进行实验？
- 能否按照实验操作的规范要求完成实验？
- 能否安全地使用各种实验器具？
- 能否实事求是地记录和收集实验数据？
- 能否分析实验数据的相关性并得出结论？
- 能否在探究活动中与他人合作和交流？

（周卫勇主编：走向发展性课程评价——谈新课程的评价改革，北京大学出版社，2002年，第36～37页）

材料四　对考试评价改革的思考和困惑

1. 谁来评价

能打破学校封闭的教学和评价系统吗？

能允许学生自我评价，充分表现自己的才能吗？能把这种自我评价具体落实到表格和试卷中去吗？

能允许家长参与评价，表达他们的看法吗？能把家长的评价具体落实到表格中去吗？

能允许高一级的学校或者用人单位直接地，用他们乐意采取的方式来评价学生吗？

能允许社区的居民或机构参与评价吗？能把他们的评价具体落实到关键的表格中去吗？

能把大量的评价任务转移到考试管理机构吗？

2. 评价什么

能用任务式或者工程项目式的真正实际问题来考评学生吗？

能把若干学科综合起来一起评价吗？能用外语出考卷吗？

能避免按照几门学科的部分来线性排队然后依次录取的惯例吗？

能建立一套反映学生各方面的品质和能力、反映学生素质的评价体系吗？

能把学生的素质量化，使各种因素也表现为百分制，也计入某种总分吗？

在具体学科的评价中，能把学习态度、学习方法、学习潜力、独立思考、批判性、坚持真理、敢于修正错误、协作性、创造性、在社会中搜寻课题和人际交往的能力以及在解决实际问题中动手操作、运用外语、使用计算器、计算机、参考书和互联网的能力包括进去吗？

3. 怎样评价

能淡化、弱化书面试卷吗？能降低学科百分制评分的地位吗？

能淡化、弱化一个人冥思苦想的考试，而考虑在课题实践，小组讨论或师生对话中评价吗？

一定要用百分制吗？用十分制可不可以？用五分制可不可以？用模糊分数可不可以？用

评语代替可不可以？

有些考试只能考一次吗？可不可以从多次考里选一次？可不可以考砸了以后再重考？可以不可以多次考试取平均值？

一定要闭卷考吗？一定要学生背公式吗？许多国家在试卷前面都印有公式，我们也可以这么做吗？可以开卷或半开卷吗？

一定要统一考卷吗？同一门学科可不可以分成两个类型考试？可不可以分成四个水平考？可不可以分成八个水平考？可不可以有的考生考，有的考生不考？

考试题目是不是必须百分之百没有错误？出点错题让考生自己鉴别行不行？是给他们把解题条件都安排好了呢？还是考查他们自己筛选、组织解题条件的能力？

一定要教师出题吗？别的什么人出题有没有可能？学生自己出题自己写报告行不行？学生做课题行不行？学生写读书报告行不行？学生写教材的系统复习小结行不行？学生写对刊物文章的批判性文章行不行？这样可以免考吗？能在考卷里留下几页由学生自己出题自己发挥吗？

学生素质、学生各方面的品质和能力究竟有多少方面？怎样用若干张表格来描述它们？怎样量化？用五个等级来评价其中的各个因素合适吗？用十个等级呢？用百分制呢？各个因素应加上各不相同的权重，这些权重怎么确定？最后能综合成一个标志吗？学科的考分在其中表现呢？还是单独列出？

最后的评价体系是什么样的？

以上所问，有的可能有点道理，有的可能是不现实的。有道理的问题也不是很容易地就回答、就能解决的，但是我们正在思索，也正在向前进。

（选自刘俊杰：考试和评价若干问题，上海中学数学，2001，(1)）

第十二章　班级管理与班主任专业化

【教学目标】

1. 理解班级管理的含义。
2. 明确班级管理的内容和方法。
3. 了解班主任专业化的举措。
4. 在学习优秀班主任经验基础上，能自拟班级管理方案并交流。

随着我国经济社会的发展以及新一轮课程改革的实施，基础教育领域发生了重大变革。在这样的大背景下，我国中小学班级管理工作面临着许多新问题、新挑战。认识新形势下我国中小学班级管理的意义和班级管理的基本任务，对进一步加强中小学班集体建设，推动基础教育改革的深入进行和青少年学生全面发展都具有重要意义。搞好班级管理，班主任是关键。班主任是教育过程中对学生教育最全面和影响最深刻的教育者，是班级工作的组织者、班集体建设的指导者、学生健康成长的引领者，是学校思想道德教育的骨干，是沟通家长和社区的桥梁，是实施素质教育的重要力量。

第一节　班级管理概述

一、班级、班集体、班级管理的含义

（一）班级

班级是学校为实现一定的教育的目的，将年龄相当、文化程度大体相同的学生按一定的人数规模建立起来的教育组织，也是学校全面实施管理、进行系统教育教学活动的基层单位。

班级是班集体形成的组织基础，是学校进行组织管理的一个基本单位，班级有健全的组织机构和领导核心，有系统、严格的规章制度，有明确的目标和活动。

班级不仅是教育的对象，而且也是一种教育的力量，它对学生个体的成长具有重要的作用。

（二）班集体

班集体是学校工作的基层组织，是教育教学质量管理的基本组织单位，它是以集体主义思想为导向，具有正确的奋斗目标，有较强的核心和骨干力量，具有良好的纪律、舆论、班风，具有良好的人际关系，能够促进班级全体成员德、智、体、美、劳等方面素质不断提高的发展水平较高的班级群体。

（三）班级管理

班级管理是一个动态的过程，它是班主任和任课教师根据一定的目的要求，采用一定的

手段措施，带领全班学生，对班级中的各种资源进行计划、组织、协调、控制，以实现教育目标的组织生活过程。

班级管理是学校管理的重要组成部分，班级的直接领导者、教育者、组织者和协调者是班主任。

二、班集体形成过程

从一个班的组建到形成真正的班集体，需要经历四个阶段：

（一）松散群体阶段

这是班级组成的初级阶段。新生初入一所学校，为着一个共同的目标走到同一班级，但是彼此之间还缺乏了解和情感联系，尚处于新奇和互相观察阶段。而且因为个性差异和新旧环境特点的异同，有的学生表现出强烈的怀旧情绪和排斥态度，与新群体格格不入。这个阶段，成员对班级的目标和活动，还没有一致的认识和主动的行为，班集体还没有奋斗目标；班集体的骨干核心还没有形成，班级的正常运转几乎完全依赖于班主任。这一阶段，班主任指定临时班干部开展各种活动，班级的凝聚力还未形成。

（二）合作团体阶段

合作的团体，也称联合群体。经过松散群体的初级阶段，学生之间已不再单纯以直接情绪联系为基础，他们开始寻找合得来的伙伴。几次活动之后，积极分子崭露头角，表现出一定的组织才能，并取得大家的信任。这个时期，对班级以兴趣结成的小群体产生整合作用，群体成员之间有共同的工作意识和义务感。共同的认识和同一的价值观会逐步成为全体成员所接受的生活准则，成员的荣誉感由个人扩展到群体。这种合作形成的团体仍带有某种程度的松散性。

（三）成熟班集体阶段

在这一阶段，班级对于大多数成员已经具备较强的感召力，教育学赋予班集体的所有五项功能指标（奋斗目标、组织系统、规章制度、领导核心、舆论氛围）已经完全具备。班集体的核心和骨干力量比较充分地发挥作用，班集体成员已经将集体的要求内化为稳定的心理品质，班集体表现出高度的自主性和高度的凝聚力，学生的主动性、创造性得到充分的发挥，成员相处融洽，团结协作，朝气蓬勃，共同进步。通过以上三个阶段的工作，一个健康、奋进的班集体就形成了。在这一时期，班主任要及时发展、肯定学生的优点，调动所有成员的积极性，指导学生掌握自我教育的方法。达到这个水平，班主任也就轻松了，魏书生老师的成功便是例证。当然，世界是运动的，班集体也是不断发展变化的，班集体的成长并非一帆风顺，班主任必须用客观积极的态度对待自己的工作。

第二节 班级管理的内容

一、了解和研究学生

全面客观地了解和研究学生，是教育学生的前提。要做好班级工作，必须从了解和研究学生着手。了解学生包括个人和集体两个方面。了解学生个人情况，主要包括个人德、智、体的发展。班主任要了解学生个体的行为习惯、学习能力、兴趣爱好、特长、性格特征、成长经历以及家庭情况、社会环境等，对学生个体进行综合了解、全面分析。了解学生集体情况是在了解学生个人情况的基础上进行的，主要包括全班学生的年龄、性格、家庭等一般情况，学生德智体发展的全貌，班风与传统等。

了解和研究学生的方法主要有以下几种：

（一）资料分析法

资料分析法是指通过对各种有关书面资料的查阅分析，获取对学生个体以及班集体基本情况了解和把握的一种方法。它是班主任初步了解和认识班级群体和学生个体的最简易的方法。在新接任一个班的工作时，首先，班主任要认真的、仔细地阅读记载全班学生情况的书面材料，如学生情况登记表、学籍表、学生品德鉴定、学生成绩表、原班主任评语、家长联系簿以及学生周记等，这样，不仅可以了解学生的思想情况，还可以知道学生学业发展情况。优秀班主任对班级学生的了解就是从学籍档案入手的，对个别特殊的学生，如家庭情况特殊、身体情况特殊、心理情况特殊、学习情况特殊、生活情况特殊等，还要专门进行特别研究，作特殊的记录，考虑特殊的教育方法。做到接任一个班级，首先对每一学生的基本情况了如指掌，这样，教育才会得心应手。

在研究书面材料时，班主任要十分注意材料的真实性，把学籍分析作为了解学生的第一手材料，然后与平时的观察、谈话、家访以及科任老师和学生反映的情况结合起来，从多方面、多角度、多层次、综合地分析，做到从表到里、全面地掌握每一学生的情况。

（二）观察法

通过观察学生在自然状态下的行为表现可以获得学生多方面的真实情况。班主任要随时随地通过“听其言，观其行”来了解学生。班主任除了通过平时的课堂教学外，更应该有目的、有计划地通过课外活动、劳动、团和班级活动，深入细致地观察学生，了解学生的真实情况，并应经常深入到学生的学习、生活、劳动和活动中去，特别注意学生在自然状态下流露出来的言行举止，洞悉他们的内心世界。

（三）谈话法

谈话法是班主任经常性地与学生沟通，了解其内心世界，并给予正确的思想、学习、生活指导的一种经常采用的重要方法。传统的谈话法，过分注重灌输和说教，难以使学生表达自己真实的情绪和情感，难以使学生说出自己真实的想法。因此，班主任在谈话的过程中应该意调转角色。在谈话中，班主任不是居高临下地与学生对话，而是朋友般地与学生讨论问题。

谈话中对每个学生要有恰当的评价，表达自己对学生的欣赏和肯定，以此来营造宽松、真诚、和谐的氛围，使学生在没有心理压力的情况下，毫无顾虑地向老师吐露自己的心声。通过启发、暗示和创设情景使学生明白自己身上存在的优缺点，进而使学生在老师的指导下，去探索和寻找不断自我完善的途径和方法。

谈话中要求班主任充分运用语言的感染力调动学生的积极情绪，创设有吸引力的情境和宽松的心理环境，引入正题，鼓励学生自我表达。

在新接一个班的工作时，由于一开始还未能很好地了解学生情况，可主要采取集体聊天的方式。

（四）调查法

调查法是指通过书面或口头回答问题的方式，了解学生的一种方法。班主任对于学生的深入了解，应广泛听取各方面的意见与看法，尽可能达到全面、客观、公正。这就包括倾听周围学生的意见，从干部到普通学生，从男生到女生，从本班到外班；任课教师的评价，前任课及前任班主任的介绍，学校领导、工友的观察，还包括毕业母校教职工的意见；家访中倾听家长的说法，街坊邻居的谈论等等。这样的调查有利于客观地评价学生。任课教师特别是班主任看到的一般都是学生较正规的一面，受到约束的一面；有欠缺的另一面或有特长的一面就不一定看得到、看得周全；日常生活的、与他人关系的一面就不一定看得透彻。听取各方面的看法、意见，对于正确评价学生有着不可忽视的重要作用。运用调查法可以采取问卷调查法和访谈调查法等。

二、组建良好班集体

（一）明确提出班级奋斗目标

所谓班级目标是指班主任、班级任课老师和全体学生在一定时期所期望取得的成就和结果。明确的班级奋斗目标是良好班集体形成的基本条件，有了它，班集体就有了前进的方向和动力。作为一个良好班集体，能够使几十个互不相识、带着不同的习惯、来自不同的家庭、不同的学校的学生走到一起联合成一个有机整体，并且产生强大的合力，靠的是切实可行的班级奋斗目标。

班级目标要体现国家对各学年段教育的基本要求，也要集中地反映班级的实际状况和师生的共同愿望。班级奋斗目标可由班主任会同班干部商议后全班同学讨论通过，也可由班主任提出明确班级奋斗目标，对全班同学提出具体要求。无论哪种方式提出班级目标，其目的都是要让每一个学生都能够认识到自己是班集体的一员，要共同为集体增光，增强他们的集体荣誉感，这样有利于形成团结向上的良好班风。

班级奋斗目标一般包括近期的、中期的和远期的。如全国优秀班主任田丽霞教师在接一个新的高一班级时，明确地提出班级的近期目标是搞好课堂纪律；中期的目标是成为优秀班；远期的目标是形成团结、朴素、勤奋、向上的良好班风，形成博学、审问、慎思、明辨的浓厚学风，形成雷厉风行、令行禁止、乐观坚毅、正直坦荡的优良学风，经过三年的努力，使同学们成长为品德高尚、成绩优异、全面发展的青年。

（二）加强班集体的组织建设

班集体组织建设，一是指班级组织机构的健全和完善；二是指班干部和骨干队伍的形成与培养。

1. 班级组织机构的设置

班级的组织机构，一般有班委会、团支部、少先队中队。班委会设班长、副班长各一名。班长负责全盘工作，副班长协助班长工作。另设学习、体育（兼劳动）、文艺（兼生活）委员各一名，共由五名学生委员组成。团支部一般按团委要求设书记、副书记各一名。下设组织、宣传、监察委员。为精简适用，组织和监察可由正副书记兼任，共由三名学生团员组成。但需征得上级团组织同意和认可。少先队中队在小学和初中低年级承担与团支部同样的职能。上述班级组织分担着班级的思想组织建设和行政管理两大职能，二者的活动不能截然分开。为便于配合工作，从组织安排上，班长可兼任团支部副书记，团支书可兼任副班长。既各有侧重，又相互渗透和融合。班委会的各项班级管理活动为团支部的思想组织建设创造实践条件。班委会的活动越来越丰富、活泼和有成效，团员就越有机会发挥先锋模范作用。团组织也会有更多的机会考察和吸收新团员；同时，团支部的各项思想组织建设活动也为班委会的正常管理活动解决思想障碍，提供思想动力。团支部可以通过思想工作和组织发展，引导同学求取上进，变消极为积极，不仅可以保证班委会工作的顺利进行，而且可以推动班委会工作的发展。

2. 班干部和骨干队伍的形成与培养

班干部和骨干队伍是班集体的中坚和支柱，在一个班集体中，通过他们团结、带动其他集体成员，沟通信息，协调动作，开展集体工作。班干部是创建班集体重要的组织者，这些“小领袖”式的学生干部，作为同龄人，在班级学生中的作用往往是班主任不可替代的。他们的模范带头作用对于创建班集体是极为重要的。因此，选拔和培养好班干部和骨干队伍，使之形成坚强的集体核心，是班集体建设的一件大事。

班干部和骨干队伍建设要注意如下几个方面：一是认真选拔。班干部是在实践中脱颖而出的，所以要通过集体活动和学生的实践活动来发现和选拔。一个班级成员只有在实践活动中表现出良好的品质和出众的才能并得到学生群体认可时，才可能被拥戴为干部。二是加强教育。即使是各方面条件都比较好的学生当了干部，也应当严格要求，加强教育。特别是教育他们要努力提高自身素质，懂得只有以身作则，严于律己，才能获得同学的信任，要具有号召力。教育他们密切联系同学，平等待人，懂得只有和群众打成一片，才有资格代表群众，才能获得群众的拥戴。三是放手使用和锻炼。要信任干部，支持他们的工作，维护他们的威信，并给予具体指导，帮助他们分析工作中存在的问题，教给工作方法，使他们通过实际工作的锻炼增长才干，提高工作能力和水平。四是让集体的每个成员都有参与管理、为集体服务的机会。在一个班集体中，要注意避免出现总是让一部分人去管理、支配另一部分人的情况；要通过干部的核心作用，吸引和带动所有集体成员积极愉快地参加集体活动，让每个成员都感受到集体的荣辱和个人息息相关，从而自觉地产生对集体的责任感和荣誉感。特别要善于发现和培养群体中新的积极分子和骨干力量。在一个班集体里，可以成为班干部的积极分子越多，集体的自我教育作用就越大，集体的发展水平就越高。

（三）发挥制度和规定的作用

“不以规矩，不成方圆”。随着中小学生年龄的增长，自我意识增强，但由于缺乏全面判断是非的标准，有的学生有时会做出某种不适当之举，归纳起来大致分为两类，即无意识犯错和有意识犯错。无意识犯错是指学生对学校的纪律要求不明确而导致的错误；有意识犯错是指学生出于主观故意，明知纪律不允许而犯的错误。中小学生所犯的错误多数属于无意识犯错。在班级管理中，班主任一方面要引导学生学习和遵守中小学生守则和行为规范，同时还必须详细地、具体地讲解学校的各项规章制度、纪律要求、奖惩措施。

在班级管理中，规章制度管理必须与学生的自我管理相结合。学生既是接受管理的客体，又是进行管理的主体。只有当学生高度自理并积极参与管理时，才能达到班级管理的最佳效果。实践证明，不失时机地对学生提出科学的合理的行为要求，并通过正确的教育引导和训练，就能够逐步将管理目标转化为集体的价值观和集体的习惯与传统，进而形成训练有素的班风。根据班级实际情况，在全体成员的参与下，制订若干合理而且可行的具体条例与规定，如班级公约、课堂常规、学习纪律、卫生公约等，以引导和规范班集体成员的日常道德和学习等行为习惯。

当代著名教育改革家魏书生在班级管理过程中，凡是班级的每一项制度，每一个规定，或是一些大事，都通过班级集体讨论，让每一个人充分发表意见，最后用投票或举手的方式表决。这是民主集中制原则在班级管理过程中的具体应用。这种方法，既发挥了学生个人的民主，也维护和保证了班级集体的利益，使班级管理工作得以在民主的意愿中朝着既定的班级管理目标发展。魏书生以制度、计划和规定为主要实施手段进行班级管理：一是确定组织程序。班会是班级的“立法”机构，同时也是最高决策机构，各项制度的订立，较大事情的决策，都要通过班会集体讨论后大家做出决定。班会做出的决定，班主任、班委会、班干部都要贯彻执行。二是确定每一个成员在班级中的职位和职责。班级的工作从空间范围上做到“事事有人干，人人有事干”；从时间的范围上做到“事事有时做，时时有事做”。这样，通过“班规班法”及岗位责任的严格定立：通过“一日常规”、“一周常规”和“每月常规”的制定，形成了班级工作在时间顺序上的程序化，规范化。

（四）重视班集体的舆论建设

班集体舆论，就是在班级中占优势的、为大多数同学赞同并愿意接受的言论和意见。它以议论或褒贬等方式肯定或否定班集体成员的言行，成为控制个人或班集体发展的一种力量。积极的、正确的舆论能起到明辨是非、祛邪扶正、奖善罚恶、凝聚人心、催人奋进的促进作用，而消极的、错误的舆论则会起到混淆是非、涣散人心、毒化风气的不良作用。正确的舆论是一种巨大的教育力量，具有行政命令和规章制度所不可代替的特殊作用。在正确舆论面前，班集体成员会自觉地调节个人与班集体的关系，改变与之不相适应的思想和行为，从而促进每个学生健康成长。因此，班集体建设的一个重要任务，就是努力培养健康向上的集体舆论，使之成为进行道德评价和学生实现自我教育的有效手段，加速良好班集体的形成和发展。

培养正确的班集体舆论要注意如下几个方面：一是要让学生认识和掌握正确的价值观、道德观和判断真善美与假恶丑的标准，促进他们思想的健康发展，提高集体舆论的质量，防止产生不健康的舆论。二是在班集体中开展表扬和批评，这对于正确舆论的形成至关重要。要经常表扬好人好事，及时批评、纠正错误行为和一切不利于集体进步、有损集体形象的不良言行，以扶持正气，抑制歪风邪气，激励进取，始终把集体舆论导向正确的方向。三是要建立班级舆论阵地，如举行班会活动、团队活动等，把准备和组织活动的过程作为培养和形成正确的集体舆论的过程；充分运用黑板报、墙报、专栏和班级日记等，开展教育宣传，强化舆论氛围，促进舆论发展。四是在开展一系列有益的集体活动中逐步培养和形成正确的舆论。要善于设计和组织学生开展各类健康有益的集体活动，并有意识地在活动中培育和引导正确的积极的班集体舆论。

三、教导学生学好功课

学好功课是学生的主要任务，它对学生个性全面发展起重大作用，因此，教导学生学习是班级管理的一项重要内容。班主任不仅要圆满完成自己所任学科的教学任务，还必须协同各科教师帮助全班学生学好课程计划规定的所有课程。

（一）教育学生学会制订学习计划

学习，首先要制订切实可行的计划，并认真执行。制订学习计划，要注意以下几个问题：

1. 学习计划要全面

制订的是学习计划，自然要多考虑学习的具体安排。不过，为了保证学习任务的完成，应当对学习生活做出全面的考虑和安排。例如，除了学习以外，还要安排好社会工作时间，锻炼身体时间，充足的睡眠时间，文化娱乐时间等。这样才能保证学生的全面发展，才能保持旺盛的精力，才能使学习生活丰富多彩。

2. 安排好常规学习时间和自由学习时间

制订计划时，可以把除上课以外的学习时间分为两大部分：一是常规学习时间，主要用来完成老师当天布置的学习任务，“消化”当天所学的知识。在常规学习时间内的学习有几个特点：①学习内容是最基本的，在这部分时间内学习质量的高低，直接关系到课堂学习的质量。②学习的任务是具体的，主要是由老师安排的，不必自己去安排。③带有强制性，就是学习任务完成完不成，完成得好不好。是要接受老师检查的。由于上述三个特点，所以一般在常规学习时间内，学习的效率还是比较高的。二是自由学习时间，指的是完成了老师布置的学习任务之后，所剩下的归自己支配的学习时间，这正是学习计划中要做出具体安排的时间。怎样安排这部分自由学习时间呢？一般可以做两件事：补课和提高。补课，是指弥补自己学习中的欠缺。提高，是指深入钻研，发挥自己的学习优势或特长。不管是补课还是提高，总要围绕一个专题进行，这样学习比较容易见效。自由学习时间的安排应当成为制订学习计划的重点。

3. 长计划和短安排相结合

在一段比较长的时间内究竟学什么，应当有个大致计划。但是，由于实际的学习生活千变万化，长远的计划不能订得太具体，但是在学习上应解决哪些主要问题，心中应当有数。而一个星期的每天干什么，就应当制订得具体些。这样，就把在一个较长长时间内才能完成的学习任务分到每周每天去。有了具体的短安排计划，长远计划中的任务就可以逐步得到实现；有了长远计划，又可以在完成具体学习任务时，心中有明确的学习目标。

4. 要从学习实际出发

在制订学习计划时，不要脱离学习的实际情况。学习的实际是指：①自己将要掌握的知识和发展的能力是什么？②时间有多少？常规学习时间可以安排多少？自由学习时间可以安排多少？③学习上的欠缺和漏洞。自己在学习上欠的“债”是哪些？在某一阶段的学习计划中可以偿还多少“欠债”？④教学的实际进度。不了解教学的进度，常规学习时间就不好安排，自由学习时间就更难以安排了。很多学生个人学习计划的“破产”，就是因为不了解老师教学的实际进度，因而使自己安排的学习任务不是过重就是过轻，还会出现自己安排的学习内容和老师的教学内容相脱节的现象。

5. 学习计划要有一定的灵活性

制订了学习计划就要切实执行，不然就失去了计划的意义。要想把计划变成现实，要经过一段时间的努力。在这个过程中，学生的思想可能会发生某些变化，学习的各种条件也可能会发生变化，学习计划订得再实际，也难免出现估计不到的情况。因此应根据实际情况和执行计划中的体会允许有些变动。学习计划既要有灵活性，又必须以基本不变为原则。这样才有利于养成良好的习惯。

为了保证计划的实现，学习计划不要订得太满、太死、太紧，要留有机动时间，目标也不要订得过高。由于在学习的时间和学习的内容安排上有了一定的伸缩性，就可以适应临时变化的情况，完成计划的可能性也就增加了，这也有利于增强自己的学习信心。

6. 要提高时间的利用率

考试前夕要重点“补短”。早晨或晚上，或者说一天学习的开头和结尾时间，可安排诸如语文等侧重记忆的科目。心情比较愉快，注意力比较集中的时间，可以安排比较枯燥，或自己不太喜欢的科目。零星的、注意力不易集中的时间，可以安排做习题或学习自己最感兴趣的学科。学习活动和适当的文体活动交替安排，文科和理科的学习交替进行，相近的学习内容不要集中安排在一起，等等。由于学习内容安排的不同，在同样的学习时间内，就会取得不同的学习效果。在计划中，要处理好“长”和“短”的矛盾。期中、期末考试前夕，重点要“补短”。按照上面说的原则安排，学习的效果，时间的利用率将会大大增强和提高。

7. 注重效果，及时调整

在计划执行到一定阶段后，就应当检查一下学习效果如何，以便及时调整计划，使之更加切实可行。主要检查以下内容：是不是基本按计划做了，计划中的学习任务是否完成了，没有完成的原因是什么。通过检查，立即采取相应的措施，及时调整计划或排除干扰。可以结合写日记，不断记录计划的执行情况，使学生感受到不断进取的喜悦，这样做还有利于总结和改进。不写日记的学生，起码在一天结束的时候，回忆一下当天的学习生活，以便及时调整学习计划。

8. 制订计划时要考虑生活的平衡

制订学习计划往往只考虑学习而不顾其他。学习只是一天生活中的一个方面，其他活动对学习都有一定的影响。所以在制订学习计划时，必须全面考虑。既要使学习在一天中占首位。又要使学习同其他活动协调起来。在一天的作息时间表里既有吃饭、睡眠、上课、课外活动的时间，也要有休息、娱乐的闲暇时间，还要留出同朋友、家里人聊天、听广播、看电视等时间。总之，一天的活动要多样化，健康而充实的生活，有规律的生活是提高学习效率的基本条件。

（二）引导学生具备良好的听课心理

课堂教学质量的高低与学生的听课心理有着十分密切的关系。班主任要引导学生，具备良好的听课心理。

1. 求知心理

求知心理是人最基本的心理特征，也是推动学生学习的内部动力。班主任必须根据学生的未知心理，满足他们的求知欲望。首先，要引导学生明确学习目的，使学生知道自己学习活动的价值，从而去专心听讲，认真细致地完成作业，顽强地克服学习过程中的困难。其次，要引导学生明确每节课的具体目标和了解知识的意义，诱发学生的求知欲。再次，要运用丰富有趣启发性的教学方法，激活学生的思维，培养学生想象力、创造力，鼓励他们敢于对未知领域进行探索与挑战。

2. 求趣心理

兴趣是一个人倾向于注意认识某种事物和研究某种事物的一种心理活动，是学生学习积极性中最现实、最活跃的心理因素。苏霍姆林斯基认为，所有智力方面的工作，都是依赖于兴趣。班主任要善于把握学生的求趣心理，引导学生体会不断变化着的教学方式，使学生产生新鲜感、产生直接兴趣。班主任通过典型、生动的事例，诱发学生学习的兴趣，然后再对学生进行学法指导。班主任还可以利用新的内容、新的观点、新的教具、新的板书等来引起学生的无意注意，促使学生各种感官处于最活跃的状态，以最佳的心理参与学习。

3. 求实心理

学生总是希望在课堂上学习到实用价值高的内容。这就要求教师：首先，认真备好教材，联系生活实际、重点挖掘出教材中实用价值大的内容作为重点，加以突破；其次，要了解学生，要根据学生的实际水平，使他们每节课都有收获，不要好高骛远；再次，要精心选择教学方法，让学生在短暂的课堂上，听到最精炼的讲解，学到最精要的知识和技能。

4. 求同心理

求同性是人的心理需求之一。学生作为学习的主体，在学习活动中如果没有求同性，就不能发挥其主体作用，就不能使其生动活泼和主动的发展。班主任针对学生的求同心理，为他们创设同等的学习氛围，真诚关注和帮助每一位学生，给他们以爱心、关心、信心与耐心，消除心理上的不平等性，让每一个学生都积极参与到学习活动中来。还要建立民主平等的师生关系，要充分了解学生，热爱、尊重学生，允许学生用各自不同的方式学习，允许学生在学习过程中发表自己的看法。

5. 求成心理

成功感是一种积极的情感，是学生自我取向、主体价值和主观能动性的表现，它能满足学生自我实现的高层次的追求。班主任在课堂上一定要面向全体，从学生的实际出发，以创设成功机会为核心来组织教学，将教学目标由易到难，由简到繁分解成若干递进层次，让不同类型的学生回答，使得学生在成功的喜悦中意识到自己始终是课堂教学的主体，也是班主任关注的对象，意识到自身价值已得到实现，得到认可，从而不断鼓励自己更加努力地攀登新的高峰。

（三）重视学习方法的指导

班主任对学生进行学法指导，遵循的要求是：第一，要以激发学生自主精神为宗旨，使学生自觉树立学习中的主体意识，认识到自己是教学过程的一个主要方面，是学习的主人，进而发扬主人翁精神，在学习过程中明确学习目标，自我激发求知欲望，自我保持学习兴趣，自我反馈调节学习行为与策略。第二，进行学法指导，要进行学情研究，学情包括学习目的、学习态度、学习情感、学习意志等，把指导学法与研究学情结合起来。第三，要与学生的认识规律相一致，进行学法指导，应注意让学生从丰富的感性材料出发，通过直观教学，进而抽象出公式、概念、定义、法则等。第四，重点抓学法的细节。比如：抓导入，听出中心；抓新授，筛出重点、难点、最深感受点；抓练习，举一反三；抓小结，加强评点。要求学生听课以听为主，多种感官协同作战，听清楚、听明白、听完整；听看、听想、听说、听答、听读、听记结合。

（四）帮助学困生重拾自信

所谓学困生是指学习成绩暂时落后的学生。任何一个班里都有学困生，学困生的转化是班主任的一项重要工作，只有认真把这项工作落到实处，才能保证全体学生都得到全面发展，完成教学的根本任务。

1. 培养“学困生”树立自信心

自信是成就大事最重要的条件。常言道：胜利终将属于那些相信自己能够成功的人。因此，班主任首先要培养“学困生”的自信，让“学困生”相信自己一定能学好。帮助“学困生”树立信心的关键在于抓准学习成绩差的根本原因。如有的学生学习成绩不好是由于偏科所致，而有些学生则是由于长期的受挫导致自卑感所致。因此纠正偏科，在学习过程中让学生体验成功的喜悦都能增强学生的自信心。

2. 教给“学困生”听课的方法

“学困生”学习成绩差，往往是由于不会听课。实际上，听课分为三个层次：第一个层次是不专心听讲，边听边玩，听着听着就走神；第二个层次是专心听讲，但抓不住要领，不会听思路；第三个层次是不但专心听而且会听。“学困生”属于第一或第二个层次；优秀学生属于第三个层次。班主任要教导“学困生”听课要掌握技巧。在听的过程中，认真捕捉要点，即基本概念、基本规律和基本思路，适当做笔记。这样大脑便腾出时间来用于思考、分析、记忆，当然容易把握教师讲授内容的重点、难点，有助于深化、扩展、掌握知识。听课时，多种感官要配合。在听清楚、听明白、听完整的基础上，将听和记、听和想结合起来。

四、组织班级开展活动

班主任组织班级活动的基本要求有：

（一）明确目的，周密计划

活动要有针对性，明确为什么要开展这次班会活动，期望达到什么结果。周密计划，包括两个方面：一是每次班会活动都要纳入班级工作计划，要落实班会主题、时间、负责组织的人员等；二是对每一次班会活动进行精心设计，包括教育主题的选择、活动的构思、活动的准备、班会的程序等。

（二）以学生为主体，充分发挥学生的主动性、积极性

没有学生在班会或主题班会中的主动性、积极性，班会活动就不能有效地进行。教师要和学生一起研究，从班会的选题、设计、准备到主持活动的开展，都应以学生为主，让他们通过实践增长智慧与才干，培养自立精神和自我教育能力。

（三）活动具有科学性、思想性

活动的内容要充分体现科学性，并对学生是富有教育意义的。通过活动能使学生开阔视野，增长见识和才干，促进学生思想向积极方向发展。

（四）活动要有创新性

班级活动内容要随着客观形势的变化而变化，这样班级的发展才能不断有所创新、不断丰富充实。如爱祖国、爱集体等主题不变，但应有新内容、新材料，这是班级活动创造性的根本。

（五）形式要新颖、灵活、多样

班级活动应适应青少年活泼好动，求知、求新、求美、求乐的要求，这样才能为学生所

喜爱，才能形成一种欢乐、轻松、和谐的环境，使学生在潜移默化中，受到教育和熏陶。

设计组织班级教育活动还应考虑其他一系列要求；开放性、趣味性、知识性、时代性、序列性、实用性、实效性等。

第三节　班主任专业化

一、班主任专业化的含义

（一）专业、专业化的含义

专业（profession），从职业的角度上讲是指具有高度专门知识和技能的职业，它是在社会分工、职业分化中形成的一类特殊的职业。教师不仅是一种行业，更是一种专业，就是说教师具有像医生、律师一样的专业不可替代性。

专业化（professionalization）是指一个从普通职业向专业性职业的转变过程。关于“专业化”国际上有六大标准：①有专门知识；②有较长时间的职业训练；③有专门的职业道德；④有自主权，能根据自己专业进行判断和决策，而不是奉命；⑤有组织，如行会组织、学会组织等，有行业自身实现监督控制的约束机制；⑥要终身学习。

（二）班主任专业化的含义

对于班主任队伍专业化这一概念，应该从动态和静态两个方面来理解。从动态的角度来说，班主任专业化主要是指班主任在严格的专业训练和自身不断主动学习的基础上，在班级建设中，逐渐成长为合格班主任的过程。这一过程的实现不仅需要班主任自身主动的学习和努力，以促进和提高自己的专业能力，而且也需要良好外部环境的创设，如积极地为班主任提供专业职前教育、在职培训的机会和条件，确立严格的班主任选拔和任用标准，建立班主任专业组织和形成班主任专业规范等。从静态的角度来理解，班主任专业是指班主任职业真正成为一个专业，班主任成为专业人员得到社会承认这一发展的结果。因此班主任专业化不仅是班主任培养、教育的过程，而且是班主任培养、教育的目标和发展趋势，体现了对班主任专业水平和社会地位的一种肯定和认可。

二、班主任专业化的特点

（一）班主任的职责决定了班主任从事的是精神劳动

班主任是由学校任命、委派负责组织、教育、管理班级的主任教师，班主任负有指导和实施班集体各项工作和活动的职责，是学生班集体的教育者、组织者和指导者，是学生健康成长的引路人，是学校领导的得力助手，是联系学生、任课教师和团队组织的纽带，是沟通学校和家庭、社会的桥梁。班主任是教师，但又不是一般教师，对学科教学来说，班主任是从事某门学科教学的教师；对学校的基本管理单位——班级来说，班主任则是班级教育管理的主要责任人和实施者。班主任的教育劳动与班主任的组织、管理工作是相互联系、相互渗透的，但又是有区别的。班级的组织、管理是班务工作，组织、管理班级具有教育性，但不是直接的教育活动或教育过程本身，直接的教育过程是师生精神交往的过程，是教师与学生互动的过程。班主任教育劳动的目的教育人，就是凭借着自身的德、学、才、识，在和学生长期相处中熏陶感染学生，影响教育学生，从而促进学生的精神发展，因此实质上是一种精神劳动。

（二）班主任专业化是特殊类型的教师专业化

促进学生德、智、体全面发展，是所有教师包括班主任教师和非班主任教师的职责。但班主任作为班级教育的主任教师，角色地位决定了其工作有着与非班主任教师教学工作不同的特殊性，即除了负责组织、管理班级工作外，还必须承担更多的教育责任。班主任是学校中主要进行道德的教师；在现实生活中，更多更好地关心学生全面发展的是班主任，更多更好地关心学生精神生活，精神发展的也是班主任。班主任是特殊类型的教师，班主任专业化是一种特殊类型的教师专业化，或者说是教师专业化的一个特殊方面。班主任专业化的要求与内容，与非班主任教师专业化的要求与内容有共同的方面，同时又有其特殊的方面。共同的要求与内容包括：任教学科的专业化，教育知识、教育能力的专业化以及对教师道德的要求。关于任教学科的专业化，是所有教师都应当为之努力以求实现的目标，班主任也不例外。任何一门学科的教学，除传授与学习相关学科的知识外，还应结合学科教学进行情感、态度、价值观的教育，促进其精神素养的提升。这是对每个教师专业化的共同要求，当然也是对班主任的要求；对班主任来说，学科教学更应当成为自己实施班级教育的一种方式、一种操作系统。但要探索的不是班主任专业化中那些与一般任课教师专业化相同的方面，而是要探讨不同于一般教师专业化的那些特殊的方面。

（三）精神关怀是班主任专业劳动的核心内容

班主任作为特殊类型的教师，班主任专业化成为老师专业化的特殊方面，主要是由其教育劳动的特殊性决定的。班主任的职责是组织、教育、管理班级，促进学生德、智、体全面发展。班主任教育劳动的主要目的是育人，班主任从事的是以心育心、以德育德、以人格育人格的精神劳动。班主任教育劳动的主要内容是关怀学生的精神生活、促进学生的精神成长。因此，精神关怀是班主任教育劳动的核心内容，也是班主任专业化的核心内容。精神关怀更深刻、更准确地反映了班主任教育劳动的意蕴，体现了班主任以人为本的教育精神，表达了对学生的情感和态度。

三、班主任专业化的内容

（一）专业信念的形成

班主任的专业信念是指班主任自己选择、认可并确信的教育观念或教育理念。专业信念在班主任的专业素质结构中位于较高层次，统摄着班主任专业素质结构的其他方面，是班主任专业化成长的前提。

班主任只有树立了正确而牢固的专业信念，才能正确认识从事班主任工作的社会意义，才会产生做好班级教育工作的内在需要，才能更好地完成育人任务。形成班主任的专业信念的具体措施有：

树立事业心，增强责任感，热爱教育事业；

培育班主任人格魅力；

热爱学生，尊重、理解学生；

（二）专业知识的构建

班主任的专业知识，指班主任的专业理论体系和经验系统，是班主任专业成长的基础。班主任只有在构建了合理而完善的知识结构，才能形成过硬的育人本领，才能为搞好班级工作打下坚实的基础。

具体来讲，班主任的知识结构应包括以下几点：

（1）系统掌握教育科学知识。

（2）涉猎与基础教育密切相关的各门学科知识与信息，做到文理渗透，古今渗透，中外渗透。班主任应该每天阅读报刊，关心国内外大事，广泛接受各种信息，以适应新形势下求知欲高的学生的需求。

（3）了解心理咨询、生理卫生常识，以便更好地关心和爱护学生的健康。

（三）专业能力的提高

班主任的专业能力是指班主任在工作中所形成的、能够顺利完成教育工作的实践能力，是班主任专业成长的外在表现。班主任只有具备了较高的专业能力，才能有效地解决班级教育工作中的问题，建立正常的班级秩序，形成良好的班集体，完成育人的工作任务。班主任的专业能力主要包括以下几个方面：

（1）了解、研究学生的能力；

（2）管理组织能力；

（3）交往、沟通和协调能力；

（4）应变能力；

（5）教育科研能力。

（四）专业态度与动机的保持

班主任的专业态度与动机是指班主任对班主任工作的热爱程度和积极性。一般而言，班主任的工作态度与动机和对工作的投入，是随着年龄和任职年限的增长而变化的。入职动机坚定、态度端正的人，并不一定意味着他将永远保持这种工作动机与态度。据调查，初任班主任的工作动机与态度很容易受到其实际的专业活动自主程度、学校对教师的专业支持和帮助、与学校领导、家长或同事教育观念的兼容程度等因素的影响，在其中某些因素的作用下可能最终会导致班主任离开班主任工作。班主任的职业理想、专业态度、职业满意度等是影响班主任去留、班主任专业行为积极与否的因素，但这些因素都是通过专业态度与动机来影响班主任专业化成长的。

一般来讲，班主任的工作态度与动机从外部看来自于学生、家长和领导的评价，从内部来看来自于自我实现的需要。

（五）专业发展需要与意识开发

班主任专业发展需要与意识是个体基于现实的需要，对照专业发展的要求而形成的对自己未来发展目标的系统化、理论化的意识。

班主任专业发展需要与意识是班主任自觉的职业规划意识，是社会发展的客观要求在个体心理的反映，是建立在班主任的自我认识、职业认同程度、自我效能感和成就动机基础上的综合反映，它对班主任的成长和发展起着导向、激励、规划、维持、调节与监督的作用。从时间维度看，它包括对自己过去专业发展过程的意识、对自己现在专业发展状况和水平所处阶段的意识以及对自己未来专业发展的规划意识三个方面。

对于初任班主任来说，一般要求他们能初步了解班主任工作的特点，基本清楚自己当前的工作状况和能初步规划自己未来 3—5 年的发展方向；对于具有 3—5 年工作经验的班主任来说，则要求他们能对自己过去几年的工作进行客观地分析和总结，认识自己当前与过去相比较中存在的不足和取得的进步，与同事相比较存在的差距，以便更好地规划自己未来几年专业发展方向：对于高级班主任或者骨干班主任来说，不仅要总结过去的工作经验和成就，并且要能对其他班主任起到示范作用，对于自己当前工作中所存在的问题也要能够做出客观和理性的分析，在规划将来的发展时要着重于对改革和发展前沿的问题有一个较为准确的把握。

四、班主任专业化的途径

（一）树立终身学习观

班主任实现终身学习既是个体发展的需要，又是做好班级工作的需要。通过参加各种形式的继续教育、培训交流等活动，班主任不仅能够聆听专家的指导，而且能够把握教育的前沿动态和各个领域的最新知识，使自己在专业知识、教育理论、道德品质、科研能力等各方面得到全面提高。只有学会学习，不断增加专业知识，时时做到“工作学习化、学习工作化”，才能实现班主任工作的专业化发展。

（二）参与教育科研活动

班主任参与教育科研可以增强自己的问题意识，促进他们对各种教育现象的关注；可以促进班主任对自己在管理班级和对学生教育的各种问题进行反思，以便巩固自己的成绩，改进自己的工作。班主任参与教育科研可以促进他们对教育科学知识、专业理论的渴求，促进他们去广泛收集班级建设与管理的相关研究成果和资料，扩大他们的信息量，不断更新自己的知识结构。班主任参与教育科研能够更新他们的教育观念，把他们从否定个人尊严和迷信学者权威的桎梏中解放出来，确信自己有能力改进自己的工作实践，并成为教育文化的创造者、教育智慧的拥有者。因此，班主任积极参与教育科研活动，把教育教学实践中的经验进行理论的提升，可以促进班主任专业化发展。

（三）制定个人发展规划

个人发展规划不仅是对班主任自身发展的引领和督促，也是班主任教师走专业化发展的必要手段。一个好的发展规划，能准确地反映教师的人生发展思路、期望和努力方向，也能反映出班主任教师在教育教学和课题研究等方面的成长轨迹。尤其值得一提的是，反思是促进班主任专业化发展不可或缺的环节。反思会使人养成对日常工作与学习的一种敏感和探索习惯，保持一种积极探究的心态，不断改进自己的工作并形成理性的认识。

（四）提供专门培训

1. 开展专题培训，突出针对性和实效性

学习是班主任专业化成长的前提，为此，开展专题培训要先行。在选用专题培训内容时，应坚持多样化的原则，培训内容应多向开掘。按照班主任应具备的履行主要职责的能力来确定培训的主要内容，就应侧重于当前社会发展新形势和新课程实施背景下班主任工作的新特点、新要求和工作中遇到的实际问题，设计培训内容和培训模式，使班主任学以致用、学有实用。

专题培训以案例为引导，以帮助解决班主任工作中的实际问题并提高班主任的工作水平为目标，主题聚焦，互动研讨、理论升华。这样既贴近班主任的工作实际，又帮助班主任切实解决一些当前在班级管理过程中遇到的棘手问题和难点问题。

2. 体现人文关怀，注重培训的发展性

倡导选择学习。允许班主任按自己的需求选择学习内容和方式，进行自主学习。

坚持培训形式多元化。将常规的课堂培训形式与以参观考察为主的培训形式、以班主任互帮互学为主的培训形式和以专题研讨为主的培训形式有机结合起来。在培训时间上，坚持多样化。在这方面，可借鉴澳大利亚的做法。他们的中小学班主任培训没有统一的时间，宜长则长，宜短则短，或者长短结合。最短的培训项目可以是一次专题讲座仅用两三个课时，最长的培训项目可以攻读硕士、博士学位。学习者既可以在职业余学习，也可以利用寒暑假集中学习，还可利用国家规定的带薪业务提高时间脱岗参加培训。

坚持培训手段多样化。坚持参与式培训与讲座式培训相结合。专家讲座、班主任案例演示、经验介绍相结合，岗前培训、过程培训、阶段性总结相结合，短期培训与长期跟踪指导相结合，理论培训与实践操作相结合，教研培训与教学改革相结合。充分利用卫星电视和计算机网络等现代远程教育手段，开展新课程培训，积极参与“全国班主任教育网络联盟计划”，共享班主任培训优质资源。

3. 依托大学设立培训基地，避免培训机构鱼龙混杂

目前培训中小学班主任的机构渐趋多元化，难免鱼龙混杂。因此，应依托师范大学或教育学院设立培训中心，以保证培训质量。要有计划地选派思想素质好、理论水平高的承担培训班主任任务的教师到中小学挂职锻炼。

（五）建设学习型团队

班主任的专业化首先是教师群体的专业化，在教师的群体专业化基础上实现班主任的个体专业化。因而班主任个体的专业化发展离不开教师团体。学校要努力构建学习型团队，这不仅能为班主任营造更好的学习氛围，使集体智慧和个人才能都得到充分开发，而且能使教师集体把教学、学习与科研紧密地结合在一起，推出更多的有质量、更高水平的科研论文，更有价值的校本教材，培养出更高素质的学生。这样，班主任提高自身教育教学水平的自觉性才能增强，自身的专业化发展才能得到保障。

思考与练习

1. 班级管理的含义和内容是什么？
2. 你如何理解班主任队伍的专业化？
3. 新形势下如何实现班主任队伍的专业化？

【相关材料链接】

材料一 任小艾的班主任工作艺术

一则：一条教育原则，即教育成功的秘密在于尊重学生。

二感：就是教育的责任感和使命感。

三言：就是三句话：

没有不合格的学生，只有不合格的教师。

没有教不会的学生，只有不会教的老师。

教师最大的成功与快乐是培养出值得自己崇拜的学生。

四通：通晓班主任工作；通晓学科教学；通晓相关学科；通晓教育科研。

五心：爱心、信心、专心、恒心和虚心。

六法：六个教育的技巧。分别是优良环境的感召法、虚功实做的导行法、捕捉兴奋点的磁性法、抓住教育时机的功倍法、三位一体的互促法和自我教育的内驱法。

（根据冬去春来567的博客文章《任小艾的班主任工作艺术》整理而成，http://blog.sina.com.cn/s/blog_51dbc6c10100bc5o.html [2008-6-7]）

材料二 我在幸福中

李萍是成都七中的一名政治教师。在这所四川省内首屈一指的著名高中学校，她已经工作了12年，送走了4届毕业生，成绩斐然。30岁，就破格评为中学高级教师。

如果我没有当老师

李萍美丽、鲜艳、活泼、飞扬、引人注目，足以颠覆不少人眼中与心中的教师形象。她被学生深深热爱，而对教育的热爱也改变了这位“漂亮女人”的一生……

1993年，四川师范学院政法专业毕业的李萍，在大学时代“风光一时”、舞台经验丰富，她可走的路太多了：“主持节目、时装模特，尤其是演宋丹丹的小品，一亮相就能获得掌声一片。”为什么选择当老师呢？李萍认为，就是想站在讲台上，看到比自己年轻和新鲜的脸庞。如果没有当老师，现在会怎样？会有这么幸福吗？会这么快乐吗？会有这么多人爱我吗？现在想是后怕。

你一定要选择我

李萍每晚与一个学生谈话。一个学生跟随她3年，至少有6次谈话。私下的、私密的、私心的。每天分一点“私心”给一个学生，3年分无数私心给每个学生。

“因材施教最关键的是把握分寸和比例。有些学生，要点醒说透；有些学生，点到为止，过犹不及。”所以，她学会控制节奏，让自己和学生都充分享受每一次谈话。

“你一定要选择我。”李萍对学生们说，“我比你的同龄人更有经验，我比你的父母更有办法，我讲‘江湖道义’，懂‘江湖规矩’，什么该说，什么不该说，我比你还心中有数。所以，有什么困难，请一定选择我。”

于是，在正常上课的日子，只要不下雨，晚自习开始不久，成都七中的操场上总会有两个人并排走着，一圈又一圈，围着操场转。天幕之下，那些青春期的烦躁、张狂、残酷似乎被消淡；那些隐约的星际流光昭示着更为辽远与深邃的未来……

爱情太磨人

爱情太磨人这话，本来非常适合李萍自己，她不避讳：“我是一个不缺乏爱情、有经历的女人”。但这句话，她是给学生的，尤其是那些女孩子们。

一个晚上，李萍为40个女孩子开了一堂特别的课《迟到的“性”福》——以解除学生的困惑：为什么开明的李老师一样不要我们现在谈恋爱？

——爱情实在是有太多喜悦和伤悲了。这么磨人的事，放在学业繁重和心理承受力尚弱的中学时代实在是不合时宜；每个人都渴望拥有美好的爱情，可在令人眩晕的爱情面前，只有拥有自己才能把握别人；一个连自己的学业和事业都不能很好经营的女性、一个连自己都不爱或不懂如何自爱的女性，又怎能奢望他人的爱呢？女性总是感性的，可理性将成为一个女性安身立命的“特长”，懂得自立、自信、自爱，幸福会来的。

遇上一个真实的老师，是成长中的学生最大的幸运

青春短暂，失去后不再重来，但是，却常因为某个人的恰当出现而改变。这个人，可能是你喜爱的，也可能是你敬爱的。

一个单身家庭的学生告诉他的母亲，这一生，他最爱两个女人，一个是母亲，一个是李萍老师。听到孩子母亲的转述，李萍几乎要淌下泪来：孩子们为什么对我这么好？

就是这个孩子。当年参加高考前最后一次诊断性考试后，大败而归，非常沮丧。站在教学楼前一面大镜子前，他平视李萍，问：“我行吗？”李萍说：“你行，你一定可以，记住今天这个夜晚，记住我说的话。”一个月后，孩子如愿以偿考上了理想的学校。

课堂上，李萍讲课，也讲生活；告诫学生，也教育自己。

她告诉女生：“不要在中学时代穿着太出众，要为自己留一分美丽，在最值得开放的时候。”这不是金科玉律，而只是李萍对自己人生的一个回头。她愿意用自己的真实故事给予孩子们一些生活的法则；

她告诉男生：“有事没事到老师面前晃晃，尽可能展示自己的才能，这不是拍马屁，而是有效沟通。”

这学期开学，李萍与今年高一班的一个学生进行“晚间谈话”时，孩子的家长在侧。静静听完李萍与孩子的对话，那个40岁的家长忍不住说话了：“李老师，如果在我的高中时代，也有一个像你这样的老师指点我、引导我，我的人生肯定不像现在。”

幸福的黄手绢

2004年的高考，成都七中高2004级1班的学生有一个共同的、终身难忘的经历。当他们怀着各种各样的复杂心情来到考场时，在拥挤的人群中，赫然发现了条横幅：“咱们一班有力量。”那一刻，这个1班所有的学生都内心一阵狂喜，从四面八方汇集到横幅下。

每一个学生到来，李萍就从横幅上取下一条黄手绢，亲自交到他手中，然后，一一拥抱或是握手，一切尽在不言中。考试结束，学生们再次回到横幅下，向李萍告别。整整3天，就是这样的相拥相握，没有更多的言语。

漫长的两天过去了。学生们拿着黄手绢，告别亲爱的老师：“考场上，看着它，我的心就静了。”“拿它擦汗的时候，我发现了一个错，立刻改了，好玄……”

这60条黄手绢，是李萍在高考前一晚买的。那晚，给60个学生一一打完电话，她听出一些学生还是显得紧张。“我还能为他们做什么？我希望他们明白，高考只是人生一个阶段性的目标，更长的人生路还在前面，希望他们能放下包袱，轻装上阵。”想到这些，李萍坐不住了。她冲到一个超市，已近夜10点，店家正要关门，她恳请说：“我是一个高三班的班主任，我的学生们明天就要参加高考了。我想送他们一件礼物。”店家被打动了，让她进去挑选。走过手绢柜台，她头脑里灵光一闪：幸福的黄手帕，预示着希望与幸福的黄手帕……

于是，就有了这个故事；于是，很多人共同见证了这场高考场外的师生真爱。

人生，有时需要戏剧化的场景。

她是一个不牺牲自己、但成全了无数孩子的好老师。

她是一滴水珠，透过她，折射出我们这个时代教育工作者的多元与绚烂。

（选自胥茜，李萍：我在幸福中，中国教育报，2005 年 3 月 14 日第 4 版）

材料三 “走进学生心灵”系列主题班会

石家庄第六中学开展了近两年的“走进学生心灵”系列主题班会，效果很好。

“走进学生心灵”系列主题班会设计目录：

1. 迈好高中第一步；2. 设计我的高中生活；3. 我的自画像；

4. 学会孝敬学会爱；5. 让青春在学习中闪光；6. 心会和爱一起走；

7. 融入集体；8. 榜样与人生；9. 送你一把交往的金钥匙；

10. 竞争与合作；11. 突破逆境；12. 得益于失败；

13. 在历史与未来之间；14. 我和我的祖国；15. 扬起理想的风帆；

16. “猴皮筋儿”风波；17. 让我长大的一句话；18. 挑战自我；

19. 永远不要说放弃；20. 成功路上四盏灯；21. “爱”的教育；

22. 宽容；23. 做个信念的赢家；24. 弘扬传统美德，承担社会责任；

25. 告别陋习，与文明握手；26. “人”字的结构就是相互支撑；

27. 不做超前消费族；28. 道德警戒线；29. 因为集体有了我；

30. 和名著对话；31. 十八岁，我们一起走过；32. 珍存学生。

石家庄第六中学的实验班开展了近两年的“走进学生心灵”系列主题班会，有效地促进了学生的全面发展。该班集体被评为 2002 年度河北省先进班集体、石家庄市先进班集体，全班学生资助一名贫困学生的事迹在《燕赵都市报》上刊登，他们去敬老院参加社会实践活动受到了社会的赞誉，2003 年高考有 52 人升入了高等学府，得到了学校领导和家长的好评。实践证明，主题班会作为提高学生情感性素质的重要途径是切实可行的。

（选自刘红军，李志坚：班级管理与情感性素质的培养，中小学班主任谋略，2004 年第 4 期，第 17 页）

第十三章 “三教”结合，形成教育合力

【教学目标】

1. 掌握“三教”结合的含义，明确“三教”结合的意义；

2. 理解家庭教育的作用，掌握家校合作的形式和途径；

3. 了解社区教育的作用，掌握学校与社区合作的形式与途径；

4. 认识网络对中小学生发展的影响，明确家庭、学校和社会在网络教育和建设上各自应承担的责任。

学校、家庭和社区的密切合作是提高教育质量的重要保障和有效途径。作为教育工作者，在搞好学校教育的同时，必须关注家庭和社会影响，并要努力增强三者之间的合作，提高教育的整体效果。今天，我们还需看到，随着社会的进步和信息科技的发展，互联网正在以迅猛之势成为影响青少年生活和发展的重要因素之一。如何促进网络环境下的青少年健康成长，已成为上述三方面教育必须要高度重视、积极面对并携手予以解决的课题。

第一节 概 述

一、“三教”结合的含义

苏霍姆林斯基说：“有许多力量参与人的教育过程，其中第一是家庭，第二是教师，第三是集体，第四是孩子……如果这些起教育作用的雕塑活动有始有终，行动得像一个组织得很好的交响乐队一样，那么它产生的将是多么美妙动人的作品。然而每个雕塑家都有自己的性格、风格和长处、短处，有时一个雕塑家对另一个雕塑家的技术和创造持批评态度，不仅力图用刀子在未加工的大理石上精心雕刻，而且总想对另一个巧匠刚刚做好了的地方乱加修补……”[①] 成功的教育应是各种力量的和谐一致。作为影响儿童成长的三大因素，家庭教育、学校教育和社区教育的确各有其独特优势并发挥着不同的作用，但唯有这三种力量密切合作才能提高教育的质量。如果这三方面的教育力量各行其是甚至相互抵制，那么，它们相互之间就会产生反作用力，致使三力相互削弱甚至抵消，不仅使教育整体效益降低，同时还会增加各种力量自身的内耗。因此，为充分发挥三种教育力量的有效作用并达到事半功倍的教育整体效果，就必须打破三教“鼎立”的局面，使它们有机结合起来，保持教育影响的一致性，才会有助于育人目标的真正实现。作为教育工作者，在搞好学校教育的同时，必须关注家庭和社区影响，并要努力增强三者之间的合作，提高教育的整体效果。

综上所述，这里所谈的“三教”结合就是指家庭教育、学校教育和社区教育三种教育力量在充分发挥自身特点和优势的基础上，密切联系、相互协调，达到统一教育方向、优势互补、共同营造良好育人环境、提高教育整体活动实效的目的。

---

① 黎军，张大玲，张堡．论现代教育中家庭教育与学校教育的合作．高等理科教育，2003，S1：42．

二、“三教”结合的意义

（一）“三教”结合有利于统一教育方向，发挥整体教育的合力作用

教育过程中，各种教育力量在方向上是否保持一致，对受教育者影响巨大。尤其是对于处于身心发展关键期的中小学生来说，他们知识经验贫乏、辨别是非能力弱、独立性差、依赖性强，面对相互抵制、各行其是甚至互相“拆台”的不同教育影响，他们必会感到左右为难、思想混乱、无所适从。因此，尽管家庭教育、学校教育、社区教育在教育环境、教育形式、教育方法等方面各具特点，但面对共同的教育对象——儿童青少年，三方教育必须要有共同的教育思想、教育目的和愿望，尤其要保证三方教育的总体方向达到一致性。只有当“三教”紧密联系、相互配合、协调一致时，才能形成教育合力，才会有助于儿童青少年的健康成长。在形成合力的情况下，即使学生受到不良社会风气的影响，思想上有波动，但在这三方的共同配合下也会很快地转变过来。

但由于历史的原因和社会条件限制以及错误教育思想的影响，使我国家庭、学校和社区教育存在着一定的矛盾和问题。其突出表现在：社会上不良风气和信息对青少年产生广泛影响，削弱甚至抵消学校教育的积极影响；家庭中一些家长由于缺乏正确教育价值观、教育素养低，导致家庭教育要求与学校和国家教育目标相违背；某些学校仍片面追求升学率，重知识传授、忽视德育、体育和智能培养，致使学生负担过重，没有或很少有时间和机会参加校外活动等。正确解决这些矛盾和分歧，就必须统一各方教育目标，“改变三方教育相互脱节、脱离社会、脱离实际的封闭状态，按照各自的任务和职责有机结合起来，协调发展，建立教育社会一体化体系，充分发挥整体教育合力作用，取得良好教育效果。”①

（二）“三教”结合有利于各种教育力量优势互补，相得益彰

在育人过程中，家庭教育、学校教育、社区教育是一个有机的整体，但它们各自都有其独特的优势和作用。比如，家庭教育途径的生活化使得教育的针对性和渗透性加强；因为拥有完备的教育制度和专业的教师队伍，学校教育对新生一代成长的影响更为科学和合理；社区教育内容的多样性、及时性和实用性有利于儿童青少年拓宽视野、发展兴趣和融入社会。另外，面对一个特定的教育任务时，三方力量会各显其能，有时一方无法实现时，而另外一方或两方会成为最佳力量。由此看来，“三教”各有长短，不可互相替代，只强调一方面作用而忽视其他方面影响的做法非常不可取。只有三种教育力量相互合作，相与为谋，才能取长补短，充分发挥多渠道一致影响的叠加效应。

（三）“三教”结合有利于实现各种教育力量在时空上的完整衔接

家庭教育、学校教育和社区教育的相互协调和有效合作，使教育在时空上实现了完整的衔接，也使得终身教育的理念得以真正体现。从时间角度上看，“三教”结合使教育“延伸至人生的两端，把学前教育、青少年教育、成人教育直至老年教育衔接起来，形成终身教育网络”②，同时实现了中小学生教育的无“盲点”，为他们的健康成长提供了良好的大教育环

---

① 睢文龙，廖时人，朱新春．教育学．北京：人民教育出版社，1994，第477～478页．

② 柳海民．教育学．北京：中央广播电视大学出版社，1999，第418页．

境；从空间角度上看，“三教”结合将教育拓展到社会的各个方面，使正规教育和非正规教育相互结合、普通教育和职业教育相互渗透，并向着综合方向发展。三种教育力量的有机结合使教育与社会的要求衔接起来，克服了教育与社会发展相脱节的现象，改变了传统教育各自封闭的状态，形成教育社会一体化体制，推动社会各方面关心教育、支持教育、共促教育改革和发展。

第二节　发挥家庭教育职能，实现家校密切合作

一、家庭教育的作用

（一）家庭教育为个体成长奠定基础

教育是全社会的系统工程，而家庭教育是其中的奠基工程，是一切教育的起点与基础。家庭是孩子人生的第一所学校，家长是孩子人生的第一任教师。儿童在家庭中完成的最初的社会化，对儿童今后发展所产生的作用是深刻的。在教育发展史上，古今中外教育家都特别强调早期教育在儿童成长中的作用。早在公元前 4 世纪，亚里士多德就把家庭教育看作学校教育的基础。他把青年人的生活分为三期：从出生到 7 岁，从 7 岁到发育期，从发育期到 21 岁。认为未满 7 岁的儿童要接受家庭教育，满 7 岁以后就应当入学校。① 到近代，一些资产阶级教育家如夸美纽斯、洛克、卢梭等无不强调家庭教育在儿童成长中的重要作用。在我国，古人有“少若成天性，习惯成自然”的说法，并认为“人在年少，神情未定”，因此“早谕教最急”“蒙以养正，圣功也”。②

早期家庭教育不仅影响人的思想品德和行为习惯的形成，而且对人的智力发展也有着重要作用。美国心理学家本杰明·布鲁姆研究认为：若以一个人在他 17 岁时所达到的智力为 100%的话，如果发育正常，那么，他 3～5 岁时的智力就已达到 50%，8 岁时就达到 80%，从 8 岁到 17 岁只获得 20%的发展。该结果表明婴幼儿具有惊人的身心发展速度。但如果没有及时给予教育和训练，终究不能将发展的可能性变为现实。而这一阶段的教育和训练，一般是在家庭中由父母来实施的。因此，家庭是个体成长的摇篮，家庭教育为个体的发展奠定了基础。

随着年龄的增长，年青一代的知识、经验和社会阅历越来越丰富，他们对家庭和家长的依赖性逐步减弱，但这并不意味着家庭教育即将终结。鉴于家长和子女的特殊关系，面对现实社会生活中的一些重大问题，父母仍要给予一定的指导；出于对父母的信赖，子女还会征求和考虑父母的意见和建议。因此，家庭教育会在个人发展的不同时期以不同的内容和形式发挥着同样重要的作用，它将伴随个人成长的整个过程。

当然，家长只有认识到家庭教育影响的深刻性，才会自觉提升教育意识，增强教育责任感，承担起道德和法律上所共同赋予的“抚养和教育子女”的责任和义务。

（二）家庭教育是学校教育的必要补充

家庭教育与学校教育相比，具有自身的独特性。一是教育关系独特。亲子间由于血缘联

---

① 王道俊，王汉澜．教育学（新编本）．北京：人民教育出版社，1999，第 497 页．

② 赵忠心．家庭教育学．北京：人民教育出版社，2001，第 34～35 页．

系，关系更亲密，较之学校师生关系更富情感性。二是教育内容、途径和方法更具丰富性、多样性、灵活性和针对性。家庭教育主要融于家庭生活之中，“遇物则诲”的特点使其不受时间、地点、人数等诸多客观因素的影响，更能做到因人、事、时和地灵活施教。三是家庭教育影响的早期性、连续性和长期性。与学校教育的阶段性相比，家庭教育在“先入为主”和影响的深刻性方面具有一定的优势。因此，良好的家庭教育可以弥补学校教育的缺憾与不足。

（三）家庭教育影响社会风气的形成和国民素质的提高

尽管在一定程度上家庭教育的实施具有某些私人性，但家庭毕竟是社会的细胞，是社会关系的缩影。实际上，家庭教育效果的好坏，对整个社会风气的形成具有重要的作用。每个家庭都具有自己的特色，形成自己的家风，并自觉不自觉地以自身的独特性去影响和作用于社会与新生一代，从社会新成员参加社会活动那天起，就直接影响着社会风气。因此，树立正确的家庭教育观念，努力提高家庭教育的质量不仅关系到孩子的发展、家庭的幸福，更会影响到国家的安定，社会的和谐与国民素质的提高。福禄倍尔的话也许会引发人们对家庭教育职能的思考：“国民的命运与其说操纵在掌权者手中，不如说掌握在母亲手中”①。

随着家庭教育功能的社会性特征的越发凸显，家长一定要意识到，家庭教育不是可有可无的，而是家长必须承担的责任和履行的义务；它确实是在家庭内部实施，但它一定不是一家一户的私事，而是关系到国家兴亡、民族盛衰的大事。

如果说教育是树人之本，那么，家庭教育则是教育之源。作为孩子成长的第一重要人，家长正确的家庭教养观是儿童健康发展的必要前提。作为父母必须清醒地意识到作为家长他（她）的工作就是教育子女，必须为子女的发展负责，古人就有“养不教，父之过”之说；也唯有当家长主动承担起抚养教育子女的义务时，才可能成为真正意义上的对社会有所贡献的成员，因为“父母对于子女所负的责任，是他对于社会所负的责任的一种特殊形式”②。

家长必须对家庭教育负责，对儿童成长负责。家庭教育具有不可替代性，但它不是万能的。家庭教育要发挥预期影响与作用是有条件的，它也必须与其他教育形式密切配合，才能真正发挥其功能。

二、家校合作的形式与途径

尽管家庭教育在人的发展中占有很重要的地位，但就整个教育体系来看，起主导作用的仍然是学校教育。作为专门的育人机构，学校具有自身独特的优势：拥有一批经过专门训练的专职教育工作者，有完善的教育组织形式、周密的教育计划和系统的教育内容，而这些是家庭教育所无法比拟的。当然，就像家庭教育学校教育无法替代一样，学校教育的地位和作用家庭教育也无法取代。因此，优势互补、密切合作成为家校相互促进，共同提升教育质量的重要途径。在家校联系过程中，作为家长一定要尊重学校和教师，了解学校的主张与举措，积极与学校沟通，帮助孩子更好更快地适应学校的学习生活；作为学校同样要尊重家长，而且在家校合作方面必须增强主动性和积极性，密切与家长之间的联系并指导家长搞好家庭教育，提高家庭教育水平。

---

① 赵忠心．家庭教育学．北京：人民教育出版社，2001，第369页．

② 赵忠心．家庭教育学．北京：人民教育出版社，2001，第373页．

（一）相互访问和通信联系

家长与教师互访有利于家校信息互通。教师通过家访可以了解学生家庭的基本情况以及家长对子女的教养态度和方法；家长通过访问教师，可以全面了解孩子在校身心发展的情形与存在的问题，明确教师和学校的要求以便更好地调整家庭教养策略。教师与家长的互访要取得预期效果，双方都必须做到实事求是、对学生的情况全面分析。针对学生因担心教师“告状”而从内心抵制家访这一现象，特别提出教师在家访时一定要做到谈话内容的激励性与要求的明朗化。同时，教师与家长之间的相互尊重、信赖与支持也非常重要。

通信联系也是学校和家庭建立联系、密切合作的重要途径之一。主要有书面联系、电话联系和网络联系等形式。其中，书面联系主要是由学校通过发放《学生手册》、《家长联系簿》、成绩通知单和撰写书信等形式向家长及时通报孩子的品德、学业等情况。书面沟通能提供较为详细全面的信息，能促使家校双方的教育更加趋于理性，还可以为家长提供充分表达教育意见和要求的平台；电话联系又分为通话和信息两种。现在有些学校与通信部门密切合作，以“校际通”等形式及时将学校要求通知到家长，并提供相关的家庭教养知识与方法，对家长掌握家教知识，提高教育能力具有很好的帮助作用；网络联系主要是通过“教师在线”“班主任邮箱”等形式使家长和教师借助于网络实现更为便捷的沟通。互访和通信联系配合使用效果会更好。

（二）家长会

召开家长会，可使学校在较短的时间内与大多数的学生家长取得广泛的、一致性的联系，效率较高。从形式上看，家长会主要有全校性的、年级性的和班级性的，通常是以班级为单位把三者结合起来，先开全校性的，然后各班结合自己的情况分别座谈。从时间上看，家长会一般是在学期开始、期中或期末举行。家长会的主要内容是向家长通报学校或班级教育工作的基本情况以及今后的教育计划，征求家长意见，对学生基本情况分班汇报，并对家长教育工作提出意见和建议等。举行家长会要做到会前充分准备、目的明确、中心突出、内容丰富、时间安排合理。这样会争取到更多家长的参加和更为积极有效地完成家校合作的工作。

（三）开放日活动

开放日活动是学校在预定的时间里，有目的、有准备地请家长来校参观学生在校的活动与成果。[①] 定期请家长到学校中来，到孩子所在班级听课，观摩各种教育活动，向家长展示学生的作业、创作作品和成果，可以使家长了解学校工作和学生在校情况，了解自己子女的能力和表现。通过开放日活动，加强了家长对学校和孩子的全面了解，密切了家校关系，使家长更加关心学校，愿意为学校教育的发展出谋划策，贡献自己的力量。

（四）家长学校

学校教育中“育子课”的普遍欠缺，家长自身涵养和教育素养的参差不齐使得今天的家庭教育效果尚未达到预期。在“上岗前先培训”已成为行业的普遍行规之后，家长这一行业

① 王道俊，王汉澜．教育学（新编本）．北京：人民教育出版社，1999，第513页．

的培养和培训也必将成为时代所需。作为学校，要提高教育质量就必须意识到，家庭是孩子成长的土壤，家长是最大、最丰富的教育资源。唯有家长增强了科学教子的自觉性和积极性，并能与学校教育齐心合力时，教育才会事半功倍。“要想教育好孩子需先教育好成人”，本着这一理念举办家长学校，是教育决策者的明智之举。

当前，已有许多学校通过健全制度、加强领导、分工合作等措施将家长学校纳入学校的整体计划，以灵活多样的授课形式，定期组织学生家长学习教育学、心理学和有关的家庭教育知识，并针对学生家长中存在的一些不正确的教育思想和不恰当的教育方式进行典型剖析，以引起家长的借鉴。通过邀请专家讲座、阅读报纸杂志、家长间相互交流等形式，让家长学习家教经、育子法的做法很受家长的欢迎。家长学校的举办，不仅使广大学生家长意识到家庭教育重要性并掌握了科学的教育知识和方法，而且为家庭教育与学校教育的协调一致打下了良好的基础。

（五）家长委员会

家长委员会不仅可以在学校与家长之间搭建沟通的桥梁，还可“以团体的影响力参与学校的决策”①。家长委员会一般有学校家长委员会和班级家长委员会两种形式。其成员可以由家长推荐或自荐并与学校共同协商而产生。一般会选具有一定的教育素养和组织能力并热心于教育且有精力的家长。通过定期召开家长委员会会议，及时向家长传达学校和班级的教育要求，向学校、老师反映家长的情况和意见，增加教育的透明度，有助于家校双方更好地了解学生的实际情况，共同研究教育方法，改进教育措施，提高教育质量。家长委员会的成立也使得家校合作在组织上得到保证。

（六）家教咨询

为使家庭教育问题的解决更具有针对性，学校可以通过设立家教咨询所、创办家教小报和建立家长联系卡等形式，由学校教师或专业工作人员指导家长更好地认识自己在家教过程中存在的问题和寻求解决方案。学校还可以借助网络这一信息平台，在学校网站上创办“家教园地”“在线咨询”等栏目，向广大学生家长提供广阔的学习天地。

如前所述，家庭教育和学校教育各有其独特作用，他们不能彼此互相替代，只有相互协调，取长补短才能取得最佳的整体教育效果。作为家长要意识到，家庭教育是家长的重要使命，不能将教育的责任全部推给学校；作为学校要努力争取家长的支持与合作，以提高教育的整体效益。

第三节　发挥社区教育力量，营造良好育人环境

在现代社会中，除却家庭和学校对儿童青少年的成长产生影响之外，居所环境、氛围乃至整个社会文化对儿童青少年的发展所显现出的巨大力量也不容忽视。面对现代社会发展的实际和教育改革的需要，必须将新生一代的成长放置于更为广阔的背景中，必须将各种教育力量紧密联系起来。社区教育的探索和实践有助于家庭、学校、社会三者更为紧密的结合。今天，无论是以学校为主的社区教育，还是以社区为主的社区教育，学校的社会化与社区的

① 石忠仁. 教育原理. 北京：人民教育出版社，2002，第341页.

教育化已经相互结合与渗透，这也是现代教育的重要特点之一。

社区教育（community education）这一理念来自于西方国家，在国际上正式确立和广泛运用是在第二次世界大战结束之后。但在实践上可以追溯到很早以前。以我国为例，早在20世纪二三十年代我国一些学者受美国早期社区教育思想实验的影响和启发，以致力于改良中国农村乃至改良中国社会为政治理想，在中国广大农村力倡乡村教育运动。当时影响较大的有：陶行知的乡村教育实验（1927）、晏阳初的“平民教育”实验（1926）、梁漱溟的“乡村建设”实验（1928）等。20世纪80年代伴随着商品经济的发展，教育与社区经济、社区发展之间的关系问题研究在教育改革实践中得到重视，全国各地开始着手探索我国社区教育的新路子。其中上海市普教系统在关于城市社区教育模式的探索和实践方面取得了一定的成果，建立了两种社区教育类型，分别是为以学校为中心和以社区为中心的社区教育模式。不管是哪一种模式，均为促进教育社会化和社会教育化作出了有益的尝试和突出的贡献。

当前，在国家和地方党委、政府及教育主管部门的重视和支持下，我国社区教育推进工作力度逐步加大，社区教育呈现出蓬勃发展的良好局面。从2000年至今，教育部已经先后批准了81个国家级社区教育实验区，加上各省批准的省级社区教育实验区，全国社区教育实验区已经达到了300多个，覆盖了全国绝大多数的省、市、自治区和计划单列市，“形成了以京津沪等大城市为龙头，东部沿海发达地区为主干，中西部地区有重点开展的梯度发展格局，社区教育实验区已成为社区教育的先行和骨干力量，推动了全国社区教育由点到面，逐步扩展，不断提升”①。同时，各社区教育实验区立足本地实际，组织开展了以提高社区居民素质和生活质量为目的的多层次、多内容、多形式的教育活动，满足了社区居民多样化的需求。据教育部2005年对全国45个国家级社区教育实验区的统计，总培训人数达到了1370万人次，社区居民参与率达到了35%。社区教育已经发展成为构建终身教育体系、建设学习型社会、促进和谐社会建设的一支重要力量，成为我国现代国民教育体系的一种新兴的教育形式。②

世界各国都为社区教育的推进做着共同的努力，例如，美国的社区学院、英国的社区学习网络、日本的终生学习体制等。但关于社区教育的含义，目前各国尚未有完全一致的认识。不过，我国学者较为一致地认为，社区教育是以社区全体成员为对象，以提高社区民众的整体素质和整体生活质量为宗旨的社区各种教育活动的总称。从其概念的阐述上我们可以得出，社区教育具有全员、全程、全方位的特征。而其核心的功能是促进每个社区成员充分自由的发展。

一、社区教育的作用

社区教育是学校教育和家庭教育的大背景；学校教育和家庭教育是构成社区教育的有机组成部分，是社区教育发展的基础。社区教育主张大教育观，它将家庭教育和学校教育纳入社区大系统中，并打破了二者的封闭保守状态；社区教育可通过与学校教育、家庭教育有机结合，建立学校、家庭、社区一体化的教育体系，形成人人关心下一代的成长，社会共同育人的良好风尚和社区环境。

---

①② 沈光辉．我国社区教育的发展现状与推进措施研究．继续教育，2008，1：13.

（一）社区教育推进了人的发展与社区发展的和谐统一

社区教育面向社区全体成员，形式丰富多样。从教育对象年龄上来看，不仅有儿童、少年和青年，还有成年人和老年人；从层次上看，有白领职员、蓝领工人、下岗、待岗人员，还有残疾人和外来民工等，社区教育为社区成员，特别是对弱势群体，提供更多的学习机会。通过设置相应的课程内容，满足了社区内不同阶层、不同年龄、不同类型的学习者的多样化需求，促进了社区成员个性多样化的发展。例如：上海市社区教育实验区闸北区，在五年时间里设立了40个社区教育项目，开展一百多种形式的社区教育活动，参加人数超过60万人次。包括“朝夕教育公园”“亲子学堂”“青年技术辅导站”，为老年人服务的“晚霞谈心室”为聋哑残疾人服务的“周日无聋沙龙”等；江苏省农村社区教育实验区，针对农村的实际需要，采取“科教大篷车”“交流学校”，“农业科技讲师团”等形式，为广大农民提供科技和信息服务，帮助农民科技致富。① 这种教育与社会的广泛结合，不仅促进了教育自身的发展，在很大程度上，还加速了社区经济的发展。由此看来，多种形式的社区教育活动的有效开展，使得整个社会形成“人人关心教育、人人参与教育”的尊师重教的良好风气，推进了人的发展与社区发展和谐统一。

（二）社区教育拓宽了学校教育的办学途径，有利于学生的社会化

随着科学技术的迅猛发展和社会各种信息的不断增加，单纯依靠学校一个渠道传授知识和学生仅局限于课堂一个途径获取知识，已经远远不能适应时代的需要了。年青一代渴望借助于更多的现代信息传递手段和依靠多种教育机构丰富自己的精神生活，提高自身的学识和修养。而且新生一代“由学校直接到社会”后所出现的种种格格不入、无法适应的情形，也要求学校必须拓宽办学途径，真正帮助年青一代实现社会化。社区教育对象的全员性、内容的广泛性、时间和形式的灵活多样性，为学校教育甄选适合学生发展的教育途径提供了丰富的资源。同时，社区教育通过积极开拓多种教育资源，为中小学生提供多方位接触社会、认识社会、参与社会的渠道，为他们理论联系实际、知识用于实践、手脑并用提供广阔的天地。例如，社区相关部门协助学校与当地的企业或工厂挂钩，通过建立相对稳定的合作关系，为学生提供生活和学习的实践经验，达到共同培养和训练学生的职业技能的教育目的。学校也要充分利用各种有效的社区教育资源，为学生提供更多的接触社会的机会。例如，将社区融入学校就是一种充分利用社区资源的好方法，“即学校与社区内的大专院校、工商企业、社会机构、团体、政府或民间组织以及个人等，建立广泛友好的合作关系，并根据学校的教学需要，有计划、有目的地邀请他们来到学校为教师和学生服务”②。如学校举办文化节，可邀请民间艺人进学校表演；为配合学校各项教育开设专家专题讲座；根据课程需要请专家、学者及有关社会工作人员进课堂等。总之，学校要打破封闭的办学体制，尽最大的可能去争取更多的教育力量的协同。

（三）通过社区教育的桥梁作用，使学校与家庭、社会的联系更加紧密

一方面，社区与学校合作通过建立家庭教育辅导站、举办家长学校等途径对家庭教育进

① 秦钠．中日都市社区教育比较研究——以上海和大阪为例．上海大学2006年博士论文，第38页．

② 胡洪伟，刘朋．基础教育的学习化理念——美国学校、家庭与社区合作的启示．教育导刊，2001，13：13．

行指导，提高家长教育子女的水平；另一方面，学校向社区开放，充分发挥学校的办学优势和文化优势，通过与社区联办各种培训班，组建文体队伍、开展文化宣传等活动来营造良好社区文化氛围；再者，社区教育通过发挥组织协调、环境优化、监督管理等职能，致力于消除影响教育活动开展的各种不利因素，尽可能地加强对教育各环节的监督与管理，利用各种资源优势，从而使正规教育与非正规教育相补充，形成学校、家庭和社区相互沟通、彼此协调、纵横交错的教育网络，使得教育的效能整体得以凸显。

要更好地实施素质教育，从根本上改变教育与社会发展相脱节的矛盾，就必须打破封闭办学的管理体制，建立起学校、家庭、社会教育相结合的管理模式，形成学校、家庭、社会“三位一体”和谐统一的素质教育社会化网络（参见学校、家庭与社区合作示意图）。“从学校‘走出去’——把教育的对象和范围扩大到社区的成员，到‘请进来’——把他们吸引到学校并参与教育活动，‘教育社会’的形成已有了良好的开端。从家校合作扩展到学校、家庭与社区三方面的合作，从家长参与学校教育活动发展为全体社会成员参与，从合作意识的培养到合作制度的建立，全社会关注教育，参与教育的风气就会逐渐形成。当学校、家庭与社区把儿童教育方面的合作扩展到全民教育时，‘教育社会’便成为现实。”①

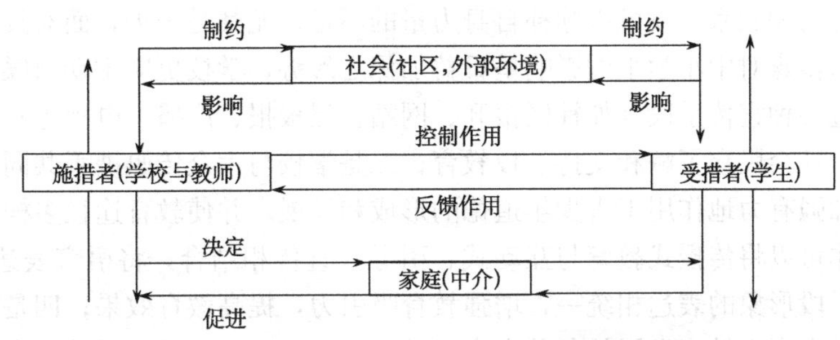

学校、家庭与社区合作示意图②

二、学校与社区合作的形式与途径

（一）建立社区教育委员会

社区教育委员会是“由社区领导牵头，由街道、学校、派出所、文化站、辖区内单位等部门共同组成的常设性非官方教育活动机构”。③ 建立社区教育委员会的目的就是要沟通学校和社区的联系，协调学校教育与社区教育对儿童的影响。在社区教育委员会的统一协调下，充分调动社区内各种教育力量，协调各部门的关系，使社区内的各种组织机构和企事业单位与学校密切配合，通过开展规范化、制度化、经常化的各种教育活动对促进中小学生生动活泼地发展施以有效的合力影响。如在教育委员会的主持下创办德育基地、成立“关心下一代协会”等。同时，通过社区教育委员会还可以动员社区内各界的力量，多方面筹集教育资金，解决教育经费短缺的问题。当然，学校也要积极参与并服务于社区教育委员会组织下的各项教育活动的开展。本着互惠互利、双向服务、共同育人的原则，学校要发挥自身在办

① 胡洪伟，刘朋．基础教育的学习化理念——美国学校、家庭与社区合作的启示．教育导刊，2001，13：12.

② 胡洪伟，刘朋．基础教育的学习化理念——美国学校、家庭与社区合作的启示．教育导刊，2001，13：14.

③ 余本祜．普通教育学．合肥：安徽大学出版社，1999，第374页.

学、文化、文明辐射和空间等方面的优势，建立全面开放的学校教育系统，将自身的设施和资源向学区内和本地区的所有家长和全体成员开放，协助、指导社区各单位搞好各种形式的教育活动。美国的现代社区教育就以社区初级学院为依托，由大学教授或社区教育专家率领学生，协助居民从事调查、规划及举办社区的发展与教育活动。①

（二）学校与校外教育机构建立稳定联系

除依托于社区教育委员会外，学校也要与当地的影剧院、文化站、博物馆、青少年宫、科技馆、公园等单位建立稳定的联系。一方面学校要根据中小学生的特点组织他们到相关场所去参观和学习，以达到开阔视野、获取知识、发展智力，培养兴趣和特长的目的；另一方面学校还可以聘请校外教育机构的专职教师和工作人员到学校对学生进行专门的辅导，并使他们在了解掌握学校教育和学生发展的具体情况基础上，组织更多为学生所喜爱，又富有教育意义的活动，从而促进学校和校外教育机构优势互补、相得益彰。

（三）学校与社区媒体部门建立联系，共同开展活动

学校教育对儿童所施加的影响不仅受设备和条件上的限制，而且在时空上也受限制。学校与媒体宣传部门相联系，就可以弥补自身力量的不足。尤其是今天，面对具有促使信息强烈渗透性的大众传媒对中小学生的影响呈日益加深之形势，学校更应主动与媒体部门取得合作。一是要通过各种宣传手段（如社区报刊、网站、黑板报、广播、电视等）发布学校教育动态，使更多的社会民众了解和支持学校教育；二是学校与大众传媒携手共同进行道德宣传教育，可以更加强有力地作用于青少年道德的形成和发展，并使教育途径多样化；三是学校教育与媒体合作可以将传授式教育与互动式、引导式宣传相结合，将语言表达与借助声音、图像、动画等手段形象的表达相统一，增强教育吸引力，提高教育效果；四是与各种媒体共同举办有益于学生身心健康发展的各种竞赛活动，可以丰富学生课外活动，推动学校各项课余活动的开展。

（四）建立校外教育基地

教育的最终目的是服务于社会，充分发动和利用社区内各种力量与资源来协助学校教育，是提高教育效果的明智之举。学校依托于社区并与社区合作建立起面向学校的系列化校外教育基地，带领中小学生展开丰富多彩、形式多样的富有教育意义的活动便是有效合作途径之一。比如，杭州市下城区各街道社区建立独具特色的校外教育基地，有模拟法庭基地、科技教育基地、国防教育基地、少年环保学校、少年军校等。② 另外，一些学校还和社区共建“中小学生校外综合实践活动基地”为学生提供课堂教学中所不具备的各种条件和设备，为促使他们更好地融入社会提供了针对性的训练。

这些教育基地的创建达到了社区内学校教育资源和非教育机构资源的最佳整合，不仅弥补了学校教育的缺憾，还可以将年青一代引向丰富多彩的学习天地和文体活动中去，将他们旺盛精力引向正确的轨道，使他们的课余校外生活更有意义。

学校与社区合作的根本宗旨是实现教育社会一体化。教育与社会、学校与社区之间相互

---

① 鲁洁. 教育社会学. 北京：人民教育出版社，1990，第 345 页.

② 秦钠. 中日都市社区教育比较研究——以上海和大阪为例. 上海大学 2006 年博士论文，第 39 页.

依赖，相互促进，社会推动着教育的发展，教育的发展又促进着社会的发展。但就目前来看，国内学校社区合作还面临着一定的困境。例如，徐浩斌、魏建钢在对绍兴市学校-社区教育合作的调查中得出，要建立高效的学校-社区教育共同体，绍兴市社区教育面临着诸多挑战，如各地区教育条件相差悬殊，社区教育层次拉开较大；学校、家庭、社区教育资源共享困难；“家-校-社”三方关系无法理顺；社区教育实体和场地的缺失，使社区教育发展和教育共同体的建立呈现出动荡性、随意性；缺少相应的资金保障机制和服务社区教育的专业工作人员也在一定程度上阻碍了其进一步发展等。[①] 上述研究结论并非仅具有区域指导价值，该研究的意义就在于折射和反映出当前国内学校和社区在合作过程中所面临的普遍问题。因此，要真正实现学校教育与社区教育的合作并促进教育社会一体化，还需要不断地反思改进与借鉴学习，更需要进行新的探索。

总之，学校教育、家庭教育、社区教育是现代教育体系中的有机组成部分。尽管三者在儿童成长中的作用不同，但唯有建立学校、家庭、社区一体化的大教育，三者才能更好地互相渗透、同向同力，教育也才能最大限度地发挥它的功效，切实促进儿童青少年全面和谐地发展。

第四节　优化网络环境，利用信息资源

信息技术的迅猛发展和电脑的普及，使得互联网以其不可阻挡之势成为继报刊、广播和电视之后“第四传播媒体”。虽说在出现时间上较晚，但人们尤其是广大青少年对网络的青睐程度绝非一般。据统计，从1997年起，我国网络上网的户数平均每半年就翻一番，而大、中、小学生上网的人数竟占全国网民的70%。可见，青少年已成了上网人群中的“主力军”。众所周知，科学技术的发展从来都是一把双刃剑，既有益于人类发展的一面，也有危害人类利益的一面。网络也毫不例外地具有这种两面性。它既可为人们的学习、工作和生活提供快速、便捷的服务，也可使一些是非辨别能力差，意志薄弱的人迷失方向，误入歧途。为此，我们既要看到网络所提供的机遇，也要重视应对网络时代的严峻挑战；既要充分发挥网络的优势，也要克服网络所产生的负面影响，从而扬长避短，扶正祛邪。加强网络建设，改变教育模式，提高青少年学生对网络道德的正确认识，增强他们在网络世界明辨是非的能力，养成道德自律，已成为网络时代教育的重大任务。

一、网络的特点及对青少年产生的影响

（一）网络的特点

1. 网络信息资源丰富但性质上良莠不齐

互联网是一个信息极其丰富的百科全书式的世界，它大大地开阔了人们的视野，拓宽了求知的途径。但是，网络上的信息良莠不齐，真假难辨。互联网上除存在丰富的有益信息外，还存在大量的色情、暴力、迷信、虚假广告、垃圾邮件等有害信息。不良信息的泛滥和污染直接危害和影响着青少年的身心健康。由于青少年的世界观、人生观和价值观尚未定型，是非判断能力不强，自我控制能力较弱，最容易受新奇、刺激东西的吸引，因而难以抵

---

① 徐浩斌，魏建钢. 前景与阻力：绍兴市学校——社区教育合作的调查分析. 职业技术教育（教科版），2006，12：72～73.

挡不良信息的影响。因此，网络文化一方面极大地丰富了青少年学生的精神世界，可以使青少年更为全面、快捷地获取知识，更快地了解和认识世界，但同时网络上存在的大量垃圾信息已通过网络对青少年造成了“精神污染”，严重毒害着青少年的身心健康。由于青少年极强的好奇心和模仿性，使得很多网络受害者又成为侵略者，网络犯罪不断上升。

2. 网络的开放性与虚拟性

网络实现了信息的全球交流和共享，使得人与人之间的交往可以不再受时空的限制而变得自由、平等和便捷，这些对于正在成长中的可塑性极强的青少年学生来说，有利于他们的开放意识、效率意识和全球意识等现代观念的产生和形成。网络的开放性和互助性对青少年的生活方式和社会互动产生了积极的影响，为青少年拓展交往提供了便利条件。他们可以根据自己的兴趣和需要在网上通过收发电子邮件、进入聊天室、参加BBS讨论等形式和方法进行超时空的人际交往，这样相对轻松、自由的交往甚至可以在某种程度上激发他们的创造性。

但网络的虚拟性和隐蔽性会弱化青少年的社会道德感和责任意识。在虚拟的网络世界里青少年不必与他人面对面打交道，只有人机对话——所有言行都是通过敲击键盘，向网络输送代码来实现的，而且所有的言行都可以不留任何痕迹。这样的交往一方面缺乏传统交往方式的约束机制，另一方面为青少年的道德失范提供了机会和条件。网络的高度隐蔽性，会诱使青少年学生在网上充分暴露压抑在心灵深处的需要和欲望，完全按照自己的意愿来放纵自己的行为，从而在网络世界中产生道德失范现象。另外，青少年学生如果长期沉溺于网络，只重视虚拟世界的交往，就会造成现实社会中人际交往机会减少，从而出现逃避现实世界、产生人际交往障碍，甚至无法适应真实社会生活的悲剧。如此看来，“爱一个人就让他上网吧，那是天堂；恨一个人就让他上网吧，那是地狱。”这句一度流行的网语，绝非危言耸听。

（二）“网络成瘾症”与未成年人的健康发展

“网络成瘾症”是一种过度使用互联网行为的心理疾病，在医学上又称之为“病态性使用互联网”，未成年人患病比例远远高于成年人。网络成瘾症的病症表现在：患者初期对网络产生精神依赖，之后就极易发展为身体依赖，出现记忆力减退、易疲劳、食欲不振、消化不良、视力下降、睡眠障碍和焦躁不安等反应，严重的就会危及个人的学业、工作以及家庭、社会关系等。心理医学专家对“网络成瘾症”患者的描述是：对网络操作出现时空失控，而且随着乐趣的增强欲罢不能。医学专家介绍，“网络成瘾症”可造成人体植物神经紊乱，体内激素水平失衡，使免疫功能降低，引发紧张性头疼、焦虑、忧郁等，甚至可导致死亡。

因为热衷于浏览网络中的暴力、色情、反动等有害信息，造成道德意识的淡化；因为超时无节制上网，严重危害身心健康；因为网上交友上当受骗，一系列诸如此类的负面案例致使许多家长对网络深恶痛绝，众多老师谈网色变，于是禁止自己的孩子、学生上网，免其为网所害。面对生理和心理发育均不成熟、识别是非能力和抗拒诱惑能力差青少年，我们到底应该怎么做才能使他们远离网络之害?

作为科技发展、社会进步的产物——网络，其技术是中性的，其副作用在于人们对它的误用和滥用，在于使用者的价值观念的偏颇。所以，“治网”是标，“治人”才是本。因此，为青少年营造良好的网络环境，重视培养青少年的正确的价值观和良好的道德精神，全面提高他们的信息素养才是教育的关键所在。为此，家庭和学校必须主动承担起责任，以疏代堵、以导代压，指引未成年人在正确价值观的引导下，文明上网、健康上网。同时，社会有关部门也必须切实承担起责任，为年青一代的成长提供安全、健康的网络环境。

二、中小学生上网的家庭指导策略

在谈及上网地点时，人们习惯把目光盯在网吧上，却忽略了家庭上网的比例。调查显示，中小学生上网地点最高在家里为66.1%，去网吧占41.9%。因此在加大力度清理整顿不良网吧的同时，还要开展“家庭上网工程”，开设家长网络培训班，组织家长学习网络知识，提高家长的网络管理水平，充当孩子上网的“把关人”和“防火墙”，引导孩子“文明上网，上文明网”。除此之外，家庭指导策略还需做到以下几点：

（一）父母要致力于建立良好的家庭成员关系，多给予孩子关爱

有心理学家分析未成年人沉迷于网络的诱因多为缺乏关爱、缺少交流、生活空虚，以及家庭暴力。很多中小学生在现实生活中感到苦闷和不满，便试图通过虚拟的网络来模拟现实，以求刺激和情感发泄。而病症又高发在隔代教育或有家庭暴力的家庭中。因此，家长要致力于建立和谐友善的家庭成员关系，尤其要关注子女的精神需要，多与子女沟通和交流，让孩子在健康的家庭环境中快乐成长。

（二）丰富家庭生活，丰富孩子的休闲娱乐方式

一个人是否过度痴迷于网络，与其生活方式和闲暇时间的利用方式关系很大。对于活泼好动的中小学生来说，丰富的课外生活、多彩的伙伴游戏、广泛的兴趣和各种各样的户外活动是有助于其健康成长的，并会使孩子不因生活的沉闷和精力的旺盛而寻求充满不良刺激的娱乐方式。作为父母，面对今天的独生子女，有责任从小培养孩子健康的生活方式，为其构建丰富多彩、色彩斑斓的生活世界，并与孩子一起分享他们成长的快乐。

（三）把电脑放在家里的公共场所，与孩子一起学习和使用互联网

家长要和孩子共同学习，借以了解孩子的精神世界。电脑放在公共场所，一是便于家长对孩子使用的指导和监督，二是让孩子知道使用电脑是光明正大的，自己的行为是坦然的，不必要偷偷摸摸。

（四）对孩子使用电脑要定下规矩

为引导孩子正确使用网络，家长有必要在孩子上网前对其提出要求，以规范其行为和约束其时间。具体要求要因孩子的薄弱或不足之实际情况而定。总的原则可参照2001年团中央、教育部等七单位联合发布的《全国青少年网络文明公约》的内容：

全国青少年网络文明公约

要善于网上学习，不浏览不良信息；
要诚实友好交流，不侮辱欺诈他人；
要增强自护意识，不随意约会网友；
要维护网络安全，不破坏网络秩序；
要有益身心健康，不沉溺虚拟时空。

（五）父母要言传身教，率先垂范

“其身正，不令而行；其身不正，虽令不从。”身教重于言传。作为父母，要善于通过孩子这面“镜子”洞察和反思自身的言行举止，严格要求自己，努力提高自身素养。面对网络，成人一定要记住，要孩子遵守的，成人一定要先遵守。

三、学校要重视和加强对中小学生的道德教育和信息素养的培养

（一）学校要重视对中小学生的道德教育

网德教育是一项系统工程，要由学校、社会、家庭各负其责，共同完成。从教育的主渠道、主阵地来讲，应当是学校。然而有不少老师却认为学生上网大都在放学以后，应由家长监督、管理，这种思想大有推卸责任之嫌。作为学校教育工作者一定要意识到，在学生身上所呈现出来的网络问题实质上就是网络道德问题；有着强烈向师性的中小学生，在教师的权威、言传身教和各项有意义的活动开展影响下，能获得较好的发展。因此，学校应充分利用并发挥教育的优势对学生加强网络道德教育。

1. 培养中小学生的道德自律意识

自律是“相对于道德他律而言的，是人的一种自主、自觉、自愿的活动，是人自身的自我约束”①。网络社会之所以出现种种道德失范现象，并愈演愈烈，就是因为传统的社会舆论在网络社会中的制约作用越来越小，他律方式面临着极大的挑战。面对网络这个广阔的自由空间，只有让网络主体在行使自己的自由权利时，具有强烈的道德自律意识，才能在网络中保持良好的道德风貌，遵守一定的规则和秩序，不违反网络道德。中小学生恰恰正在经历着一个由道德他律向道德自律发展和转变的过程，这时教育者适时的引领和有效的指导会促进受教育者更好更快地实现自身的蜕变。而要做到这一点，学校教育最根本的就是要加强对中小学生正确的人生观、价值观和世界观的培养，帮助他们养成道德自律精神和习惯。

2. 对中小学生加强网络道德教育

学校网络道德教育可通四条途径来完成：一是在现有的计算机教育课程基础上，专门添加网络道德教育的内容，使学生在掌握电脑技术的同时，具备良好的网络道德意识。二是强化思想品德课中相关章节内容的教育影响，促使学生养成规范的道德行为习惯。三是利用网络进行网德教育。如建立心理咨询网站，请教师、家长、专家在网上以普通网民的身份与学生聊天，了解他们的心理困惑并进行针对性的教育和疏导。另外，还可开设网上论坛，将网络道德、网络的负面影响等问题展现在学生面前并组织他们进行讨论，以帮助他们辨别是非，学会决策，树立科学的人生观。四是在日常教育活动过程中，要注重通过多种形式宣传与网络相关的法律、法令、条例、规定及公约，以此强化网络道德教育。例如，以“犯罪案件通报与典型剖析”活动为媒介警示青少年要知法、懂法、守法以预防青少年网络犯罪；通过以“我们与垃圾信息和网络病毒”“面对网络，拒绝诱惑”“远离不良网络游戏与预防网瘾”等为主题的团队会和班级活动，引导学生关注并思考一系列由网络引发的社会问题，提高责任意识，规范网络行为。

3. 学校要多开展丰富多彩的社会道德实践活动

广泛的社会道德实践一方面有助于中小学生积累社会经验，提高认识水平和审美能力，

---

① 徐丽英. 网络对青少年的影响及其对策. 中国西部科技，2005，10：48.

促进其思想的成熟；另一方面能满足他们强烈的自主、成长、表现自我的心理需要，有利于其道德习惯和道德信念的形成，“这一点对于以‘慎独’为特征的网络道德至关重要”①。为此，学校可以通过与社区合作的途径，建立学校参与社区服务和社会公益劳动的制度，使中小学生在为社区、社会服务的过程中，接触自然、了解社会、扩大视野，从而增强其对不良信息的辨别力、抵抗力和免疫力。

（二）学校要加强对中小学生的信息素养的培养

大力普及中小学信息技术教育的根本宗旨是培养学生的信息素养。信息素养包括“信息意识、知识、能力和道德。其中信息能力主要体现在信息的获取、加工、处理、利用、交流和信息免疫力等几方面”②。以下途径可以加强中小学生信息素养的提升：

1. 积极建设校园网，将学科教学和网上搜集信息有机结合

在校园网上开设诸如“文科天地”、“理科探秘”、“时事速递”等学科网站，让学生上网查找有关学科的知识内容，把学生的网上行为引导到知识的拓展、信息的交流和资料的查询等方面来。

2. 向学生推荐优秀网站，引导学生有目的上网

教师向学生推荐优秀儿童网站，尤其要推荐一批优秀的教育资源网站，让他们有目的地搜索，在文明网站上汲取健康营养，以此减少接触不良网站的机会。

3. 开展各种有益的相关实践活动，提高学生的网络操作能力

鼓励中小学生投身创建少先队和共青团网站的实践，在实践中接受教育，引导他们向网络普及的高层次发展。

4. 发挥网络优势，教学生有效开发和使用网络

在平时的教学中，利用校园网布置网上作业，组织学生利用电脑编辑小报或创作页面，在校园网上相互交流，共同提高，使网络成为促进学习的工具③。

四、社会要加强舆论宣传，营造良好氛围

网络文明建设是社会公德建设的一个重要方面，要把网德教育放在“以德治国”的大背景下考虑。为此应充分利用广播、电视、报纸等媒体，加强正确的舆论宣传，形成文明上网的社会氛围。

我国政府在舆论宣传方面做了巨大努力：公布《全国青少年网络文明公约》，发起注册承诺公约活动；开展创建“青少年安全放心网吧”活动，引导网吧文明从业；下发《中共中央国务院关于进一步加强和改进未成年人思想道德建设的若干意见》，积极推进网络道德建设；百余家国内网站在《互联网站禁止传播淫秽、色情等不良信息自律规范》上签字，并表示愿意接受中国互联网新闻信息服务工作委员会的监督……这些举措对净化网络空间作用甚大。但与此同时，国家相关部门还需多层面、多角度加强对网络的监管和治理，如要不断完善法律法规，来实现“以法治网”；继续加强网络环境建设，达到“以技术治网”等。这一过程也可以通过借鉴的方式来进行。

此外，组织专业人员开发具有中华民族特色的、有利于中小学生健康成长的、融趣味性与思想性于一体的优秀游戏软件，引导网络游戏产业健康发展不失为一件利国利民的良策；

---

①②③ 杨建军. 中小学生网络道德教育之我见. 沈阳教育网（http：//www. syn. cn/）.

加快建设"数字图书馆""数字博物馆""科普网站"等，会为广大中小学生提供丰富的网上精神食粮。

总之，网络道德建设是一项长期而艰巨的系统工程，不可能一蹴而就。网络治理必须持之以恒，常抓不懈。我们相信，通过全社会多方力量的共同努力，定能还中小学生一个洁净、健康的网络空间。

思考与练习

1. "三教"结合的含义是什么？
2. "三教"结合的意义有哪些？
3. 家庭教育的作用是什么？
4. 谈谈你对家校合作的形式与途径的认识。
5. 社区教育的作用表现在哪些方面？
6. 学校与社区合作的形式与途径有哪些？
7. 联系实际分析网络对中小学生影响并谈谈家庭、学校以及社会在中小学生网络教育方面各自应承担的责任和教育策略。

【相关材料链接】

材料一　名人论家庭教育

朱庆澜的早期家庭教育观

近代著名爱国将领、原广东省省长朱庆澜，十分重视早期家庭教育的重要作用。他将新生儿比作"雪白的丝"，而家庭、学校、社会好似三道染缸，其中最重要的是"第一道染缸"。因为，"第一道染缸"打上"红底子"，以后再受到良好的教育和影响人就会变成"大红""朱红"；即使是后来受到不良影响，"红底子"也不会很快变化。但假如"第一道染缸"染上了"黑底子"，以后就是受到好的教育和影响，原来的黑底子也很难褪去；如果到学校和社会上再遇到不负责任的先生和坏朋友，就会使"黑底子"层层加黑，最终变成永不褪色的"黑青"，成为永不回头的坏蛋了。他强调六岁之前家庭教育的重要性，说："六年里肯费力，将来就会受用不尽"。

卡尔·威特的教育

19 世纪初，德国乡村教师卡尔·威特，主张"对子女的教育必须同孩子的智力曙光同时开始"。按照这种早期家庭教育的观点，从他儿子小威特一生下来，他就及时实施早期家庭教育。小威特八九岁时就已能够自由运用德语、法语、意大利语、拉丁语、英语和希腊语 6 种语言，并且通晓动物学、植物学、物理学、化学，尤其擅长数学。9 岁那年，他考中莱比锡大学。1914 年 4 月，未满 16 岁的小威特，由于提出数学论文而被授予博士学位。两年后又获得法学博士学位，并被任命为柏林大学的法学教授。

（选自赵忠心：家庭教育学，人民教育出版社，2001 年，第 37～39 页）

材料二　石家庄市中小学生校外综合实践活动基地简介

石家庄市中小学生校外综合实践活动基地于 2001 年 11 月 13 日正式建成，是河北省首家校外综合实践活动基地。它的成立，为石家庄市的中小学生提供了一个必要的校外活动场所，在石家庄市教育局的统筹安排下，市内各区小学五年级、初二和高一的学生有计划地到基地参加实践活动。至今，基地已累计培训学生 28 万余名。基地以开展校外综合实践活动为主体，以提升学生的综合素质为根本任务，重在培养学生的创新精神和实践能力。通过 83 个综合实践活动项目，给学生提供一个个鲜活的教育场景，让他们在活动中接受不同内容的教育，学到多方面的知识，提高综合能力，更重要的是让学生通过自主体验，获得自我教育和自我激励的机会。基地的设施功能配套完善，建设成了相当规模的 OM 园、IT 园、STS 园和科技文化活动中心，还有“天使之家”“小鬼当家”“红苹果之家”“阳光驿站”四栋宿舍楼和一座可同时容纳 2000 人就餐的食堂；配备了先进的多媒体和校园网络，还建有自己的网站。基地充分利用社会资源，通过一体化建设，营造基地与学校、家庭、社会之间课程资源的协调与共享机制，与国家图书馆合作建立电子图书馆，与石家庄市计生委、交管局、公安消防支队、省会文明办等单位联合创办了石家庄市青春期性健康教育基地、中小学生环保宣传教育基地、交通安全教育实践中心、消防安全教育培训基地、中华美德教育实践中心，形成校外实践活动实施的立体网络。

学生们称赞它“是一个充满乐趣的天堂，在这里可以放飞理想；是一个锻炼翅膀的地方，在这里可以快乐成长。”

（选自 http：//www. jys. edu. cn/shehuishiyanjidi/2008110133726. asp ［2008-7-14］）

材料三　中小学生网上安全十项守则

1. 没有经过父母的同意，不要把自己及父母家人的真实信息，如姓名、住址、电话号码和照片等，在网上告诉其他人。

2. 如果看到感到不舒服甚至恶心的信息，应立即告知父母。

3. 聊天室相对固定。使用哪个聊天室，要告知父母。必要时由父母确认该聊天室是否适合学生使用。不要各聊天室之间“串门”。在聊天室中，如果发现有人发表不正确的言论，应立即离开，自己也不要在聊天室散布没有根据或不负责任的言论。

4. 不要在聊天室或 BBS 上散布对别人有攻击性的言论，也不要传播或转帖他人的违反中小学生行为规范甚至触犯法律的内容，网上网下都做守法的小公民。

5. 尽可能不要在网上论坛、网上公告栏、聊天室上公布自己的 E-mail 信箱，要尽可能设置不同的密码。

6. 未经父母同意，不和任何网上认识的人见面。如果确定要与网友见面，必须在父母的同意和护送下，或与可信任的同学、朋友一起在公共场所进行。

7. 如果收到垃圾邮件（不明来历的），应立即删除。包括主题为问候、发奖一类的邮件。若有疑问，立刻请教父母如何处理。

8. 不要浏览“儿童不宜”的网站或网站栏目，即使无意中不小心进去了，也要立刻离开。

9. 如遇到网上有人伤害自己，应及时告诉父母或老师。

10. 根据与父母的约定，适当控制上网时间，一般每次不要超过 1 小时，每天不超过 3 小时。

（选自嘉峪关市胜利路小学网站，http：//www. sll. jygedu. net/ ［2008-6-25］）

第十四章　教育研究方法

【教学目标】

1. 通过本章的学习，掌握教育研究方法的概念、种类和特点。

2. 了解和掌握常用的教育研究方法的操作步骤和要求。

3. 激发对教育工作的兴趣和热情，能够主动、及时地发现问题，通过实际研究解决问题。

本章较为系统地介绍了教育研究方法，具体内容主要涉及四个方面：一是教育研究方法的历史发展情况；二是一项教育研究工作的具体过程；三是常用的教育研究方法的特点、实施步骤和要求；四是有关文献综述、开题报告和学术论文的撰写。

第一节　教育研究方法概述

教育研究方法是按照某种途径，有目的、有计划、有系统地进行教育研究和构建教育理论的方式。教育研究方法属于社会科学研究方法范畴，是教育领域中的具体研究方法，是研究教育现象必须使用的工具和手段。

一、教育研究方法的历史发展

教育研究方法的发展经历了三个时期：

第一个时期是直觉观察时期，从古希腊至16世纪，在近代科学产生以前。在这一漫长的时期，教育研究方法的思想开始萌芽。但是，此时人们还不能对自然界、社会和教育进行正确的剖析，主要是把自然界和人类社会当成一个整体，依靠不充分的观察和直觉基础上的思辨方法进行研究，具有明显的自发性和朴素性。该时期教育研究方法的最高成就体现在中国古代教育观以及亚里士多德的逻辑学中的方法论思想上。

这一时期，我国的代表人物有孔子、孟子、墨子、王充、董仲舒、韩愈、朱熹等人，他们在总结教育实践经验基础上，形成了我国古代丰富的教育理论，提出了他们的各种方法论观点。国外的代表人物是亚里士多德以及希腊的哲学家，他们提出了系统的推理方法，对以后的教育产生了深远的影响。

第二个时期是以分析为主的时期，从17世纪至19世纪末20世纪初，在近代科学产生以后，此时期的代表人物是培根、笛卡儿和康德。

这一时期的教育研究方法发展的特征主要表现为以下几个方面：

首先，教育研究从经验层次上升到理论概括，把教育作为一个发展过程来研究，着重揭示现象之间的联系和发展历程。在此期间出现了一大批教育大师和优秀的教育理论著作。

其次，将认识论和研究方法结合起来，初步形成了归纳法和演绎法两种不同的研究风格。

再次，心理学思想开始成为教育研究方法的基础。

最后，从自然科学中移植了实验方法。如德国的梅伊曼等人创立了“实验教育学”。

教育研究方法的第三个时期是系统综合发展时期，源于20世纪初，发展至今。教育研究方法从哲学中分化出来，教育研究进入了科学的辩证法时代，成为一个独立的研究领域。

二、现代教育研究方法的特点

（一）关注研究的价值

现代教育研究趋势之一是认为教育研究必须考虑时代背景，包括政治、经济、文化、科学、哲学、宗教等环境条件，要考虑特定时代社会的价值观、人生观。在研究目标上，以价值导向作为根本依据，强调通过揭示教育发展规律来解决教育实际问题。在研究过程的实施上，强调把教育放在社会大环境中加以观察，重视人的主体性发挥。在研究结果的评价分析上，抛弃了过去那种仅把教育的发展看成单纯知识传递、积累的过程，转变为多元化的衡量。

（二）强调研究的理论化程度

具体方法只是达到目标的手段，在教育课题研究中适用何种方法取决于理论的指导作用。理论是对实践的某种概括，理论的功能在于解释现实、预测和指导未来。而教育现象极为复杂，影响因素较多，客观上需要理论地研究教育[①]。所谓理论地研究教育，就是以严密的理论体系再现和解释某种教育现象和过程，以更高层次、具有较大包容量的理论框架和方法论原则作为形式系统，将教育实践得到的经验进行概括，形成科学的教育理论。

（三）方法的多元性和统一性

当代教育研究，不同的教育哲学观构成了不同的认识论和方法论，建构了许多的理论体系，在此基础上形成了不同的教育研究方法。如班杜拉的社会学习理论以及研究方法、斯金纳的工具制约论方法以及杜威等人的人本主义研究方法等。教育研究方法的发展在呈现多元化趋势的同时也表现出统一性的特点。这种统一性，不仅表现为各种教育理论流派的相互影响和融合，也表现为东西方不同教育研究方法的相互借鉴和模仿，而且表现在不同学科领域对教育的共同性问题运用系统科学的方法论实现的更深层次意义上的方法统一性。

三、教育研究方法的类型

（一）按研究目的划分

按研究目的划分，可以分为基础研究、应用研究、发展研究、评价研究和预测研究。基础研究是指通过阐明新理论或重新评价原有理论从而发展和完善理论的研究，与建立教育科学的一般原理有关，主要回答“为什么”的问题。应用研究是指解决某些特定的实际问题的研究，具有直接的实际应用价值，回答“是什么”的问题。发展研究目的在于发展用于学校建设、教学质量等方面的有效策略，回答“如何改进”的问题。评价研究是对教育活动的相

---

① 裴娣娜. 教育科学研究方法. 沈阳：辽宁大学出版社，1999，第13页.

关价值做出判断，回答的问题是“怎么样”。预测研究则在于分析事物未来发展的前景和趋势，回答“将会怎么样”的问题。

（二）按研究水平划分

按照研究的水平划分，可分为描述研究、相关研究和因果研究。描述研究主要解决“发生了什么”的问题，主要针对教育现象进行描述，常用的方法包括问卷法、访谈法和观察法等。如对当前初中生的学习动机调查、对小学生掌握分数概念特点的描述等。相关研究重点是“两者之间关联程度如何”，是对两个或多个数量的教育现象间是否存在相关以及相关程度如何进行判定。如家庭教养方式与中学生自尊的相关研究等。因果研究重在回答“为什么会发生这种现象”，针对存在的教育现象进行原因探究。如部分中学生厌学的原因是缺乏学习动机，还是学习方法不科学导致基础知识掌握不牢固。

第二节　教育研究的基本过程

一项完整的教育研究工作，需要经过选题、查阅文献、设计研究方案、搜集与整理分析资料以及撰写报告等步骤。

一、选题

教育研究从选题开始。所谓选题，即经过选择来确定所要研究的中心问题。选择和确定研究课题是进行教育研究的第一步，也是非常关键性的一步，它将决定研究者科研工作的主攻方向、目标和内容，同时在一定程度上规定了研究采用的方法和途径。

（一）选题的原则

1. 问题必须有价值

研究的问题必须具有一定的理论意义和实践价值，不能为了研究而研究，要做到理论联系实际，注重现实意义。选定的问题是否有价值或者价值大小的衡量标准主要有两个方面：一是看课题是否符合社会发展、教育事业发展的需要，是否有利于提高教育质量，促进青少年全面发展；二是看课题是否是根据教育研究本身的需要，是为了检验、修正、创新和发展教育理论。

2. 问题要新颖

选定的问题应该是前人尚未解决或者尚未完全解决的问题，也可以是以新的角度或新的研究方法重做前人已做过的课题，从而得出全部或部分新观点，或者以新的材料论证旧的课题，从而提出新的或部分新的观点、新的看法。

3. 问题要明确

明确问题就是把要研究的内容由模糊变为清晰，并使之具有可操作性的过程。明确问题常用的方法是逐步界定研究的范围，研究者可以从一个模糊的意向范围入手，不断地加以聚焦，直至认为研究的问题范围已经明确为止。另外，对研究的问题进行表述以后，还需要对该研究中的核心概念进行定义，使这些概念在研究中具有可操作性。

4. 问题要有可行性

研究者提出的问题，一定要注意是否具备以下条件：一是主观条件。研究者要充分估计到自己的知识储备情况和解决问题的能力，选题要量力而行。二是客观条件。研究者是否有相应的研究资料、设备、资金和时间等。第三就是时机问题。教育课题的提出必须抓住关键性时期，不能过于超前也不能滞后，选题要与时俱进。

（二）课题的来源

1. 从社会发展需要出发提出课题

这类课题主要是当前社会发展迫切需要解决的重大问题，或者是教育事业发展中急切需要解决的问题。如当前教育改革中所面临的实际问题。

2. 从课题指南或者规划中选题

每年公开发表的国家级、省部级的教育课题指南或者规划可以帮助研究者确定研究的问题。如全国教育科学规划领导小组提出的教育科学规划课题指南、全国社会科学规划办公室提出的哲学社会科学重点课题规划等都可以作为研究者选题的参考。

3. 从日常观察、实践中提出问题

对于研究者而言，这是提出问题的一条重要途径。对于大中小学教师来说，可以通过对自己教育实践的观察和反思，提炼出重要的有待于迫切解决的普遍性问题，如班级管理、后进生的转化以及学生的心理健康问题等。

4. 从文献检索中发现问题

任何研究都离不开文献，研究者可以通过查阅文献，从中发现矛盾点或者研究相对薄弱之处，结合当前的教育实际情况，确定若干专题进行研究。

（三）选题的注意事项

1. 选题范围不当

选题可能出现的两个误区：一是题目太大、无从着手；二是题目太小，意义不大。研究的问题应该限定在一定的范围之内，不能太宽，也不能太窄。选题范围取决于研究的诸多方面，如研究的时间、地点、研究者人数、被研究者人数、研究事件的多寡和研究的方法类型等。

2. 主攻目标不明确

研究者可能比较片面地追求宏大理论或热点问题，但自己并没有弄懂或没有条件进行研究。或者研究方向频繁变化，随大流、赶时髦，没有主攻方向，研究缺乏可持续性。

二、文献查阅

（一）教育文献的定义和分类

文献作为一种主要情报源和信息源，是进行教育研究的重要部分。所谓文献就是把人类的知识用文字、图形、符号、声频和视频等形式记录下来的具有历史价值或现实参考价值的资料。教育文献是记载有关教育情报信息和知识的载体。

教育文献根据不同的标准可以分为不同的类型。根据文献的形式，可以分为文字性文献和非文字文献；根据文献的信息载体，可分为印刷型文献、手写型文献、缩微型文献、机读型文献和视听型文献等；根据文献的公开化程度，可分为公开发表的文献和非公开发表的文献。

另外，根据文献的内容、性质和加工情况可将其区分为一次文献、二次文献和三次文献。一次文献是以作者本人的实践为依据而创作的原始文献，是直接记录事件经过、研究成果、新知识和新技术的文献。一次文献具有原创性特点，有很高的借鉴价值。二次文献是对原始文献加工整理，使之系统、条理化的检索性文献。二次文献是检索工具的主要组成部分，具有报告性、汇编性和简明性特点，一般包括题录、书目、索引、提要和文摘等。三次文献是在利用二次文献基础上对某一范围内的一次文献进行广泛的深入分析研究之后综合浓缩而成的参考性文献。这类文献信息量大、覆盖面广、浓缩性高、内容新颖，具有综合性、浓缩性和参考性特点，包括动态综述、专题评述、进展报告以及专题报告等。

（二）文献查阅的步骤和基本方法

1. 文献查阅的步骤

首先分析研究课题，掌握有关背景材料；其次，确定文献检索范围；第三，选择检索工具；最后确定检索途径进行查阅。

2. 文献查阅的基本方法

顺查法是按照时间发展的顺序，由远及近、由旧到新查找文献的方法。

逆查法与顺查法正好相反，是按照逆时间的发展顺序，由近及远、由新到旧查找文献的方法。

扩展法，又称跟踪法或追溯法，是利用某一篇论文或者书籍中所列的引文注释和参考文献作为线索，跟踪追查，进一步查找所需文献的方法。

综合查找法是将各种查找方法结合起来使用，以达到检索的目的。

另外，随着电子技术和网络技术的发展，查阅文献还可以通过光盘以及在线查阅。不过，不论是通过何种方式查阅文献，都需要达到一个基本标准，即准确、全面、快速和具有一定的深度。

3. 文献查阅的注意事项

第一，科学地考虑文献检索的范围。只有对文献涉及的时间、空间、载体形式和主题都有全面的覆盖，才能整体把握该项研究的基本文献状况。否则，得出的研究结果就有可能以偏概全。

第二，有意识地拓宽文献搜集的渠道。查阅文献应该尽可能地搜集到与研究课题有关的方方面面资料，尤其要重视网络系统中的资料，利用网络能使我们检索文献更加高效、便捷。

第三，文献的搜集要全面、客观。对于确定要搜集的文献，最好是原始的第一手材料，这样才能保证它的客观真实性；对于第二手材料，要认真考察它的真实性和有效性，对搜集到的资料，要去伪存真，去粗取精，避免盲目引用。

第四，要注明所有文献的来源和出处。

三、制定教育研究方案

教育研究方案的制定，有助于研究者按计划、有系统地进行研究，有利于科研任务按期完成，是研究成果质量的保证。一般而言，研究方案包括：研究的问题类型、需要采用的具体研究方法、研究对象的抽样和时间进度等。

（一）明确教育研究课题的类型

教育研究课题，一般分为两种类型：基础性研究课题和应用性研究课题。基础性研究课题主要包括那些以揭示教育基本规律，揭示青少年身心发展以及影响因素间的本质联系，探索新领域为基本任务的课题。这类课题不确定因素较多、研究难度较大；应用性研究课题则主要包括那些为基本理论寻找各种实际应用可能性途径的课题，是以改造或者直接改变教育现象和过程为主要目的。

一般而言，基础性研究课题对研究者的要求比较高，需要研究者具有较好的理论功底，能够比较熟练地驾驭研究过程。

（二）选择研究对象

在确定研究对象时，首先要明确研究的对象范围是对总体进行研究还是抽样进行。当然，不论是哪一种类型，都必须首先将研究对象的总体范围界定清晰。

在一项具体研究中，如果是针对总体进行研究，不涉及抽样的问题。如果不是针对总体而是从总体中选择部分样本研究进而来推测总体的情况，则需要对总体进行抽样。

抽样是遵循一定的规则，从一个总体中抽取有代表性的一定数量个体进行研究的过程。从总体中按照抽样的方法选取的部分个体成为样本，样本是能够代表总体的一定数量的基本观测单位，样本中所包含的个体数量称为样本容量。

抽样的基本方法包括以下五种：

1. 简单随机取样

可以通过抽签或者随机数目表的方式进行抽样。这种方法简单易行，尤其在总体异质性不大而且要求抽取样本较少时经常被采用。但是当总体异质性较大、样本规模小时样本的代表性差。

2. 系统随机取样

先将总体各个观测单位按照一定的标志顺序排列编号，然后分成数量相等的组，使组数与抽样数目相同，最后按照事先规定的机械次序从每组中依次抽取对象。这种方法与简单随机抽样相比，抽样误差较小，但是需要考虑总体情况。如果总体存在周期性的变化，如性别，很可能出现样本的系统误差，抽取的样本只有一个性别。

3. 分层随机取样

将总体按照一定标准分成若干层次或者类别，然后再根据事先确定的样本大小以及各层或者各类在总体中所占比例提取一定数目的样本单位。这种方法兼顾了总体的各个层面和不同类型，因此获取的样本更具有代表性。

4. 整群随机取样

把一个个整体，如班级或者学习小组编号然后用随机、机械或者分层抽样的方法进行抽样，最终抽取一个或者几个单位作为样本。

5. 目的抽样

也称为理论性抽样或者非概率抽样。这种方法是按照研究的目的抽取能够为研究问题提供最大信息量的被试，特点在于该样本可以完整、相对准确地回答研究者的问题。

（三）确定研究方法的注意事项

1. 根据研究课题的目的和内容选择方法

研究方法的选择主要取决于研究的目的和内容，选择的方法应适合并有利于研究问题的解决。在教育研究的多种方法中，不存在绝对的“最优方法”，只有将当前研究的具体课题和采用的方法进行匹配才能说明哪种方法最好。

2. 注意各种方法的独立性以及相互联系

教育研究中的各种方法都有其特点和适用范围，不能彼此替代。但是另一方面，在具体研究中，尤其是在难度较大的研究课题中，研究者在注意各种方法独立性的同时，也要注意他们之间的相互联系，根据研究目的的要求，将几种方法互相结合使用。

（四）合理安排研究的时间进度

任何一项教育研究都需要一定的时间来完成，在有限的时间里，科学、合理地安排研究的时间进度是保证研究工作高效、优质完成的重要条件。那么，如何制定研究的时间进度呢？表 14-1 中的内容说明了研究中各个环节大约所占的时间比例。

表 14-1　社会科学和理工科各项研究活动的时间比例①

	选定课题	情报收集与信息加工	科学思维科学实验	学术观点的形成
社会科学	7.7%	50.9%	32.1%	9.3%
理工科	7.7%	30.2%	52.8%	9.3%

四、搜集整理分析资料，撰写研究报告

这里所说的资料，不是旧的文献资料，而是指经过调查或观察等具体研究方法的使用所获得的事实材料。对于搜集来的资料，首先要进行鉴别并决定取舍，目的在于确保资料的真实性。其次，将经过鉴别的材料进行归类和整理。在此需要注意的是，对定量资料和定性资料要分别加以整理。最后在分析的基础上，写出相应的研究报告。

第三节　常用的教育研究方法

一、观察法

（一）观察法的定义和分类

观察法是在自然条件下有目的、有计划地对自然发生的教育现象或行为进行考察、记录和分析的一种研究方法。作为研究手段的教育观察是按事先制定的提纲和程序进行，同时规定了观察的时间和内容，力求全面把握研究对象的各种属性并以科学理论去分析、判断和理解观察结果的研究性观察，是选择性的主动的自我实践过程，区别于日常观察且远远高于日常观察。观察法作为一种最基本的研究方法，贯穿在教育研究的全过程，并在研究中起着十

① 裴娣娜. 教育研究方法导论. 合肥：安徽教育出版社，1995，第 91 页.

分重要的作用。

教育观察根据不同的标准可以划分为不同的类型。根据观察场地的不同，可以划分为自然情景中的观察和实验室中的观察；根据观察时是否需要中介物，划分为直接观察和间接观察。直接观察就是运用人的感觉器官进行观察，间接观察需要借助如摄像机等仪器进行观察；根据观察人员是否加入到被观察对象的活动中，将观察分为参与式和非参与式观察。

（二）观察法的特点

观察法方便易行，不必使用复杂的仪器设备，也不需要特殊的条件；观察法强调在“自然发生”的条件下，对观察对象不加任何干预控制；观察法不妨碍被观察者的日常生活和正常发展，观察所得的结果更接近于实际情况。

但是由于观察法是在自然条件下进行的，研究者不能进行人为的干预，因此这种观察的被动性可能使研究周期不确定或者需要大量的时间。其次，由于观察时间和观察情境的限制，在研究对象人数多且分散的情况下应用较困难；观察研究往往取样小，观察的资料琐碎不易系统化；另外观察法不能判断“为什么”这一类因果关系的问题，只能说明“有什么”和“是什么”的问题。

（三）观察法的步骤及实施要求

1. 观察前的准备工作

第一，确定观察对象。一是确定观察现象的总体范围；二是确定观察的个案对象；三是确定观察的具体项目。

第二，制订观察计划。观察计划除了明确规定观察目的、范围以及要了解什么问题、搜集什么材料之外，还应当安排观察过程。如观察次数、每次观察持续的时间，如何保证观察的一致性等。

第三，准备观察手段。一般获得观察资料的手段主要是人的感觉器官，但有时需要一些辅助设备、仪器来帮助观察，如摄像机等。

第四，拟定观察提纲，规定观察时的统一性标准。为了增加观察的客观性，便于衡量和评价各种现象，同时便于对观察现象进行核对、比较、统计和综合，必须事先考虑观察可能涉及的各种因素，并规定出统一的标准，在此基础上制定具体观察提纲，以便使观察者对每次观察的目的、任务和获得何种材料明确化。

第五，获准进入观察场地，这是观察研究的重要一步。如果观察对象对研究人员持拒绝、敌视的态度，那么观察活动就无法正常进行。

2. 实施观察

实施观察是教育观察法的核心。首先，观察时目的必须明确，尽量严格按计划进行。其次，要注意避免先入为主的偏见对观察客观性的影响。所谓先入为主的偏见主要表现为观察者只收集那些能够证明自己研究假设的观察材料，或者用自己的假设修正观察结果，从而歪曲了事物的本来面目。因此，在观察中，要尽可能从多方面观察事物，如实反映现实情况，以严格、谨慎的批判态度对待观察过程及观察结果，有意识地克服主观偏见。最后，要善于抓住引起各种现象的本质原因，着重注意一贯性的东西，善于辨别重要的因素，以便抓住事物的实质。

3. 做好观察记录

（1）描述记录法。描述记录法包括日记描述法、连续记录法和轶事记录法三种。日记描述法主要用于对个体成长和发展所做的传记式记录。连续记录法是对个体行为更详细、更完善的记录，要求在较长时间内做连续不断的记录。轶事记录法则主要强调随时记录下被观察个体的有价值行为。

（2）取样记录方法。这是一种以行为为样本的记录方法，较之描述记录，更具有客观性、可控性和有效性。可以分为时间取样、事件取样和活动取样，即分别以时间、事件和活动作为选择标准记录被观察者的行为。

（3）行为核对表。主要用来核对重要行为出现与否。观察者事先将要观察的行为项目列出，当出现此行为时，就在该项中做出标记。

4. 分析资料、撰写报告

对观察材料进行整理分析常用两种方式。一种是种采用确定类别系列的方法，把资料进行详尽无遗的分类。在这种分类分析过程中，研究者可以把定性研究与定量研究结合起来，从中发现一些具有规律性的东西。另一种是采用表示历史和现实发展变化的流程图的方法，把资料按事件发生的先后顺序排成示意图。最后根据分析结果，写出观察报告。

二、调查法

调查法是指通过交谈、问卷等形式获得原始资料，并对所得资料进行分析、讨论，从而获得关于研究对象认识的一种研究方法。在具体教育研究中，调查法从明确问题开始，其间经过选择调查方式、制定调查提纲、实施调查和整理分析调查材料，最后提交调查研究报告共六个阶段。其中在选择调查方法阶段，可供选择的手段可以是问卷或者访谈。

（一）问卷调查

1. 问卷调查的定义和特点

问卷调查是研究者把研究问题设计成若干具体问题，按一定规则排列，编制成书面的问题表格，交由调查对象填写，然后收回整理分析，从而得出结论的一种研究方法。

问卷调查效率较高，可以在短时间内搜集到大量的资料；搜集的资料便于整理归类，能够做量的统计处理。但是，问卷调查相对依赖被调查者的合作程度，如果被调查者不予认真合作，那么搜集到的资料就是无效的；另外，问卷调查不能深入了解被调查者的内心状况。

2. 问卷的结构

一份完整的问卷包括指导语、问题和结束语。

指导语主要就调查者的身份、调查的目的和内容进行介绍，说明问卷的答题方法。指导语是对问卷的简单介绍，目的是为了提高调查对象参与调查的积极性和合作性，使他们愿意如实填写该问卷。

问题是问卷的主体部分。问卷中的问题可以分为封闭性问题和开放性问题。前者是把问题的答案事先加以限制，只允许被调查者在问卷所限制的范围内进行挑选。开放性问题则是由自由作答的问题组成，问卷中只提出问题不列可能答案，允许被调查者自由陈述。

结束语主要是向调查对象表示感谢。

3. 良好问卷的标准

衡量一份问卷的质量有两项标准。一是对问卷的形式要求，即问卷是否完整，完整的问卷包括指导语、问题和结束语；二是对问卷的内容要求，尤其是问卷中的每一个问题是否妥当。一般需要考察的内容包括以下几个方面：

（1）全部问题是研究课题所必须了解的。

（2）问题对于全部被调查者普遍适用。

（3）一个问题只包含了一个调查指标，不包含双重问题。

（4）问题不带倾向性。

（5）没有使用晦涩的专业术语和抽象概念。

4. 问卷调查中的注意事项

问卷中的问题数量要适度。问题太多，容易使被调查者产生厌烦情绪，影响资料的可靠性；问题太少，不足以搜集研究所需的材料，因此一般以 50 道左右为宜。被调查者回答问卷的时间控制在 30～40 分钟左右。另外，有效问卷的回收率必须达到 70%以上才能作为研究的依据。

（二）访谈调查

1. 访谈调查的定义和特点

访谈调查是调查者通过与被调查者面对面的交谈，以口头交流的方式来搜集客观的、不带偏见的事实材料，以准确地了解某人、某事或者某种态度的调查方法。

访谈调查不受书面文字的局限，调查人群范围比较广泛；通过面对面交谈的方式，研究者可以和受访者进行深入的交谈，获得可靠有效的资料；在访谈中，调查者还可以根据访谈过程的具体情况，采取灵活的措施，随时有效调整谈话的方式等。

访谈调查也存在一定的局限性。首先相对于问卷调查，访谈调查的效率较低。访谈调查在单位时间内所能调查的样本较少，调查过程需要较多的人力、物力和时间，应用上受到一定限制。另外，调查过程中较难控制一些偏差的出现。如研究者和受访者由于双方的个性特点、谈话中的表情和语调的不同，在言语交流过程中会受此影响，有可能造成偏差。所以访谈法一般在调查对象较少的情况下采用，且常与问卷法、测验等结合使用。

2. 访谈调查的类型

根据是否按照统一固定的模式对受访者进行调查，访谈可分为结构访谈、无结构访谈和半结构访谈。

结构访谈的特点是在访谈过程中按照事先设定的访谈提纲对所有受访者询问相同的问题，结果便于整理和量化；使用无结构访谈则不然，在调查中，虽然有访谈的主题，但是访谈者可以根据具体情况采取灵活的访谈策略，访谈气氛比较宽松，但是访谈结果分散，不易整理。半结构访谈介于两者之间，既有固定的问题，也允许一定的变通。

一般在研究中根据访谈的具体目的、访谈对象、访谈人员的知识经验以及对访谈问题的了解程度来决定访谈时应使用的问题类型。如访谈的目的是希望搜集受访者对某个问题的态度或者建议，而访谈者事先对此掌握材料不多，这时就可以采用无结构访谈的方式。另外，也可以根据研究的不同阶段采用不同的访谈问题。在研究的初期可以采用无结构访谈的方式搜集比较全面的材料，随后可以在此基础上使用结构性或者半结构化的访谈形式。

3. 访谈调查的步骤与技巧

首先，要做好访谈前的准备工作。在访谈前研究者要尽可能收集有关受访者的材料，如受访者的经历、职业、个性等方面的情况，充分了解和熟悉受访者，考虑如何取得受访者的信任和合作。另外，要根据受访者的情况，确定访谈的时间和地点。

其次，根据研究目的和内容，设计好访谈提纲。

最后，灵活运用访谈实施中的各种技巧，保证访谈过程的顺利进行。

以下简要介绍访谈过程中研究者需要注意的事项：

(1)“听”的基本原则。在访谈过程中，研究者对受访者的谈话要认真倾听。当遇到受访者沉默时，研究者需要判断受访者沉默的真实原因，要能够容忍沉默，不要急于发话。因为访谈中受访者的沉默可能是他正在思索某个问题或者在寻找适当的措辞。另外，在倾听过程中，访谈者不要轻易打断受访者的谈话，除非受访者的谈话内容离题太远。值得注意的是，即使受访者的谈话需要适时打断，研究者也要采取适当的方法，不能生硬打断话题，要尊重受访者。

(2) 访谈中的回应。研究者在访谈中要认真倾听受访者的谈话，做适当的回应。一般访谈者可以通过认可、重复、重组和总结受访者的谈话鼓励他畅所欲言。在回应过程中要注意避免论说性和评价性的不当回应方式。因为这两种方式都会引发受访者的反感和戒备心理，削弱受访者谈话的积极性，失去受访者的信任和合作。

(3) 问题的类型。一般在访谈的开始阶段，研究者应该提出开放性、具体性和清晰性的问题，尽量不使用封闭性的问题方式。随着谈话的进行，研究者可以按访谈提纲由浅入深、由简入繁地询问，并使问题之间衔接自然，确保谈话自然、流畅。同时，访谈者在交谈中既要重视语言交流，又要重视非语言交流，要注意观察受访者的行为、姿势、表情，使交谈在轻松、友好、愉悦的气氛中进行，使受访者感到无拘束。

(4) 访谈的记录。访谈常用的记录方式包括内容记录、方法记录和观察记录。内容记录主要记录访谈过程中双方谈话的内容和说话方式；方法记录主要记录访谈者所用的方法以及此种方法对受访者、访谈过程和结果的影响；观察记录的内容包括对访谈环境、场景、人物的衣着、神情和举止等的记录。

三、个案研究法

（一）定义

个案研究法又称个案研究，是通过对个案的深入分析以解决问题的一种研究方法。具体而言，个案研究的对象可以是一个人，也可以是个别团体或机构，如小组或班级。个案研究重在搜集和整理个案有关方面完整的客观情况及资料，对研究对象的典型特征做全面、深入的考察和分析。同时个案研究不是仅停留在对个案的认识水平上，研究者还要通过对个案的研究，提出一些积极的教育对策，加以验证。

（二）个案研究的特点

1. 典型性

个案研究的对象一般是能够比较集中、全面地反映同类事物共同属性或发展趋势的特殊个体。个案研究的典型性就是要通过对个案的全面分析，找出它与同类事物共有的一般规律，通过个别认识一般，实现从个别到一般的飞跃。

2. 深入性

个案研究既可以研究个案的现在，也可以研究个案的过去，还可以追踪个案的未来发展，可以做静态的分析，也可以做动态的调查或跟踪。由于个案研究的对象有限，所以对个案能够进行深入、全面系统的分析与研究，通过对个案的深入解剖和分析，可以对一系列问题有集中的了解，从而为同类问题提供有益的参考和借鉴。

3. 综合性

个案研究不是完全独立的研究方法。为了搜集到更多的个案资料，从多角度把握研究对象的发展变化，一般需要结合教育观察、教育调查、教育实验等多种研究方法，综合运用各种研究手段。

（三）个案研究法的实施步骤

1. 选择和确定研究对象

在这一阶段，主要的问题是根据研究目的和内容选择和确定具有典型性的研究对象。

2. 收集资料

根据研究目的选择出最适合的研究方法搜集资料。

3. 整理、分析资料

对通过各种方法收集到的数据资料和质性资料进行定量和定性分析，得出有效结论和建议。

4. 指导个案

将所得结论和建议适用于个案情况进行进一步研究，以检验结论的正确性。

（四）注意事项

一是要排除研究者的主观干扰。典型个案的代表性也只具有相对的含义，此时此地的典型换到彼时彼地就不一定是典型了，因此个案的选择一定要按照研究目的谨慎确定，要防止研究者主观因素的干扰。

二是不要轻率地将个案研究的结论推及全体。个案研究考察的毕竟只是同类事物的局部，其研究结果虽富有代表意义但绝不能代表全部，所以不能轻率地将结论推广到全体。

四、行动研究法

（一）定义

行动研究法是1946年美国社会心理学家库尔特·勒温创立的，经柯雷等人的倡导，进入教育科研领域。目前关于行动研究的定义并不统一，一般认为行动研究法是在教育情境中，研究人员和实际工作者结合起来解决某一实际问题的一种方法。

行动研究的过程是研究进行的过程，同时也是行动解决问题的过程。行动研究主要适用于中小规模的教育实际问题而不是宏观理论问题的研究。一般行动研究主要针对教育的实际情境，从实际中来又回到实际中去，其目的不在于建立理论、归纳规律，而是针对教育实践中的问题，在行动研究中不断探索、改进和解决教育实际问题。

（二）行动研究法的特点

1. 灵活性

行动研究允许研究者在研究进程中根据具体情况边行动边不断修改、调整方案，增加或取消子目标。研究的设想和计划都处于一个开放的动态系统中，都是可修改的。实验条件的控制相对比较宽松，更注重实际的教育环境，有利于研究复杂的研究现象。

2. 反馈的及时性

行动研究强调评价的持续性，在整个研究过程中，诊断性评价、形成性评价和总结性评价贯穿于行动研究法工作的全部过程。在行动研究中一是强调及时的反馈总结，力求使教育实践与科学研究始终处于动态结合与反馈中。二是注重研究中发现的较为肯定的结果，将其立即反馈到教育实践中去。

3. 参与性

在典型的行动研究中，研究者、教师和行政人员组成的全体小组成员参与行动研究实施的全过程，包括计划的制订、实践、检测、反思和修正等。行动研究以相互参与和共同研究的方式在研究者与教师之间架起了桥梁，使之共同合作、扬长避短。

4. 方法的综合性

行动研究围绕如何有效、快速地解决实际问题，将多种方法有机地结合服务于研究目的。

值得注意的是在实际研究中，行动研究由于不能严密控制条件，其结果的准确性、可靠性尚存在一定的欠缺。

（三）行动研究法的基本步骤

目前影响较大的行动研究的实施步骤是一个螺旋式发展的过程，包括计划、行动、考察和反思四个环节。

1. 计划

计划是以大量事实和调查资料为前提，形成对问题的认识，然后综合有关理论和方法，制订研究计划。操作步骤表现为首先选定拟研究的主要问题，成立由教研人员、教师和教育行政人员组成的研究小组，查找相关理论、文献，听取各方意见，对问题进行初步讨论和研究，在此基础上拟订具体计划，这是最初设想的一个系统化计划，同时也是一个动态的、可以修改的开放系统。

2. 行动

行动是整个研究工作成败的关键。这一阶段的特点是边执行、边评价和边修改。在实施计划的行动中，研究者时刻注意收集每一步行动的反馈信息，及时做出调整或修改。

3. 考察

这一阶段主要是对行动的过程、结果、背景以及对行动者特点的考察，其具体包括：一是考察行动背景因素以及影响行动的因素。二是观察行动过程，即什么人以什么方式参与了计划实施，使用了什么材料，安排了什么活动，有无意外的变化，如何排除干扰。三是对行动结果的评价，包括预期的与非预期的，积极和消极的。考察要灵活运用各种观察技术，充分利用录音、录像等现代化手段。

4. 反思

包括整理和描述，即对观察到的与实施计划有关的各种现象加以整理，描述出研究过程和结果，然后对行动过程和结果做出判断和评价，对有关的现象和原因进行分析，调整下一步行动计划和工作构想。反思是行动研究第一个循环周期的结束，又是过渡到另一个循环周期的中介。

第四节　教育研究报告的撰写

一、文献综述

文献综述是对某一方面的专题搜集大量情报资料后经综合分析而写成的一种科研论文。

（一）文献综述的主要内容

文献综述一般包括题目、前言、正文、结语和参考文献等几个部分。

1. 题目

题目一般不超过二十个汉字，如果规定字数不够，可以添加副标题。一般在题目中应包括文献综述的字样。

2. 前言

这部分主要说明本文写作的目的，介绍有关的概念以及综述的范围，扼要说明有关主题的现状或争论焦点，使读者对全文叙述的问题有一个初步的了解。

3. 正文

这部分是综述的主体，主要介绍该领域的研究背景和发展脉络、目前的研究水平、存在问题及可能的原因，另外还应进一步介绍该领域未来的研究课题和发展方向。

正文部分的写作方法，没有固定的格式。作者可以根据内容的需要，选择不同的写作方法。如可按文献的年代顺序综述，也可按不同的问题进行综述，还可按不同的观点进行比较综述，不管用哪一种格式综述，都要将所搜集到的文献资料归纳、整理及分析比较，阐明有关主题的历史背景、现状和发展方向，以及对这些问题的评述。

4. 结语

这部分主要将全文主题进行扼要的总结。

5. 参考文献

参考文献的编排应条目清楚，格式统一规范，内容准确无误。

（二）撰写文献综述的注意事项

1. 搜集文献应全面

掌握全面、大量的文献资料是写好综述的前提，否则，随便搜集一点资料就动手撰写是不可能写出综述的，甚至写出的文章根本不成为综述。文献资料是撰写文献综述的物质基础，选定综述的题材后要大量地搜集和阅读有关的中文和外文文献。搜集的资料不仅要有正面的，也要有反面的，既有纵向的也有横向的，做到资料翔实。

2. 文献综述应有述有评

撰写文献时应分清文献的内容和作者的观点，不能篡改原有文献的内容或断章取义，引用文献要忠实文献内容。另外，文献综述不是众多资料的简单堆积和罗列，因此作者应在阅读大量资料的基础上，根据资料的重要程度进行细读，对所引述的资料做出提炼，注意引用资料的代表性、可靠性和科学性，抓住其主要观点和结论，对掌握的资料进行分析，既有重要文献的相关介绍，也有作者的评论分析，避免只做一般性简介。

3. 参考文献不能省略

有的科研论文可以将参考文献省略，但文献综述绝对不能省略。虽然放在文末，但却是文献综述的重要组成部分。因为它不仅表示对被引用资料作者的尊重及引用文献的依据，而且为读者深入探讨相关问题提供查找线索。

总之，一篇好的文献综述，应有较完整的资料，也包括评论分析，并能准确反映主题内容。

二、开题报告

开课报告是对选定问题进行分析、预测和评价，目的在于避免选题的盲目性。进行这种课题论证，本身也是一种研究，它必须依据翔实的资料，并以齐全的参考文献和精细的分析来支持自己关于课题的主张。通过课题论证，进一步完善课题方案，创设落实的条件。

（一）开题报告的主要内容及要求

开题报告的基本结构包括课题名称、国内外相关课题的研究现状、问题的提出、研究的基本内容及研究步骤、课题组人员构成及分工、预期研究成果形式和主要参考文献。

1. 课题名称

课题名称力求简明、具体。

2. 国内外相关课题的研究现状

这部分内容主要是对与该课题相关的国内外文献以往的水平和动向进行分析总结。包括前人有关的研究基础，研究已有的结论和争论。

3. 问题的提出

在上述文献综述的基础上，主要回答“为什么要进行该课题研究”，说明本课题研究的迫切性和针对性，课题具有的理论价值和实践意义。

4. 主要的研究内容以及研究步骤

这部分详细说明本课题究竟要研究什么，从哪里起步，如何进行，即区分“做什么和不做什么”的问题，主要包括以下内容：

（1）本课题研究的主要内容和重点、难点以及创新之处。

（2）研究对象的选择。

（3）研究的基本思路和方法。

5. 课题组人员构成及分工

本部分要将课题组成员的具体分工和任务交代清楚。

6. 预期研究成果形式和主要参考文献

预期研究结果是论文、研究报告还是专著需要界定清楚。另外将主要参考文献附在结尾。

（二）开题报告的注意事项

1. 文献综述要全面

对以往国内外相关的文献要力图资料全面系统，要分析所研究问题的理论与实践的前沿，明确研究问题的理论支撑，以确定课题研究的切入点和研究在正确理论的指导下开展。

2. 核心概念界定清楚

一项研究中的核心概念必须明确界定，不能停留于日常概念水平。如果核心概念的内涵与外延把握不准将直接影响研究的可靠性和有效性。

3. 详细说明研究步骤

研究步骤要从课题研究的实际需要出发，体现出研究过程的逻辑性，要写明怎样运用某种研究方法，拟采用的研究步骤是如何解决提出的问题并最终达到研究目的的。不能仅写出研究方法而不说明如何使用，或者只是措施和方法的罗列，没有体现研究的特点。总之，研究方法步骤要具体、完整。切忌将步骤写得过于简单，无法落实和检查。

4. 不避讳研究存在的问题

开题报告的目的在于将要研究课题的主要内容和方法等呈现给同行和专家征集意见和建议，寻求帮助，为了使将要研究的过程顺利进行，对于研究中的难点和疑惑之处要开诚布公提出来，不能遮掩和逃避。

三、学术论文

学术论文是科学研究成果的文字表述。在教育研究领域，无论是基础研究或者应用研究，只要是对所研究的教育问题提出了新观点或采用了新材料，或运用了新的研究方法，站在一个新的高度或视角对原有理论做出新的解释，将获得的研究新成果写成的文章就是学术论文①。

（一）学术论文的主要内容及要求

学术论文的结构包括题目、摘要、前言、正文、讨论与结论和参考文献六部分。

1. 题目

题目的文字要精练、简洁，应用最恰当、简明的词句组合，高度概括论文的内容和基本精神，使他人看完题目，就能大体知道这篇论文讲些什么，并产生阅读全文的兴趣。

2. 摘要

摘要是研究的主要内容与结构的简介，不是整个论文的段落大意。摘要要求文字简练，结构严谨，一目了然。

3. 前言

这一部分主要说明三个方面的内容。一是进行这项研究工作的缘由和意义；二是前人在这一方面研究的进展情况；三是本研究采用的论证方法和手段，计划解决哪些问题。这部分写作时要求开宗明义，条理清楚，切忌含糊其辞或言过其实。

4. 正文

正文是论文的主体部分，包括论点、论据和论证，是表达作者研究成果的重要部分，在整个论文中占非常重要的地位。正文应从各个角度采用充分的论据进行分析和论证，推导出结论，并对具有学术价值的创新部分进行详细阐述。

正文的结构主要有以下三种方式。推进式写法是一种逐层深入的论证观点的结构关系；并列式写法是一种并列、平行的结构关系；综合式写法综合运用推进结构和并列结构两种方式。无论正文写作采用何种方式，都要注意事实材料的可靠性和理论的运用，论证要做到论据充实、逻辑性强，以体现研究的力度。

5. 讨论与结论

讨论是从理论上对研究结果的含义进行分析解释和评价，围绕所获得的资料，阐明结果

---

① 裴娣娜. 教育研究方法导论. 合肥：安徽教育出版社，1995，第365页.

是否验证了研究假设，研究存在的局限性以及今后需要进一步探讨的问题。结论是研究结果和理论分析的逻辑发展，是论题的研究答案。结论归结全文，要求措词严谨，使读者对于研究发现有简明而全面的认识和了解。

6. 参考文献

这一部分是在论文的末尾列出写作时参考过的相关文献资料。

（二）撰写学术论文的注意事项

1. 科学性

学术论文本身就是表述科学研究成果的，是揭示和探寻科学规律，表达科学见解的书面材料，因此科学性是撰写学术论文的第一要求。论文的科学性主要表现在立论、推论和表述等多个方面。立论的命题本身要正确，推论要符合事物发展的客观规律，表述推理过程应该条理清楚、层次分明。分析讨论要注意实事求是，客观公正。结论具有客观性和恰当的概括性，不夸大本研究的结果和适用范围。

2. 逻辑性

论文要求论点鲜明、论据确凿、逻辑严密。只有观点而缺乏论据，文章显得空洞，没有说服力；大量堆砌材料，同样也会使人感到不得要领，达不到理论深度；如果有了论点和论据，缺乏严密而合理的论证，文章同样会显得杂乱无章。在材料充足的情况下，尽量让材料本身说话，同时也要有作者的推理。论证必须做到论点、论据、论证三者的逻辑统一，论文才有充分的说服力。

3. 完整性

完整性包括学术论文结构的完整，如一篇教育论文应包括题目、署名、引论、本论、结论、注释、参考文献等；完整性还包括分析过程的完整，论证应既有典型的、个案的事例解剖和分析，又有总体的、一般的论证分析。另外，完整性还包括定量分析与定性分析的统一，只有理性的思辨，论文会显得苍白无力；而只有数据的罗列，论文就会显得缺乏深度。

4. 一致性

一致性包括论文中的观点要前后一致，观点与材料的统一，概念使用同一。另外一致性还包括图表使用和文字表述一致，在使用图表时必须与文字表述统一起来，不能出现相互矛盾的现象。

思考与练习

1. 教育研究的基本过程包括哪些方面？
2. 怎样判断一份教育调查问卷的质量？
3. 如何做好教育观察记录？
4. 访谈调查的注意事项是什么？
5. 如何选取典型个案进行研究？
6. 举例说明行动研究的步骤。

【相关材料链接】

材料一　《中学生考试心理问题现状调查研究》（摘录）

摘要：采用自编《中学生考试心理问题问卷》对东部、中部和西部 2138 名中学生进行考试心理问题的现状调查，结果表明：中学生考试心理问题存在性别和年级差异，但不存在学校类型和家庭来源差异。考试心理问题在不同学段呈现出不同变化趋势，初中阶段呈现出两头低、中间高的趋势；高中阶段呈现出两头高、中间低的趋势。高三和初一分别是中学生考试心理问题发展的高点和低点。

关键词：中学生；考试心理问题；现状调查

研究方法

1. 调查对象

正式问卷调查采取分层整群抽样的方法，随机选取东部、中部和西部中学生（初一至高三）2138人。被试的具体构成如下：初一401人，初二415人，初三188人，高一358人，高二354人，高三417人；重点中学1186人，普通中学952人；城镇学生991人，农村学生1031人；其中男生1035人，女生1019人，男女生比例在各年级内基本保持平衡。

2. 调查工具

在参考国内外文献资料的基础上，结合对中学生考试心理问题实际情况的平时了解、开放性问卷调查搜集的材料，我们编制了《中学生考试心理问题问卷》。经专家咨询、反复测试修订，问卷包含47个题目，分别属于强迫、自责、身体症状、考试焦虑、人际敏感、精神症状、自卑、抑郁和认知问题9个因素。问卷具有较高的信度和效度。

3. 研究程序

在考试前一个月内，以班级为单位集中笔答的方式组织施测。施测前由主试向被试说明问卷施测的目的和回答方式，然后开始答卷。由心理学专业的大学教师和硕士研究生担任主试。共发放2500份问卷，施测完毕，由研究者根据一定的标准剔除无效答卷，得到2138份有效问卷，然后，统一对有效答卷进行编码处理，应用Spss12.0for Windows2000统计软件包进行统计处理。

（选自刘宗发，江琦：中学生考试心理问题现状调查研究，中国教育学刊，2007年第12期）

材料二　《盲生个别教育个案研究报告》（摘录）

摘要：本文运用个案研究法，通过观察和访谈等探讨盲生个别教育的有效教育对策。在对家长、学校教师及个案学生个别教育需求分析的基础上拟定个别教育一日活动表，并分领域对其进行个别教育训练。得到如下启示：在肯定家庭式个别教育的同时应充分认识到其不足之处，协调好它与学校教育的关系；充分发挥个训教师的协调作用；提高家长自身的教育素养，增强教育的一致性；大力开展伙伴教学；提供持续系统的个别教育。

关键词：盲生；个别教育；个案研究

1. 研究对象的基本情况

小陈，男，1993年生，先天性白内障。3岁入读普通幼儿园，4岁左右因白内障手术失败导致双目失明。目前，在生活自理、人际交往、学习能力、语言发展等方面都比较落后。小陈的家庭是三代同堂，父母都是中学毕业，母亲为全职家庭主妇，父亲则为商人。小陈的家庭经济条件极其优越，家庭成员之间的交流、沟通较少。他们平时除关心小陈的生活外对其他方面关注极少，有一种“家庭养，学校教”的思想。

2. 研究方法

本研究采用个案研究法，主要通过访谈、观察法收集资料。首先对小陈的家长、学校教师（尤其是班主任）、生活老师、同班同学进行访谈，其次对小陈本人进行课堂和家庭观察，分析他所处环境中的多方面因素及其相互作用关系。然后根据收集到的信息分析家长和学校教师对个别教育的需求和小陈的教育需求，在此基础上为小陈设计了一日活动表，并分领域对其进行个别教育训练。此后，一直与小陈的家庭和学校保持联系，每隔一至两周进行一次非正式的家访，了解小陈在家庭及学校的发展情况，并提供相关的教育对策和建议，同时进行电话联系，最后对学校和小陈的家庭进行了一次正式回访。

（选自徐波：盲生个别教育个案研究报告，中国特殊教育，2007 年第 12 期）

材料三　全国教育科学研究“十一五”规划 2008 年度课题指南（摘录）

国家重点招标课题（10 项）

1. 改革开放以来教育发展历史性成就和基本经验研究

研究要点：①教育改革重要理论建树；②教育重大政策；③教育体制改革；④教育发展重大历史事件；⑤教育发展对经济和社会发展的重要贡献；⑥教育发展的经验总结；⑦教育科学领域的突破和进展；⑧教育事业面向未来科学发展的战略抉择。

2. 教育优先发展的政策和制度保障研究

研究要点：①教育优先发展的科学内涵和指标体系；②经济和社会发展规划优先安排教育发展的思路与举措；③公共资源优先满足教育和人力资源开发需要；④公共财政资金优先保障教育投入的政策和机制；⑤公共教育资源向农村、中西部地区、贫困地区、边疆地区、民族地区倾斜政策；⑥政府和社会在教育优先发展中的责任；⑦教育优先发展的国际经验；⑧教育优先发展的地方行动。

3. 当代社会发展中的中国农村教育发展问题研究

研究要点：①社会进程中的农村教育变革溯源和发展经验；②农村教育变革的社会环境；③教育政策变化对农村家庭教育消费的影响；④农村学校改革路径及其成功案例；⑤城镇化过程中进城农民工子女和农村留守儿童教育问题；⑥教育变革对农村社会阶层流动的影响；⑦建设社会主义新农村视野下的农村教育综合改革；⑧农村学校生源变化对当前农村教育的影响。

4. 普及高中阶段教育发展战略研究

研究要点：①高中阶段教育发展现状分析；②普及高中阶段教育发展的阶段性目标；③普及高中阶段教育的制度创新；④普及高中阶段教育的多样化路径；⑤发达国家普及高中阶段教育的进程和经验；⑥普及高中阶段教育拟突破的重点难题；⑦普及高中阶段教育的战略抉择。

5. 高校财务管理与资金使用效益研究

研究要点：①高校资产评估；②高校预算管理改革；③高校防范和化解投融资风险能力评估；④高校资源配置与使用效益；⑤高校收入分配制度；⑥高校教育产业财务管理与效益评价；⑦高校资金安全与可持续发展。

6. 高等教育应用型创新人才培养研究

研究要点：①创新型国家建设中高校应用型人才培养目标；②一流应用型高校发展方向、培养模式和制度创新；③应用型高校学科和专业建设的国际先进经验；④高校自主创新能力现状、问题分析及对策建议；⑤高校创新环境和先进文化建设；⑥国际高校优质教育资源有效利用；⑦一线工作创新人才继续学习的制度模式和评估机制；⑧企业参与高校应用型创新人才培养。

7. 研究生教育质量标准及其保障体系研究

研究要点：①研究生教育机构质量标准；②不同类型和层次研究生教育师资质量标准；③研究生（含专业硕士）教育课程质量标准；④不同类型和层次研究生学业成就质量标准；⑤研究生学位论文质量调查；⑥研究生教育的社会评价。

8. 建设创新型国家背景下的青少年创新能力认知神经基础及其培养研究

研究要点：①青少年创新人格；②青少年创新思维品质；③青少年创新能力的认知与脑科学机制研究；④青少年创新教育；⑤青少年科学思想、科学方法和科学实验教育；⑥青少年创新能力的评价与测量研究；⑦青少年创新环境与成才机制。

9. 成人学习状况调查及制度保障研究

研究要点：①各类成人学习状况调查；②特殊群体（如农民工）学习途径、时间调查；③成人学习资源调查；④成人教育机构建设标准和服务体系；⑤成人学习绩效评价；⑥成人学习可持续发展的制度创新。

10. 民族教育质量保障和特色发展研究

研究要点：①民族教育发展现状；②民族教育办学特色；③跨境民族教育比较；④民族教育发展国际经验；⑤民族教育质量保障与监测体系；⑥民族教育融入社会生活；⑦民族教育与文化保护和国家安全；⑧民族教育制度创新。

（选自全国教育科学规划办《全国教育科学研究“十一五”规划2008年度课题指南》）

参考文献

布卢姆．1986．教育目标分类学（知识领域分册）．罗黎辉，译．上海：华东师范大学出版社

陈向明．1999．质的研究方法与社会科学研究．北京：教育科学出版社

陈佑清．1994．教育目的论．武汉：湖北教育出版社

冯之浚，张念椿．1986．现代文明社会的支柱．上海：上海人民出版社

傅道春．1999．教育学：情境与原理．北京：教育科学出版社

高凌飚，庄兆生．2002．基础教育课程改革研究．广州：广东教育出版社

哈罗，辛普森．1989．教育目标分类学（动作技能领域分册）．施良方，唐晓洁，译．上海：华东师范大学出版社

何芳．2000．创造性地建设班级集体．北京：知识出版社

胡定荣．2005．课程改革的文化研究．北京：教育科学出版社

扈中平．2004．教育目的论．武汉：湖北教育出版社

黄济，王策三．1996．现代教育论．北京：人民教育出版社

黄济，王策三．1996．现代教育原理．北京：北京师范大学出版社

金娣，王刚．2002．教育评价与测量．北京：教育科学出版社

靳玉乐．2003．新课程改革的理念与创新．北京：人民教育出版社

瞿葆奎．1989．教育学文集·教育目的．北京：人民教育出版社

瞿葆奎．1990．教育学文集·教育制度．北京：人民教育出版社

克拉斯沃尔，布卢姆．1989．教育目标分类学（情感领域分册）．施良方，张云高，译．上海：华东师范大学出版社

李秉德．2003．教育科学研究方法．北京：人民教育出版社

刘固本．2000．教育评价的理论与实践．杭州：浙江教育出版社

刘茗．1997．当代教学管理引论．北京：教育科学出版社

刘淑兰．2000．教育评估和督导．上海：华东师范大学出版社

柳海民．2002．现代教育学原理．长春：东北师范大学出版社

鲁洁．2005．教育学．北京：人民教育出版社

裴娣娜．1995．教育研究方法导论．合肥：安徽教育出版社

裴娣娜．2007．教学论．北京：教育科学出版社

皮连生．2000．教学设计．北京：高等教育出版社

邵宗杰，裴文敏，卢真金．2006．教育学．上海：华东师范大学出版社

沈玉顺．2002．现代教育评价．上海：华东师范大学出版社

盛群力，李志强．2001．现代教学设计论．杭州：浙江教育出版社

石中英．2008．公共教育学．北京：北京师范大学出版社

史晓燕．2005．现代教育评价．石家庄：河北人民出版社

孙云晓．2006．好父母 好方法．桂林：漓江出版社

王道俊．1989．教育学（新编本）．北京：人民教育出版社

王升．2005．教学设计法．石家庄：河北人民出版社

魏书生．1996．魏书生文选．桂林：漓江出版社

肖文娥，张爱华．1999．教育学．石家庄：花山文艺出版社

许高厚，张永祥，沈义良，时方美．2003．普通教育学．北京：北京师范大学出版社

薛彦华，王慧．2001．教学艺术．石家庄：河北教育出版社

杨开城．2005．以学习活动为中心的教学设计理论．北京：电子工业出版社

于永昌．2007．教学设计论．沈阳：辽海出版社

袁振国．1997．教育研究方法导论．北京：教育科学出版社

袁振国．2001．教育原理．上海：华东师范大学出版社

袁振国．2004．当代教育学．北京：教育科学出版社

郑金洲．2002．教育研究专题．上海：华东师范大学出版社

钟启泉，等．2003．新课程的理念与创新．北京：高等教育出版社

朱慕菊．2002．走进新课程．北京：北京师范大学出版社

筑波大学教育学研究会编．2003．现代教育学基础．钟启泉，译．上海：上海教育出版社